云南省普通高等学校军事课教学指导委员会审定

云南省普通高校
军事课教程

●朱 平 崔文彬 陈文芳 主编

云南大学出版社

Yunnan University Press

图书在版编目（CIP）数据

云南省普通高校军事课教程 / 朱平，崔文彬，
陈文芳主编. —昆明：云南大学出版社，2014（2015重印）
ISBN 978-7-5482-2042-8

Ⅰ．①云… Ⅱ.①朱… ②崔… ③陈… Ⅲ.①军事课—
教材 Ⅳ.①J909.2

中国版本图书馆CIP数据核字（2014）第073949号

策划编辑：李俊峰
责任编辑：李　红
装帧设计：刘　雨

云南省普通高校
军事课教程

● 朱　平　崔文彬　陈文芳　主编

出版发行：云南大学出版社
印　　装：云南大学出版社印刷厂
开　　本：787mm×1092mm　1/16
印　　张：18.75
字　　数：433千
版　　次：2014年7月第1版
印　　次：2015年7月第2次印刷
书　　号：ISBN 978-7-5482-2042-8
定　　价：35.00元

社　　址：昆明市翠湖北路2号云南大学英华园内
邮　　编：650091
电　　话：（0871）65033244　65031071
E-mail：market@ynup.com

中国人民解放军现用标识——肩章

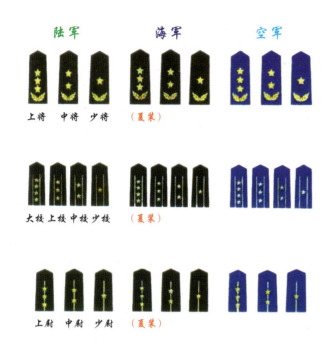

陆军　　海军　　空军

上将　中将　少将　（夏装）

大校 上校 中校 少校　（夏装）

上尉　中尉　少尉　（夏装）

军委总部

陆军

海军

空军

第二炮兵

中国人民解放军现用标识——级别资历章

级别资历略章	级别资历略章	年度资历略章
大军区正职	正团职（副旅职）	1 年
大军区副职	副团职	2 年
正军职	正营职	3 年
副军职	副营职	4 年
正师职	正连职	5 年
副师职（正旅职）	副连职	
年度资历补充略章	排职	10 年

军委总部

陆军

海军

空军

第二炮兵

美国和平卫士战略导弹

中国产21c中远程地地常规导弹

中国产"东风-31"洲际导弹

俄罗斯产"凯旋S-400"防空导弹系统

中国产"长剑-10"型陆基巡航导弹

中国产 98 式主战坦克

中国产 99G 式主战坦克

美国产 M1A2 主战坦克

德国产豹 2 主战坦克

俄罗斯产 T90 主战坦克

中国产新型两栖步兵战车

中国"辽宁"号航空母舰

中国基洛级常规潜艇

中国产"歼-15"舰载战斗机

美国产 F35 垂直起降战机

美国产 F22"猛禽"现役四代隐形战机

中国产"歼-10"战斗机

中国产空军"空警-2000"预警机

中国产"武装-10"攻击直升机

《云南省普通高校军事课教程》

编 委 会

主　　编　朱　平　崔文彬　陈文芳

副 主 编　冯大胜　尹广义　甘兴敏

统　　稿　李发华

编委成员　窦明富　赵自保　王　涛　董国林
　　　　　谢　猛　张荣建

前　言

　　军事课是普通高等学校教学的重要组成部分。在普通高等学校组织开展大学生军事教育训练工作，是适应国家人才培养战略和加强国防后备力量建设的需要，对造就有理想、有道德、有文化、有纪律的社会主义新人，培养具有军事知识和技能的高素质后备兵员具有重要意义。遵照教育部和总参谋部、总政治部颁发的《普通高等学校军事课教学大纲》，云南大学军事理论教研室和中国人民解放军昆明民族干部学院学生军训教研室依据长期合作开展军事课教学训练的实践经验，结合当代大学生和云南省实际，共同组织编写了本教材。

　　军事科学是反映战争规律和战争指导规律，用于指导国防和军队建设、战争准备和实施的知识体系，是社会科学中综合性、实践性很强的一门学科。随着以信息技术为核心的高新技术广泛运用于军事领域，世界新军事变革加速推进，军事科学发展日新月异。我们在编写本书过程中，注意吸纳世界军事科学发展的最新成果，参阅了已经出版的大量军事科学的相关著作，借鉴了许多学者有价值的观点和材料。在此，谨向有关著作的作者表示衷心感谢。

　　出版本书是为了满足教学急需，由于时间仓促，加上我们的学术水平和研究能力有限，教材编写过程中难免存在错误和不尽如人意之处，恳请派遣军官、专职军事教师和广大读者提出意见和建议，以便我们再版时不断修改完善。

编　者

2014 年 4 月

目 录

上编 军事理论

下编　军事技能

上编　军事理论

第一章　中国国防

国防随着国家的产生而产生。国家安全、国防建设，人人有责、个个尽责。一个国家的公民，必须主动了解本国的国防历史和国防建设的现状及其发展趋势，自觉增强国防观念和国防意识，依法参与国防建设，积极为国防建设奉献力量。

第一节　国防概述

"民无兵不安，国无防不立。""国"源于"或"，"或"者，"邦"也，"邦"者，"国"也。"或"字结构中，"口"代表着人口，一横代表着土地，"戈"字代表着武力。它寓意着：一邦或一国，有人口，有土地，还需要有武力保卫。到我国春秋时期，在"或"字的基础上加上一个代表着一定疆域的"口"，就形成了会意兼形声的"國"字。于是，战国时期便有了"诸侯治疆域为国，大夫治疆域为家"的说法。可见，国防是人类社会发展与安全需要的产物，是国家生存和发展的安全保障，关系到国家和民族的生死存亡和兴衰荣辱。建立巩固的国防是我国现代化建设的战略任务，是维护国家安全统一和全面构建社会主义和谐社会的重要保障。关注国防、了解国防、建设国防，是我们义不容辞的责任。

一、国防的含义和基本类型

（一）国防的含义

什么是国防？1997年3月14日颁布实施的《中华人民共和国国防法》第二条规定："国家为防备和抵抗侵略，制止武装颠覆，保卫国家的主权统一、领土完整和安全所进行的军事活动，以及与军事有关的政治、经济、外交、科技、教育等方面的活动。"

国防的基本职能是捍卫国家主权与领土完整，防止外来侵略与颠覆。古往今来，任何一个国家都需要建立巩固的国防。无国防则无以立国，国防薄弱就不能抵御外来侵略。在人类社会发展的不同阶段，不同的国家，其国防职能的侧重点也不同。奴隶社会和封建社会国家，国防的主要职能是将各阶级维持在一定的"秩序"范围之内；资本主义国家，国防的主要职能是扩张，用军队保护和扩大商品生产与贸易，对外进行疯狂掠夺，防范非传统军事威胁；社会主义国家，国防的主要职能是维护国内安全与稳定，确保各民族的平等生存和发展，抵抗外来侵略，维护世界和平。

国防的行为主体是国家，基本内容包括国防建设和国防斗争两个方面。国防建设是国家为提高防卫能力而进行的各方面的建设；国防斗争是国家为维护自身安全而进行的各方面的斗争，如用军事手段进行的实战方式的斗争，运用政治、经济、外交等手段进行的斗争，以及与盟友的联合、协调行动等。

（二）国防的基本类型

国防作为国家的防务，其根本职能就是保卫国家的安全，国家的安全利益是国防行为至高无上的准则。也正因为如此，不同性质、不同制度、不同政策和不同利益标准的国家，有着不同的国防类型。归纳起来，主要有以下四种类型：

1. 扩张型

奉行霸权主义侵略扩张政策的国家，为了维护本国在世界许多地区的利益，打着防卫的幌子，对别国侵略、颠覆和渗透，把国防作为侵犯别国主权和领土、干涉他国内政的代名词。比如美国，他把全世界划分为五大战区，分别为：北方战区，总部设在科罗拉多，辖区范围包括北美的美国本土（不包含关岛、夏威夷等位于太平洋中的领土）、加拿大、墨西哥北部地区和加勒比海的北部地区；太平洋战区，总部设在夏威夷，辖区包括整个大洋洲、东亚、南亚、东南亚、太平洋诸岛国岛屿、俄罗斯的远东地区以及新增的南极洲大陆；中央战区，总部设在佛罗里达州，辖区包括中东、中亚和东非地区的 20 余个国家；欧洲战区，总部设在德国，辖区包括欧洲大陆、非洲的绝大多数地区、地中海地区、俄罗斯本土、格陵兰岛以及北极地区，区内有 91 个国家；南方战区，总部设在迈阿密，辖区包括墨西哥的南部、加勒比海南部、南美洲大陆。而且，在世界各地建立了 300 多个军事基地，以实现其军事力量的"前沿存在"，足见其侵略扩张和全球霸权主义的野心。

2. 联盟型

这种类型就是以结盟形式，联合一部分国家来弥补自身力量的不足。从联盟国之间的关系来看，还可分为一元体联盟和多元体联盟。所谓一元体联盟，就是有一个大国处于盟主地位，其他国家则从属于他。目前的日本、韩国的国防属于此种类型，都是以美国为盟主建立的国防。所谓多元体联盟，则是各国基本处于伙伴关系，共同协商防卫大计，如北约组织和独联体组织。

3. 中立型

中立型即采取和平中立的国防和外交政策，制定总体防御战略，建立相应的国防体系，以保障本国的安全。如瑞士、瑞典就属于典型的中立型国防。

4. 自卫型

自卫型主要是依靠自己的力量，维护国家的安全与发展。我国是社会主义国家，奉行独立自主的外交政策，实行积极防御的国防战略，属于全民自卫型国防。我们的国防目标是保卫国家主权和领土完整，维护世界和平与发展。我国的战略边疆与地理边疆相一致，这是真正意义上的国防，与美国在世界各地建立的所谓"国防"有着根本的不同。因此，中国的发展和强大不会对任何国家构成威胁，而只会促进世界的和平、稳定与发展。

二、国家与国防

国防是国家的重要组成部分，国家与国防密不可分、相辅相成。国家的主权、领土完整和安全，是国家的象征，靠国防维护。而国家性质和政策又决定着国防的建设和发展。强大的国防是国家兴盛、民族振兴、人民安康幸福的基础，因此，世界各国都十分重视加强国防建设。国家与国防的关系主要表现在以下几个方面。

（一）国防伴随着国家的产生而产生

国防产生于国家形成之后，是国家为抵御外来侵略与颠覆，捍卫国家主权、领土完整，维护国家安全、统一和发展，而进行的军事及与军事有关的政治、经济、科技、文化、教育、外交等方面的建设和斗争。不同历史时期、不同社会制度、奉行不同政策的国家，其国防具有不同的特性。国家的生存与发展历来与国防息息相关。生存与发展构成国家的两大基本利益，二者互为条件，互相依存。生存是人类繁衍延续的第一需要，是发展的前提；发展是国家繁荣富强的根本途径，是生存的条件。中外历史反复证明，国家的生存与发展离不开国家的主权独立、领土完整、完全统一和稳定。无论是确保国家的内政不被干涉、主权不被侵犯、领土不被分裂和占领，还是实现祖国统一，促进国家的长治久安和人民的安居乐业，都不能没有强大的国防。中华民族素有重视国防的传统。但是，自近代以来，主要由于清朝政府的腐败无能，国力日衰，铸成了近代百年"有国无防"的屈辱历史，使得炎黄子孙无不因此而感到切肤之痛。从1840年鸦片战争到1945年抗日战争结束，世界上大大小小的帝国主义国家几乎都侵略过中国，迫使中国先后签订了1000多个不平等条约或协定，致使中华民族国土沦丧、任人宰割，人民惨遭蹂躏、备受欺侮。国家不可一日无防，国防不可不强，这是历史发展的必然规律。

（二）国防坚持为国家的利益服务

国防为国家和民族提供安全保障，并为国家和民族的利益服务。从客体上看，一切满足或能够满足国家生存发展等方面需要并且对国家具有好处的事物，都是国家利益；任何国家利益也都是满足或能够满足国家生存发展需要并且对国家有好处的事物。从主体来看，国家利益只能是以国家为利益主体的利益。由此可见，国家利益是国家赖以存在的基础。如果国家的利益得不到保障，那么这个国家就不会有发展，国家就会陷入战乱之中，经济就无法正常运行。而保障国家的根本利益必须建立在强大的国防之上，如果没有坚强的国防，维护国家的利益就无从谈起。举个例子来说，清王朝末期，由于政府腐败、国防荒废，西方列强将殖民主义根植于中国的土地上，进而与中国签订了一系列不平等条约，致使中国割地赔款，人民饱受折磨，苦不堪言。实践证明，所有国防的着眼点都是捍卫和扩大国家利益。

（三）国家的性质、制度、政策决定着国防建设

国防是为维护国家利益服务的，不同的国家有着不同的利益目标。这种不同的利益目标决定着不同的国防建设，而各种利益目标又是由国家的性质、制度和政策决定的。因此，国防建设最终是由国家的性质、制度和政策决定的。以新中国的国防建设为例，我国是社会主义国家，在国家关系中一直奉行和强调和平共处、平等互利，因而，国防建设在积极防御的战略方针指导下，以反侵略和自卫为目的。而那些奉行霸权主义的国家，由于受所谓的全球利益的驱使，其国防政策具有扩张性和侵略性，因

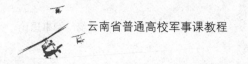

而国防建设也相应地具有全球性。总的来说，国防因国家性质、制度、国力及其推行的政策不同而具有不同的特征。

三、国防的地位和作用

任何一个国家，从诞生之日起，首要的任务就是对内巩固政权，对外抵御侵略，保证国家的生存、安全与发展。国防在国家的职能中，地位和作用十分重要，其强弱与国家安危、荣辱和兴衰休戚相关。

（一）国防是国家安全的重要保障

为了保障国家安全，促进国家发展，各国都从本国实际出发，努力加强国防建设，同时在国民中普遍进行有关维护国家安全的国防教育，使国民树立爱国主义和维护国家根本利益的观念，为国家的发展营造有利的条件和环境，保障国家安全。

（二）国防是国家独立自主的前提

强大的国防是确保国家安全、人民安居乐业的前提。有国无防，或国防不强，国家民族就要遭殃。旧中国沦为半殖民地半封建社会和新中国自立于世界民族之林的历史，从正反两个方面证明：国家和民族的独立，必须有巩固的国防和强大的军队。国家独立、民族兴旺，离不开整个民族的尚武精神，离不开具有强大战斗力的军队和后备力量建设。在新的历史条件下，巩固的国防不仅是我们在竞争激烈、错综复杂的国际环境中赢得21世纪战略主动权的重要条件，也是完成祖国统一大业，全面构建社会主义和谐社会的重要保障。

（三）国防是国家繁荣发展的重要条件

一个国家只有有了巩固的国防，国家的其他建设事业才能顺利进行。如果没有巩固的国防，这个国家的政权就无法稳定，经济发展的目标也难以实现。因此，国家的生存、政权的稳固和经济发展利益的维护，以及国际地位、形象的巩固，都必须有一个能够捍卫国家根本利益的国防。

四、现代国防的基本特征

一提起"国防"，许多人认为：国防是军队的事，国防就是战备；国防就是打仗；国防力量等于军事力量；等等。这些有失偏颇的认识，是一种狭隘的国防观。真正意义上的国防，应该是全社会的国防、全民的国防，是多要素综合并举的国防。它具有以下基本特征：

1. 国家利益的整体性

国家的根本利益集中体现在安全与发展两个方面。安全问题，主要解决的是生存和不被侵略的问题；发展问题，主要解决和平时期建设与发展的外部环境问题。而安全与发展权益的获得和保障，最根本的是依靠国防的强大。只有安全稳定的国内、国际环境，国家才能发展；只有发展，国家安全防务才有建设与巩固的基础。两者是一个相辅相成的有机整体。

2. 国防力量的综合性

国防力量是国力在国家防务上的表现和运用。国力是一个包括人力、自然力、政治力、经济力、科技力、精神力等因素的综合的系统概念。因此，国防力量也是一个综合的系统概念，其强弱主要取决于国家的综合实力。在支撑国防力量的诸要素中，经济实力是基础，兵员潜力是支柱，民族精神是灵魂。国家的综合实力和总体发展水平制约和影响着国防力量的构成规模和发展水平。

3. 国防手段的多元性

战争是国防斗争最基本的也是最高的表现形式，但国防斗争不仅是敌对双方军事力量在战场上的"硬实力"较量，同时还包括政治、经济、外交以及心理等非武力斗争形式的"软实力"较量。有了雄厚的综合国力才有可能建设强大的国防力量，也只有强大的国防力量才能确保国家的安全与发展。通过在恰当的时机，运用恰当的手段，显示应对战争的国防能力，可以给敌方造成一定的震慑，使其不敢以武力相加，从而保护本国利益不受侵犯。

4. 国防建设的系统协调性

现代国防建设是一个以科技为龙头，以经济为骨干，通过总体性的战略运筹，谋求综合国防效益的有机系统。现代国防斗争更重视质量优势，而不仅是数量优势，更重视整个系统的威力而不是某些单元的作用。因此，各国普遍着眼于从宏观规划上合理调整武装力量的比重，科学规划国防建设，以发挥系统的整体效能，使国防实力在国家实力不断增长的基础上，以军事力量为主，做到综合国防实力结构合理协调发展。

5. 国防事业的社会性

全面增强防卫能力必然涉及社会的各个领域和各条战线，依靠国家和社会的综合力量来建设国防，越来越受到各国的重视。因为随着国防内涵的扩展，国防已经不只是单纯军事意义上的国防，是关系国家各个领域、各条战线和每个公民的事情，已经形成了与整个社会密不可分的关系。

第二节　中国国防历史

中国是世界上历史最为悠久的文明古国之一。据史书记载，我国在公元前 21 世纪便进入了奴隶制阶级社会，建立起了夏王朝，由此便有了国防实践活动。随着人类社会的不断演进和发展，中国社会先后经历了不同的发展阶段，国防也经历了屈辱与荣耀、衰败与昌盛的历史。它记录了中华民族悲壮的过去，有着沉痛的教训；也积累了成功的经验，充满着中华民族的勇敢和智慧。

一、中国古代国防

中国古代国防始于公元前 21 世纪夏王朝的建立，止于 1840 年的鸦片战争。历经约 4000 年、20 多个朝代的兴衰更迭，呈现出兴衰交替和曲折发展的历程。从整个历史来看，古代前期，即从春秋战国到秦汉和盛唐，国防日趋发展，不断强盛，以至于发展到鼎盛。夏王朝的建立，标志着中国最初的国防的产生。秦始皇统一全国后，国防才真正担负起巩固政权和抗击外敌入侵的双重任务。为巩固国防，秦王朝采取了一系列综合治理措施：设郡而治，筑路通邮，实施军屯等。盛唐时期，非常重视国防建设，注重讲武，苦练精兵，改良兵器，执行"怀柔四方、华夷一体"的防务政策，使唐朝北部边疆出现了数十年无兵灾战祸的太平盛世。古代后期，即从中唐到两宋、晚清，国防的基本趋势是由弱到强，再从强盛走向衰落。具体到各个朝代，国防也大都由兴而盛，由盛及衰。其间固然不乏极盛之前的短暂衰落，衰败之后的一时复兴，但终其一朝，由盛及衰的基本趋势和规律是没有改变的。

中国古代国防的内容十分丰富。一是建立了不同的军制。军制就是军事制度，包括武装力量体制、军事领导体制和兵役制度等。在武装力量体制上，一般区分为中央军、地方军和边防军。中央军通常由御林军和其他较为精锐的部队组成，担任警卫京师和宫廷的任务；地方军担负该地区的卫戍任务，由地方军政长官统率；边防军是戍守边疆，并一般兼有屯田任务的军队。秦统一六国后，设立了专门管理军事的机构，最高军事长官是太尉。隋朝对国家机构进行了改革，专门设立了主管军事的部门——兵部。各朝代在军事领导体制方面的做法虽然不尽一致，但皇权至上，军队的调拨使用大权始终掌握在皇帝手中。各个朝代的兵役制度，随着各个历史时期的政治、经济、人口状况和军事需要而发展变化，曾经实行过民军制、征兵制、世兵制、府兵制和募兵制等各种兵役制度。二是进行了以传统防御工程体系为标志的边海防建设。城池是中国古代国防建设中时间最早和数量最多的工程。长城是城池建设的延续和发展，始建于春秋战国时期，后经各朝代多次修建连接，至明代形成了西起嘉峪关、东至山海关的万里长城。古代海防建设始于明朝，主要是防御倭寇的入侵。三是发展了军事技术。中国古代的军事技术走在世界的前列，并对世界军事乃至世界经济的发展产生过深远的影响。公元8世纪，唐朝发明了火药并用于军事，引起了军事上划时代的变革。四是加强了军事理论研究，产生了许多不朽的军事著作。如《孙子兵法》《孙膑兵法》《吴子兵法》《司马法》《尉缭子》《六韬》《三略》《唐太宗·李卫公问对》和其他军事理论著作，对于指导战争和加强国防起到了重要作用。

二、中国近代国防

中国近代国防史是一部充满着屡弱、衰败和屈辱的历史。1840年，英国凭借船坚炮利的优势，打破了清王朝紧锁的国门，开始入侵中国。在西方列强的侵略面前，腐朽的统治者奉行消极防御的国防建设指导思想，居安思奢，卖国求荣，结果是有国无防，大片国土被迫割让，人民惨遭蹂躏和屠杀。

（一）清朝后期的国防

自"康乾盛世"之后，清朝的政治日趋腐败，国防日渐虚弱。鸦片战争爆发后，西方列强大举入侵，从此清王朝一蹶不振，每况愈下，有国无防，内乱外患交织，逐步沦为半殖民地半封建社会。

1. 清朝后期的军制

鸦片战争后，清朝开始实施"洋务新政"，成立了总理衙门。八国联军入侵中国后，清朝深感军备落后，企图通过改革军制以加强军事，遂改总理衙门为外务部，裁撤兵部，成立陆军部。在武装力量体制方面，清军入关前，军队是八旗兵；入关后为弥补兵力的不足，将汉人编组成立了绿营。1851年以后，为镇压太平天国运动，清廷号召各地乡绅编练乡勇，湘军和淮军逐渐成为清军的主力。中日甲午战争之后，开始编练新军。在兵役制度方面，八旗兵实行的是兵民合一的民军制。甲午战争中，湘军和淮军大部溃散，清朝开始"仿用西法，编练新军"。新军采用招募的形式，在入伍的年龄、体格及文化程度方面均有较严格的要求。

2. 清朝后期的边海防建设

鸦片战争后，清廷朝政日益腐败，防务日渐废弛。海防要塞火炮年久失修，技术性能落后，炮弹威力甚小且不能及远。西方列强乘虚而入，打开了中国封闭的国门。19世纪中叶以后，中国的领土香港、澳门、台湾和澎湖列岛被英、葡、日侵占；东北乌苏里江以东、黑龙江以北的今国界以外大片土地被沙俄所占；西部帕米尔地区被俄、英瓜分。

3. 清朝后期的五次对外战争

1840年，英国以清王朝禁烟为由对中国发动了第一次鸦片战争。1842年，战败的清王朝被迫在英国军舰上与之签订了中国历史上第一个不平等条约《中英南京条约》。中国的领土主权遭到破坏，开始走向半殖民地半封建社会。1856年至1860年，英国不满足于既得利益，纠合法国，分别以"亚罗号事件"和"马神甫事件"为借口，对中国发动了第二次鸦片战争。战败的清王朝被迫与英、法两国签订了中英、中法《天津条约》和《北京条约》，与趁火打劫的沙俄签订了《瑷珲条约》，领土主权进一步遭到破坏，半殖民地化程度加深。19世纪80年代初，法国殖民主义者在完成了对越南的占领后，进而入侵中国西南地区。1884年至1885年，中法开战，清军在黑旗军的配合下，痛击法军，取得了镇南关大捷，导致法国茹费里内阁倒台。但是，腐败的清政府却一味偷安，认为法国船坚炮利，强大无敌，中国即便一时取胜，也难保终久不败，不如趁胜求和，于是和法国签订了《中法新约》，把广西和云南两省的部分权益出卖给了法国，使中国不败而败，法国不胜而胜，清政府的腐败无能暴露无遗。1894年，日本以清朝出兵朝鲜为由发动了中日甲午战争。清朝战败，被迫与日本签订《马关条约》，台湾被割让，领土被进一步肢解，加深了中国半殖民地化和民族危机。1900年，英、美、德、法、俄、日、意、奥8国，以保护在华侨民"利益"为借口，组成联军，发动侵华战争。战败的清政府被迫与以上8国及比利时、荷兰和西班牙11国签订了《辛丑条约》。这个条约从政治、经济、军事各方面都扩大和加深了西方列强对中国的控制，并表明清政府已完全成为其统治中国的工具，中国完全沦为半殖民地半封建社会。

从1840年鸦片战争到1911年辛亥革命的70多年间，清政府与外国列强签订了上百个不平等条约，割让领土近160万平方千米。当时中国1.8万多千米的海岸线上，竟找不到一个中国自己享有主权的港口。国家有海无防，有边不固，绝大部分中国领土成了西方列强的势力范围。俄国在长城以北，英国在长江流域，日本在中国台湾、福建，德国在山东，法国在云南划分势力范围，中华民族美丽富饶的国土被西方列强撕扯得支离破碎。

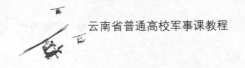

（二）民国时期的国防

辛亥革命虽然推翻了清朝的统治，建立了"中华民国"，但并没有改变中国任人宰割的历史。西方列强为维护其在华利益，纷纷扶植各派军阀为自己的代理人，加紧对中国的掠夺。各派军阀为争权夺利，混战不已，中国依然是有边不固，有海无防。先是袁世凯称帝，后有张勋复辟，各派军阀以西方列强为靠山，割据称雄，混战不休。直、皖、奉三大派系军阀先后窃据中央政权，贿选国会议员和总统，出卖国家和民族利益。《二十一条》的签订和"巴黎和会"中国外交的失败，充分暴露出北洋政府的腐败无能，使中国面临被西方列强进一步瓜分的命运，从而激发了中华民族同仇敌忾、共御外侮的决心和勇气。

以"五四"运动为标志，中国反帝反封建的资产阶级民主革命发展到了新阶段。1921 年 7 月 1 日，中国共产党成立，给灾难深重的中国人民带来了光明和希望，中国革命开始进入新的发展时期。1931 年 9 月 18 日，"九一八"事变爆发，国民党政府奉行"攘外必先安内"的政策，一味妥协退让，出卖民族利益，使东北大片国土迅速沦陷。1937 年 7 月 7 日，日本发动"卢沟桥事变"，大举入侵中国，中华民族到了生死存亡的紧要关头。中国共产党高举团结抗日的旗帜，与国民党再度实行合作，组成了广泛的抗日民族统一战线，使抗日战争的正面战场作战、敌后游击战场作战和全民抗日作战行动得以有力结合，历经 8 年艰苦卓绝的奋战，终于取得了中国近代史上第一次抗击外敌侵略的彻底胜利。抗日战争胜利后，全国人民迫切需要一个和平安全的建设环境，但国民党当局背信弃义，妄图消灭中国共产党及其领导的军队。经过 4 年的解放战争，中国共产党终于领导人民推翻了国民党的反动统治，从此结束了 100 多年来中华民族有国无防的屈辱历史，开始了中国国防的新篇章。

三、中国现代国防

旧中国有国无防，国门洞开，受尽了帝国主义列强的侵略欺凌，中国人民为此付出了惨重的代价，历经了 100 多年丧权辱国的屈辱历史。1949 年 10 月 1 日新中国诞生，揭开了中国历史特别是国防历史的新篇章。在中国共产党的正确领导下，中国人民解放军胜利进行了抗美援朝战争和多次边境自卫防御作战及保卫领海领空斗争，捍卫了国家主权、领土完整和尊严。同时，高度重视国防建设，经过 60 多年的不懈努力，国防建设取得了举世瞩目的成就。

（一）军事实力明显增强

1949 年 10 月 1 日，当毛泽东主席在天安门向全世界庄严宣告中华人民共和国成立时，中国人民解放军也迈开了建设诸军兵种合成军队的坚实步伐。当时的中国人民解放军基本是一支单一的以步兵为主的陆军，海军、空军仅仅刚具雏形，而陆军中的炮兵、装甲兵、工程兵、通信兵等技术兵种所占比例非常小。经过艰苦努力，中国人民解放军逐步实现了由单一陆军向诸军兵种合成军队的发展，军事实力明显增强，在保卫祖国、建设祖国、保卫人民和平劳动、维护世界和平的斗争中，充分展示了军事实力。1950 年进行抗美援朝战争，打出了国威、军威，保卫了国家安全，维护了亚洲和世界和平，极大地提高了新中国的国际地位；英勇地进行了多次边境自卫防御作战和保卫领海领空的斗争，如对印自卫反击作战、珍宝岛自卫反击作战、对越自卫还击作战等等，有效地捍卫了领土主权和国家尊严；1997 年 7 月 1 日和 1999 年 12 月 20 日，中国人民解放军驻香港部队和驻澳门部队以威武之师、文明之师的良好形象分别进驻香港、澳门，宣示国家正式对上述地区行使主权。

进入 21 世纪，随着全球经济一体化的发展和政治、军事、外交、科技领域的风云变幻，国家利益的冲突愈加明显，军事斗争准备更加复杂，我军始终坚持扭住军事斗争准备这个龙头不动摇，紧抓不放，扎实推进，抓住发展重点，统筹发展全局，通过局部跃升促进整体发展，不仅适应了国家安全形势需要，对维护国家安全统一发挥了重大作用，而且也适应了我军现代化建设需要，对推动军队的全面建设和发展发挥了重大作用。

（二）信息化建设不断迈上新台阶

进入新的世纪，科学技术特别是以信息技术为核心的高新技术迅猛发展及其在军事领域的广泛应用，深刻改变着战斗力要素的内涵，从而深刻改变着战斗力生成模式。信息能力在战斗力生成中起着主导作用，信息化建设成为军队发展的必然要求。我军紧紧围绕建设信息化军队、打赢信息化战争的战略目标，加强信息化建设的战略筹划、顶层设计和集中统管，信息化建设不断迈上新的台阶。一是搭建起了一体化作战指挥平台。通过自主努力，用短短几年的时间，走完发达国家军队一二十年走过的路程，建成了贯通三军的一体化指挥信息系统，实现了从无到有的历史性跨越。二是信息作战力量更加充实。积极加强情报战力量、电子战力量、计算机网络战力量、心理战力量、指挥控制战力量和物理摧毁战力量等信息作战力量建设，使得战场透明成为可能。三是日常信息系统应用更加广泛。军队各级机关在日常工作中不断拓展信息技术的应用范围，开发各种处理日常业务的应用软件，形成了军队日常业务信息系统。

（三）高素质新型军事人才队伍不断壮大

面对世界军事发展的新趋势，面对国家大力实施科教兴国、人才强国战略的新形势，面对我军使命任务不断拓展的新要求，全军和武警部队坚决贯彻党中央、中央军委的决策部署，始终把人才建设作为战略任务，加大实施人才战略工程力度，全面加强人才队伍培养，我军人才建设步入崭新阶段。一是大力优化人才队伍素质结构。实行生长干部本科化教育，稳步扩大研究生培养规模，加大士官入校培训力度，目前全军干部本科以上学历提高到80%，研究生学历提高到20%，士官大专以上学历也达到10%。二是不断完善人才培养体系。加强军队院校培养，通过对军队院校持续深入的教育改革，建立和完善以岗位任职教育为主体、岗位任职教育与生长干部学历教育相对分离的新型院校体系，以国防大学为龙头的全军多所高中初级指挥类院校，累计开办各类班次 1200 多个，使七成以上指挥军官得到系统培训。三是调整改革人才政策制度。出台《军队吸引保留高层次专业技术人才的规定》，建立起聘用首席专家制度，特招特聘作战部队技术专家人才，选拔社会高层次专业技术人才服预备役，建立院士顾问制度，增加地方博士后研究人员招收数量以及建立装备研制生产单位技术人才支援

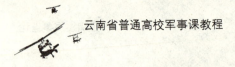

机制等。

（四）国防科技跨越发展

自主创新能力是一个国家的核心竞争能力，是国家社会经济发展的重要推动力量，是国家安全的重要保证。我国一直高度重视国防科技建设，从"两弹一星"到"天河号"超级计算机，稳步走出了一条依靠自主创新发展国防科技的路子。一是超级计算机研制成功。国防科学技术大学与超级计算机天津中心密切合作，于2011年10月29日把具有国际先进水平的"天河一号"展现在世人面前，成为继美国之后世界上第二个能够研制千万亿次超级计算机的国家。二是拥有自主知识产权的"龙芯""龙腾"相继问世。2011年，在"863"计划和"核高基"的专项支持下，曙光公司成功研制出基于国产龙芯处理器的全自主知识产权服务器——曙光"龙腾"服务器，该服务器采用中国独立自主研制的龙芯3A四核处理器，操作系统采用中标麒麟Linux操作系统，因此具有独特的安全性。三是航天技术跻身世界先进行列。我国自主建设、独立运行的北斗卫星导航系统加速组网，到2020年左右，将建成由30余颗卫星组成的导航系统，提供覆盖全球的高精度、高可靠的定位、导航和授时服务。实施载人航天工程，实现中华民族几千年飞天梦想。2003年10月15日，我国成功发射第一艘载人飞船"神舟五号"，标志着中国已成为继苏联、美国之后，第三个能够独立开展载人航天活动的国家。四是新材料技术追赶世界先进水平。我国在光电子材料、新型功能材料、高性能结构材料、纳米材料等方面取得重大进展，继美国、德国等少数国家之后，我国研制出了微合金钢。还研制出能够拉制出直径为300毫米、重量达81千克的大直径硅单晶。实际信息写入处于国际领先水平。五是人工智能技术取得新的进展。目前我国已研制出智能机器人，主要有核工业移动作业机器人、壁面爬行机器人、室外恶劣环境下工作的移动机器人、水下1000米和6000米无缆机器人、智能反恐防暴机器人等。

四、中国国防历史的启示

（一）政治昌明是国防巩固的根本

政治与国防紧密相关，国家的政治是否开明，制度是否进步，直接关系到国防能否巩固。只有政治昌明，才能有巩固的国防。我国古代历代王朝，凡是兴盛时期，都十分注意修明政治，实行比较开明的治国安邦之策。秦国原为西部小国，自商鞅变法以后，修政治、明法度、发展生产，国力日渐强大，为并吞六国奠定了雄厚的物质基础。唐代之初，百废待兴，正是由于制定并实施了一系列行之有效的政治制度，使国家很快从隋末的战争废墟中恢复过来，形成了国力昌盛、空前统一的大唐帝国。与此相反，凡是衰落的朝代或时期，无一不是政治腐败、国防虚弱，唐朝中期以后，两宋以后至清末都是如此。

（二）经济发展是国防强大的基础

经济是国防的物质基础，国防的强大有赖于经济的发展。早在春秋时期，齐国的政治家管仲就提出"富国强兵"的思想。他认为："粟多则国富，国富者兵强，兵强者战胜，战胜者地广。""甲兵之本，必先于田宅。"秦以后的汉唐明清各代，前期也都注意劝课农桑，发展生产，从而奠定了国防强大的基础，造就了国防史上的伟业。与此相反，以上各朝代的衰败，也都毫无例外地是由于经济的破产动摇了国家的基础，也削弱了国防，造成内忧外患纷至。当今世界，经济实力仍然是国家实力的关键指标，也是国防实力的重要基础。随着我国的 GDP 超过日本，成为世界第二大经济体后，为增强我国的国防实力提供了更加雄厚的基础，必将推动我国国防实力进一步跃升。

（三）国家的统一和民族的团结是国防强大的关键

纵观中国数千年的国防历史，不难发现，凡是国家统一、民族团结的时期，国防就强大；凡是国家分裂、民族矛盾尖锐的时期，国防就虚弱。清朝末年，在西方列强的大举入侵面前，腐朽的清政权不仅不敢发动反侵略战争，不依靠、不支持人民群众进行战争，反而认为"患不在外而在内""防民甚于防火"，对人民群众自发组织的反侵略斗争进行残酷镇压，结果是屡战屡败，割地赔款，丧权辱国，使中国任人宰割，逐步沦为半殖民地半封建社会。抗日战争时期，在中国共产党的倡导和组织下，建立了广泛的抗日民族统一战线，在敌强我弱的条件下，中国共产党坚持人民战争的战略战术，充分动员和组织人民，团结一切抗日力量，共同抗击侵略，最终取得了抗日战争的彻底胜利。

第三节　国防法规

国防法规是调整国防和武装力量建设领域各种社会关系、法律规范的总和，是国家法律体系的重要组成部分，是加强国防和武装力量建设的基本依据。在依法治国、社会主义市场经济体制不断完善的新形势下，国防法规对于保障国防和军队建设的顺利进行，做好军事斗争准备具有十分重要的意义。

一、国防法规的特性

国防法规是国家法律的组成部分，是由国家制定或认可，并强制实施的行为规范，具有法律的一般特性，即鲜明的阶级性、高度的权威性、严格的强制性、普遍的适用性和相对的稳定性。同时，国防法规还具有区别于其他法规的特殊性，主要表现在以下三个方面。

（一）调整对象的军事性

法律是调整社会关系的行为规范，不同的法律规范用来调整不同领域的社会关系，国防法规所调整的是国防和武装力量建设领域的各种社会关系，包括军队内部的社会关系、武装力量内部的社会关系、武装力量与外部的社会关系等。这些带有军事性的社会关系是国防法规特有的调整对象，是其他任何法律规范所不能代替的，这是国防法规特性的基本表现。

调整对象的军事性并不意味着国防法规只适应军队，不适应地方。国防是国家行为。国防和武装力量建设领域的社会关系是军事性的，但这些社会关系所涉及的行为主体并不都是军队和军人，政治、经济、外交、文化科技和教育等各个部门和社会各阶层人士都与国防有关。因此，一切社会团体和个人都必须按照国防法规的要求履行自己的国防义务。

（二）司法适用的优先性

国防法规优先适用，是指在解决与国防利益、军事利益有关的法律问题时，如果国防法规和普通法都有相关的规定，要以国防法规的规定作为评判是非的标准和采取行动的准则。优先适用不是指先后顺序，而是一种排他性的单项选择。在涉及国防利益、军事利益的案件中，只适用国防法规，不适用普通法。"特别法优先于普通法"是国际公认的法律适用原则。特别法是对特定人、特定领域、特定事项在特定时间内有效的法律。国防法规属于特别法。

（三）处罚措施的严厉性

国防法规所保护的国防利益，是关系国家兴衰存亡的最根本的国家利益，因而对危害国防利益的犯罪实行比较严厉的处罚。

同一类型的犯罪，危害国防利益的从重处罚。如《刑法》规定，抢劫罪通常处3年以上10年以下有期徒刑；而冒充军警人员抢劫的，抢劫军用物资的，处10年以上有期徒刑、无期徒刑或者死刑。

战时从重处罚。所谓战时，是指国家宣布进入战争状态、部队受领作战任务或者遭敌袭击时，部队执行戒严任务或者处置突发性暴力事件也以战时论。《兵役法》《刑法》的许多条款都声明战时从重处罚。如《兵役法》规定，平时应征公民拒绝、逃避征集拒不改正的，在2年内不得被录用为国家公务员、国有企业职工，不得出国或者升学，还可同时处以罚款；而战时则要依法追究刑事责任。

对军人违反职责的犯罪从重处罚。《刑法》规定的军人违反职责罪有30项罪名，其中12项罪名最高刑罚为死刑。对军人犯罪给予较重的处罚，是军事斗争的特殊性决定的，是保障完成军事任务的需要。

二、国防法规体系

国防法规体系是指由不同层次、不同门类的国防法律规范构成的相互联系、相互制约和协调的有机整体。

我国的国防法规，按立法权限区分为四个层次：

（1）全国人民代表大会及其常务委员会制定颁布的法律。如《国防法》《兵役法》等是由国家最高权力机关全国人民代表大会制定颁布的，处于国家基本法的地位；中国人民解放军《军官服役条例》《军官军衔条例》等是由全国人大常委会制定颁布的，属于基本法之外的其他法律。

（2）国务院、中央军委制定颁布的军事行政法规。其中由中央军委制定的为军事法规，由国务院制定或国务院与中央军委联合制定的为军事行政法规。如《军人优恤优抚条例》《退伍义务兵安置条例》等是由国务院制定颁布的，《内务条令》《纪律条令》《队列条令》等是由中央军委制定颁布的，《征兵工作条例》《警官警衔制定的具体办法》等则由国务院和中央军委联合制定颁布的。

（3）中央军委各总部、各军兵种、各军区制定的军事规章。由国务院有关部委与军委有关总部联合制定的军事行政规章。如陆军颁布的《战斗条令》，海军颁布的《舰艇条令》，空军颁布的《飞行条令》等。国务院各部委和中央军委各总部制定颁布的《应征公民体格条件》《交通战备科研管理暂行规定》等。

（4）各省、自治区、直辖市人大和政府制定颁布的地方性法规规章。如《关于加强人武部建设意见》《征兵工作若干规定》《国防教育条例》等。

我国的国防法规，按调整领域可以划分为 16 个门类：

（1）国防基本法类。是调整国防建设和武装力量建设基本社会关系的基本法，对国防建设具有全面的指导意义。主要由《中华人民共和国宪法》中有关国防和军事制度的规定和《中华人民共和国国防法》组成。

（2）国防组织法类。是规定国防和武装力量的组织形式、体制编制、人员装备编配的法律规范的总称，是国家武装力量组织编制的法律依据。主要有《宪法》和《国防法》的有关规定，以及有关管理规定，如《组织编制管理条例》。

（3）兵役法类。是规定国家的兵役制度和公民的兵役义务的法律规范的总称，是公民依法服兵役、确立国家兵役制度、确保武装力量中常备军和后备力量建设的法律依据。主要有《宪法》和《国防法》中的相关部分，《中华人民共和国兵役法》《中华人民共和国现役军官法》《中国人民解放军军官军衔条例》《中华人民共和国预备役军官法》以及《征兵工作条例》《民兵工作条例》《应征公民体格检查标准》《政治审查规定》等，以及各省的征兵工作实施办法等。

（4）军事管理法类。是规定军队和武装警察部队内部日常和工作管理的法律规范的总称，是军队和武警部队实施各种管理的法律依据。主要有共同条令、警备条令、武警的管理规定以及军事、政治、后勤、装备管理规定中的有关规定。

（5）军事刑法类。是规定危害国防利益犯罪和刑事处罚的法律规范的总称，是国家对危害国防利益犯罪及实施刑事处罚的法律依据。主要有《中华人民共和国刑法》分则中"危害国防利益罪"和"违反军人职责罪"等。

（6）军事诉讼法类。是规定军队和军人参加刑事、民事、行政、经济诉讼活动的法律规范的总称，是军队和军人进行各种诉讼活动的法律依据。主要有《刑事诉讼法》《民事诉讼法》《行政诉讼法》，军队贯彻刑事诉讼法的规定以及纪律条令的有关内容等。

（7）国防经济法类。是调整国防科技管理和国防经济活动中所发生的各种社会关系的法律规范的总称，是进行国防和军队经济工作的法律依据。主要有国防法中有关国防经费拨款制度的规定、国防资产管理规定、《中国人民解放军审计条例》等。

（8）国防科技工业法类。是调整国防科学技术研究和国防工业生产过程中所发生的社会关系的法律规范的总称，是进行国防科研和国防生产的法律依据。主要有国防法的相关内容，以及国防专利、国防计量、国防科技情报、军工产品质量、军工产品定型、军用标准化等。

（9）国防动员法类。是国家为实施由平时状态转入战时状态，统一调动人力、物

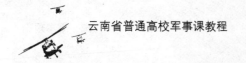

力、财力为战争服务的法律规范的总称，是进行国防动员准备和实施的法律依据。主要有《国防法》《兵役法》《中华人民共和国人民防空法》《国防交通条例》等。

（10）国防教育法类。是对全民进行国防教育、提高全民族国防素质和国防观念的法律规范的总称，是进行国防教育的依据。主要有《国防法》《兵役法》等7部法律中有关国防教育的内容，《中华人民共和国国防教育法》《全国人民代表大会常务委员会关于设立全民国防教育日的决定》和一些省级的《国防教育条例》。

（11）军人优抚法类（军人权益保护法）。是国家对现役军人、军人家属、离退休军人、残疾军人实行优待、安置、抚恤和保险的法律规范的总称，是维护军人权益的法律依据。主要有《全国人民代表大会常务委员会关于授予军队离休干部中国人民解放军功勋荣誉章的决定》《全国人民代表大会常务委员会关于确认1955年期间授予的中国人民解放军军官军衔的决定》《志愿兵退出现役安置办法》《退伍义务兵安置条例》《革命烈士褒扬条例》《军人抚恤优待条例》《军人保险制度实施方案》《军队住房制度改革方案》《军人退役医疗保险规定》等。

（12）军事设施保护法类。是调整公民在保护军事设施活动中产生的社会关系的法律规范的总称，是国家保护军事设施的法律依据。主要有《国防法》第七章的有关内容以及《中华人民共和国军事设施保护法》和《军事设施保护法实施办法》。

（13）特别行政区驻军法类。是赋予中国人民解放军负责国家特别区防务使命的法律规范的总称。主要有《中华人民共和国香港特别行政区驻军法》和《中华人民共和国澳门特别行政区驻军法》以及特别行政区制定的有关保证驻军履行防务职责的法律等。

（14）战时特别法类（紧急状态法类）。是国家进入战争状态和其他紧急状态时的认定和实施的一系列特别措施的法律规范的总称，是国家认定此状态并在此状态下实施特别管制的法律规范。主要有《宪法》和《国防法》中战争与和平的决定、紧急状态的宣布等规定，以及《戒严法》的有关规定、《防暴条令》等。

（15）战争法类。在战争或者武装冲突中，调整交战国之间、交战国与中立国或者非交战国之间以及作战行为、作战方法和手段等的法律规范的总称，是战时调整国家关系和规范战争行为的法律依据。我国已加入大多数战争法公约，如《改善战地武装部队伤病境遇的日内瓦公约》《关于战俘待遇的日内瓦公约》以及《不扩散核武器条约》《生物武器公约》《化学武器公约》等。

（16）对外军事关系法类。是规范我军与外军关系和交往的法律规范的总称，是国家开展对外军事交往的法律依据。包括军备控制、裁军和军援、军贸制度、《军品出口管理条例》《武官条例》等。

此外，《立法法》（2000年3月15日）、《戒严法》（1996年3月1日）、《刑事诉讼法》《领海及毗连区法》《律师法》《测绘法》《海上交通安全法》等50多部法律也有涉及国防和军队建设的规定。

三、国防领导体制

国防领导体制是国家谋划、决策、指挥、协调国防建设和军事斗争的组织体系及相应制度，包括国防领导机构的设置、职权划分和相互关系等，是国家体制和军事组织体制的重要组成部分。国防领导体制对发挥综合国力、实现国防目的具有至关重要的作用。根据《宪法》《国防法》和有关法律，我国建立和完善了国防领导体制，对国防活动实行高度集中统一的领导。

（一）我国国防领导的特征及组织形式

党和国家对国防的领导，是通过一定的组织机构来实现的。这种组织形式，是历史发展的产物。同时，一个国家的最高国防领导组织形式，同本国的社会制度、历史传统和国体政体密切相关。因此，世界各国最高国防领导的组织形式，既有共同点，又有一定区别。美国最高国防领导的组织机构是国家安全委员会；苏联的最高国防领导是由苏共中央、最高苏维埃和部长会议来实施的。我国最高国防领导的组织形式，体现了国体、政体和传统的一致性，它的一个基本特征就是党在国防领导中的决定性地位和作用。革命战争年代，军事最高领导机构是党中央的军事委员会，国家主席兼任军委主席，实行一元化领导。新中国成立以来，中国共产党成为执政党，是国家和社会主义建设事业的领导核心。我国的最高国防领导，也在实践中不断发展完善。组织形式经历了多次变革，但根本的一条没有变，即中国共产党的核心领导。1982 年 12 月 4 日，中华人民共和国第五届全国人民代表大会第五次会议通过的《中华人民共和国宪法》规定，中华人民共和国中央军事委员会领导全国武装力量。同时规定，国家中央军委和中共中央军委同设一个机构，组成人员和对军队的领导职能完全一致。这样，既坚持和改善了党的领导，又进一步明确了军事系统在国家机构中的地位，确立了由党和国家共同行使领导职责的最高国防领导体制。党的十八届三中全会公报指出，要改进社会治理方式，激发社会组织活力，创新有效预防和化解社会矛盾体制，健全公共安全体系，设立国家安全委员会，完善国家安全体制和国家安全战略，确保国家安全。这个委员会的成立，必将进一步加强我国党对国防的领导，对我国的国内外安全起到极为重要的作用。我国最高国防领导体制的组织形式，既体现了党对武装力量和国防建设事业的领导，又有利于国家机构领导全国武装力量，领导和管理国防建设职能的发挥，这对于国家加强武装力量建设，增强国防力量，实现国防现代化的宏伟目标，提供了强有力的组织保证。

（二）中华人民共和国国防领导职权

根据《宪法》和《国防法》，中华人民共和国的国防领导职权由中共中央、全国人民代表大会及其常务委员会、国家主席、国务院、中央军委行使。

1. 中共中央的国防领导职权

中国共产党作为执政党，是领导中国社会主义事业的核心力量。中共中央在国家生活包括国防事务中发挥决定性的领导作用。有关国防、战争和军队建设的重大问题，都是由中共中央、中央军委、中央政治局及其常务委员会做出决策并通过必要的法定程序，作为党和国家的统一决策贯彻执行。

2. 全国人民代表大会及其常务委员会的国防领导职权

中华人民共和国全国人民代表大会是最高国家权力机关，它在国防方面的职权主

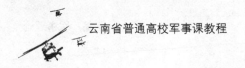

要有：全国人民代表大会选举国家中央军委主席，根据中央军委主席的提名，决定中央军委其他组成人员的人选，决定战争与和平的问题，并行使宪法规定的国防方面的其他职权。全国人民代表大会常务委员会在全国人民代表大会闭会期间决定战争状态的宣布，决定全国总动员或者局部动员，并行使宪法规定的国防方面的其他职权。

3. 国家主席的国防领导职权

中华人民共和国主席的国防领导职权主要有：根据全国人民代表大会的决定和全国人民代表大会常务委员会的决定，宣布战争状态；根据全国人民代表大会的决定和全国人民代表大会常务委员会的决定，发布动员令；公布全国人民代表大会及其常务委员会制定的有关国防方面的法律；根据全国人民代表大会常务委员会的决定，被授予在国防方面国家的勋章和荣誉称号；根据全国人民代表大会常务委员会的决定，批准和废除同外国缔结的有关国防方面的条约和重要协定。

4. 国务院的国防领导职权

中华人民共和国国务院是最高国家权力机关的执行机关，是最高国家行政机关。它的国防领导职权包括：编制国防建设发展规划和计划；制定国防建设方面的方针、政策和行政法规；领导和管理国防科研生产；管理国防经费和国防资产；领导和管理国民经济动员工作和人民武装动员、人民防空动员、交通战备动员等方面的工作；领导和管理拥军优属工作和退出现役军人的安置工作；领导国防教育工作；与中央军事委员会共同领导中国人民武装警察部队、民兵工作，以及征兵、预备役、边防、海防和空防工作；法律规定的与国防建设事业有关的其他职权。

5. 中央军事委员会的国防领导职权

中华人民共和国中央军事委员会是最高国家军事机关，与中共中央军事委员会是同一机构，负责领导全国武装力量。职权主要包括：统一指挥全国武装力量；决定军事战略和武装力量的作战方针；领导和管理中国人民解放军的建设，制定规划、计划并组织实施；向全国人民代表大会或者全国人民代表大会常务委员会提出议案，制定军事法规，发布决定和命令；决定中国人民解放军的体制和编制，规定总部以及军区、军兵种和其他军级单位的任务和职责；任免、培训、考核和奖惩武装力量成员；批准武装力量的武器装备体制和武器装备发展规划、计划，协同国务院领导和管理国防科研生产；会同国务院管理国防经费和国防资产；法律规定的其他职权。

中央军委实行主席负责制，中央军委主席为全国武装力量的统帅。中央军委组成人员为：中央军委主席，副主席若干人，委员若干人。中央军委下设总参谋部、总政治部、总后勤部和总装备部。总部既是中央军委的工作机关，又是全军军事、政治、后勤、装备工作的领导机关。

四、公民的国防义务和权利

（一）公民的国防义务

1. 兵役义务

兵役义务是公民在参加国家武装力量和以其他形式接受军事训练方面应当履行的责任。《兵役法》第三条规定："中华人民共和国公民，不分民族、种族、职业、家庭出身、宗教信仰和教育程度，都有义务依照本法的规定服兵役。"公民履行兵役义务的主要形式有三种。

第一，服现役。现役是公民在军队中所服的兵役。参加中国人民解放军和武装警察部队都是服现役。按照《兵役法》的规定，年满18岁的男性公民，应当被征集服现役。当年未被征集的，在22岁以前，仍可以被征集服现役。根据军队需要，也可以征集18岁至22岁的女性公民服现役。同时，《兵役法》还规定，不得征集正在受到侦查、起诉、审判或者被判刑的应征公民。《兵役法》对有关违法行为也做出了惩处的规定。如有服兵役义务的公民如果拒绝、逃避征集的，政府可以做出其2年内不得被录取为国家公务员、国有企业职工，不得出国或者升学的决定。

根据军队现代化建设需要高素质兵员的实际，近年来国务院、中央军委决定在普通高等学校开展征集兵员的工作。同时采取一定的措施，对应征入伍大学生予以鼓励。比如，在大学生服现役期间，地方政府要发给他们优抚金；对退伍后复学的，学校在专升本、本考研、调整专业、减免学费、发放奖学金等方面都给予优惠，等等。这些措施无疑激发了大学生们携笔从戎、报效祖国的积极性。

除了征集新兵，军队平时还采取其他一些方式从适龄公民中选拔人员。军事院校从应届高中毕业生中招收学员，部分普通高等学校招收国防生，军队招收普通高等学校毕业生入伍，从非军事部门具有专业技能的公民中招收士官。符合服兵役条件的公民，可以通过以上途径参加中国人民解放军或武装警察部队服现役。

战时，预备役人员应随时准备应召服现役，在接到通知后，必须准时到指定的地点报到。遇有特殊情况，国务院和中央军事委员会可以决定征召36岁至45岁的男性公民服现役。应征公民拒绝、逃避征集构成犯罪的，依法追究刑事责任。

第二，服预备役。预备役是公民在军队以外所服的兵役，是国家储备后备兵员的形式。根据《兵役法》规定，预备役分为军官预备役和士兵预备役，并区分为第一类预备役和第二类预备役。公民服士兵预备役的年龄是18~35岁。

一是登记服预备役。每年9月30日之前，兵役机关要对到年底满18岁的男性公民进行兵役登记。

二是参加民兵组织。民兵是不脱离生产的群众武装组织，是国家武装力量的重要组成部分，是中国人民解放军的助手和后备力量。民兵分为基干民兵和普通民兵。28岁以下退出现役的士兵和经过军事训练的人员，以及选定参加军事训练的人员，编为基干民兵；其余18岁至35岁的男性公民，编为普通民兵。根据需要，吸收部分女性公民参加基干民兵。我国实行民兵与预备役相结合的制度，所有的民兵同时都是预备役人员，参加民兵组织也是服预备役。

三是编入预备役部队。预备役部队是以现役军人为骨干，以预备役军人为基础，按照军队的编制体制建立起来的军事组织，是战时成建制快速动员的重要形式。公民编入预备役部队担任预备役军官或士兵，服第一类预备役。

第三，参加学生军事训练。《兵役法》第四十三条规定："高等院校的学生在就学期间，必须接受基本军事训练。"第四十五条规定："高级中学和相当于高级中学的学校，配备军事教员，对学生实施军事训练。"这些规定表明，接受军事训练是学生必须

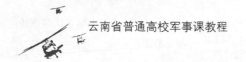

履行的兵役义务。学生军事训练依据教育部和中国人民解放军总参谋部、总政治部联合制定的《普通高等学校军事课教学大纲》《高级中学和相当于高级中学军事课教学大纲》组织实施。高等院校将军事课（含军事理论教学和军事技能训练）作为必修课，纳入教学计划。军事理论教学时间为 36 学时，军事技能训练时间为 2～3 周，实际训练时间不得少于 14 天。各项教学和训练都规定了明确的内容和目标，必须严格执行。考试成绩记入学生档案，考试不合格的，按高等院校学籍管理办法和有关规定处理。高级中学和相当于高级中学的学校将军事训练纳入学生必修内容，将考试成绩记入学生的学籍档案，作为考评学生综合素质和报考高一级学校的重要依据。高级中学的学生军训包括集中军事训练和军事知识讲座两部分，时间为 7～14 天。在高等院校和高级中学就读的学生，应自觉服从学校的军事训练安排，认真履行应承担的军训义务，完成军事训练科目，达到训练目标。

2. 接受国防教育的义务

国防教育是国家为防备和抵抗侵略，制止武装颠覆，保卫国家的主权统一、领土完整和安全，对全体公民所进行的一种具有特定目的和内容的教育活动，是国家整体教育事业的组成部分。国防教育是建设和巩固国防的基础，是增强民族凝聚力、提高全民素质的重要途径。国家通过立法把国防教育作为公民的法律义务规定下来。

我国《宪法》《国防法》《中华人民共和国国防教育法》（以下简称《国防教育法》）、《全民所有制工业企业法》等，都对国防教育做出了明确规定。2001 年 4 月 28 日第九届全国人民代表大会常务委员会第二十一次会议通过的《国防教育法》，对国防教育的地位、目的、方针、原则，国防教育领导、保障，学校的国防教育、社会的国防教育和法律责任等做出了具体规定。2001 年 8 月 31 日第九届全国人民代表大会常务委员会第二十三次会议通过《关于设立全民国防教育日的决定》，确定每年 9 月第三个星期六为全民国防教育日。依照法律规定，全体公民都是国防教育的对象，都有接受国防教育的权利和义务。

国防教育的地位。《国防教育法》第二条规定："国防教育是建设和巩固国防的基础，是增强民族凝聚力、提高全民素质的重要途径。"

国防教育的目的。《国防教育法》第三条规定："国家通过开展国防教育，使公民增强国防观念，掌握基本的国防知识，学习必要的军事技能，激发爱国热情，自觉履行国防义务。"

国防教育的方针和原则。《国防教育法》第四条规定："国防教育贯彻全民参与、长期坚持、讲求实效的方针，实行经常教育与集中教育相结合、普及教育与重点教育相结合、理论教育与行为教育相结合的原则，针对不同对象确定相应的教育内容分类组织实施。"

国防教育的内容。主要包括国防理论教育、国防精神教育、国防知识教育和国防技能教育，以及战备形势教育、国防任务教育、敌情等特定教育。这些教育相互联系、相互渗透、相互促进，其核心都是爱国主义精神教育。

3. 保护国防设施的义务

国防设施是指国家直接用于国防目的的建筑、场地和设备。包括军事设施、人民防空设施、国防交通设施和其他用于国防目的的设施。国防设施是国防建设的成果，是国防活动的依托，是抵抗侵略、保卫祖国的物质条件，在巩固国防、维护国家安全利益方面具有重要作用。国家采取一切必要措施保护国防设施。

1990年2月23日颁布的《中华人民共和国军事设施保护法》规定，国家对军事设施实行"分类保护、确保重点"的方针，根据军事设施性质、作用、安全保密和使用效能的要求，将军事设施的保护分为三类：一是划定军事禁区予以保护；二是划定军事管理区予以保护；三是没有划入军事禁区、军事管理区的军事设施，如通信线路、铁路和公路线、导航和助航标志等，采取有效措施予以保护。

公民在从事经济、文化和其他社会活动时，应当遵守法律规定，自觉保护国防设施。公民对于破坏、危害国防设施的行为，应当检举、控告或制止。破坏、危害国防设施的，要承担相应的法律责任。

4. 保守国防秘密的义务

国防秘密是指关系国家安全利益，在一定时间内只限一定范围人员知悉的军事或与军事有关的政治、经济、外交、科技和教育等方面的事项。国防秘密主要表现形式是国防秘密信息和国防秘密载体。保守国防秘密事关国家安危。公民应当遵守《中华人民共和国保守国家秘密法》，以及有关的保密规定，严格保守国防方面的国家秘密。发现国防方面的国家秘密已经泄露或者可能泄露时，立即采取补救措施并及时报告。

5. 支持国防建设、协助军事活动的义务

我国的国防是全民国防，公民应当积极参与和支持国防建设。支持国防建设的形式是多种多样的，公民所做的一切有利于国防建设的事都是支持国防建设。军事活动是国防活动的核心内容。公民和组织应当根据自己的能力和条件，自觉地提供便利和协助。

（二）公民的国防权利

《国防法》第五十四条规定："公民和组织有对国防建设提出建议的权利，有对危害国防的行为进行制止或者检举的权利。"第五十五条规定："公民和组织因国防建设和军事活动在经济上受到直接损失的，可以依照国家有关规定取得补偿。"

1. 提出建议权

公民依法对国防建设的指导思想、方针、原则、规章制度和实施方法等提出建议，是公民依照宪法享有的对国家事务建议权在国防建设方面的体现。

2. 制止和检举权

制止危害国防利益的行为，是指公民依法采取一定的方式、方法使危害国防的行为停止下来，从而维护国防利益。对于危害国防安全的行为，公民有权采取一切合法手段制止其发生、发展。

检举危害国防利益的行为，是指危害国防的行为发生后，公民对违法行为进行揭发。《国防法》规定公民享有制止和检举权，对及时发现和有效地制止、打击侵害国防利益的违法犯罪行为，维护国防利益，加强国防建设有着重要作用。

3. 获得补偿权

《国防法》规定公民享有获得补偿权。国家进行国防建设，以武装力量开展军事活

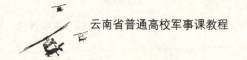

动，在某些情况下可能对公民的合法权益产生一定的影响甚至造成经济损失，公民可以按照国家有关规定请求政府或军事机关予以补偿。

在战时和其他紧急状态下，有些补偿措施是在事后落实的，不应把预先得到补偿作为接受征用的条件。同时"补偿"不同于"赔偿"。补偿是由国家机关工作人员或军事人员的合法行为引起的，是国家对公民因国防活动受到损失所采取的补救措施，仅限于直接经济损失，不包括间接经济损失和精神损失，因此，必须实事求是地进行申请与核实。

（三）国防义务与国防权利的关系

国防义务与国防权利是对立统一的关系。所谓对立，是指两者各有不同的含义，有质的不同。权利是主动的，义务是被动的；权利可以放弃，义务必须履行。所谓统一，是指两者同时产生、密切联系、互为条件、相辅相成，具有一致性。

国防义务与国防权利的一致性主要表现在三个方面。一是对等性。从权利和义务之间的关系来考察，公民所承担的国防义务和享有的国防权利相对应而存在，两者在总量上是相等的。《国防法》第九章规定，公民的国防义务有五项，国防权利有三项，在数量和分量上不完全对应。但《宪法》规定国家武装力量的任务之一是"保卫人民的和平劳动"，表明公民还享有和平劳动被保护的权利，这是一项很重要的国防权利。公民履行各种国防义务，同时享受和平劳动以及正常的生活和学习被保护的权利，这是权利义务总量相等最突出的表现。二是平等性。从人与人之间的关系上来考察，公民在享受权利和承担义务方面是平等的。《宪法》规定："中华人民共和国公民在法律面前人人平等。""任何公民都享有宪法和法律规定的权利，同时必须履行宪法和法律规定的义务。"依照宪法和法律，我国公民平等地享有法定的国防权利，也平等地承担国防义务。没有只享受权利而不履行义务的公民，也没有只履行义务而不享受权利的公民。三是同一性。有些国防权利和国防义务是同一的。如《国防教育法》第五条规定："中华人民共和国公民都有接受国防教育的权利和义务。"表明接受国防教育既是公民拥有的国防权利，又是公民应承担的国防义务。公民依法服兵役的权利和义务也是同一的。《兵役法》规定，依照法律被剥夺政治权利的人，不得服兵役，这是从权利角度规定的。被剥夺政治权利的人，同时也被剥夺了服兵役的权利。《兵役法》还规定，身体残疾不适合服兵役的人，免服兵役，这是从义务角度规定的。免除残疾人服兵役的义务，是国家对残疾人的照顾。

权利和义务的一致性在国防方面有特殊的表现。在其他社会活动中，权利和义务的一致性通常是直观的，但在国防活动中，权利和义务的一致性却并不直观，甚至在一定局部、一定层次上表现为不对等、不平等。一是和平时期公民的劳动、生活没有受到战争的现实威胁，享受不到国防活动所带来的直接利益，但也必须承担国防义务，战争临头再进行国防建设是来不及的。如果要求权利和义务在任何时候都绝对一致，国防建设往往无法进行。二是不同地区的公民享受的国防权利和承担的国防义务是不平等的。平时，边海防地区的公民承担较多国防义务，却享受与内地同样的国防权利；在发生局部战争情况下，战区和邻近战区的公民就要承担较多的国防义务，而其他地区的公民承担的国防义务则较少。三是公民在参与国防活动时，所享受的权利和所承担的义务也往往是不对等的。如战争期间，国家可以根据军事需要征用公民的物资、车辆、船只等，服从征用，是公民应尽的国防义务，而履行这一义务必然要承受一定的经济损失。《国防法》虽然规定对直接经济损失给予补偿，但不能适用民法中的等价补偿原则，在有些情况下，国防义务的付出是难以补偿的。公民为协助军事活动，可能会流血牺牲，抚恤有定额，而生命是无价的。另外，由于国防的组织、领导权集中掌握在国家手中，一般公民在国防活动中往往更多的是履行义务，而非行使权利。

第四节　中国的武装力量

武装力量是国家或政治集团所拥有的各种武装组织的总称。一般以军队为主体，由军队和其他正规与非正规的武装组织构成，是国防力量的主体。武装力量的组织与构成，通常受国家政治制度、经济实力、军事战略、地理环境、人口和历史传统等多种因素的制约。

一、中国武装力量的构成

《中华人民共和国国防法》（后简称《国防法》）规定："中华人民共和国的武装力量，由中国人民解放军、中国人民武装警察部队和民兵组成。"它的基本体制是"三结合"。中国武装力量，是以全国人民为基础，在中国共产党领导下，经过长期的战争和社会建设实践，逐步形成并发展起来的。新中国成立后，随着大规模武装斗争的停止，国家进入了和平建设的新时期。为了适应新的时代环境，根据国际国内形势的发展变化，在继承和发扬革命战争传统的基础上，经过60多年的实践和探索，逐步形成了由中国人民解放军、中国人民武装警察部队和民兵构成的三结合武装力量体制。

（一）中国人民解放军

中国人民解放军是中国武装力量的主体力量。它诞生于1927年8月1日，历经了红军、八路军、新四军和解放军等发展阶段。它从小到大，由弱到强，在解放中国的长期武装斗争中，先后打败了国内外一切反动军队、反动势力和日本侵略者。为新中国的诞生立下了不朽功勋。新中国成立后，又在抗美援朝和历次边境反击战争中捍卫了国家主权和尊严，成为保卫祖国和社会主义建设事业的坚强柱石。中国人民解放军由现役部队和预备役部队组成。现役部队是国家的常备军，它由陆军、海军、空军和第二炮兵组成。预备役部队是具有一定战斗力的准正规部队，它以现役军人为骨干，以预备役军官、士兵为基础，按统一编制编成，能在战时迅速转为现役的部队，是中国人民解放军的重要组成部分，是战时首批动员的后备力量。预备役部队组建于1983年，分别有陆军、海军、空军和第二炮兵预备役部队，列入中国人民解放军建制序列，实行统一编制，授有番号、军旗，执行中国人民解放军的条令、条例。预备役部队平时隶属于省军区（卫戍区、警备区），战时转入现役后隶属现役部队。

（二）中国人民武装警察部队

中国人民武装警察部队成立于1982年6月19日，是中华人民共和国武装力量的重

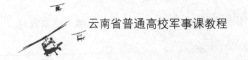

要组成部分，是保卫社会主义现代化建设的重要力量。《国防法》规定，中国人民武装警察部队担负国家赋予的安全保卫任务，维护社会秩序。它是人民民主专政的重要工具之一。中国人民武装警察部队根据中国人民解放军的建军思想、宗旨和原则，按照中国人民解放军的条令、条例和有关规章制度，结合武警部队特点进行建设。

中国人民武装警察部队属于国务院编制序列，由国务院、中央军委双重领导，实行统一领导管理与分级指挥相结合的体制。中国人民武装警察部队总部，下属武警指挥部、武警总队、武警机动师和武警院校；各省、自治区、直辖市设武警总队，各总队下属武警支队、初级指挥学校。

中国人民武装警察部队分为内卫部队，边防、消防和警卫部队，黄金、水电、交通和森林部队。其中内卫部队是武警部队主要组成部分，受武警总部的直接领导指挥；边防、消防和警卫部队，是列入武警序列由公安部门领导指挥的部队；黄金、水电、交通和森林部队，是列入武警序列受国务院有关业务部门和武警双重领导指挥的部队。

中国人民武装警察部队的使命：第一，维护国家主权和尊严。武警部队主要通过执行边境武装警卫勤务、边防检查勤务、安全检查勤务和海上巡逻勤务来履行这一职能。第二，维护社会治安。中国人民武装警察部队担负着用公开武装的形式预防和打击敌对势力的破坏，应付各种紧急意外情况，维护社会治安的任务。第三，保卫党政领导机关、重要目标和人民生命财产的安全。主要通过执行警卫勤务、守卫勤务、消防工作和反恐怖任务来实现。

（三）中国民兵

中国民兵（以下简称民兵）是不脱离生产的群众武装组织，是中华人民共和国武装力量的组成部分，是中国人民解放军的后备力量。民兵初建于第一次国内革命战争时期。革命战争年代，民兵为民族的解放、打败日本侵略者和新中国的建立做出了巨大的贡献。正如毛泽东所说："兵民是胜利之本。"新中国成立后，民兵仍是国家武装力量的组成部分，在建设祖国、保卫祖国中发挥了重要作用。

全国民兵工作在国务院、中央军委领导下，由总参谋部主管；各大军区按照上级赋予的任务，负责本区域的民兵工作；省军区（卫戍区、警备区）、军分区和县（市）人民武装部，是本地区的民兵领导指挥机关；乡、镇、街道和企事业单位人民武装部，负责民兵和兵役工作。地方各级人民政府对民兵工作实施原则领导，对民兵工作实施组织和监督。

民兵的使命：积极参加社会主义现代化建设，带头完成生产任务；担负战备勤务，保卫边疆，维护社会治安；随时准备参军作战，抵抗侵略，保卫祖国。

二、中国人民解放军的编成、使命和装备

中国人民解放军由陆军、海军、空军和第二炮兵构成，也就是通常所说的由"三大军种和一大兵种"构成。中国人民解放军是中国共产党缔造和领导的，用马克思列宁主义、毛泽东思想、邓小平理论武装起来的人民军队，是中华人民共和国的武装力量，人民民主专政的坚强柱石。中国人民解放军以紧紧地和人民站在一起，全心全意为人民服务为宗旨，担负着巩固国防、抵抗侵略、保卫祖国、保卫人民的和平劳动、

参加国家建设的使命任务。

（一）陆　军

陆军是陆战场上决定胜负的主要力量，成立于 1927 年 8 月 1 日。主要担负陆地作战任务，包括机动作战部队、边海防部队、警卫警备部队等。按照机动作战、立体攻防的战略要求，陆军积极推进由区域防卫型向全域机动型转变，加快发展陆军航空兵、轻型机械化部队和特种作战部队，加强数字化部队建设，逐步实现部队编成的小型化、模块化、多能化，提高空地一体、远程机动、快速突击和特种作战能力。陆军机动作战部队包括 18 个集团军和部分独立合成作战师（旅），现有 85 万人。集团军由师、旅编成，分别隶属于 7 个军区。沈阳军区下辖第 16、39、40 集团军，北京军区下辖第 27、38、65 集团军，兰州军区下辖第 21、47 集团军，济南军区下辖第 20、26、54 集团军，南京军区下辖第 1、12、31 集团军，广州军区下辖第 41、42 集团军，成都军区下辖第 13、14 集团军。陆军在中国革命相当长的时期内一直是武装力量的主体，为新中国的成立立下了汗马功劳。新中国成立后，陆军在保卫祖国、维护社会安全与稳定、维护世界和平等方面再立新功，先后进行了 1 次出国作战、2 次自卫反击和 1 次自卫还击作战。

1. 陆军的编成

我国的陆军主要由步兵、装甲兵、炮兵、防空兵、陆军航空兵、工程兵、防化兵、通信兵、电子对抗兵和专业部（分）队等组成。其基本建制为：集团军、师（旅）、团、营、连、排、班。团以上大多采用合成编制。如集团军通常辖若干个步兵师（旅）及装甲师（旅）、炮兵师（旅）、防空旅、直升机大队、工兵团、通信团和各种保障部（分）队等。

2. 陆军的使命

抗击外敌入侵、保卫国家领土主权、维护国家和平统一和社会稳定。

3. 陆军的装备水平

陆军的装备从 20 世纪 50 年代仿制枪、火炮、坦克等开始，到 80 年代中期自行研制成功并设计定型主战坦克、榴弹炮、自行加榴炮、火箭炮、反坦克导弹等，我军自行研制的陆军武器装备已达百余种。目前，已经形成了以直升机、装甲突击车辆、防空和火力压制武器为骨干的陆上作战装备体系。

一是在一些重点领域瞄准世界陆军武器装备发展前沿。新世纪新阶段，在"生产一代、研制一代"的基础上，进一步加大"预研一代、探索一代"的力度，瞄准世界陆军装备发展前沿，不断提高陆军装备自主创新能力。通过原始创新、集成创新和引进消化吸收再创新，在一些重点领域突破了一批制约陆军装备发展的关键技术，取得了一批具有自主知识产权、填补陆军装备建设空白的重要成果。两栖装甲突击车综合性能居世界同类装备前列；远程多管火箭炮、步兵战车等装备总体性能达到世界先进水平；弹药精确炸点控制、末敏子弹药技术、炮射导弹技术的突破，使陆军弹药的灵巧化、智能化水平跃上了新的台阶。特别是目前我军"智能弹药"末敏弹设计、分析、仿真、试验、评估理论体系已基本形成，这是一种能够在弹道末段探测出目标存在，并使战斗部朝目标方向爆炸的"聪明"弹药，能对目标自动探测识别并实施精确攻击，

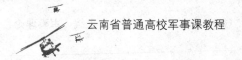

具有作战距离远、命中概率高、毁伤效果好等优点，被誉为反坦克武器"新星"。

二是陆军武器装备系列化建设成效显著。按照"成建制、成体系、成规模、上水平"的要求，研制定型了各兵种系列化指挥控制系统，构建起"纵向贯通"的作战指挥体系；侦察预警装备初步形成以空中侦察为主，中近程以地面雷达、光电、声测侦察为主的多平台、多手段装备体系；防空反导装备基本具备弹炮结合的防空能力和反导能力；精确打击装备的远程压制能力、精确打击能力和快速反应能力大大提高；装甲突击装备初步形成重型、轻型、两栖和空降突击装备基本体系；车船工化装备基本形成与各类部队作战需要相适应的保障装备体系。

三是武器装备平台信息化含量不断提升。坚持以信息化建设为主导，机械化信息化复合发展。突出指挥系统的核心地位，高度重视武器装备平台的信息化。如车辆电子综合系统的应用，使主战坦克数字化水平有了很大提高，火控系统综合反应时间明显缩短。在研制新型信息化陆军武器装备的同时，对已有武器装备进行信息化改造。采取"内部嵌入法""外部集成法""仿真演示法"等，为现有装备植"神经"、嵌"大脑"，提升其信息含量。通过提升武器装备系统的信息化水平，目前我军炮兵营火力反应速度提升了近10倍，雷达情报到火力单元传输速度提升了10余倍。

（二）海　军

海军是海上作战行动的主体力量，成立于1949年4月23日。担负着保卫国家海上方向安全、领海主权和维护海洋权益的任务。按照近海防御的战略要求，海军注重提高近海综合作战力量现代化水平，发展先进潜艇、驱逐舰、护卫舰等装备，完善综合电子信息系统装备体系，提高远海机动作战、远海合作与应对非传统安全威胁能力，增强战略威慑与反击能力。海军现有23.5万人，下辖北海、东海和南海3个舰队，舰队下辖舰队航空兵、基地、支队、水警区、航空兵师和陆战旅等部队。先后与敌人作战1000余次；击沉、击伤和缴获敌舰船400余艘；击落、击伤敌机200余架；击毙、俘虏敌人7000余人，有效维护了祖国领海主权和海洋权益，为保卫祖国万里海疆做出了重大贡献。

1. 海军的编成

海军主要由潜艇部队、水面舰艇部队、航空兵、陆战队、岸防部队等兵种组成。其编制序列为军委海军、海军舰队、海军基地、舰艇支队、舰队航空兵和水警区等。

2. 海军的使命

防御外敌海上入侵，收复敌占岛屿，保卫我国领海主权，维护祖国统一和海洋权益。

3. 海军的装备水平

我军海军武器装备建设着眼建设海空一体，适应近海防卫作战要求的装备体系，重点发展了新型导弹驱逐舰、导弹护卫舰、新型对海攻击飞机、新型核动力潜艇、常规动力潜艇、新型两栖装甲突击装备，实现了舰载、机载精确打击武器的升级换代和水下、水面、空中装备的协调发展。

一是海军武器装备科技含量显著跃升。着眼建设一支多兵种合成、具有核常双重作战手段的现代化海上作战力量，加强了新技术、新材料、新工艺的研制和运用，一批新型潜艇、驱逐舰、飞机陆续列装部队。舰载武器全面升级换代，综合作战能力明显增强，成为海上重要作战力量。潜艇装备已发展为包括核潜艇和常规动力潜艇在内的强大水下突击力量，机动性、隐蔽性和反潜反舰作战能力显著增强。海军航空兵突击距离、打击精度和空防能力显著提升，整体作战能力迈上了一个新台阶。岸防装备更新换代，成为沿岸防御作战的主要力量。新型两栖坦克、装甲车及特种装备全面列装，海军陆战队战斗力得到全面提升，成为名副其实的"陆上猛虎、海上蛟龙"。

二是海军武器装备集成建设成效显著。随着超视距雷达、多功能相控阵雷达、水声警戒浮标系统等项目研制成功，初步形成了岸海空天多平台、多体制预警侦察体系；初步构建了集数据链、对潜通信、卫星通信等多手段于一体的综合信息传输网络；初步建成了以岸基为支撑、以海上空中平台为重点、可支持一体化联合作战的指挥信息系统；具备雷达、通信、光电、水声多种信息对抗手段，海军装备信息化水平不断提高。

三是综合作战武器装备结构不断优化。按照由"近海防御战略"向"远海防卫战略"转变的要求，正确处理需求与可能、重点突破与整体推进、数量规模与质量效益的重大关系，实现了装备的梯次更新和滚动发展。舰艇装备形成了以核潜艇与常规潜艇、大中型水面舰艇为主的装备体系；航空装备形成了以岸基、舰载各类机种齐全的新型作战飞机为主的装备体系；作战武器形成了以导弹、制导鱼雷等远程精确制导武器为主的现代化主战装备体系。逐步构建起以综合电子信息装备为中枢、以先进作战平台为骨干、以远程精确打击武器为拳头、以勤务保障装备为支撑的近海综合作战装备体系，为推动海军由近海防御向远海防卫转型奠定了坚实的基础。

（三）空 军

空军是空中作战行动的主体力量，成立于1949年11月11日。担负着保卫国家领空安全、保持全国空防稳定的任务。按照攻防兼备的战略要求，空军加强以侦察预警、空中进攻、防空反导、战略投送为重点的作战力量体系建设，发展新一代作战飞机、新型地空导弹和新型雷达等先进武器装备，完善预警、指挥和通信网络，提高战略预警、威慑和远程空中打击能力。空军现有39.8万人，下辖沈阳、北京、兰州、济南、南京、广州、成都7个军区空军和1个空降兵军。军区空军下辖基地、航空兵师（旅）、地空导弹师（旅）、雷达旅等。在国土防空、抗美援朝、援越抗美等作战中，取得过击落击伤敌机3700余架的辉煌战绩，为保卫祖国和社会主义建设做出了重大贡献。

1. 空军的编成

空军主要由航空兵、地面防空兵、雷达兵、空降兵、电子对抗等兵种组成。其编制序列为军委空军、军区空军、空军基地、航空兵师、防空兵师（旅）、飞行学院、雷达旅（团）等。

2. 空军的使命

组织国土防空，夺取制空权，独立或联合（协同）其他军种作战，保卫祖国领土、领空、领海主权和国家利益，维护国家统一和安全，保障我国改革开放和经济建设的顺利进行。

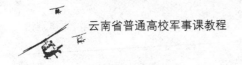

3. 空军的装备水平

我军空军着眼信息化战争体系对抗特点，着力于攻防兼备装备整体效能发挥，注重协调发展、系统配套，形成规模适当、结构合理的完整体系，人民空军的武器装备转型建设走上了一条信息化、体系化的科学发展道路。

一是追赶世界空军武器装备发展先进水平。进入新的世纪，人民空军围绕"建设信息化军队，打赢信息化战争"的目标，加快了武器装备信息化建设步伐。到 2006 年 8 月，最后一批老旧的"歼 6"战机整建制退役，由我国自行研制的先进战机"歼 10"和"歼 11"成为空中梯队的主体，表明空军武器装备建设迈上了新的台阶，跟上了世界空军武器装备快速发展的节拍。"歼 10"战机是具有完全自主知识产权的国产第三代战斗机。采用当今国际先进技术自行研制的新一代单发、轻型高性能、多用途、全天候战斗机，具有突出的中低空机动作战性能，拥有超视距空战、精确对地攻击、对海打击、空中加油等多种能力。"歼 11"战机是双发、重型、远程、全天候战斗机，具有留空时间长、作战半径大、机动性能好、攻击性能强等优点。

二是空中预警、指挥、控制能力大幅提升。预警机和战区战术级指挥信息系统是世界主要国家空军的基本装备，是空中作战必不可少的重要力量。空军现装备的空警 2000 和空警 200 两种国产新型空中预警机，均是我国自主研制的全天候、多传感器空中预警指挥系统，可用于监视、跟踪、识别空中及海面目标，并将预警情报分发到地面指挥机构或其他作战单元。可按地面指挥机构分配的任务，指挥空军兵力作战或配合陆、海军作战。必要时，可接替地面指挥机构，独立对空中、地面和海上各类作战平台实施指挥。它代表了我国信息技术领域的先进水平，填补了我军空中预警指挥手段的空白。

三是远程作战能力不断加强。我军在战备上坚持防御、自卫和后发制人的原则，在任何时候任何条件下都不搞侵略扩张。按照这一基本要求，我军主动适应国际形势、国家利益和战争形态的发展变化，积极维护国家全部领土领海的安全，维护合法的海洋权益，并积极促进地区安全和稳定。空军的战略运用因此被赋予了新的内容，要求突破内陆型空军的传统模式，以维护主权和安全为宗旨，拓展运用范围，在更广阔的区域内履行安全责任。在 2009 年的国庆阅兵中，空中加油机与"歼 10"战机组合编队，标志着人民空军远程作战能力进一步提升。

四是空军武器装备体系对抗能力和配套保障能力不断提高。构建起由情报侦察、预警探测、指挥控制、火力打击、信息对抗和防空作战等组成的空军武器装备体系。大批国产的新型战机、防空武器系统、新型探测装备、通信装备陆续列装部队，空军已逐步形成了作战飞机和支援保障飞机相配套、空地结合、攻防兼备的装备体系，空中打击、防空反导、预警侦察和战略投送能力不断增强。

（四）第二炮兵

第二炮兵是中国战略威慑的核心力量，成立于 1966 年 7 月 1 日。主要担负遏制他国对中国使用核武器、遂行核反击和常规导弹精确打击任务，由核导弹部队、常规导弹部队、作战保障部队等组成。它与海军潜艇战略导弹部队和空军战略轰炸机部队构成我国三位一体的战略核力量（其中第二炮兵是主要力量）。第二炮兵可单独作战，也可与其他军种联合（协同）作战。

1. 第二炮兵的编成

第二炮兵下辖导弹基地、训练基地、专业保障部队、院校和科研机构等，其编制序列为军委第二炮兵、第二炮兵基地、第二炮兵旅、第二炮兵营等。

2. 第二炮兵的使命

第二炮兵是我国核力量的主体，肩负着威慑和实战双重使命。威慑，即平时遏制敌国可能对我国发动核战争和局部入侵，打破敌核讹诈，为我国的和平外交政策服务；战时遏制常规战争升级为核战争。实战，即在我国遭受到核突袭时，根据需要，对敌实施坚决、及时和有效的核反击，打击敌国战略目标；发挥战役战术常规导弹的突击作用，赢得高技术条件下局部战争的胜利。

3. 第二炮兵的装备水平

我国自 20 世纪 50 年代自主研制"两弹一星"后，始终把导弹研制放在国防工业的重要地位，在此领域取得的成果和技术积淀最为雄厚。目前实现了作战力量由单一核力量向核常兼备发展，作战样式由固定阵地作战向机动作战发展，作战能力由近中远程向洲际打击拓展的大跨越，部队信息化条件下的战略威慑和防卫作战能力跃上新台阶。

一是新型武器装备不断列装部队。着眼建设精干有效的战略威慑力量，重点发展新型中远程地地核导弹、新型地地常规导弹，加强导弹武器的改进和研发，使快速反应、空防攻击和远程火力打击能力得到增强。特别是新一代洲际导弹等新型导弹完成研制并陆续装备部队，标志着第二炮兵武器装备建设实现了质的飞跃。

二是形成了核常兼备的武器装备体系。靠艰苦奋斗、自力更生、科技创新发展壮大的第二炮兵，目前已经形成核常兼备、射程衔接、可以打击多种类目标的武器装备系列。常规导弹能够全天候、全方位对多种类目标实施精确打击；陆基巡航导弹航程远、精度高，能够低空飞行、隐蔽空防、连续突击；新型中远程地地导弹，打击效能多样，已成为打赢信息化条件下局部战争的"拳头"；新型战略核导弹，是共和国国防实力的显著标志。随着我军战略武器装备的发展，遏制战争危机、维护世界和平的能力不断增强。

三是武器装备信息化建设步伐不断加快。及时确立了建设信息化战略导弹部队的发展目标和新的发展战略，以能力建设为核心，加强顶层设计，统筹规划，高质量推进第二炮兵武器装备的信息化建设。在保障装备配套建设上，加强了综合集成和信息系统一体化建设，加快了作战信息支援系统和精确制导武器作战保障装备的配套建设，目标、情报、侦察和通信等作战保障装备初步构成体系。

三、中国武装力量的多样化运用

（一）运用的基本政策和原则

1. 维护国家主权、安全、领土完整，保障国家和平发展

这是中国加强国防建设的目的，也是宪法和法律赋予中国武装力量的神圣职责。坚定不移实行积极防御军事战略，防备和抵抗侵略，遏制分裂势力，保卫边防、海防、

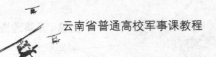

空防安全，维护国家海洋权益和在太空、网络空间的安全利益。坚持"人不犯我，我不犯人，人若犯我，我必犯人"，坚决采取一切必要措施维护国家主权和领土完整。

2. 立足打赢信息化条件下局部战争，拓展和深化军事斗争准备

坚定不移把军事斗争准备基点放在打赢信息化条件下局部战争上，统筹推进各战略方向军事斗争准备，加强军兵种力量联合运用，提高基于信息系统的体系作战能力。创新发展人民战争战略战术，推进军民融合式发展，提高国防动员和后备力量建设质量。全面提高日常战备水平，加强针对性战备演习演练，周密组织边海空防战备巡逻和执勤，妥善应对各种危机和重大突发事件。

3. 树立综合安全观念，有效遂行非战争军事行动任务

适应安全威胁新变化，重视和平时期武装力量运用。积极参加和支持国家经济社会建设，坚决完成抢险救灾等急难险重任务。依照法律规定履行维护国家安全和稳定职能，坚决打击敌对势力颠覆破坏活动，打击各种暴力恐怖活动，遂行安保警戒任务。加强应急救援、海上护航、撤离海外公民等海外行动能力建设，为维护国家海外利益提供可靠的安全保障。

4. 深化安全合作，履行国际义务

中国武装力量是国际安全合作的倡导者、推动者和参与者。坚持和平共处五项原则，全方位开展对外军事交往，发展不结盟、不对抗、不针对第三方的军事合作关系，推动建立公平有效的集体安全机制和军事互信机制。坚持开放、务实、合作的理念，深化同各国军队的交流与合作，加强边境地区建立信任措施合作，推进海上安全对话与合作，参加联合国维和行动、国际反恐合作、国际护航和救灾行动，举行中外联演联训。认真履行应尽的国际责任和义务，为维护世界和平、安全、稳定发挥积极作用。

5. 严格依法行动，严守政策纪律

中国武装力量遵守宪法和法律，遵守《联合国宪章》的宗旨和原则，坚持依法用兵、依法行动。严格执行法律法规和政策规定，严守群众纪律，依法完成抢险救灾、维稳处突和安保警戒等任务。以《联合国宪章》和公认的国际关系准则为依据，坚持在双边多边条约的法律构架内行动，确保涉外军事行动的合法性。制定和完善法律法规和政策制度，严格按照条令条例管理部队，为武装力量多样化运用提供法律保障。

（二）中国武装力量职能的发挥

中国武装力量的根本任务，是巩固国防、抵抗侵略、保卫祖国。中国武装力量的多样化运用，坚持以国家核心安全需求为导向，着眼维护和平、遏制危机和打赢战争，保卫边防、海防、空防安全，加强战备工作和实战化演习演练，随时应对和坚决制止一切危害国家主权、安全、领土完整的挑衅行为，坚决维护国家核心利益。

1. 保卫边防、海防、空防安全

中国有2.2万多千米陆地边界和1.8万多千米大陆海岸线，是世界上邻国最多、陆地边界最长的国家之一。中国500平方米以上的岛屿有6500多个，岛屿岸线1.4万多千米。中国武装力量对陆地边界和管辖海域实施防卫、管辖，维护边海防安全的任务复杂繁重。

陆军边海防部队驻守在边境、沿海地区及海上岛屿，担负着守卫国（边）界、沿

海海岸和岛屿，抵御防范外敌入侵、蚕食、挑衅，以及协助打击恐怖破坏、跨境犯罪等防卫与管理任务。边海防部队坚持以战备执勤为中心，强化边境沿海地区重要方向和敏感地段、水道、海域防卫警戒，严密防范各类入侵、蚕食和越境渗透破坏活动，及时制止违反边海防政策法规和改变国界线现状的行为，适时开展军地联合管控、应急处突等行动，有效维护边境沿海地区的安全稳定。目前，中国已与周边 7 个国家签订边防合作协议，与 12 个国家建立边防会谈会晤机制。人民解放军边防部队与俄罗斯、哈萨克斯坦、蒙古、越南等国边防部门开展联合巡逻执勤、联合管控演练等友好合作活动。与哈萨克斯坦、吉尔吉斯斯坦、俄罗斯、塔吉克斯坦等国每年组织相互视察活动，监督和核查边境地区信任措施落实情况。

海军加强海区的控制与管理，建立完善体系化巡逻机制，有效掌握周边海域情况，严密防范各类窜扰和渗透破坏活动，及时处置各种海空情况和突发事件。推进海上安全合作，维护海洋和平与稳定、海上航行自由与安全。在中美海上军事安全磋商机制框架下，定期开展海上信息交流，避免发生海上意外事件。根据中越签署的北部湾海域联合巡逻协议，两国海军从 2006 年起每年组织两次联合巡逻。

公安边防部队是国家部署在边境沿海地区和开放口岸的武装执法力量，担负保卫国家主权、维护边境沿海地区和海上安全稳定、口岸出入境秩序等重要职责，遂行边境维稳、打击犯罪、应急救援、边防安保等多样化任务。公安边防部队在边境一线划定边防管理区，在沿海地区划定海防工作区，在毗邻香港、澳门陆地边境和沿海一线地区 20～50 米纵深划定边防警戒区，在国家开放口岸设立边防检查站，在沿海地区部署海警部队。近年来，对边境地区和口岸实行常态化严查严管严控，防范打击"三股势力"、敌对分子的分裂破坏和暴力恐怖活动。集中整治海上越界捕捞活动，强化海上治安巡逻执法，严厉打击海上违法犯罪活动。

民兵积极参加战备执勤、边海防地区军警民联防、哨所执勤和护边控边等行动，常年在边海防线上巡逻执勤。

空防安全是国家总体安全的重要组成部分。人民解放军空军是保卫国家空防安全的主体力量，陆军、海军和武警部队按照中央军委的指示担负部分空防任务，空军实施统一指挥。国家空防体系常年处于戒备状态，掌握空中动态，维护空中飞行秩序，组织空中战斗巡逻，处置空中突发情况，坚决捍卫国家领空主权，确保国家空中安全。

2. 维护社会稳定

中国武装力量依照法律法规参加维护社会秩序行动，防范和打击恐怖活动。武警部队是国家处置公共突发事件、维护社会稳定的骨干和突击力量，2011—2012 年，有效应对和处置各类突发事件，配合公安机关成功处置多起暴力恐怖袭击事件，参与处置劫持人质等严重暴力事件 68 起，解救人质 62 人。先后完成第 26 届世界大学生夏季运动会、中国—亚欧博览会、上海合作组织北京峰会等重大活动安保任务，累计用兵 160 多万人次。人民解放军派出相关力量协助公安、武警部队完成重大活动安保任务，近年来先后参加北京奥运会、国庆 60 周年庆典、上海世博会、广州亚运会等重大活动的安保行动，共出动兵力 14.5 万人次、动用飞机和直升机 365 架、舰船 148 艘、雷达 554 部。民兵是维护社会稳定的一支重要力量，按照法律规定协助维护社会秩序，每年有 9 万多人执行守护桥梁、隧道和铁路线等任务。驻香港、澳门部队是中央人民政府派驻香港、澳门特别行政区的部队，依法履行防务职责。香港、澳门驻军法规定，特区政府在必要时可以向中央人民政府请求驻军协助维持社会治安和救助灾害。驻香港、澳门部队适时组织联合海空巡逻和年度演习演练活动，参与特区政府组织的海上空难搜救联合演习，圆满完成北京奥运会香港赛区及香港、澳门回归庆典活动安保任务。

3. 保障国家经济社会发展

保卫人民的和平劳动，参加国家建设事业，全心全意为人民服务，是宪法和法律赋予中国武装力量的重要任务。中国武装力量服从服务于国家改革发展大局，积极参加国家建设和抢险救灾，依法维护社会和谐稳定，努力保障国家发展利益。

（1）参加国家建设。军队和武警部队在完成教育训练、战备执勤、科研试验等任务的同时，围绕国家和地方经济社会发展规划部署，坚持把地方所需、群众所盼和部队所能结合起来，充分利用人才、装备、技术、基础设施等方面的优势，积极支援地方基础设施重点工程、生态环境建设和社会主义新农村建设，扎实做好扶贫帮困、助学兴教、医疗扶持等工作，为促进地方经济发展、社会和谐、民生改善做出重要贡献。

（2）支持科技教育文化卫生事业。2011—2012 年，军队院校、科研单位和专业技术部队共承担国家重大专项、科技支撑计划等课题研究 200 多项，参与科技攻关 220 项，转让科技成果 180 项。军队和武警部队 108 所医院对口支援西部贫困地区县级医院 130 所，军以下医疗卫生单位对口帮扶乡镇卫生院（所）1283 个。2009—2012 年，在新疆、西藏等西部少数民族地区集中援建"八一爱民学校"57 所，解决了 3 万多名学生入学问题。

（3）参加抢险救灾。军队、武警部队与各级人民政府一道，建立起抗洪抢险应急部队、地震灾害紧急救援队、核生化应急救援队、空中紧急运输服务队、交通电力应急抢险队、海上应急搜救队、应急机动通信保障队、医疗防疫救援队、气象保障应急专业队等 9 类 5 万人的国家级应急专业力量。各军区会同有关省（自治区、直辖市），依托现役和预备役部队组建 4.5 万人的省级应急专业力量。中国武装力量在历次重大抢险救灾中，都发挥了生力军和突击队作用。2008 年，出动 126 万名官兵和民兵预备役人员抗击南方严重低温雨雪冰冻灾害，22.1 万人参加四川汶川特大地震抗震救灾。2010 年，投入 2.1 万人参加青海玉树强烈地震抗震救灾，1.2 万人参加甘肃舟曲特大山洪泥石流灾害抢险救援。2011 年至 2013 年 4 月，军队和武警部队共出动兵力 37 万人，各型车辆（机械）19.7 万台次、飞机和直升机 225 架次，组织民兵预备役人员 87 万人，参加抗洪、抗震、抗旱、防凌、防台风和灭火等抢险救灾行动，抢救转移群众 245 万人，抢运物资 16 万吨。陆军航空兵直升机每年出动数百架次担负森林和草原防火、救火任务，并实现常态化。

4. 维护海洋权益和海外利益

海军结合日常战备为国家海上执法、渔业生产和油气开发等活动提供安全保障，分别与海监、渔政等执法部门建立协调配合机制，建立完善军警民联防机制。协同地方有关部门开展海洋测绘与科学调查，建设海洋气象监测、卫星导航、无线电导航及助航标志系统，及时发布气象和船舶航行等相关信息，建立和完善管辖海域内的航行安全保障体系。海军与海监、渔政部门多次举行海上联合维权执法演习演练，不断提高军地海上联合维权斗争指挥协同和应急处置能力。2012 年 10 月，在东海海域举行"东海协作—2012"海上联合维权演习，共有 11 艘舰船、8 架飞机参演。公安边防部队作为海上重要武装执法力量，对发生在我国内水、领海、毗连区、专属经济区和大陆架违反公安行政管理法律、法规、规章的违法行为或者涉嫌犯罪的行为行使管辖权。近年来，公安边防部队大力开展平安海区建设，加强北部湾海上边界和西沙海域巡逻监管，有效维护了海上治安稳定。

随着中国经济逐步融入世界经济体系，海外利益已经成为中国国家利益的重要组成部分，海外能源资源、海上战略通道以及海外公民、法人的安全问题日益凸显。开展海上护航、撤离海外公民、应急救援等海外行动，成为人民解放军维护国家利益和履行国际义务的重要方式。根据联合国安理会有关决议并经索马里过渡联邦政府同意，中国政府于 2008 年 12 月 26 日派遣海军舰艇编队赴亚丁湾、索马里海域实施护航。主要任务是保护中国航经该海域的船舶、人员安全，保护世界粮食计划署等国际组织运送人道主义物资船舶的安全，并尽可能为航经该海域的外国船舶提供安全掩护。截至 2012 年 12 月，共派出 13 批 34 艘次舰艇、28 架次直升机、910 名特战队员，完成 532 批 4984 艘中外船舶护航任务，其中中国大陆 1510 艘、香港地区 940 艘、台湾地区 74 艘、澳门地区 1 艘；营救遭海盗登船袭击的中国船舶 2 艘，解救被海盗追击的的中国船舶 22 艘。2011 年 2 月，利比亚局势急剧动荡，在利比亚的中资机构、企业和人员面临重大安全威胁。中国政府组织了新中国成立以来最大规模的撤离海外公民行动，共撤出 35860 人。人民解放军派出舰艇、飞机协助在利比亚人员回国。海军执行亚丁湾、索马里海域护航任务的"徐州"号导弹护卫舰赴利比亚附近海域，为撤离中国受困人员的船舶提供支援和保护。空军紧急出动飞机 4 架，共飞行 40 架次，协助 1655 名受困人员（含 240 名尼泊尔人）从利比亚转移至苏丹，接运 287 人从苏丹回国。

5. 参加联合国维和行动

中国认真履行国际责任和义务，支持并积极参加联合国维和行动。根据联合国决议和中国政府与联合国达成的协议，中国派出维和部队和维和军事专业人员，进驻指定国家或地区，在联合国主导下组织实施维和行动，主要承担监督停火、隔离冲突和工程、运输、医疗保障以及参与社会重建和人道主义援助等任务。

1990 年，人民解放军向联合国中东维和任务区派遣 5 名军事观察员，首次参加联合国维和行动。1992 年，向联合国柬埔寨维和任务区派出 400 人的工程兵大队，首次派遣成建制部队。截止到 2013 年 4 月，共参加 23 项联合国维和行动，累计派出维和军事人员 2.2 万人次。中国参加维和行动的所有官兵均被授予联合国和平勋章，有 3 名军官和 6 名士兵在执行维和任务中牺牲，被授予联合国哈马舍尔德勋章。目前，中国是联合国安理会 5 个常任理事国中派遣维和军事人员最多的国家，是联合国 115 个维和出兵国中派出工兵、运输和医疗等保障分队最多的国家，是缴纳维和摊款最多的发展中国家。中国维和官兵恪守联合国维和人员行为准则、交战规则和驻在国法律法规，尊重当地宗教信仰和风俗习惯，严格遵守任务区规定和中国维和部队规章制度，赢得了当地人民的信任。

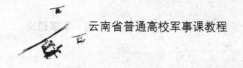

6. 参加国际灾难救援和人道主义援助

中国武装力量积极参加政府组织的国际灾难救援和人道主义援助，向有关受灾国提供救援物资与医疗救助，派出专业救援队赴受灾国救援减灾，为有关国家提供扫雷援助，开展救援减灾国际交流。

2002 年至 2013 年 4 月，人民解放军已执行国际紧急人道主义援助任务 36 次，向 27 个受灾国运送总价值超过 12.5 亿元人民币的救援物资。2001 年以来，由北京军区工兵团官兵、武警总医院医护人员和中国地震局专家组成的中国国际救援队，已参加 8 次国际灾难救援行动。2010 年以来，人民解放军医疗救援队先后 3 次赴海地、巴基斯坦执行国际人道主义医学救援任务，陆军航空兵直升机救援队赴巴基斯坦协助抗击洪涝灾害。2011 年 3 月，日本发生强震并引发海啸，中国国际救援队紧急赴日参与搜救工作。2011 年 7 月，泰国发生严重洪涝灾害，人民解放军空军出动 4 架飞机将中国国防部援助泰国武装部队的 90 多吨抗洪救灾物资运抵曼谷。2011 年 9 月，巴基斯坦发生特大洪灾，人民解放军空军出动 5 架飞机将 7000 顶救灾帐篷空运至卡拉奇，兰州军区派出医疗防疫救援队赴重灾区昆瑞开展医疗救援、卫生防疫工作。

中国武装力量积极开展对发展中国家的医疗服务和援助，参与国际医疗交流与合作，增进了与各国的友谊和互信。2010—2011 年，海军"和平方舟"号医院船先后赴亚非 5 国和拉美 4 国执行"和谐使命"人道主义医疗服务任务，历时 193 天，航程 4.2 万海里，为近 5 万人提供医疗服务。近年来，人民解放军医疗队还结合参加人道主义医疗联合演练，积极为加蓬、秘鲁、印度尼西亚等国家的民众提供医疗服务。

中国政府高度重视地雷引发的人道主义问题，积极支持和参与国际扫雷援助活动。截止到 2013 年 4 月，人民解放军通过举办扫雷技术培训班、专家现场指导、援助扫雷装备等方式，配合国家相关部门向近 40 个亚洲、非洲、拉丁美洲国家提供扫雷援助，为外国培训扫雷技术人员 400 多名，指导扫除雷场 20 多万平方米，捐赠价值约 6000 万元人民币的扫雷装备器材。

7. 维护国际海上通道安全

中国海军履行国际义务，在亚丁湾、索马里海域开展常态化护航行动，与多国护航力量进行交流合作，共同维护国际海上通道安全。截至 2012 年 12 月，中国海军护航编队共为 4 艘世界粮食计划署船舶、2455 艘外国船舶提供护航，占护航船舶总数的 49%。救助外国船舶 4 艘，接护被海盗释放的外国船舶 4 艘，解救被海盗追击的外国船舶 20 艘。

中国海军护航编队在联合护航、信息共享、协调联络等方面与多国海军建立了良好的沟通机制。与俄罗斯开展联合护航行动，与韩国、巴基斯坦、美国海军舰艇开展反海盗等联合演习演练，与欧盟协调为世界粮食计划署船舶进行护航。与欧盟、北约、多国海上力量、韩国、日本、新加坡等护航舰艇举行指挥官登舰互访活动，与荷兰开展互派军官驻舰考察活动。积极参与索马里海盗问题联络小组会议以及"信息共享与防止冲突"护航国际会议等国际机制。自 2012 年 1 月起，中国、印度、日本等独立护航国家加强行动协调，以季度为周期相互协调各自护航班期，实现护航资源的统筹协调，提高护航效率。中国作为首轮护航班期协调参照国，及时公布 2012 年第一季度护航班期，印度、日本据此调整本国护航班期计划，形成了统一且间隔有序的护航班期。韩国从第四季度起加入独立护航国家班期协调机制。

8. 参加对外军事交流

人民解放军坚持不结盟、不对抗、不针对第三方的方针和战略互惠、平等参与、对等实施的原则，与外国军队开展多层次、多领域、多军兵种的双边多边联演联训。2002 年至 2013 年 4 月，人民解放军依据协议或约定与 31 个国家举行了 28 次联合演习、34 次联合训练，对于促进政治军事互信、维护地区安全稳定和加强军队现代化建设发挥了积极作用。

上海合作组织框架内联合反恐军事演习机制化发展。中国与上合组织成员国已共同举行 9 次双边多边联合军事演习。从 2005 年开始，举行具有战略影响、战役层次的较大规模"和平使命"系列联合军事演习，包括"和平使命—2005"中俄联合军事演习、"和平使命—2007"上合组织武装力量联合反恐军事演习、"和平使命—2009"中俄联合反恐军事演习、"和平使命—2010"上合组织武装力量联合反恐军事演习、"和平使命—2012"上合组织武装力量联合反恐军事演习。演习震慑和打击了恐怖主义、分裂主义和极端主义势力，提高了上合组织成员国共同应对新挑战、新威胁的能力。

海上联演联训不断拓展。近年来，中国海军连续参加在阿拉伯海由巴基斯坦举办的"和平—07""和平—09""和平—11"多国海上联合演习。中俄两国海军以海上联合保交作战为课题，在中国黄海海域举行"海上联合—2012"军事演习。中、泰两国海军陆战队举行"蓝色突击—2010""蓝色突击—2012"联合训练。中国海军结合舰艇互访等活动，与印度、法国、英国、澳大利亚、泰国、美国、俄罗斯、日本、新西兰、越南等国海军举行通信、编队运动、海上补给、直升机互降、对海射击、联合护航、登临检查、联合搜救、潜水等科目的双边或多边海上演练。

陆军联合训练逐步深化。2007 年以来，中国陆军与外国陆军多次举行联合训练。与印度陆军举行"携手—2007""携手—2008"反恐联合训练，与蒙古国陆军举行"维和使命—2009"维和联合训练，与新加坡举行"合作—2009""合作—2010"安保联合训练，与罗马尼亚陆军举行"友谊行动—2009""友谊行动—2010"山地部队联合训练，与土耳其举行陆军突击分队联合训练。中国陆军特种部队与泰国陆军特种部队举行"突击—2007""突击—2008"和"突击—2010"反恐联合训练，与印度尼西亚特种部队举行"利刃—2011""利刃—2012"反恐联合训练，与巴基斯坦特种部队举行"友谊—2010""友谊—2011"反恐联合训练，与哥伦比亚特种作战部队举行"合作—2012"反恐联合训练。2012 年 11 月，与约旦特种部队举行反恐联合训练，与美国陆军举行人道主义救援减灾联合室内推演。

空军联合训练取得进展。2011 年 3 月，中国空军联训分队与巴基斯坦空军举行"雄鹰—1"联合空战训练。10 月，中国与委内瑞拉空降兵举行"合作—2011"城市反恐联合训练。2011 年 7 月、2012 年 11 月，中国与白俄罗斯空降兵分别举行"神鹰—2011""神鹰—2012"联合训练。

卫勤联合训练稳步开展。2009—2011 年，人民解放军医疗队先后赴加蓬和秘鲁举行"和平天使"人道主义医疗救援联合行动，赴印度尼西亚参加东盟地区论坛救灾演

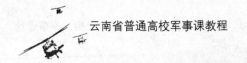

练。2012 年 10 月，人民解放军卫勤分队与澳大利亚、新西兰军队举行"合作精神—2012"人道主义救援减灾联合演练。

第五节　国防动员

人类自从出现战争以来，就随之出现了战争动员。历史经验表明，无论哪种战争，都离不开战争动员。战争动员已经成为国家军事战略的重要组成部分，直接影响到战争的进程和结局，关系到国家的安危。在第二次世界大战中，纳粹德国从 1939 年"闪击"波兰开始，在不到 10 个月的时间里，先后占领了波兰、挪威、丹麦、荷兰、比利时、卢森堡、法国等七个国家。造成这些国家战争失败的因素很多，但其中一个重要原因就是在战争动员上的严重失误。例如波兰，1939 年 3 月就被德军包围，而到 8 月 20 日才下达总动员令，战争开始 48 小时，统帅部便陷于瘫痪，9 月底波兰全军瓦解。法国的情况更惨，在德军"闪击"之下，全国不能适时转入战争轨道，兵力不足，生产迟滞，一周就被击败。反之，以色列则是相反的例子。1973 年第四次中东战争，以色列在遭到埃及、叙利亚的突然袭击 10 分钟以后，就通过电台向全国发布了动员令，48 小时动员 30 万后备兵员，使以军总兵力从 11 万猛增至 40 多万，很快扭转了战局。西奈半岛以军的主力沙龙师，就是从预备役动员编成的，战争爆发第二天就开赴运河前线作战，并在反击中率先穿过运河西岸，重创埃军。这次战争以色列之所以迅速从被动变主动，可以说主要靠的是紧急动员。正如西方评论家所说："如果埃及强渡运河是这次战争的第一次胜利，那么以色列的动员则是第二次胜利。"通过这些事例，可以充分感受到战争动员的重要性。

一、国防动员概述

（一）国防动员的概念

国防动员亦称战争动员，在 1916 年法国的《军语词典》中即出现这一概念。第一次世界大战之后，随着各国对战争动员活动的不断改进，动员这一概念也就不断被赋予新的含义。今天，动员作为各国公认的固定概念，国际通行的军事术语，已被普遍地使用。中国的情况略有特殊，即"动员"这一概念有两种含义：一是在军用语上指战争动员或国防动员；二是在普通用语中指发动人们参加某项活动。《中国军事百科全书·战争动员分册》对"动员"的解释为："国家采取紧急措施，由平时状态转入战时状态，统一调动人力、物力、财力为战争服务。"根据上述定义，可对"动员"的概念做如下理解：

其一，动员的主体，通常是国家（或政治集团）；其二，动员的对象，是一切能够为战争服务的人力、物力、财力；其三，动员的手段，是国家（或政治集团）"采取紧急措施"，通过转变体制而形成的动员机制；其四，动员的实质，是将战争潜力转化为战争实力；其五，动员的过程，分为平时动员准备和战时动员实施；其六，动员的作用，在于夺取战略主动权，全力保障战争的实施。

（二）国防动员的产生与发展

国防动员产生于奴隶制社会时期，发展于封建社会和资本主义社会时期。自资本主义工业革命后，战争动员进入全面发展时期。尤其是 20 世纪规模空前的两次世界大战的发生，为战争动员的进一步发展提供了客观条件。该时期战争动员的特点：一是动员的规模空前。如第二次世界大战中，参战各国动员的总兵力达到 1.1 亿人。其中，德国为 1700 万人，日本近 1000 万人，苏联 1136 万人，美国 1212.3 万人，人力、物力、财力的动员量高于以往任何战争。二是动员的范围进一步扩展。两次世界大战期间，真正将经济、政治、外交等领域全部纳入战争动员范围，将工业、农业、商业、财政金融、交通运输和邮电通信等经济部门进一步纳入战时轨道，使得整个战争动员体系日趋完备，"综合动员"的性质日益明显。三是动员呈现出持续性的特征。在整个战争期间连续多批次地实施人力、物力和财力的动员，已成为参战各国的普遍做法。四是动员体制和制度不断完善。到第二次世界大战前夕，各参战国纷纷建立或改组了战争动员领导机构，对战争动员实施统一的领导，如美国设立了战时资源委员会，法、德等国也分别设立了类似的专门机构。五是战争动员法规日臻完善。如德国的《战时授权法案》、日本的《国家总动员法》、英国的《紧急全权国防法案》、法国《总动员法》和苏联的《关于战时状态法令》等，对动员的基本和重大事项都做出了规定。

在中国现代革命史上，中国共产党人成功地领导了多次战争动员活动。历次革命战争中，在毛泽东关于动员和武装群众、进行人民战争的战略思想指导下，中国共产党实行全党动员、全民动员的方针，成功地实施了军事、政治、经济、文化等动员，为壮大人民军队、夺取革命战争的胜利发挥了巨大作用。如抗日战争时期，为了夺取抗日战争的胜利，中国共产党进行了广泛深入的政治、军事和经济等方面的动员。1937 年 8 月，中国共产党发表了《抗日救国十大纲领》，号召全国各族人民和社会各阶层、各民主党派团结起来，积极参加抗日战争，形成了全国的抗日民族统一战线，出现了全面抗战的总动员局面。各抗日根据地广泛动员人民群众参军参战，开展游击战争，在敌后战场给日寇以沉重打击。中华人民共和国成立后，在历次局部战争的作战中，都进行了不同规模的战争动员。如在抗美援朝战争中，在全国深入进行了抗美援朝、保家卫国的宣传教育，激发了广大军民的爱国热情，在全国迅速动员了 200 多万民兵、青年参加中国人民志愿军，还动员了大批汽车司机、铁路员工和医务、通信人员担负战争勤务。与此同时，在全国开展的捐献运动，共捐献人民币 5.56 亿元，为保障战争的胜利做出了重要贡献。

（三）国防动员的地位与作用

国防动员是国防活动的重要内容之一，是准备和实施战争的重要措施。无论是古代战争，还是现代战争；无论是全面战争，还是局部战争；无论是常规战争，还是非常规战争，都离不开国防动员。因此，国防动员在保障赢得战争胜利等诸多方面，都具有十分重要的地位与作用。

1. 国防动员是打赢战争的基础环节

为遏制战争爆发并夺取战争的胜利积聚强大的战争力量，是国防动员的基本功能与任务。这是因为，战争是实力的较量，任何不具备强大实力的国家，要赢得战争的胜利是不可想象的。战争动员不仅能够通过平时的准备，为战争实施积聚强大的战争潜力，而且可以通过建立一套平战转换机制，使这种潜力在战争爆发后迅速转化为实力，从而为保障战争的胜利奠定必要而坚实的物质基础。同时，现代战争的巨大破坏性，使人们不得不把制止战争的爆发作为降服战争这个恶魔的重大步骤予以重视，因此，在这种情况下，战争动员所积聚的巨大能量同样是战略家们所倚重和借助的力量。另外，战争动员还是遏制危机的有效手段。实践中，有许多国家通过积聚力量和显示使用力量的决心，有效地制止了战争的爆发。

2. 国防动员是应对紧急突发事件的有效措施

国防动员的最初功能是应对战争的需要，但现代条件下，随着各种灾难事故和突发事件的频繁发生，人们已把国防动员的功能予以拓展，让它同样可以在应对和处置各类突发事件中发挥应有的作用。因此，当国家遇到此类突发事件时，国防动员活动可以凭借自身的准备和特有的机制，使国家或地区在需要时进入一定的应急状态，动员国家、军队和社会的一定力量，抗御自然灾害、处置各种自然和人为的事故与灾难，使国家和社会处于正常运转状态，维护人民群众的生命财产安全。

3. 国防动员是支援经济和社会发展的重要力量

国防动员实行"平战结合、军民结合、寓军于民"的原则，在和平时期国防动员建设的成果可以直接为经济建设服务。于军于民均可节约国防开支，有利于国家集中力量发展经济。和平时期，国家的中心任务是提高社会生产力，改善人民生活，对国防建设不可能有很多的投入，必须提高国防建设的效益。要用有限的国防经费，获得尽可能强的国防力量，其有效办法是建设精干的常备军，大力加强后备力量建设，健全完善动员体制，做到"平时少养兵，战时多出兵"。这样，不仅可以经常保持较强的国防整体威力，为国家提供可靠的安全保障，而且可以减轻国家负担，促进经济和社会发展。

二、我国国防动员的主要内容

我国国防动员的主要内容包括：人民武装动员、国民经济动员、人民防空动员、交通战备动员和政治动员。

（一）人民武装动员

人民武装动员是国家将后备力量充实到军队，使军队和其他武装组织由平时状态转入战时状态所进行的活动。战争是武装力量的直接对抗，各个领域的动员活动都要围绕武装力量的作战行动展开，而人民武装动员与武装力量的作战行动关系最直接。因此，人民武装动员是战争动员的核心。人民武装动员通常包括现役部队动员、后备兵员动员、预备役部队动员和民兵动员。

1. 现役部队动员

现役部队动员是指将中国人民解放军各军兵种部队和武装警察部队从平时编制转为战时编制，按动员计划进行扩编，达到齐装满员。现役部队动员的主要活动包括：一是进入临战状态。接到动员命令后立即召回外出人员，停止转业、复员、退伍、探亲和休假等活动，启封库存的武器装备，做好战斗准备。二是实行战时编制。不满编的部队迅速按战时编制补充兵员和装备，达到齐装满员。三是扩建现役部队。扩建部队以现役部队为基础，扩建时的兵员空缺由预备役官兵补充。四是组建新的部队。按照动员计划和部队编制方案，从现役部队或军事院校抽调官兵，搭建部队的架子，同时征召预备役官兵，组成新的部队。

2. 后备兵员动员

后备兵员动员是征召适龄公民到军队服现役的活动。主要是征召预备役军官和士兵补充现役部队。根据战争的需要，国务院、中央军委还可以决定征召 36～45 岁的男性公民服现役。后备兵员动员是直接为现役部队动员服务的，是与现役部队动员的同步活动。主要有三种用途：一是补充不满编的现役部队；二是补充扩建和新组建的部队；三是补充战斗减员的部队。

3. 预备役部队动员

预备役部队动员是指预备役部队成建制转服现役的活动，是战时快速动员的一种重要方式。《国防法》规定，预备役部队"战时根据国家发布的动员令转为现役部队"。

4. 民兵动员

民兵动员主要是指组织发动民兵担负参战支前任务。民兵是保卫祖国的一支重要力量，战时可以配合军队作战和担负支援保障任务，也可以独立担负后方防卫作战与维和任务。解放战争时期，在辽沈、淮海、平津三大战役中，共动员战勤民工、民兵 80 多万人，挑夫 36 万人，车夫 139 万人，有力地保障了军队作战的需要。

（二）国民经济动员

国民经济动员是国家将经济部门、经济活动和相应的体制从平时状态转入战时状态所进行的活动。战争是高消耗行为，以美军为例，第二次世界大战时，日战争费用为 1.94 亿美元，越战时约 2.3 亿美元，海湾战争时日均消耗高达 14 亿美元。可见，国民经济动员是战争动员的基础和重要内容，对于充分发挥国家的经济潜力，保障消耗需求，提高军品生产能力，及时满足战争对各种物资和勤务保障的需求，具有重要作用。

国民经济动员主要包括工业动员、农业动员、贸易动员、财政金融动员、科学技术动员、医药卫生动员和劳动力动员等。

1. 工业动员

工业动员是指国家调整和扩大工业生产能力，增加武器装备及战争需要的其他工业品产量的活动。在局部战争中，工业动员一般首先对国防工业进行动员，民用工业作为后续动员的对象。主要内容包括：统筹安排军需民用，调整工业布局，改组生产与产品结构，实行快速转产，扩大军品生产；组织工厂企业进行必要的搬迁、复产以及作战物资的生产和储备等，最大限度地把工业潜力转化为实力。

2. 农业动员

农业动员是指国家调整和挖掘农业生产潜力，维护农业设施，增加粮食、棉花、油料、肉类及其他农副产品的产量和国家征购量，满足战争和人民生活对农产品的需求。主要内容包括：实行战时农产品管理体制，调整农业生产结构，实施战时农业经

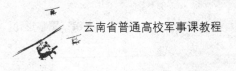

济政策。

3. 贸易动员

贸易动员是指国家在商品流通领域实行战时管理体制和战时商贸政策，控制商品流通秩序和流向，以满足战争和人民生活对各种商品的需求。主要内容是对国内贸易和对外贸易管制。

4. 财政金融动员

财政金融动员是指国家为保障战争需要而采取的筹措和分配资金、维持财政金融秩序的活动。在市场经济体制下，资金对于战争所需物资的筹措和调控经济活动具有枢纽作用。现代战争需要巨额的资金保障，筹措资金是财政金融动员的主要任务。主要内容包括：实行战时税制，实行战时预算，增加举借债务，加强金融监管。

5. 科学技术动员

科学技术动员是指为保障战争对科学技术的需要，国家统一组织和调整科研机构、科研人员、科研设备、资料及成果所进行的活动。其目的在于开发、研制先进武器装备，为武装力量及其部门提供技术保障和支持，利用科学技术争取战争优势。主要内容包括：科研机构动员，科技人员动员，科技经费、设备和物资动员，科技成果和科技情报动员。

6. 医药卫生动员

医药卫生动员是指统一调度和使用医药卫生方面的人力、药品器材、设备和设施，满足战争对于医药卫生的需要所进行的活动。医药卫生动员对于为军民提供可靠的医药卫生保障，恢复军队战斗能力和社会劳动能力，保护人力资源，具有重要意义。主要内容包括：实行医药卫生管制，组织战时医疗救护，搞好卫生防疫。

7. 劳动力动员

劳动力动员是指国家统一调配和使用劳动力，开发劳动力资源，以满足武装力量扩编、军工生产及其他领域对人力的需求所进行的活动。劳动力动员是具有一定独立性的动员分支领域，但其具体实施渗透到各个方面的动员活动之中。主要内容包括：根据战争需求调配和使用劳动力，实行战时就业制度，扩大劳动力资源总量，实行战时劳动制度，提高劳动强度和效率。

（三）人民防空动员

人民防空动员是国家发动和组织人民群众防备敌人空袭、消除空袭后果所进行的活动。在现代战争中，远距离精确打击成为重要的作战样式，大、中城市和经济基础设施面临的空袭威胁日益严重。人民防空动员对于减轻空袭危害、减少人民群众生命财产损失、保持后方稳定、保存战争潜力具有重要的作用。

人民防空动员主要包括人防预警动员、群众防护动员、重要经济目标防护动员、人防专业队伍动员等。

1. 人防预警动员

人防预警动员是为了及时获取防空斗争所需的情报，为组织民众防护和进行抢救抢修提供信息保障。主要任务包括：建立和完善人防警报网，确保战时按规定适时发放防空警报；组织群众开展对空侦察，协助有关部门掌握和传递空中情况。

2. 群众防护动员

群众防护动员是为了保护人民生命安全，保存后备兵员和劳动力资源，保证人心安定和社会稳定，维持战时生产和生活秩序。主要任务包括：开展人民防空教育，组织城市人口疏散，构筑人民防空工程和组织掩蔽，组织城市防空管制。

3. 重要经济目标防护动员

重要经济目标防护动员是为了减轻战争破坏程度，保护关键的生产能力。高技术局部战争表明，空袭经济目标，摧毁国防潜力对战争的进程和结局具有决定性影响，搞好重要经济目标防护动员十分重要。相对于政治、军事目标，重要经济目标数量多、面积大，情况千差万别，抗打击能力弱，敌空袭这类目标成功率最高。平时，国家经济部门在安排大型项目建设和调整产业结构时，就应充分考虑重要经济目标的防护要求，战时应积极动员有关部门、企业和社会力量，采取综合防护措施，如搬迁疏散、转入地下，伪装欺骗、示假隐真，空中设障、多方拦截等，提高整体防护能力。

4. 人防专业队伍动员

人防专业队伍动员是根据战时消除空袭后果的需要，按照专业系统组成的担负抢救抢修等防空勤务的群众性组织需要所进行的活动。主要任务包括：平时组建各种人防专业队伍，进行必要的训练和演练，有针对性地落实抢救抢修器材、装备和物资；战时适当扩充人防专业队伍，组织开展抢救、抢修行动，消除空袭后果，维护社会治安。

（四）交通战备动员

交通战备动员包括交通运输动员和通信动员，是国家统一管制各种交通线路、设施、工具和通信系统，组织和调动交通、通信专业力量为战争服务的活动。交通和通信是人员、物资和信息流动的物质载体，交通战备动员对于保障军队的机动和其他人员、物资的前送后运，保障作战指挥和通信联络的畅通，具有重要的作用。

1. 交通运输动员

交通运输动员是国家为了适应战争需要，组织和利用各种交通运输线路、设施和工具，进行人员、物资和装备输送的活动。主要包括铁路、公路、水路和航空等运输方式的动员。

铁路运输具有运载量大、速度快、效率高的特点，可担负远距离、大重量的运输任务，是在战略、战役后方实施大规模运输的主要手段。搞好铁路运输动员，要求在平时必须搞好通往主要作战方向的铁路网络的规划建设，修筑必要的铁路运输保障设施和防护工程，重要线段应修建支线、多线、迂回线等。公路运输具有灵活机动、周转速度快、适应性强等特点，既可独立完成运输任务，又可与其他运输方式相衔接进行运输。特别是在铁路运输遭到破坏的情况下，公路运输将担负更重的运输任务。搞好公路运输动员，主要是采取一切组织和技术管理措施，加强战场公路网建设，组织各种运输力量参加军事运输，提高战时公路运输的保障能力。

水路运输具有运量大、成本低、隐蔽安全、航线不易被破坏等特点，是海上作战、江河水网地区部队机动和物资输送的主要手段。水路运输动员的能力，主要取决于海洋和内陆江河航路的开辟和利用，还取决于造船工业的发达程度，以及港口设施、设

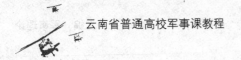

备的状况等。因此，为提高水路运输动员能力，必须充分开发水路运输潜力，发展造船工业，尽可能多地修建港口、码头等，以适应战时军事运输的需要。

航空运输具有快速、灵活、一般不受地形条件限制等特点，适用于紧急情况下输送人员、物资。特别是在水路、陆路交通受阻的情况下，航空运输是完成前送后运任务的主要手段。为提高航空运输的动员能力，应根据战时动员需要，按照平战结合的原则，规划建设各种飞机跑道和机场，开辟空中航线，储备航空运输需要的各种飞机及其各类专业技术人员等。

战时交通运输动员行动主要包括实行交通管制，动员民用运力，组织交通线的防护等。

2. 通信动员

通信动员是指国家为了适应战争需要，统一组织调动通信资源和力量，综合运用多种通信手段，保证通信联络安全、稳定、畅通所进行的活动。在信息化条件下，战时指挥协同的通信量大大增加，通信动员的任务十分繁重。通信动员涉及面广，动员对象既有通信技术人员，也有通信装备和器材；既有有线通信系统，也有无线、移动、卫星通信系统和互联网；参与动员的人员，既有政府部门的业务管理人员，也有军队系统的相关管理人员，甚至还有通信网络营销商和通信装备生产商。要做到各类人员有机协调、统一行动，实现各类通信网络兼容汇通、系统集成，确保通信畅通、保密安全，必须加强对通信动员的集中统一领导和指挥。通信动员由军队通信部门、地方通信部门和通信动员部门共同组织实施。主要任务包括：对国家通信网络实行统一管制，征集和调用民用通信资源和力量，组织通信防卫，抢修抢建通信线路和设施，确保军队指挥顺畅、军地联络通畅。

（五）政治动员

政治动员是国家为进行战争而开展的宣传、教育、组织工作和外交活动。政治动员是国防动员的一项重要内容，并为其他领域的动员活动提供思想和组织保证。政治动员对于充分调动和发挥本国军民的精神力量，尽可能地争取国际社会的同情和支持，瓦解敌方的战斗意志，具有重要作用。

平时政治动员主要表现为国防教育。其内容主要包括国防观念、国防知识、军事技能和国防法规等方面的教育，目的是增强国防观念和维护国家安全意识，提高履行国防义务的自觉性。国防教育以全民为对象，重点是国家机关工作人员、武装力量编成人员和青年学生。我国《国防教育法》和国家国防动员委员会2006年颁发的《全民国防教育大纲》，是进行国防教育活动的法律依据。

战时政治动员主要包括国内政治动员和外交舆论宣传。国内政治动员，是政府、军队和社会团体等，运用各种宣传舆论工具，对全国军民进行以爱国主义和革命英雄主义为核心的国防教育，使之增强国防观念，坚定打败敌人、夺取胜利的信心。在国内政治动员中，对军人及其家属实行优待和抚恤政策是十分重要的，可以起到激励将士奋勇杀敌、勇立战功，引导全社会拥军优属、为争取战争胜利做贡献的作用。外交舆论宣传，是国家通过各种外交活动和对外宣传，揭露敌人的战争阴谋，控诉敌人的战争暴行，瓦解敌方的战斗意志，争取各国的声援和支持，建立国际统一战线，或建立战略协作关系。

三、我国国防动员的组织实施

国防动员的组织实施，通常按照进行动员决策、发布动员令、充实动员机构、修订和落实动员计划等步骤进行。

（一）进行动员决策

进行动员决策是战争动员实施过程中首先需要解决的问题。只有实施动员决策，整个国家的政治、军事、经济、文化和外交等部门或领域才能相应地转入战时体制，进行各项动员活动。

进行战争动员决策的关键，是正确分析判断敌情。必须充分利用各种手段，广泛收集各国尤其是敌国的政治、经济、军事等各方面的情况，并对这些情况进行综合分析，尽早洞察敌国的战争企图，从而视情确定动员实施的时机、规模和方式等。

（二）发布动员令

动员令是宣布全国或部分地区、某些部门转入战时状态的命令。动员令的发布，关系战争的胜负和国家的命运，各国大都由最高权力机关或国家元首、政府首脑发布。《国防法》第十条规定："全国人民代表大会依照宪法规定，决定战争与和平的问题。全国人民代表大会常务委员会依照宪法规定，决定战争状态的宣布，决定全国总动员或者局部动员。"第十一条规定："中华人民共和国主席根据全国人民代表大会的决定和全国人民代表大会常务委员会的决定，宣布战争状态，发布动员令。"

发布动员令的方式，分为公开发布和秘密发布两种。公开发布动员令，一般是在战争即将或已经爆发的情况下，运用一切宣传工具和通信手段，把爆发战争的真实情况和战略态势告诉全体军民。秘密发布动员令，一般是在战争已不可避免，但尚未爆发的情况下施行，通常执行严格的保密限制，只秘密通知政府有关部门和军事机构等。

（三）充实动员机构

动员机构是指平时负责动员准备、战时负责动员实施的组织领导机构。一旦实施战争动员，和平时期的动员机构，无论在人力上还是物力上，都难以适应需要，必须及时调整和加强。一是要扩大组织，增加人员。二是要增加支出，保障需要。三是要赋予其应有的职权，使其具有较高的权威性。战争动员事关国家安危，责任重大，如果权力有限，指挥无力，处处受制，就难以完成繁重的动员任务，影响战争的顺利进行。

（四）修订动员计划

战争动员计划是实施战争动员的依据。在面临战争的情况下，由于国际战略环境和国内条件都发生了变化，事先制订的动员计划难免与战争的实际情况不完全吻合，所以要及时予以修订。修订战争动员计划，一般是与充实动员机构同时进行。

（五）落实动员计划

落实动员计划是使计划见之于行动，是实施战争动员的关键环节。动员令发布之后，负有动员任务的地区和部门应根据修订的动员计划，迅速转入战时体制。各行业以及社会生活的各个方面，都应以保障战争胜利为轴心迅速进行调整。其中，武装力量要迅速转入战时状态。现役军人一律停止转业和退伍，停止探亲和休假，外出人员立即归队。预备役部队应迅速集结、发放武器装备，并抓紧时间进行训练，准备承担作战任务。民兵应做好应征准备，同时启封武器装备，成建制进行训练，并准备承担各项任务。地方政府要根据上级下达的动员任务，积极实施动员行动。各行业、各阶层都要动员起来，落实战争动员任务，为赢得战争胜利贡献自己的力量。

第二章　军事思想

第一节　军事思想概述

一、军事思想的本质内涵

（一）科学含义

军事思想是关于军事领域基本问题的理想认识。它揭示战争的本质、战争的基本规律以及进行战争的指导规律，阐明军队和国防建设的基本理论和原则，从总体上考察和回答军事领域的普遍性、根本性问题，揭示军事领域的一般规律，提出军事斗争和军事建设的基本方针和基本指导原则，为人们研究和解决军事问题提供总体性指导。其基本内容大体可分为军事哲学和军事实践基本指导原则两个层次。前者主要包括战争观和军事方法论等；后者主要包括战略思想、作战指导思想、军队建设思想和国防思想等。

1. 战争观

战争观是关于战争问题的根本看法和根本态度，包括对战争起源和消亡、战争本质、战争性质、战争根源、战争目的、战争与和平、战争与相关因素的内在联系以及战争在社会发展中的地位和作用等一系列问题的基本观点。战争观是军事思想的核心，为人们认识和把握以战争为中心的军事问题提供基本理论依据。马克思主义战争观揭示了战争的基本规律，在人类历史上实现了战争观的根本变革，为人们正确认识以战争为中心的军事问题提供了科学的立场、观点和方法。

2. 军事方法论

军事方法论是关于军事方法的学说和理论体系。它一方面研究和揭示军事方法的本质和基本特征，探讨军事方法形成和发展的基本规律，另一方面研究和揭示军事方法的运用规律及作用机制，探讨如何把理论转化为可操作的方法的机制和步骤。军事方法论对于人们自觉地运用科学的军事方法认识和改造军事领域的客观事物具有重要意义。它可以帮助人们提高认识能力和实践能力，使之沿着正确的道路达到认识和改造军事领域客观事物的目的。

3. 战略思想

战略思想是关于战争全局问题的理性认识，通常表现为战争与国防全局的指导理论和基本原则。战略思想产生于战争和国防实践，它根据对国际形势和敌对双方政治、军事、经济、科学技术、地理等诸因素的分析判断，科学预测战争的发生与发展，制定战略方针、战略原则和战略计划，筹划战争准备，拟定指导战争实施所遵循的原则和方法。战略思想是制定国家军事政策的主要依据，是运用军事力量支持和配合国家进行政治、经济、外交斗争的重要保障。它既指导战时，也指导平时；既指导军事力量的使用，也指导军事力量的建设；既指导准备与实施战争，赢得战争的胜利，也指导遏制战争，维护和平。战略思想正确与否，决定战争的胜负，事关国家和民族的荣辱兴衰。

4. 作战指导思想

作战指导思想是关于作战指导问题的理性认识，通常表现为作战的指导理论和基本原则。作战是敌对双方打击或抗击对方的军事行动，包括战争、战役、战斗范围的各种类型、形式、样式的武装对抗。作战是军事活动的核心内容，是达成政治目的的重要手段，其结果对作战双方的命运产生直接影响。保存自己、消灭敌人是作战行动的根本目的。作战指导必须紧紧围绕这一根本目的，根据不同的作战类型、作战形式、作战样式，科学运用作战力量及时间、空间等作战要素，对作战行动给予指挥和引导，以达成预期的作战目的。正确的作战指导思想是作战胜利的基础和重要保证。

5. 军队建设思想

军队建设思想是关于军队建设问题的理性认识，通常表现为军队建设的指导理论和基本原则。军队作为国家政权的主要成分和执行政治任务的武装集团，是从事军事活动的主要力量。军队建设是为组建军队和提高军队战斗力而进行的军事、政治、后勤和装备等方面的建设，包括改进武器装备、优化军队结构、完善体制编制、发展军事理论、进行军事训练、培养军事人才、健全军事法规、加强军事管理、提高保障能力等内容，是一个复杂的系统工程。军队建设思想是制定军队建设指导方针和原则的主要依据，对各项军队建设实践具有先导作用。军队建设思想正确与否，对军队建设的质量和效益产生决定性影响，进而关系到战争的胜负和国家的安危。

6. 国防思想

国防思想是关于国防问题的理性认识，通常表现为国防建设和斗争的指导理论和基本原则。国防伴随国家的出现而产生，是国家为防备和抵抗侵略，制止武装颠覆，保卫国家主权、领土完整和安全而进行的军事活动以及与军事有关的其他方面活动。国防是国家生存的必要条件，也是国家发展的安全保障。国防建设是为提高国防能力而进行的各方面的建设，其主体是武装力量建设，尤其是常备军的建设。国防思想是制定国防战略和国防政策、建立和完善国防体制的基本依据，是增强国防力量的重要保障。国防思想正确与否，关系到国防建设和国防斗争全局的成败。

（二）基本特征

军事思想作为一种社会意识形态，建立在一定的社会生产和军事实践的基础之上。它与一定历史阶段的生产关系、社会制度、科学技术以及军事实践的发展相联系，并受其他社会意识形态以及民族传统、地理环境等因素的影响。因此，其基本特征主要表现为政治性、实践性、时代性、民族性、继承性和创造性等方面。

1. 政治性

在阶级社会中，战争是政治的继续，国防是政治的体现，战争和国防都是国家政治生活的有机组成部分。战争和国防与政治的这种特殊关系，决定着军事思想特有的政治属性。军事思想是为战争和国防的政治目的服务的，必然反映一定民族、国家、阶级或政治集团的政治目的和根本利益，带有明显的政治性。首先，军事思想中的战争观和军事方法论，直接反映不同民族、国家、阶级或政治集团对战争本质与规律等问题的不同认识，代表着不同的政治立场和阶级立场。其次，军事思想涉及的一切重大问题，都受一定阶级、民族、国家或政治集团政治目的的制约。特别是战争和战略指导思想、国防和军队建设思想等，都直接反映着阶级、民族、国家或政治集团的政治路线和根本利益。最后，军事思想揭示战争和国防的本质与规律，研究战争和国防服从并服务于政治的基本途径，探讨国防与军队建设的方针、原则和措施，为赢得战争或遏制战争，最终实现战争和国防的政治目的提供理论指导。

2. 实践性

军事思想是军事实践的产物，受军事实践的检验，并随着军事实践的发展而发展。古今中外著名的军事家和军事理论家的军事思想，或者是自身的军事实践经验的总结概括，或者是从间接的军事实践经验中抽象提炼，或者兼而有之。军事实践是检验军事思想正确与否的唯一标准。军事思想在指导军事实践活动的过程中，正确的得到肯定，不完善的得到补充，错误的被否定，过时的被淘汰。同时，军事实践的不断发展，为军事理论提出新课题，推动人们去研究，引起军事思想的变化，促进军事思想的发展。在平时就必须通过军事训练、演习、试验、数学模拟等方法，提出新的军事理论和原则，并应根据不断发展变化了的情况，随时加以补充和修正，以求尽量接近战争的实际。和平时期通过军事实践所总结提出的军事理论和军事原则是否正确，也只有通过下一次战争实践的检验，才能完全得到证实。从这个意义上说，军事思想的实践性有别于其他科学的实践性，更加独特。

3. 时代性

任何军事思想都是在一定的历史条件下产生的，具有各自的时代特征。这种特征反映了当时的生产方式、社会制度、物质生产水平，特别是军事技术和武器装备的发展水平。军事技术和武器装备的发展，在很大程度上制约着军事的发展，因而也制约着人们对战争和国防等军事基本问题的理性认识。古代军事思想是在使用冷兵器和早期火器的基础上创立和发展的，近代军事思想的产生和发展则是与广泛使用热兵器和机械化武器装备分不开的。生产方式、社会制度的变革，也会导致战争形态的根本性变化，进而赋予军事思想新的时代特征。时代是根据一定的政治、经济、文化、科学技术状况划分的历史时期，任何一种军事思想都有它产生和发展的时代背景，也必然受到时代的影响和制约。正确认识时代发展和军事思想发展的内在联系，才能着眼时代特点，科学看待军事思想，并使军事思想跟上时代步伐，更好地发挥其对战争、军队和国防建设实践的先导作用。

4. 民族性

各民族、国家所处地理环境和民族文化的差异，直接或间接影响战争和国防等军事活动，使军事思想的形成与发展带有一定的民族和地域色彩。不同的民族造就了不同的尚武精神，产生了不同的军事哲学，遵循着不同的国防和战争指导思想。岛国、内陆国家和沿海国家在国防发展战略与作战指导思想等方面就存在较大差异，带有各自地理环境的特色。民族文化中的思想观念、宗教信仰、伦理道德、生活方式、风俗习惯和语言风格等，对军事思想的内容和表现形式都有一定影响。以《孙子兵法》为代表的中国古代军事理论，具有崇尚道义与和平、善于理性概括和辩证思维、注重战略谋划和以智取胜的民族特征。

5. 继承性

军事思想是军事实践的产物，又是在批判地继承已有军事理论成果的基础上不断发展的。凡是具有较高科学价值的军事理论，除揭示本时代、本民族、本阶级军事活动的特殊规律外，还反映军事领域的一般规律。这部分内容具有普遍性和稳定性的特点。这就使后人可以继承前人的军事思想财富，同一时代的不同民族和不同阶级之间也可以相互借鉴有益的军事理论成果。军事思想发展史表明，重视并善于继承前人优秀的军事理论成果，借鉴和汲取异域军事理论中的合理成分，对促进自身军事理论的发展具有重要作用。凡是卓有成就的军事家、军事理论家，无不是在军事斗争知识遗产中汲取养分，批判地继承，创造出适合于自己时代所需要的军事理论的。

6. 创造性

军事思想以军事实践活动为基础，但它并不是军事实践活动在人的大脑中的简单再现，而是人的主观意识对军事实践活动的能动反映。军事领域作为以竞争和对抗为基本特征的领域，是最需要创新精神的领域。未来的军事实践，不可能是以往军事实践的简单重复。产生于以往军事实践中的军事思想，不可能完全适应未来军事实践的需要。这就决定了军事思想必须在继承的基础上不断研究新情况、解决新问题，从不断发展的军事实践中探索并概括出新的思想。战争历史表明，简单沿用以往战争指导原则去指导现实的军事斗争，都是以严重失误乃至失败而告终的。

（三）指导作用

军事思想是军事实践的行动指南。军事思想是军事实践的能动反映、理论概括，揭示了军事领域的一般规律，所以能对军事实践起指导作用。军事思想对军事领域的规律反映得愈深刻、愈正确，它对军事实践的指导作用也就愈大，人们就可以在战争中掌握主动，少犯错误，多打胜仗。在战争史上，每一次取得伟大胜利的战争，都有正确的军事思想做指导。没有正确的军事思想做指导，即使具备取得战争胜利的物质条件，也难以赢得战争的胜利。战争实践证明，在客观物质条件许可的范围内，军事思想正确与否决定着战争的胜败。

军事思想是研究各门具体军事学科的理论基础和根本方法。军事思想研究的是战争和军事领域的一般规律，而各门具体的军事学科所研究的是各自领域的特殊规律。如果只研究各自领域的特殊规律，而不懂得战争和军事领域的一般规律，脱离一般规律的指导，就不能从总体上把握战争，也就不能真正认识和把握各门具体学科所研究的各自领域的特殊规律。军事思想对各门具体军事学科的研究提供方法论，它普及于战争的全体，贯穿于战争的始终，对军队和国防建设、战争指导及其战略战术，都具有普遍的指导作用，因而无疑对军事科学的各门具体学科的研究也具有普遍的指导作用。

军事思想对其他社会实践有着重要的借鉴意义。先进、科学的军事思想贯穿着唯物论和辩证法。学习和研究军事思想，不仅可以学到正确的观察和解决问题的立场、观点和方法，而且可以学到如何把军事的基本原理同现实实际情况相结合，正确地运用这些原理来解决实际问题，增强工作的原则性、系统性、预见性和创造性。譬如，战略和战役战术的关系，要求人们也必须正确处理全局和局部的关系。"战略"概念的运用早已跨出军事的范围，而出现了政治战略、外交战略、经济发展战略、农业发展战略、城市发展战略等等，都说明军事思想对其他领域具有广泛的借鉴意义。

二、军事思想的发展简况

人类对军事领域基本问题的认识，有一个历史发展进程。从社会历史发展阶段的角度讲，军事思想可划分为古代、近代、现代三个发展阶段。

（一）古代军事思想

古代军事思想的产生、发展主要集中在两个相对独立的区域，即中国和地中海一带沿海国家，内容包括奴隶社会和封建社会两个时期的军事思想。至于在此之前的军事思想萌芽，已无文字可以考证。

中国古代军事思想最早出现在公元前21世纪至公元前8世纪，此时中国为奴隶社会时期，建立了军队，出现了具有真正意义上的战争，军事思想开始萌芽，并逐渐成为专门学科。专门研究军事的著作有《军政》《军志》等。从公元前8世纪至公元前3世纪，当时处于社会大变革时期，中国古代军事思想取得了空前的辉煌成就，涌现出许多杰出军事家及军事著作，如闻名中外的孙武所著的《孙子兵法》等。中国进入封建社会后，由于铁兵器的广泛推广，火药的逐步应用，步、骑、车、水军诸兵种的发展变革，不同性质战争的交织进行，客观上促进了军事思想的丰富发展。

与中国古代军事思想相比，外国古代军事思想起步晚，认识不够全面、深刻，其成果主要散见于当时的一些历史和文学著作中，缺乏系统论述。公元前8世纪至公元5世纪，是西方古代的奴隶制社会时期。在这个时期，古希腊、古罗马等奴隶制国家，为了扩张领土、建立霸权、掠夺奴隶和财物，频繁发动战争。在长期的战争实践中，涌现出许多著名的将领和统帅，产生了丰富的古希腊和古罗马的军事思想。从公元476年西罗马帝国灭亡，到1640年英国资产阶级革命，为欧洲的中世纪。在这长达1100多年的"黑暗"时代，由于封建割据的庄园经济、宗教思想和经院哲学的禁锢，极大地限制了军事思想的发展。直到封建社会后期，随着中国火药、火器的传入及始自意大利文艺复兴的影响，外国古代军事思想才有了缓慢发展。

（二）近代军事思想

从1640年英国资产阶级革命至俄国十月革命，为世界近代史。此时西方走向资本主义，并向帝国主义发展。由于两个原因，外国军事思想一改中世纪时期低迷不前的状况，取得了长足的发展进步。一是战争实践非常丰富。这一时期，封建与反封建的战争、资本主义与反资本主义之间的战争、帝国主义国家之间的战争、殖民与反殖民的战争，各种不同性质战争交织在一起，频繁发生，为人们研究军事思想提供了实践依据。二是科学技术特别是军事科技的迅速发展。工业文明和科学技术的进步，使军队装备发生了较大变化，热兵器被广泛使用（火药为主），从而产生了与之相适应的军事思想。从总体上看，外国近代军事思想可划分为两大体系，即资产阶级军事思想和无产阶级军事思想。

1. 资产阶级军事思想

资产阶级军事思想形成于17世纪中叶至19世纪中叶，代表人物及其著作很多。主要有：俄国苏沃洛夫的《制胜的科学》，瑞士若米尼的《战争艺术概论》《战略学原理》，普鲁士克劳塞维茨的《战争论》，比洛的《新战术》《最新战法要旨》，法国吉贝特的《战术通论》，美国马汉的《海权对历史的影响》《海军战略》等。其中，克劳塞维茨的《战争论》是外国近代军事思想著作的杰出代表。著名军事家如拿破仑、库图佐夫等虽然没有给后人留下著作，但其丰富的军事实践也蕴藏着崭新的军事思想。这一时期的军事思想主要内容有：反对战争认识问题上的不可知论，提出军事科学的概念；军事科学包括战略与战术两个重要组成部分；主张探讨战争的本质、规律，研究军队、装备、地理、政治和士气等因素在战争中的作用；重视对战史的研究；认为战争无非是政治通过另一手段的继续，是迫使敌人服从己方意志的一种暴力行为，具有盖然性和偶然性，是政治的工具；认识到民众武装在战争中的重要作用，但民众武装不是万能的，使用要有条件；重视建立一支反映资产阶级利益的部队；重视和平时期军队建设和战争准备，以随时应对战争；认识到新发明对于军队的组织、武器装备和战术的影响，装备的变化必然引起战术的变化；认识到作战中士气的作用，因而把思想教育训练放在重要位置；认为海权是推动国家以及历史发展的决定因素，控制了海洋就控制了整个世界；树立歼灭战思想，军事行动的目的是在不设防的野战中消灭敌人的军队，而不是占领敌人的领土和要塞；与歼灭战相适应，大多数军事家都强调进攻，认为只有进攻才能消灭敌人；防御不能是单纯的防御，而是由巧妙的打击组成的盾牌；要在主要方向和重要时刻集中兵力，快速机动是集中兵力的重要途径；认为作战应确立打击重心、保持预备队等。

2. 无产阶级军事思想

无产阶级军事思想的主要代表是马克思、恩格斯和列宁。马克思、恩格斯所处的时代是自由资本主义高度发展并开始走向反动的时代，无产阶级登上历史舞台。列宁生活于帝国主义和无产阶级革命的时代。他们坚持唯物论，以唯物辩证法研究军事，吸收资产阶级军事思想的有益成分，因而能对战争一系列重大问题有深刻认识。其军事思想主要内容包括：认为战争和军事是一个历史范畴，随着私有制和阶级的产生而产生、消灭而消亡；战争是政治通过另一种手段的继续，要反对非正义战争，拥护正义战争；在帝国主义阶段，帝国主义是战争根源；无产阶级必须用暴力推翻资产阶级，建立自己的统治；应以组织城市工人武装起义为中心，先占领城市，夺取国家政权；无产阶级夺取政权、巩固政权都必须要有自己的新型的军队；无产阶级代表人民利益，有能力、有条件把人民武装起来实行人民战争，并强调军队与人民群众相结合；认识到科学技术的进步必然引起战略战术的变革；战争的奥妙在于集中兵力，主张积极防御，主动进攻，慎重决战，灵活机动。

近代中国自 1840 年鸦片战争后逐步沦为半封建半殖民地社会，当时清政府许多有识之士看到武器装备对于战争胜负的重要性，从西方引进先进技术，开办工厂，制造枪械，因此当时军事学术主要是介绍武器性能和操作使用的。中日甲午战争后，清政府意识到仅靠坚船利炮而作战思想落后亦不能赢得战争，于是又师承西方学习军事理论，翻译西方重要军事论著，如《大战学理》（即克劳塞维茨的《战争论》）等。自行撰写的代表作有《兵学新书》《军事常识》《兵镜类编》等。主要军事观点有：师夷长技，重整军备；依靠民众，积极备战；避敌之长，求吾之短；以弃为守，诱敌入险。

（三）现代军事思想

俄国十月革命及第一次世界大战以后，世界进入现代。这个时期，科学技术突飞猛进，武器装备发生巨大变化，巨炮、雷达、坦克、飞机、航空母舰、远程导弹、精确制导武器层出不穷，热兵器能量的运用从火药转为炸药，进而是原子释放，武器破坏力大大增加，作战效能成倍增长，对战争的进程乃至结局影响越来越大。因此，不但社会、政治、经济等各种因素对军事理论的研究有倾向性的影响，军事理论往往侧重对先进主战武器的探讨。

1. 空军制胜论

意大利的杜黑、美国的米切尔、英国的特伦查德被认为是这一理论的先驱，特别是杜黑在其著作《制空权》中对这一理论叙述较为细致，主要观点有：由于飞机的广泛应用，将出现空中战争，空中战争的胜负决定战争结局，为此要建立与海军、陆军并列的独立空军。夺得制空权是赢得战争的必要条件，空军的首要任务是夺取制空权。空中战争是进攻性的，空军的核心是轰炸机部队，要对敌国纵深政治、经济、军事目标实施战略轰炸，迫其屈服。

2. 机械化战争理论

英国的富勒、奥地利的艾曼斯贝格尔、法国的戴高乐、德国的古德里安、英国的利德尔·哈特是这一理论的倡导者，主要内容是：装甲坦克是战争的决定性力量，是陆军的主体；大量集中使用坦克和航空兵，实施突然有力的突击，可以迅速突破对方主要集团的防线，深入敌纵深，摧毁一个战备不足的国家；主张军队改革，建立少而精的机械化部队。机械化包括补给和战斗机械化。

3. 总体战理论

德国的鲁登道夫在其著作《总体战》中提出的理论，其主要观点是：现代战争是总体战，它既针对军队，也针对平民，战争具有全民性，强调民族的团结在战争中的重要性；主张实行国民经济军事化；要建设好一支平时就准备好的军队；重视统帅在总体战中的作用；战争的突然性意义重大，力求闪击对方。

4. 核武器制胜理论

第二次世界大战后至 1991 年苏联解体的"冷战"时期，霸权主义成为局部战争的根源，高技术在作战中逐步运用，世界处在核阴影之中，美苏两霸动辄进行核恫吓。此时军事理论研究往往围绕核武器及高技术展开，从美苏两国军事思想可以清楚看到这一点。如美国，就以核实力确定军事战略，在杜鲁门时期，美核力量处于绝对优势，提出遏制战略，对苏及其他社会主义国家实施核讹诈；朝鲜战争后，为以最小的军事代价取得最大的威慑力量，采取大规模报复战略；在苏联打破核垄断及越南战争后，又分别推行灵活反应、现实威慑、新灵活反应等战略。在处于核优势时期，美认为自己能打赢全面核战争，则主张削减常规力量，重点发展核武器和战略空军；而在苏打破其核优势、局部战争不断发生时，美在确保核威慑的前提下，不断发展常规力量，认为核战争会造成灾难性后果，核时代的战争必然是有限战争。

"冷战"结束以来，与各自的国家战略相适应，西方各国军事思想呈现不同的特点。美国军事思想的特点是：以遏制、预防潜在"全球性竞争对手"为目的，加大常规、核、太空优势，建立导弹防御系统，确保自身绝对安全；重视质量建军，加强数字化、信息化建设；重视非对称作战，确保自身绝对安全；重视非对称作战、非接触作战，实施远距离精确打击，力求零伤亡；进一步发展空地一体战理论，提出"空地一体运筹作战"的思想（又称空地海天联合作战）。

英、法、日、德等国家军事思想的共同点是：采取以维护自身利益为出发点的战略方针；增强军事实力，逐步摆脱对美军事依赖（英国除外），或以其他联盟的方式挑战美国的军事地位；重视发展高技术以带动军事技术的进步；依据各自国情、军队现状走质量建军的道路，确立与国家和军事战略相适应的军队规模。

俄罗斯认为，核战争的可能性大大降低，主要威胁是局部战争和武装冲突；在经济、军事力量弱于美国的情况下，提出了"纯防御""积极防御"和"现实遏制"战略；走质量建军之路，明确建军原则、目标，发展太空技术，确保合理够用的核攻击力量等。

中国自俄国十月革命及五四运动后至今，中国共产党在长期的革命战争和国防建设实践中，吸收古今中外军事思想的有益精华，逐渐形成了毛泽东军事思想、邓小平军队建设思想、江泽民国防和军队建设思想、胡锦涛国防和军队建设思想等党的军事指导理论。

第二节　中国古代军事思想

一、中国古代军事思想的形成与发展

中国古代军事思想，是指我国在奴隶社会、封建社会时期，各阶级、集团及其军事家和军事论著者对于战争与军队问题的理性认识。它随着社会的前进、战争的发展而不断深化，经历了发生、发展的沿革过程。

（一）萌芽成型时期（夏、商、西周）

公元前21世纪至公元前8世纪，我国先后建立了夏、商、西周三个奴隶制王朝。这是中国奴隶社会从确立、发展到鼎盛的整个历史阶段，也是我国古代军事思想的初步形成时期。商代甲骨文、商周的金文中就有大量关于军事活动的记载。西周时期已出现《军志》《军政》等军事著作，虽早已失传，但这是我国古代军事思想形成的重要标志。由于对战争客观规律认识的局限，战争受迷信的影响极大，国家经常以占卜、观察星象等来决定战争行动，产生了以靠天命观为中心内容的战争指导思想；军队的治理以"礼"和"刑"为基础，"礼"主要适于上层的贵族和军官，讲究等级名分、上下有序，对下级和士兵的管理主要靠严酷的刑法。

（二）成熟繁荣时期（春秋战国）

公元前 8 世纪初到公元前 3 世纪末，即春秋战国时期，它是我国从奴隶制向封建制的过渡时期。这是我国古代政治、经济、文化、科技大发展的一个历史阶段，也是古代军事大发展的时期。阶级矛盾的不断深化，使战争连绵不断，战争规模扩大，战争频繁而形式多样。许多代表新兴地主阶级的军事家和兵书著作不断涌现，从战争论、治兵论、用兵论及研究战争的方法论等方面，全面奠定了我国古代军事思想的基础，标志着我国古代军事思想已基本成熟。现存最早、影响最大的就是春秋末期孙武所著《孙子兵法》，它是新兴地主阶级军事理论的奠基作，它标志着封建阶级军事思想的成熟，成为后世兵书的典范。其他影响较大的兵书还有《吴子》《司马法》《孙膑兵法》《尉缭子》《六韬》等。

（三）充实提高时期（秦至五代）

公元前 3 世纪初至公元 10 世纪中叶，是中国封建社会发展的上升阶段。这期间主要经历了秦、汉、晋、隋、唐等几个大的王朝。其中汉、唐两代是中国封建社会的盛世，军事思想也进一步得到了丰富和发展。秦以后进入了以铁兵器为主的时代，骑兵成为战争力量的主角，舟师水军参战也更多了，这就要求作战指挥必须加强步、骑、水军的配合作战。从汉到隋曾多次发生如赤壁之战、淝水之战等这样大规模、多兵种大集团的配合作战，在这些战争中，政治斗争与军事斗争的结合，谋略与决策的运用，以及作战指挥艺术都达到了相当高的水平。战争的发展使得战略战术的运用和指挥艺术都得到高度发展，战略思想也日臻成熟，诸葛亮的《隆中对》成为当时战略决策的一代楷模。这个时期出现了许多总结军事斗争经验的兵书，其中汉初出现的《黄石公三略》和后来的《李卫公问对》等，是传世的重要著作。

（四）系统完善时期（宋至清前期）

公元 960 年到 1840 年，历经宋、元、明、清（前期）四个朝代，中国封建社会已进入后期。火器逐渐普遍使用，使战争进入了冷、热兵器并用的时代。宋朝从建国之初，就面临着民族矛盾扩大、阶级矛盾激化和统治阶级内部矛盾加剧的局面，当政者为了维护统治，确立了兵书在社会的正统地位，武学开始纳入国家教育体系。北宋中叶开始重视武事，开办武学，设立武举，发展军事教育。统治者为了教习文臣武将熟悉军事，命曾公亮等编纂《武经总要》，总结古今兵法和本朝方略，并颁布《孙子》《吴子》《司马法》《六韬》《尉缭子》《三略》和《李卫公问对》为"武经七书"，官定为武学教材。武举的设立，武学的兴办，武经的颁定，培养了大批军事人才，繁荣了军事学术。这个时期，是中国古代军事思想历经漫长的丰富和发展之后，走上体系化的时期，成为我国古代兵书数量最多的一个时期。其主要表现是兵书数量繁多，门类齐全；兵书概括性强，自成体系。据《中国兵书总目》统计，宋、元、明、清（不含近代）兵书总共有 1815 种，占我国古代兵书总数的四分之三以上，而且内容丰富，分门别类地概括了军事思想的各个方面，形成逻辑性较强的比较完整的体系。

二、中国古代军事思想的基本内容

（一）战争的起源、性质和作用

1. 战争的起源

《吴子》认为："一曰争名，二曰争利，三曰积恶，四曰内乱，五曰因饥。"就是说引起战争的原因有五个方面：一是争夺霸主地位；二是争夺土地、财产和人口；三是积恨深怨；四是国家发生了内乱；五是国家发生了饥荒。

2. 战争的性质

《吴子》指出："一曰义兵，二曰强兵，三曰刚兵，四曰暴兵，五曰逆兵。"即禁暴除乱、拯救危难的军队叫义兵；仗恃兵强、征伐列国的军队叫强兵；因君王震怒而出师的军队叫刚兵；背理贪利的军队叫暴兵；不顾国乱民疲，兴师伐众而出征的军队叫逆兵。

3. 战争的作用

《司马法》指出："是故杀人安人，杀之可也；攻其国爱其民，攻之可也；以战止战，虽战可也。"《尉缭子》则明确指出："故兵者，所以诛暴乱，禁不义也。"

（二）战争与政治

《孙子兵法》指出："用兵者，修道而保法，故能为胜败之政。"《尉缭子》指出："兵者，以武为植，以文为种；武为表，文为里。"《淮南子·兵略训》指出："兵之胜败，本在于政。……为存政者，虽小必存；为亡政者，虽大必亡。"《司马法》指出："以义治之谓正，正不获意则权，权出于战争，不出于中人。"意思是说采用符合正义的措施治理国家，这是正常的方法。用正常的方法达不到目的就采取特殊的手段，特殊手段是以战争方式表达出来的，而不是以和平方式表现出来。

（三）战争与经济

经济是战争的物质基础，战争是以巨大的物质消耗为代价的，这一点我国古代军事家认识是比较深刻的。《孙子兵法》指出："凡用兵之法，驰车千驷，革车千乘，带甲十万，千里馈粮；则内外之费，宾客之用，胶漆之材，车甲之奉，日费千金，然后十万之师举矣。"因此，又指出"善用兵者，役不再籍，粮不三载，取用于国，因粮于敌，故军食可足也"。春秋时期的管仲也曾较深刻地论述："地之守在城，城之守在兵，兵之守在人，人之守在粟。"因此，他明确指出："一期之师，十年之蓄积殚；一战之费，累代之攻尽。"

（四）战争与主观指导

《孙子兵法》明确指出："因利而制权……故兵无常势，水无常形，能因敌变化而取胜者，谓之神。"因为"兵无常势"，指挥者必须不断根据敌情、我情的变化修正主观指导，采取克敌制胜的有效手段。《草庐经略》中则说得更明确："夫敌情叵测，常胜之家必先翻敌之情也。其动其静，其强其弱，其治其乱，其严其懈，虚虚实实，进进退退，变态万状，烛照数计，或谋虑潜藏而直钩其隐状，或事机未发而预揣其必然。盖两军对垒，胜负攸悬，一或不审，所失匪细。必观其将帅察其才，因其形而用其权；

凡军心之趋向，理势之安危，战守之机宜，事局之究竟，算无遗漏，所谓运筹帷幄，决胜千里也。"掌握客观规律，充分发挥主观指导作用，就能赢得胜利。

（五）将帅修养

古代军事家特别重视将帅在战争中的地位和作用，认为"知兵之将，民之司命，国家安危之主也"。为此，提出了将帅修养的标准。《孙子兵法》强调："将者，智、信、仁、勇、严也。"《吴子》兵法中则提出，"总文武者，军之将也"。故将之所慎者五："一曰理，二曰备，三曰果，四曰戒，五曰约。"《武经总要·选将》提出考核将帅的"九验"："远使之以观其忠，近使之以观其恭，繁使之以观其能，卒然问焉以观其智，急与之以观其信，委之以货财以观其仁，告之以危以观其节，醉之以酒以观其态，杂之以处以观其色。"

（六）治军

一是法规法令的建设与实施。《尉缭子》中设有《重刑令》《伍制令》《勒卒令》《经卒令》和《兵令》等等，就是为了"明刑罚，正功赏"，"鼓之，前如雷霆，动如风雨，莫敢当其前，莫敢蹑其后"，使军队"方亦胜，圆亦胜，错邪亦胜，临险亦胜"。二是教练。《吴子》指出，"故用兵之法，教戒为先。一人学战，教成十人。十人学战，教成百人。百人学战，教成千人。千人学战，教成万人。万人学战，教成三军"。《兵略丛言提纲》指出："不教则不明，不练则不习。"在训练方法上主张"教得其道""练心""练胆""练艺"。

（七）战略战术

古代兵书中关于战争谋略与战术的论述，有许多是很有见地的。如"上兵伐谋"，"以全争于天下"的全胜论；"不战而屈人之兵"的威慑论；"度势""料势""为势"的"胜可为"论；"先人有夺人之心"的"兵贵先"的先发制胜论；"后人发，先人至"的后发制胜论；"制人者，握权也；见制于人者，制命也"，"致人而不致于人"的掌握战争主动权论；"战势不过奇正，奇正之变，不正胜穷也"，"善用兵者，无不正，无不奇，使敌莫测"的奇正相变论；"我专而敌分，我专为一，敌分为十，是以十攻其一也"的"以众击寡"论；"避其锐气，击其惰归"，"以治待乱，以静待哗"，"以近待远，以逸待劳，以饱待饥"，"无邀正正之旗，勿击堂堂之阵"的"治气""治心""治力""治变"的四治论，等等。

（八）战争保障

1. 物质储备和后方补给

《孙子·军争》指出："军无辎重则亡，无粮食则亡，无委积则亡。"《六韬·军略》则说："三军用备，主将何忧。"因此，古代军事思想家提出："取用于国，因粮于敌。"

2. 地形

《孙子·地形》指出："夫地形者，兵之助也。""知天知地，胜乃不穷。"《武经总要·九地》提出："夫顿兵之道有地利焉。我先据胜地，则敌不能以胜我；敌先居胜地，则我不能以制敌。"

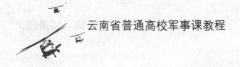

3. 用　间

《孙子·用间》提出："三军之事，莫亲于间。""先知者，不可取于鬼神，不可象于事，不可验于度，必取于人，知敌之情者也。"又说："无所不用间也。"《行军须知·用间》则说："间谍之法，于兵家尤为切要也。"

三、《孙子兵法》简介

《孙子兵法》，史记为 82 篇，图 9 卷，现存仅为 13 篇，6076 字，其他的如八阵图、战斗六甲法等已失传。13 篇可分为 3 个部分：第一部分由《计》《作战》《谋攻》《形》《势》和《虚实》组成，侧重论述军事学的基础理论和战略问题，主要强调战略速决和伐谋取胜，另外包含对战争总体、实力计算和威慑力量的深刻认识。第二部分由《军争》《九变》《行军》《地形》和《九地》组成，侧重论述运动战术、地形与军队配置，攻防战术和胜败关系，具体包括奇正、虚实、勇怯、专分、强弱、治乱、进退、动静和死生等辩证关系。第三部分由《火攻》和《用间》组成，论述了战争中的两个特殊问题。《孙子兵法》是我国奴隶制向封建制过渡的社会大变革时代的产物，也是孙武革新进步的军事思想所结出的硕果，被誉为古今中外现存古书中最有价值、最有影响的古代第一兵书。

（一）《孙子兵法》的作者

据史书记载，《孙子兵法》是我国古代大军事家孙武所著。孙武字长卿，为春秋末期齐国乐安人（今山东惠民县），出生在一个精通军事的世袭贵族家庭，从小就受到家庭的熏陶。当时齐国是春秋时代的五霸之一，一度成为政治、经济、文化、外交和军事活动的中心。社会环境和家庭影响为孙武的成长提供了优越的条件，加之勤奋好学，青年时代的孙武就显露出卓越的军事才华。后来，齐国发生了"四姓（田、鲍、栾、高）之乱"，孙武出奔吴国。他一边潜心研究兵法，观察吴国的政治动向，一边过着半自耕农式的生活。公元前 512 年，经大臣伍子胥 7 次推荐，吴王阖闾会见了孙武并细读了孙武兵法的 13 篇，聆听了孙武对战争和时局的见解，观看了孙武演兵，亲身感受到他的才华横溢，即委任孙武为将。孙武在近 30 年的戎马生涯中，为吴国的崛起和扩张立下了赫赫战功。公元前 506 年，吴楚柏举之战，吴军对楚国实施千里奔袭，以 3 万精兵破楚 20 万大军，连续五战五捷，攻入楚国都郢城，把一个长期雄踞江汉、称霸中原的头等大国打得落花流水；公元前 484 年，艾陵战役，吴军重创齐军，使 10 万齐兵几乎被全歼；公元前 482 年，黄池会盟，吴国威逼晋国，取代其霸主地位。

（二）《孙子兵法》的主要军事思想

1. 重战、慎战、备战思想

（1）重战思想。《孙子兵法》开篇就指出："兵者，国之大事，死生之地，存亡之道，不可不察也。"战争是国家的大事，关系到军民生死、国家存亡，是不可不认真研究的。这段关于战争的精辟概括，是孙武军事思想的基本出发点。春秋末期，诸侯兼并，战乱频繁，战争不仅是各国维持其政治统治，向外扩张发展的主要手段，而且关系到国家的存亡。孙武总结了一些国家强盛、一些国家灭亡的经验和教训，提出"兵者，国之大事"的著名论断，这对于人类认识战争的实质，无疑是一个巨大的贡献。

（2）慎战思想。"亡国不可以复存，死者不可以复生，故明君慎之，良将警之。"国家灭亡了就不能再存在，人死了就不能再活。所以，对待战争问题，明智的国君要慎重，贤良的将帅要警惕。从这点出发，孙武主张："非利不动，非得不用，非危不战。"不是对国家有利的，就不要采取军事行动；没有取胜把握的，就不能随便用兵；不处在危急紧迫情况下，就不能轻易开战。

（3）备战思想。"用兵之法，无恃其不来，恃吾有以待也；无恃其不攻，恃吾有所不可攻也。"用兵的原则，不要寄希望于敌人不会来，而要依靠自己有充分的准备；不要寄希望于敌人不会来攻，而要依靠自己有使敌人无法攻破的条件。战争的立足点要放在事先做好充分准备，严阵以待，使敌人不敢轻易向我发动进攻的基点上。

2. "知彼知己，百战不殆"的战争指导思想

"知彼知己，百战不殆；不知彼而知己，一胜一负；不知彼，不知己，每战必殆。"孙武用简明扼要的语言，指明了战争指导者了解敌我双方情况与战争胜负的关系，从而揭示了指导战争的普遍规律。这一思想是极富科学价值的。自有战争以来，古今中外的战争指导者，都不能违背这一规律。这条规律，从哲学意义上讲，是实事求是的朴素的唯物主义思想；从战争理论上讲，是分析判断情况的根本规律；从指导战争的意义上讲，是先求可胜的条件，再求必胜之机的重要抉择。

3. 以谋略制胜为核心的用兵思想

谋略，是指用兵的计谋。《孙子兵法》军事思想的核心是谋略制胜。它认为军事斗争不仅仅是军事力量的竞赛，而且是敌我双方政治、经济、军事和外交等综合斗争，也是双方军事指导艺术的较量，即斗智。

"庙算"制胜。"多算胜，少算不胜，而况于无算乎！吾以此观之，胜负见矣。"战前，计算周密，胜利条件多，可能胜敌；计算不周，胜利条件少，不能胜敌；而何况于根本不计算，没有胜利条件呢！我们从这些方面来考察，谁胜谁负就可以看出来。庙算制胜，主要是指战前要从战争全局上——对战争诸因素进行分析对比，决定打不打？怎么打？用什么部队打？在什么时间、地点打？打到什么程度？如何进行战争准备和后方保障？做到有预见、有计划、有保障，心中有数，打则必胜。也就是说，先求"运筹于帷幄之中"，然后才能"决胜于千里之外"。

诡道制胜。"兵者，诡道也"，"兵以诈立"。用兵打仗是一种诡诈行为，要依靠诡诈多变取胜。军事上的诡道是指异于常规的一些做法。"兵不厌诈"，古今常理。在战争的舞台上，如果对敌人讲"君子"之道，就必然被敌所制；如果能较好地运用诡道，造成敌人的过失，创造战机，那就会陷敌于被动。孙武将诡道归纳为隐真四法："能而示之不能，用而示之不用，近而示之远，远而示之近"，以及对敌八法："利而诱之，乱而取之，实而备之，强而避之，怒而挠之，卑而骄之，佚而劳之，亲而离之。"

不战而屈人之兵。孙武认为："故百战百胜，非善之善者也；不战而屈人之兵，善之善者也。"因此主张"上兵伐谋；其次伐交；其次伐兵；其下攻城"，进而指出："善用兵者，屈人之兵而非战也，拔人之城而非攻也，毁人之国而非久也，必以全争于天下。故兵不顿而利可全，此谋攻之法也。"这就是以计谋攻敌的原则和孙武全胜的思

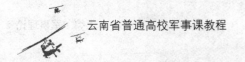

想。当然，"全胜"的思想，不战而胜，是要以强大的武力作后盾的，如果没有强大的军事力量，就不可能达到不战而胜的目的。

孙武还总结了若干作战用兵原则。如：先胜而后求战的原则；示形、动敌的原则；避实而击虚的原则；我专而敌分的原则；因敌而制胜的原则等。

4. "文武兼施，恩威并用"的治军思想

"卒未亲附而罚之，则不服，不服，则难用；卒已亲附而罚不行，则不可用。故令之以文，齐之以武，是谓必取。""令素行者，与众相得也。"将帅还没有取得士卒的爱戴和拥护就去惩罚他们，他们就不会心服，心不服就很难使用他们去作战。将帅已经取得了士卒的爱戴和拥护，而纪律不能严格执行，也不能使用他们去作战。因此，一方面要用体贴和爱护使他们心悦诚服；另一方面要用严格的纪律使他们行动整齐。这样才能战必胜。平素命令之所以能贯彻执行，都是由于将帅与士卒相互信赖的缘故。

5. 朴素唯物论和原始辩证法思想

《孙子兵法》之所以具有极大的时空跨度，经久而不衰，与它反映的朴素唯物论和原始辩证法思想是分不开的。《孙子兵法》反映的唯物论，主要包括三个方面：一是对战争的认识，冲破了"鬼神论"和"天命论"；二是把客观因素作为决定战争胜负的基础；三是注意到时间和空间在军事上的作用。其原始辩证法思想主要表现在能够正确认识战争中各种矛盾的对立统一及相互转化的关系。《孙子兵法》中的辩证概念和范畴有85对，使用260次之多。如敌我、攻守、胜负、迂直、强弱、勇怯、奇正、虚实、分合、久速等，并充分论述了在一定条件下是可以转化的。

《孙子兵法》作为一部伟大的军事著作，它的科学价值是不可磨灭的。但是，由于它诞生在2500多年前，难免存有时代的局限。其主要表现为：战争观方面未能区分战争的性质；治军方面的愚兵政策；军队补给方面的抢掠政策以及作战原则方面存有某些片面性等。

第三节　毛泽东军事思想

毛泽东是伟大的马克思主义者，是伟大的无产阶级革命家、战略家、军事家和著名的军事理论家，是中国共产党、中国人民解放军和中华人民共和国的主要缔造者和领导者。在长期的革命战争和国防建设的实践中，毛泽东运用他的聪明和才智，凝聚了全党全军的集体智慧，创造性地形成了毛泽东军事思想。

一、毛泽东军事思想的科学含义

毛泽东军事思想是毛泽东关于中国革命战争、人民军队和国防建设及军事领域一般规律的科学理论体系。

（一）毛泽东军事思想是马克思主义基本原理与中国革命战争具体实践相结合的产物

毛泽东军事思想来源于中国革命战争的伟大实践。当时的中国，是一个以农民为主体的半殖民地半封建的国家，革命的主要斗争形式是战争，主要组织形式是军队。

无产阶级政党怎样组建军队，如何进行革命战争，如何按照中国革命战争的客观规律将革命引向胜利，这是摆在中国共产党人面前的一个特殊而又困难的任务。要完成这个任务，需要解决许多特殊而又复杂的问题，在马列主义的经典著作中不可能找到现成的答案，靠照抄照搬别国的经验也是无法取得成功的。以毛泽东为代表的中国共产党人，适应中国革命战争的需要，在长期领导中国革命战争的实践过程中，创造性地应用马列主义的科学原理，正确地解决了这些问题，因而形成了具有鲜明中国特色的马列主义军事理论，即毛泽东军事思想。

（二）毛泽东军事思想是中国革命战争和军队建设实践经验的总结

毛泽东军事思想具有鲜明的实践性。中国共产党在领导全国各族人民，为完成民主革命而斗争的过程中，经历了国共合作的北伐战争，独立地领导了土地革命战争、抗日战争和全国解放战争，推翻了帝国主义、封建主义和官僚资本主义三座大山在中国的反动统治，建立了新中国。这场革命战争时间之长，规模之大，情况之复杂，道路之曲折，内容之丰富，形式之多样，歼敌数量之多，在中国历史上都是空前的，在世界历史上也是罕见的。这是一场代表人民利益的、得到人民群众广泛参加和支持的人民战争。新中国成立后，又进行了抗美援朝战争及数场边境和海疆的自卫反击作战，并从各方面进行了以现代化为中心的国防建设，积累了丰富的实践经验。毛泽东军事思想就是这些实践经验在理论上的科学概括和总结。

（三）毛泽东军事思想是以毛泽东为代表的中国共产党人集体智慧的结晶

毛泽东作为一名杰出的统帅和军事家，有着过人的才智。但天才来自实践，智慧源于群众，毛泽东军事思想不是他一个人的独创，是毛泽东和他的战友们共同创造的。亿万人民群众和广大指战员的斗争经验和首创精神，全党、全军和全国各族人民在规模空前的人民战争中发挥出来的聪明才智，成为毛泽东军事思想最宝贵的源泉。中国革命战争是分布在若干个彼此分割、互不相连的地区发生和发展起来的，从土地革命战争时期的"红色割据"区域，发展到抗日战争时期的各抗日民主根据地，再发展到解放战争时期的各解放区，基本上都是处于被敌人分割的状态。在这种斗争环境中，各革命根据地不仅独立地创造了适应本地区特点的各种斗争手段，而且造就了一大批能够独当一面的革命领袖人物，他们对毛泽东军事思想的形成和发展做出了重要的贡献。遵义会议后，党中央逐步形成了以毛泽东为核心的领导集体，但毛泽东提出的许多路线、方针、政策和其他重大决策，也都经过了党中央的集体讨论，凝聚着老一辈无产阶级革命家的集体智慧。毛泽东善于博采众长，进行科学的归纳和总结，能把集体智慧凝聚成宝贵的结晶，并在一系列军事论著中加以理论升华，发挥了别人所不能起到的最重要的主导作用。所以，中国共产党人以集体智慧形成的光辉的军事思想，冠之以毛泽东的名字是当之无愧的。

（四）毛泽东军事思想是毛泽东思想的重要组成部分

在取得全国政权以前的 28 年里，我们党的历史实际上是一部武装斗争的历史。军事斗争是我们党的工作重心，占有最突出的地位。毛泽东和他的战友，不得不以极大

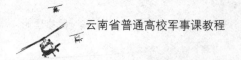

的精力关注战争，研究军事。毛泽东的军事活动，是他一生中最辉煌、最成功的部分。他的军事著作在其全部著作中占有大量篇幅，他的军事思想在其整个思想体系中占有重要地位。因此，毛泽东军事思想是毛泽东思想的重要组成部分。

二、毛泽东军事思想的形成和发展

毛泽东军事思想产生于中国革命战争的实践，又反过来能动地指导革命战争的实践，并随着革命战争实践的发展而不断地受到检验和发展。毛泽东军事思想的形成和发展，是同中国革命战争的发生、发展和胜利，以及同党内"左"、右倾错误的斗争紧密联系在一起的。新中国成立后，毛泽东军事思想适应国防建设和军事斗争的需要，继续得到了丰富和发展。

（一）毛泽东军事思想的产生

从中国共产党成立到党的遵义会议，是毛泽东军事思想的产生时期。在俄国十月革命的影响下，中国共产党从接受马克思列宁主义关于暴力革命学说开始，逐渐认识到军事工作在中国革命中的重要性。国共合作时期，帮助国民党创办黄埔军校，在军队中设立党代表和政治部，我党开始直接掌握和影响部分军队，对武装斗争和军队建设问题进行探索，培养了一批党的军事干部。第一次大革命失败的严酷现实，使中国共产党人进一步认识到武装斗争和掌握军队的极端重要性。1927 年 8 月 1 日的南昌起义，打响了武装反抗国民党反动派的第一枪，开创了我们党独立领导武装斗争的新时期。同年 8 月 7 日，毛泽东在党的"八七"会议上提出了"枪杆子里面出政权"的著名论断。9 月，毛泽东又亲自发动和领导了湘赣边界的秋收起义。他带领秋收起义部队进军井冈山，建立了第一个农村革命根据地，实行"工农武装割据"，开辟了一条以农村包围城市的崭新的革命道路。

从三湾改编到古田会议，毛泽东提出并制定了一套较为完整的人民军队的建军原则。在反对敌人"进剿"和"围剿"的武装斗争中，提出并实践了动员群众、依靠群众和武装群众的人民战争思想，总结出了游击战争的"敌进我退、敌驻我扰、敌疲我打、敌退我追"的十六字诀原则和诱敌深入、集中兵力、运动战、速决战、歼灭战等红军作战原则。经过斗争实践，形成了一条马列主义的军事路线。

这一时期，以毛泽东为主要代表的中国共产党人从中国的实际情况出发，不断地探索和总结武装斗争和军队建设的经验，提出了中国革命战争的总方针，创造性地解决了中国革命的道路问题，提出了人民战争思想及一系列人民战争的战略战术原则。至此，毛泽东军事思想的基本内容已经产生，为其科学体系的形成奠定了坚实的基础。

（二）毛泽东军事思想的形成

从遵义会议到抗日战争胜利，是毛泽东军事思想的形成时期。遵义会议纠正了王明"左"倾冒险主义在军事领导上的错误，重新肯定了以毛泽东为代表的正确军事路线，确立了毛泽东在红军和中共中央的领导地位。这是中国革命由挫折走向胜利的一个伟大的历史转折点，也是毛泽东军事思想由产生到形成发展的起点。

红军长征到达陕北后，毛泽东在指挥作战之余，开始总结土地革命战争以来的经验，把土地革命战争时期产生的军事思想，创造性地运用于抗日战争，制定了抗日民族统一战线的政治路线和军事战略方针，并完成了他一生中最辉煌的军事理论巨著。1936年12月，毛泽东在《中国革命战争的战略问题》一文中，阐明了无产阶级对待战争的根本立场、观点和研究指导战争的基本方法，深刻地分析了中国革命战争的特点和规律，系统地论述了中国革命战争的战略指导问题，确立了积极防御的基本原则。随后，毛泽东在《抗日游击战争的战略问题》《论持久战》和《战争和战略问题》等军事名著中，深刻分析了中国革命战争，特别是抗日战争的特点和规律，确立了指导战争的方针和原则及战略和策略问题，把游击战提高到战略地位，创立了系统的游击战争理论；还全面阐述了人民军队的建军宗旨、原则和人民战争的基本内容。至此，毛泽东军事思想所涉及的无产阶级战争观和方法论、人民军队、人民战争、人民战争的战略战术等方面，都已发展成为系统的理论，形成了比较完整的军事科学体系。

（三）毛泽东军事思想的发展

抗日战争胜利后，经过解放战争、抗美援朝战争以及社会主义建设时期，毛泽东军事思想得到了全面的丰富和发展。

解放战争时期，毛泽东军事思想得到了极大的发展，不仅使战略防御和运动战理论有了发展，而且还创立了战略进攻、战略决战和战略追击的系统理论。这一时期，毛泽东相继发表了《抗日战争胜利后的时局和我们的方针》《以自卫战争粉碎蒋介石的进攻》《集中优势兵力，各个歼灭敌人》《大举出击，经略中原》《解放战争第二年的战略方针》《目前的形势和我们的任务》《评西北大捷兼论解放军的新式整军运动》《关于三大战役的作战方针》《将革命进行到底》等大量文章。其中在《目前的形势和我们的任务》一文中明确提出了著名的十大军事原则。新中国成立前夕，毛泽东明确指出"我们不但要有一个强大的陆军，还要有一个强大的空军和一个强大的海军"，为和平时期建军指明了方向。

抗美援朝战争是一场挫败现代化敌人的反侵略战争。毛泽东根据当时的情况和特点，提出了一系列在现代条件下进行反侵略战争的理论及原则。如对美军实行战术小包围，打小规模歼灭战；把阵地战提高到战略地位；建立强大的后勤系统，搞好后勤保障；军事打击紧密配合政治斗争等。

新中国成立后，毛泽东提出了建设现代化、正规化的国防军，发展尖端国防科技和全民皆兵的思想，指出要在大力发展国民经济，增强国家经济实力的基础上，建立完整的国防工业体系，发展现代化的技术装备，独立自主地建设强大的国防，做好反侵略战争的准备。

三、毛泽东军事思想的主要内容

毛泽东军事思想博大精深，是一个完整的科学体系，内容非常丰富，主要包括无产阶级的战争观和方法论、人民军队建设理论、人民战争思想、人民战争的战略战术和国防建设理论五个部分。这五个部分的内容是一个互相联系的整体，无产阶级的战争观和方法论是毛泽东研究和指导战争的基本立场、观点和方法，揭示了中国革命战争的指导规律，是毛泽东军事思想的理论基础；人民战争思想是我党从事革命战争的

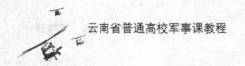

根本指导思想，是毛泽东军事思想的核心；人民军队建设理论是建设人民军队的指南，人民军队生存、发展于人民战争之中，是实行人民战争的骨干力量；人民战争的战略战术是适应人民战争需要的战略原则和作战方法，是人民战争取得胜利的保证；国防建设理论是毛泽东军事思想在新中国成立后新的历史条件下的开拓性发展，阐明了和平时期国防建设的重要性，提出了国防建设的指导思想、方针、原则，是实现国防现代化的指南。

（一）无产阶级的战争观和方法论

以毛泽东为代表的中国共产党人，在指导中国革命战争的实践中，创造性地运用马列主义的辩证唯物论和历史唯物论，观察和分析战争的基本问题，认识和运用军事领域的辩证规律，阐明了无产阶级的战争观和方法论。

1. 必须认识和把握战争规律

所谓战争规律，是战争在发生和发展过程中，战争双方在政治、经济、军事、自然、地理诸方面因素的本质联系及其发展趋势。战争是阶级社会的必然现象，它的产生和发展具有自身的规律，是不以人们的主观意志为转移的客观实际，人们只能认识它，不能取消它；只能运用它，不能违背它。违背客观实际终将导致失败。毛泽东在总结土地革命战争的经验时指出："战争规律——这是任何指导战争的人不能不研究和不能不解决的问题。"同样，"不知道战争的规律，就不知道如何指导战争，就不能打胜仗"。战争规律分为一般战争规律和特殊战争规律。战争的一般规律与特殊规律之间是辩证统一的关系。在研究战争的一般规律时，要注意战争的特殊性，免犯教条主义的错误；在研究战争的特殊规律时，要注意不凭个人臆断任意普遍化，以免犯经验主义的错误。

2. 主观指导必须符合客观实际

认识和研究战争规律的目的，在于确立指导战争的方法。毛泽东把这种合乎战争客观规律的战争指导方法，比作"战争大海中的游泳术"，称之为"战争指导规律"。战争的客观规律是随着社会政治、经济、军事、自然、地理诸条件，以及作战中的敌情、我情、民情和国际环境等情况的变化而变化的。因此，战争指导规律也是不断发展变化的。毛泽东指出："一切战争指导规律，依照历史的发展而发展，一成不变的东西是没有的。"正确解决主观符合客观的问题，是战胜敌人的关键，是人的因素在战争指导者身上的主要体现，要解决指导上的主客观一致，需着重解决好三个问题：一是要熟识敌我双方的客观情况；二是要善于学习，勇于实践；三是要在客观物质的基础上，充分发挥主观能动性。

3. 着眼特点，着眼发展

毛泽东指出："战争情况的不同，决定着不同的战争指导规律。""我们研究在各个不同历史阶段、各个不同性质、不同地域和民族的战争的指导规律，应该着眼其特点和着眼其发展，反对战争问题上的机械论。"由于各次战争的情况不同，有时间、地域、性质和对象的差别，因此，就各有其不同的特点和规律。

4. 关照全局，把握关节

全局是事物的整体和发展的全过程，局部是组成事物整体的各个部分和发展全过程的各个阶段。全局统帅局部，局部从属全局，构成全局与局部之间的正确关系。人们通常说，要从大局出发，就是指要特别关照全局、服从全局。对全局关照得好，能推动全局的发展；对全局关照得不好，就会阻碍和破坏全局的发展。战争总体上有全局，各个阶段各个战役本身也有全局，称为战争某阶段或某战役的全局。有时局部的失利并不给全局以严重影响，而有的局部的失利却对全局带来重大影响，甚至导致全局的失利。比如下棋有时下一着错棋尚可挽回，但有时一着不慎全盘皆输。这个对胜负起关键作用的一着，就是关节。因此，关节就是对全局有重大影响的关键性环节。所以说，关照全局是战争指导的首要准则，把握关节是推动全面发展的重要方法。

（二）人民军队建设理论

以毛泽东为代表的老一辈无产阶级革命家、军事家，把创建人民军队作为进行武装斗争的首要问题和实现革命理想的最主要手段，强调没有一个人民的军队便没有人民的一切。在革命战争年代，主要的斗争形式是战争，而主要的组织形式是军队。为了把以农民为主要成分的军队建设成为一支无产阶级性质的新型人民军队，毛泽东在长期的战争实践中，总结和提出了一整套建军的理论和原则。

1. 人民军队的性质

毛泽东从"军队是国家政权的主要成分""是阶级压迫的工具"的原理出发，提出了"枪杆子里面出政权"和"党指挥枪"的思想，指明我军是中国共产党领导下的执行无产阶级革命政治任务的武装集团。坚持中国共产党对军队的绝对领导，是确保人民军队的无产阶级性质的根本原则。

2. 人民军队的宗旨

人民军队是为无产阶级利益服务的工具。由此决定了这支军队的无产阶级性和人民性的统一。毛泽东指出："紧紧地和中国人民站在一起，全心全意地为中国人民服务，就是这个军队的唯一宗旨。"全心全意为人民服务的宗旨，是我军建军原则的核心，是我军区别于其他任何军队的本质特征。我军在战争年代、和平年代和捍卫国家利益的长期实践中，始终遵循这一宗旨，从而赢得了人民群众的拥护和爱戴。

3. 人民军队政治工作的三大原则

进行强有力的政治工作，是毛泽东建军思想的一个突出特点，是保持我军无产阶级性质，提高战斗力，促进军队建设的可靠保证。我军的政治工作，随着革命战争的发展而逐步完善，形成了官兵一致、军民一致和瓦解敌军的三大原则。官兵一致的原则，体现了我军内部上下级之间政治上平等的关系，这是与旧式军队的根本区别之一；军民一致的原则，是人民军队本色的体现；瓦解敌军的原则，是从精神上征服敌人，是促进敌人从内部瓦解的有效武器，是加速敌人崩溃的战略性原则。

此外，人民军队建设理论还有实行政治、经济、军事三大民主，实行三大纪律、八项注意，人民军队要不断提高革命化、现代化、正规化建设水平，发扬勇敢战斗、不怕牺牲和艰苦奋斗的优良传统和作风等。

（三）人民战争思想

人民战争是我党历来坚持的指导战争的根本路线，是我党唯一正确的战争指导思

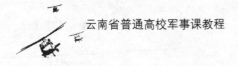

想，是毛泽东军事思想的核心内容。

1. 人民战争思想的含义

人民战争是指广大人民群众为反抗阶级压迫或抵御外敌入侵而组织和武装起来进行的战争。人民战争具有两个基本特征：一是战争的正义性。在毛泽东看来，战争的性质既取决于它的政治目的，又取决于它的社会效果，就是能否促进历史的进步，而其根本标志在于是否符合广大人民群众的根本利益。战争的正义性是实行人民战争的首要条件和政治基础。二是战争的群众性。战争的群众性是指战争必须有广大人民群众支持和参加，这是人民战争的重要标志。历史上凡是具备这两个特征的战争都可称作人民战争。但是我党领导的人民战争，较之一般意义上的人民战争，群众性更广泛，革命性更彻底，组织性更严密。毛泽东人民战争思想的基本精神是：在中国共产党的领导下，以人民军队为骨干，坚决依靠广大人民群众，实行主力兵团与地方兵团相结合，正规军、地方武装、民兵与游击队相结合，武装斗争与非武装斗争相结合的人民战争。总之，它是中国历史上最完全、最彻底的人民战争，是"真正的人民战争"。

2. 人民战争思想的理论基础

以毛泽东为代表的中国共产党人，在领导中国革命战争的实践中，创造性地发展了马列主义关于人民战争的理论，对实行人民战争的必要性和可能性，以及如何实行人民战争问题做了系统的论述，阐明了人民战争的理论基础和政治基础，实行人民战争的指导原则，创立了具有中国特色的人民战争思想。

人民群众是战争胜负的决定力量。战争是力量的抗争，人民战争的主体是人民群众，人民群众是社会发展变革的决定力量，也是战争胜负的决定力量。要准确地理解和把握人民战争思想，就必须首先认识人民群众在战争中的作用。毛泽东曾说："人民，只有人民，才是创造世界历史的动力。"这就是毛泽东人民战争思想的根本出发点和理论基础。中国革命战争的历史和实践证明，人民群众是人民军队赖以生存和发展的条件，是战争中一切力量的源泉，是战争胜负的决定力量。

战争的正义性是实行人民战争的政治基础。战争是政治的继续，是为一定的阶级、政治集团的利益服务的。历史上的战争，虽然千差万别，但按其性质，不外乎两大类：一类是正义战争，一类是非正义战争。正义战争是进步的，符合人民群众根本利益，人民群众不但真心拥护，积极支持，而且踊跃参加。相反，非正义战争是退步的，必然要遭到人民群众的坚决抵制和反对。战争的正义性是实行人民战争的政治基础，只有正义的革命战争，才能实行最广泛的人民战争。

战争胜负的决定因素是人不是物。人和武器是构成战斗力的两个基本要素，正确处理人与武器的关系，是人民战争思想的一个重要理论问题。毛泽东根据历史唯物主义的基本原理，批判了"唯武器论"的观点，科学地阐明了人在战争中的地位和作用。他指出："武器是战争的重要因素，但不是决定的因素，决定的因素是人不是物。"人是战争胜负的决定因素，在一定的物质基础上，谁充分发挥了人的能动作用，谁就能赢得战争的胜利。武器是战争胜败的重要因素。毛泽东在强调人是战争胜败决定因素的同时，决不否定武器的重要作用。

马克思主义政党的正确领导是实行人民战争的必要条件。人民战争作为战争的指导思想，不是群众站起来就可以自发形成的，它必须有战争的领导条件。人民战争领导者必须具备两个条件：一是真正代表人民群众的利益，反映人民群众的根本愿望，全心全意为人民群众谋取利益；二是懂得和掌握群众路线的指导方法，善于制定有利于调动群众积极性的方针和政策。这两个条件，唯有马克思主义的政党才能具备。中国共产党的正确领导是实行人民战争的必要条件。

3. 人民战争思想的主要内容

毛泽东人民战争思想的内容极为丰富，主要有：坚持中国共产党对人民战争的统一领导；结成最广泛的革命统一战线；实行以人民军队为骨干的三结合的武装力量体制；以武装斗争为主与其他斗争形式密切结合；建立巩固的革命根据地；实行灵活机动的战略战术。

（四）人民战争的战略战术

人民战争的战略战术，体现了毛泽东人民战争思想的战略指导原则和作战方法，是以毛泽东为代表的中国共产党人高超的战争指导艺术的总结，它揭示了中国革命战争的指导规律，是毛泽东军事思想中十分精彩的部分。

1. 战略上藐视敌人，战术上重视敌人

毛泽东指出："从战略上看，必须如实地把帝国主义和一切反动派，都看成纸老虎。从这点上，建立我们的战略思想。另一方面，它们又是活的铁的真的老虎，它们会吃人的。从这点上，建立我们的策略思想和战术思想。"毛泽东关于帝国主义和一切反动派既是"纸老虎"，又是"真老虎"的论断，奠定了人民战争战略战术的基本原则。在战略上，敌人是纸老虎，我们要藐视它，树立敢打必胜的信心；在战术上，敌人又是真老虎，我们要重视它，讲究斗争策略和斗争艺术。

2. 保存自己，消灭敌人

保存自己，消灭敌人，是战争的目的。毛泽东指出："保存自己，消灭敌人这个战争的目的，就是战争的本质，就是一切战争行动的根据。"进攻，是为了直接消灭敌人，同时也是为了保存自己。防御，是为了直接保存自己，同时也是辅助进攻或准备转入反攻的一种手段。保存自己，消灭敌人是兵家公认的原则，然而真正加以辩证地认识和运用，并不多见。毛泽东用辩证唯物主义的方法，指明两者之间的关系是相辅相成的，是对立统一的。

3. 实行积极防御，反对消极防御

毛泽东在讲到攻防辩证统一这一积极防御战略思想的基本精神时说："积极防御，又叫攻势防御，又叫决战防御。消极防御，又叫专守防御，又叫单纯防御。消极防御实际上是假防御，只有积极防御才是真防御，才是为了反攻和进攻的防御。"这一论述深刻揭示了积极防御的实质和消极防御的要害，指明了积极防御的目的和必然进程。积极防御的战略思想，是把积极防御的一般原理、原则，作为战略指导思想，用于指导战争全过程的一种战略理论。它要求在敌强我弱和敌优我劣的情况下，首先经过战略防御，采取各种不同形式的作战，不断削弱和消耗敌人，逐步改变力量对比，摆脱战略上的被动局面，争取战争的主动权。尔后适时地转入战略反攻或进攻，在有利情况下实施决战，稳步地实现整个战争的目标。

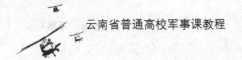

此外，毛泽东人民战争战略战术思想还包括：游击战、运动战、阵地战三种作战形式密切配合，适时进行以改变主要作战形式为基本内容的战略转变；做好战争准备，不打无准备、无把握之仗；战略上持久，战术上速决；集中优势兵力，各个歼灭敌人；以歼灭战为主，辅之以消耗战；慎重初战，执行有利决战，避免不利决战；作战指导上的主动性、灵活性和计划性。

（五）国防建设理论

新中国成立前，在毛泽东军事思想的形成过程中，就有关于国防建设的论述。新中国成立后，毛泽东从实际情况出发，适应新形势、新任务的需要，总结国防建设和国防斗争的实践经验，创立了国防建设理论。

1. 建设现代化、正规化的国防军，抵御外敌入侵

毛泽东指出，我们将不但有一个强大的陆军，而且有一个强大的空军和一个强大的海军，并亲自领导了我军现代化、正规化建设。在他的亲自主持下，颁布了各种条令、条例，开办了各类正规的军事院校，加强了部队训练，颁布了新中国第一部兵役法，使我军实现了由步兵为主的单一陆军向诸军兵种合成军队的转变。

2. 确立了发展"两弹一星"的国防科技战略

毛泽东指出，我们"不但要有更多的飞机大炮，而且还要有原子弹。在今天这个世界上，我们要不受人家欺负，就不能没有这个东西"。在这个战略思想的指导下，在自力更生的基础上，实行了常规武器与尖端武器相结合的发展模式，并优先发展尖端战略武器的方针，研制、生产出了原子弹、氢弹、卫星和导弹等一系列的新式武器和装备。

3. 积极防御战略思想有了新的发展

新中国成立后，毛泽东根据国家安全利益的需要，从国际形势、我国周边安全环境和我国的具体情况出发，确立了我国的国防战略、国防建设的目标和方针。1956 年，毛泽东批准了中央军委提出的阵地战结合运动战为未来反侵略战争的主要作战形式的积极防御的战略方针。以后，他又反复强调这一思想。20 世纪 50 年代以后，毛泽东又相继提出"大办民兵师""全民皆兵"和"深挖洞、广积粮、不称霸"的战略思想。

四、毛泽东军事思想的历史地位

毛泽东军事思想是马列主义军事思想宝库中一颗璀璨的明珠，在中国军事思想发展史上具有划时代的意义，在世界军事思想发展史上独树一帜，具有重要的历史地位。

（一）毛泽东军事思想对马列主义军事理论做出了重大而独特的贡献

毛泽东创造性地运用和发展了马列主义的军事理论，并将其发展到一个新的高度，极大地丰富了马列主义军事科学的理论宝库。毛泽东的主要贡献在于：开创了一条农村包围城市、武装夺取政权的革命道路；创建了一支新型的人民军队；丰富和发展了马列主义的人民战争思想；创造了适合中国特点的人民战争的战略战术；科学地阐明了关于研究和指导战争的战争观和方法论。

（二）毛泽东军事思想在世界上具有广泛而深刻的影响

在中国革命战争取得胜利后，毛泽东军事思想受到世界各国的普遍重视，特别是

到了 20 世纪 50 年代后期，在世界范围内逐渐形成了一个研究和学习毛泽东军事思想的热潮，许多国家还成立了毛泽东军事思想的研究会和学习会。在美国、英国、法国、德国和日本，出版了不少毛泽东的军事著作。在越南、莫桑比克、津巴布韦、安哥拉等第三世界国家的民族解放斗争中，毛泽东军事思想发挥了巨大的作用，受到普遍欢迎。毛泽东军事思想的理论和实用价值得到举世公认。它作为人类优秀文化的灿烂结晶，在世界军事理论殿堂中享有显赫的地位。

（三）毛泽东军事思想是我军克敌制胜的法宝

毛泽东军事思想运用辩证唯物主义和历史唯物主义的原理，批判地吸取了古今中外优秀的军事思想遗产，是最科学、最先进、最完整的军事理论。它既揭示了中国革命战争的特殊规律，又反映了现代战争和国防建设的一般规律，是经过实践检验过的科学真理。尽管现在国际国内形势都发生了巨大变化，科学技术发展日新月异，但它对我军打赢信息化条件下的局部战争和信息化战争，仍具有普遍的指导意义。无论过去、现在和将来，毛泽东军事思想都是我军克敌制胜的法宝。

第四节 邓小平新时期军队建设思想

邓小平新时期军队建设思想是邓小平关于新时期国防和军队建设以及有关军事问题的科学理论体系。邓小平新时期军队建设思想是马克思主义军事理论与当代中国实际和时代特征相结合的产物，是毛泽东军事思想的继承和发展，是邓小平理论的重要组成部分，是党的军事指导理论的重要内容。邓小平新时期军队建设思想是一个丰富的科学理论体系，1997 年 5 月解放军总政治部印发的《邓小平新时期军队建设思想学习纲要》，将这个体系划分为相互联系的 11 项内容，可以概括为四个部分：当代战争与和平思想、军事战略思想、军队建设思想和国防建设思想。

一、战争与和平的新判断

在新的历史条件下，邓小平把马克思列宁主义的基本原理与当代中国实际和时代特征相结合，创造性地提出和平与发展是当今世界的时代主题的重要思想，并在此基础上深刻阐述了马克思主义的当代战争与和平理论。

（一）和平与发展是时代主题

进入新时期后，世界的时代主题和战略格局出现了历史性的重大变化。这是我国新时期军队和国防建设必须考虑的重要前提和依据。20 世纪下半叶以来，国际局势经历了资本主义和社会主义两大阵营对立，美苏争霸和第三世界兴起。在这个过程中，世界各种矛盾的焦点从"战争与革命"转向"和平与发展"，整个世界处在一个大变动的历史时期。旧的秩序逐渐被打破，新的秩序尚未建立。邓小平经过长期观察和冷静分析，于 1985 年明确指出："现在世界上真正大的问题，带全球性的战略问题，一个是和平问题，一个是经济问题或者说发展问题。和平问题是东西问题，发展问题是南北问题。概括起来，就是东西南北四个字。南北问题是核心问题。"邓小平关于和平

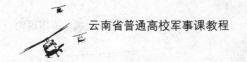

与发展是当今时代主题的论断，实事求是地反映了世界基本矛盾在当代的发展和变化，对国际局势做出了正确判断。当今世界，和平问题与发展问题是紧密相连不可分割的，具有现实的可能性。邓小平指出："现在国际形势趋向缓和，这是总的趋势。因此，我们可以制定自己的发展计划。和平是可以赢得的，战争是可以避免的，我这里指的是世界大战。和平可以看得见，我们可以有至少30年，或50年，甚至更长时间的和平环境。和平的赢得是人类共同努力的结果，特别是第三世界国家努力的结果，并不是超级大国发善心。"

在和平与发展两大问题中，邓小平一直强调，发展问题是个核心问题，具有更重要的意义。在这方面，邓小平提出了两个重要思想。第一，对发展问题要有新的时代认识。他指出，发展才是硬道理，"中国能不能顶住霸权主义、强权政治的压力，坚持我们的社会主义制度，关键就看能不能争得较快的增长速度，实现我们的发展战略"。同时，世界范围内由于发展的极不平衡造成的贫富之间的对立，日益成为导致国际局势动荡不安的重要原因。世界的发展绝不能建立在广大发展中国家贫穷落后的基础上。第二，靠发展来维护和平。致力于把维护世界和平的基点放在爱好和平国家的发展上，放在第三世界国家的发展上，特别是放在中国自己的发展上，是邓小平提出的一个极其重要的战略指导思想。邓小平指出："如果世界和平的力量发展起来，第三世界国家发展起来，可以避免世界大战。""中国的发展是和平力量的发展，是制约战争力量的发展。""如果中国在本世纪末达到'小康水平'，那么制约战争的力量将有很大的增长。如果中国再经过30年到50年的建设接近发达国家水平，那时战争就更难打起来，不是说完全没有可能，而是更难打起来。"

（二）战争与和平新判断的形成

邓小平在研究国际局势时，十分重视研究战争与和平问题，并对当代的战争与和平现象做出了新的科学的认识和判断。这些认识和判断是确定新时期军队和国防建设正确原则和方向的认识基础。从20世纪70年代后期到80年代中期，邓小平对战争与和平问题的认识，经历了一个随形势变化和认识深化而不断发展的过程。

20世纪70年代中期以后，邓小平以战略家的远见卓识，预见到世界战争可能延缓和推迟，同时认为战争不可避免，仍要防备早打、大打。1977年，邓小平提出"战争可能延缓爆发"。后来，他几次讲到战争有可能推迟，开始讲5年打不起来，后来讲10年打不起来，再后来讲20年打不起来。1980年，他说："我们有信心，如果反霸权主义斗争搞得好，可以延缓战争的爆发，争取更长一点时间的和平。"

进入20世纪80年代以后，邓小平从全球范围对战争与和平两种力量进行科学考察，进一步明确指出战争的危险始终存在，但和平力量的增长超过战争力量的增长，如果工作做得好，世界大战可以避免。1982年，邓小平在会见当时的联合国秘书长德奎利亚尔时指出："我们不是悲观主义者，我们只是提出战争的危险性。我们说，战争的因素在增长，但制止战争的因素也在增长。"1985年6月，邓小平在中央军委扩大会议上发表讲话，指出他对战争与和平问题的认识有重要的转变，世界战争的危险还是存在的，但是世界和平力量的增长超过战争力量的增长，"在较长时间内不发生大规模的世界战争是有可能的，维护世界和平是有希望的"。以后，他又多次强调战争不是不可避免的，而是可以避免的，并且以跨世纪的眼光对这个问题进行了远视角的透视和展望。这一期间，邓小平对战争与和平问题的认识发生了重要转变，并完整系统地形成了关于当代战争与和平问题的新认识和新判断。

20世纪90年代以来，两极格局开始终结，国际形势进一步发展变化，旧的国际战略格局已经打破，新的格局尚未形成，世界朝着多极化的方向发展。针对这种情况，邓小平明确指出："我们过去对国际问题的许多提法，还是站得住的。"尽管在今后一个较长时期内，"冷战"思维依然存在，霸权主义和强权政治仍然是威胁世界和平与稳定的主要根源，世界仍不安宁，但国际形势在总体上继续趋向缓和，在相当长的时期内避免新的世界大战是可能的，争取一个良好的国际和平环境和周边环境是可以实现的。

二、军队和国防建设实行战略性转变

基于新的时代特征与对战争与和平问题的新判断，适应党和国家工作重点的转移，在党中央、中央军委和邓小平的正确领导下，1985年5月23日到6月6日召开的中央军委扩大会议，做出了军队和国防建设指导思想实行战略性转变的重大决策。这是邓小平新时期军队建设思想全面形成的一个重要标志，也是我军建设史上重要的里程碑。其基本内涵是：根据对战争与和平问题的新判断，适应中国共产党和国家工作重点转移的要求，把军队和国防建设由准备"早打、大战、打核战争"转到和平时期的建设轨道上来，摆脱多年来在临战状态下进行应急式建设的被动局面，在服从和服务于国家经济建设大局的前提下，有计划、有步骤地进行现代化建设。

（一）实行战略性转变的基本依据是对当代战争与和平问题的新判断

邓小平经过长期观察，认为战争的危险虽然存在，但是和平力量的发展超过了战争力量，争取一个较长时期的和平是可能的。当今世界上真正大的问题，就是和平问题和发展问题。发展需要和平，和平离不开发展。其中发展问题是个核心问题，具有更重要的意义，要靠发展来维护和平。如果世界和平的力量发展起来，第三世界国家发展起来，可以避免世界大战。中国的发展是和平力量的发展，是制约战争力量的发展。中国发展得越强大，世界和平越靠得住。整个国家包括军队，都必须积极贯彻当代中国的发展路线和政策。这些判断是确定军队和国防建设指导思想实行战略性转变的前提和依据。

（二）要正确处理国防建设与经济建设的关系，使军队建设服从和服务于国家经济建设大局

邓小平指出，中国仍然处在社会主义初级阶段。从这个阶段的实际出发，解决中国现在面临的所有问题，包括军队和国防现代化问题，关键是要把经济发展起来。因此，要紧紧扭住这个"中心"不放，硬着头皮把国家经济搞上去。

（三）要正确处理军队与国防的应急性建设同长远性、根本性建设的关系，坚持军队和国防建设走以现代化为中心的发展道路

邓小平指出，经过战争与和平的严峻考验，解放军仍然是人民的子弟兵。高度的

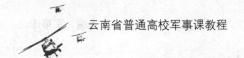

政治觉悟、优良的战斗作风、严格的组织纪律，一直都是人民军队的传统优势。但是，同未来可能面临的更强大的对手相比，整体建设水平仍然相对落后，主要问题是与现代化水平之间的差距较大。具体来讲，主要包括官兵科学文化素质较差；部队武器装备水平较低；干部指挥现代战争能力不够。为解决现代化水平与现代战争需要不相适应的主要矛盾，军队建设必须转到以现代化为中心的发展道路上来。

三、建设一支强大的现代化、正规化的革命军队

1981年9月，邓小平在华北检阅部队军事演习时发表讲话，提出："我军是人民民主专政的坚强柱石，肩负着保卫社会主义祖国、保卫四化建设的光荣使命。因此，必须把我军建设成为一支强大的现代化、正规化的革命军队。"1987年7月25日，他在为《中国人民解放军新的历史时期建设成就展览》题词中号召全军，"为把我军建设成为一支强大的现代化正规化革命军队而奋斗"。邓小平的论述，明确了新时期军队建设的总方针、总任务、总目标，是新时期加强军队全面建设的根本指南。

（一）始终不渝地坚持人民军队的性质

建设强大的现代化、正规化革命军队，必须把革命化建设放在第一位。始终不渝地坚持人民军队的性质，是邓小平对新时期军队建设的根本要求，也是新时期军队革命化建设的根本内容。在新的历史条件下，军队建设的外部环境发生了深刻的变化。针对新情况和新问题，邓小平强调，军队要始终不渝地坚持人民军队的性质，坚持党对军队的绝对领导，大力加强思想政治建设，建设高素质的干部队伍，继承和发扬人民军队的优良传统与作风，做到政治上永远合格。

（二）中心是解决现代化问题

建设一支强大的现代化、正规化的革命军队，中心是要解决现代化的问题。邓小平指出，谋划军队建设全局，"指导思想要明确，就是要解决现代化问题"。确立以现代化建设为中心，反映了时代发展的客观要求，反映了我军建设的客观规律，是邓小平新时期军队建设思想的一个中心内容。

坚持以现代化建设为中心，是解决新时期我军建设主要矛盾的必然要求。邓小平指出，现阶段，我军建设的主要矛盾是现代战争的客观需要同我军现代化水平还比较低的矛盾。为了解决这一主要矛盾，适应现代战争的需要，必须把军队建设的目标定在世界先进水平上，坚持以现代化为中心，努力提高我军现代化水平，增强现代条件下自卫作战的能力。

坚持以现代化建设为中心，是我军向高级阶段发展的必由之路。军队发展的历史总是与社会生产力的提高、科学技术的进步以及战争的发展等因素紧密相连的，而且有着极为鲜明的时代特征。要适应现代条件下的战争，就必须不断提高军队现代化水平。仅有革命化、正规化还不能反映出军队现代化的水准，也不能表示军队建设达到了高级阶段。只有坚持以现代化建设为中心，不断使军队建设各方面都实现高度现代化，我军建设才能完成由低级向高级阶段的过渡。

（三）提高军队的正规化水平

正规化，是军队发展壮大的必然要求。在新的历史条件下，邓小平从我军建设的

实际出发，继承和发展毛泽东军事思想，十分重视正规化在我军建设中的地位和作用，把正规化作为新时期军队建设总目标的一个重要方面，强调依法治军，从严治军，科学管理，形成了独具特色的正规化建设思想。

军队的正规化就是建立统一编制、统一指挥、统一制度、统一纪律和统一训练的军队。军队的正规化与军队的战斗力息息相关，是影响军队战斗力的重要因素之一。同时，在现代战争中，各种情况更加复杂多变，参战部队的成分更加复杂多样，若没有严密的组织、严明的纪律、科学的分工和密切的协同，就无法形成强有力的整体作战能力，就无法取得战争的胜利。实践证明，部队的正规化建设越好，部队的战斗力就越高。

（四）坚持革命化、现代化、正规化的统一

革命化、现代化、正规化建设相互联系，相互促进，是一个整体。实践证明，只有这三个方面全面、协调地发展，才能真正提高我军的战斗力，其中任何一个方面滞后或被忽视，都会削弱我军的战斗力。其中，革命化关系现代化的方向，只有加强革命化建设，才能使现代化、正规化建设始终保持坚定正确的政治方向。现代化是革命化和正规化建设的物质基础，如果没有现代化，特别是如果没有现代化的人才和编制体制，正规化建设便无从谈起。正规化是现代化的重要保证和必要条件，它对现代化起着直接的推动和保证作用。

四、走有中国特色的精兵之路

建设一支强大的现代化正规化革命军队，贯穿其中的一个根本要求，就是全面提高军队战斗力。在指导新时期军队建设的过程中，邓小平始终坚持战斗力标准，注重军队的质量建设，强调把教育训练提高到战略地位，把改革精神注入军队建设和战斗力提高的各个方面，指引我军走上了一条有中国特色的精兵之路。

（一）军队就是要提高战斗力

提高战斗力，增强国防实力，是新时期军队和国防建设的基本目的，也是检验军队和国防建设各项工作的根本标准。针对新时期军队和国防建设遇到的新情况和新问题，邓小平突出强调要提高军队的战斗力。战斗力标准，指军队建设尤其是和平时期的军队建设必须紧紧围绕提高战斗力这个根本要求，以是否有利于提高战斗力作为检验军队各项工作的根本标准。坚持和落实战斗力标准，就是要把提高战斗力作为一个总的指导原则，在整个军队建设中确立起来，贯彻下去，落到实处。在新的历史条件下，我军建设在坚持和落实战斗力标准的问题上，面临许多新情况和新问题，需要很好地研究和解决。要正确认识和掌握战斗力标准与具体工作标准的关系，正确处理严格训练与安全训练的关系，坚定不移地坚持以军事训练为中心。

（二）注重军队的质量建设

新时期我军建设的总目标是要建设一支革命化、现代化、正规化的军队。"三化"本身是对军队建设的一种质量要求，是一个注重军队质量建设的总目标。邓小平自20世纪70年代末以来一再指出，我军过去"只讲数量不讲质量。现在改变了，讲质量，讲真正的战斗力，搞少而精的真正顶用的"。邓小平强调，注重军队质量建设，第一，要坚持"精兵"的原则，精兵就是把军队搞精干。第二，要坚持"利器"的原则。要改进武器装备，下决心搞出自己的新的顶用的东西。第三，要坚持"合成"的原则。一方面，要重视解决科学编成问题；另一方面，也要重视解决诸军兵种联合作战的指挥和协同问题。第四，要坚持"高效"的原则。机关就是要提高工作效率和指挥水平，部队就是要提高协同作战能力、快速反应能力、电子对抗能力、野战生存能力和综合保障能力。总而言之，讲质量，就是要求军队具备诸军兵种联合作战能力，具备现代战争条件下所必须具有的整体效能和水平。

（三）把教育训练提高到战略地位

提高军队战斗力，除了抓质量建设，还要抓教育训练。教育训练是和平时期军队建设和军事斗争准备的重要活动，是生成和提高军队战斗力的基本途径和客观要求。1975 年 7 月，面对"文化大革命"期间造成军队只搞文、不搞武的严重后果，邓小平提出要"抓编制，抓装备，还要抓战略，要按次序来抓"。在 1980 年 3 月的军委常委扩大会议上，他更加明确地指出："一九七五年我们就提出要把训练提高到战略地位，因为不打仗，部队军事素质的提高就得靠训练。这一段时间做了许多工作，但是这个问题还是没有解决好，现在重新提出来，并作为个制度问题加以解决。"邓小平关于把教育训练提高到战略地位的思想，是从军队和国家建设的全局出发提出的一项高屋建瓴的战略性决策。这一思想，主要包括：学习现代战争知识，提高干部战士驾驭现代战争的本领；加强诸军兵种的合成训练，解决诸军兵种联合作战的协同和指挥问题；加强合成训练，必须树立整体作战意识，必须"从难从严从实战需要"出发训练部队，必须处理好重视基础训练和加强合同训练的关系；军队院校是培养干部的重要基地，要把院校训练作为整个教育训练的重要环节摆到战略位置上，靠办好院校解决干部问题，关键是要提高办学质量。

（四）军队建设要贯彻改革精神

坚定不移地走有中国特色的精兵之路，是一项崭新的事业，是一场深刻的变革。邓小平强调必须贯彻改革创新的精神，解放思想，实事求是，不断研究新情况，解决新问题。加强军队质量建设任重道远，在前进的道路上必定会遇到许多困难和矛盾，既有不少历史遗留下来的老问题，又面临许多过去不曾遇到的新情况。不改革创新，是没有出路、没有希望的。邓小平指出："如果现在再不实行改革，我们的现代化事业和社会主义事业就会被葬送。"军队改革既是关系军队前途命运的大事，又是充满风险的崭新事业。面对新时期的改革，邓小平指出："我们的方针是，胆子要大，步子要稳，走一步，看一步。"既要积极，又要稳妥，这是新时期军队改革的总的原则。把握军事领域的特点和规律，是我们进行军队改革的基本条件，也是深化军队改革的必要途径。

五、实行现代条件下的人民战争

在新的历史条件下，邓小平继承和发展毛泽东人民战争思想，明确提出了"现代条件下人民战争"的重要思想，为积极防御的军事战略方针增添了新的时代内容，为新时期的军事理论研究和未来军事斗争的战略指导指明了方向。

（一）人民战争思想具有强大的生命力

邓小平指出："我们的战略是毛泽东主席制定的。毛主席的战略思想就是人民战争，过去是正规军、游击队和民兵三结合，现在是野战军、地方军和民兵三结合。"在新的历史条件下，坚持积极防御的战略方针，必须继承毛泽东人民战争思想，重视研究现代条件下的人民战争，建立起符合我国新时期客观实际的现代条件下人民战争理论，从而正确地指导新时期的军队建设和军事斗争。

坚持人民战争，适合中国的实际情况，是我们拥有的真正优势和力量所在。第一，我们坚持的是自卫立场，在维护世界和平和维护国家利益这个基点上，正义属于我们，因而能够赢得中国和世界最大多数人的拥护。第二，中国块头大，一是地域辽阔，二是人口众多，敌人要占领我们国家，消灭我们人民，是根本不可能的。第三，中国拥有一支由人民解放军、武装警察部队、预备役部队和广大民兵组合而成的强大武装力量，具有深厚的人民战争潜力和持久作战的社会经济与政治基础。坚信军事斗争的胜负归根结底取决于人民，因而坚持人民战争思想，是毛泽东军事思想的活的灵魂之一，也是邓小平研究军事问题的重要的立场、观点和方法。实践已经并将继续证明，坚持人民战争，是任何强大敌人都不敢贸然入侵中国的重要原因。

（二）坚持人民战争的战略思想，应当适应新的情况，注意同现代条件和现代战争的特点结合起来

邓小平指出，现在的人民战争与过去不同，装备不同，手段也不同。现代条件下的人民战争，是捍卫国家利益并在国家政权统一组织下的人民战争，实质是以军事力量为主的综合国力的较量。与过去的人民战争相比，现代条件下人民战争主要具有以下新特点：一是战争的对象发生了重大变化，现代条件下人民战争的主要对象既可能是企图破坏祖国统一的分裂主义者，又可能是蓄意危害我国国家利益的霸权主义者，还可能是蚕食我边境领土和海洋权益的入侵者。二是战争的基本样式是高技术条件下的局部战争，现代条件下人民战争将是局部范围内的现代技术特别是高技术战争。三是战争发生的地域将主要在边境和海上，战场容量相对狭小，不便于大兵团作战，人民战争的一些传统战法将受到战场条件的严重制约。四是战争的力量基础更加雄厚。五是人民群众参战的方式发生变化。高技术条件下的局部战争，持续时间短，战场容量小，情况复杂多变，对专业技术力量参战、支前的需求量增大，对战场人员综合素质的要求大幅度提高。这必将改变传统的人民群众在人力物力上参加或支持战争的状况，人民群众直接参战的机会减少，其参战的方式将更多地表现为间接参战。

（三）坚持人民战争的战略思想，需要加强军事科学研究

邓小平强调要坚持人民战争，不仅十分重视解决人民战争的现代技术和物质基础问题，而且还十分重视现代条件下人民战争的理论研究。他给军事科学院题词："继承毛泽东军事思想，研究现代条件下人民战争，发展我国军事科学。"要求我们努力研究现代条件下的人民战争，正确认识和把握现代条件下人民战争的特点和规律，正确回

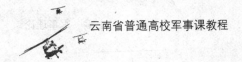

答和解决现代条件给人民战争所带来的一系列新问题，不断丰富和发展现代条件下的人民战争理论，并运用这一理论有效地指导现代条件下人民战争的实践，为打赢现代条件下的人民战争提供正确的理论指导。

（四）立足于以劣势装备战胜优势装备之敌

用劣势装备战胜优势装备的敌人，是我军的优良传统。在未来的军事斗争中，我们仍然要立足于以劣势装备战胜优势装备之敌。邓小平指出："即使能够争取十年二十年时间实现我军装备的现代化，那时我们同敌人比较起来，武器装备也仍将处于劣势。我们在前进，敌人也没有睡觉嘛！因此，到那个时候，如果打起来，我们还是要以弱胜强，这种基本状况还不能够完全改变。我们历来的经验，就是用劣势装备打败优势的敌人，因为我们进行的是正义战争，是人民战争。这一点，我们要有充分的信心。"因此，军队要加强以打赢现代技术特别是高技术条件下局部战争为目标的军事斗争准备，立足于以劣势装备战胜优势装备的敌人。毫无疑问，在未来保卫祖国主权和安全、实现祖国统一的军事斗争中，以劣势装备战胜优势装备的敌人是有条件的。我们只有加速发展武器装备，努力提高人员素质，大胆改革体制编制，不断完善军事理论，积极创造战胜敌人的条件，才能使以劣势装备战胜优势装备之敌的可能性变为现实。

第五节　江泽民国防和军队建设思想

江泽民国防和军队建设思想是江泽民关于国防和军队建设以及有关军事问题的科学理论体系。这一思想，是积极应对"冷战"后国际国内局势剧烈变化的时代产物，是对毛泽东军事思想、邓小平新时期军队建设思想的继承和发展，是对我国国防和军队建设客观规律的深刻揭示和实践经验的科学总结，是"三个代表"思想科学体系的重要组成部分，是党的军事指导理论的重要内容。江泽民国防和军队建设思想是一个丰富的科学理论体系，解放军总政治部印发的《江泽民国防和军队建设思想学习纲要》全面阐述了其主要内容和基本观点，归纳起来主要包括十四个方面，大致包括军事战略思想、国防建设思想、军队建设思想和军事变革思想等四个方面。

一、解决好打得赢与不变质两个历史性课题

江泽民指出："在军队建设上，我最关注的是两大问题，一个是我军能不能跟上世界军事发展的趋势，打赢未来可能发生的高技术战争，切实捍卫祖国的主权、安全和统一；一个是我军能不能始终保持人民军队的性质、本色、作风，永远成为党绝对领导下的革命军队。"这是江泽民关于当代中国国防和军队建设的基本课题和根本任务，也是江泽民国防和军队建设思想的核心和总纲。

（一）新的历史条件下国防和军队建设必须着力解决好的核心问题

20世纪90年代以来，国际国内环境的重大变化，给我军建设带来十分深刻的影响和严峻的挑战。面对这些影响和挑战，江泽民立足新的历史条件，把解决好打得赢、不变质两个历史性课题郑重提到全军面前，这是党中央、中央军委对新形势下军队建

设最为关注的两个重大课题。两个历史性课题的提出，具有很强的现实针对性，是江泽民对国家和民族安危的一种强烈的忧患意识，是对国防和军队建设现状的一种危机感、紧迫感、责任感和使命感。可以说，江泽民国防和军队建设思想的全部内容，都是围绕着两个历史性课题展开的。江泽民领导国防和军队建设的全部实践，都是以解决这两个历史性课题为根本出发点和归宿的。

（二）坚持打得赢与不变质相统一，反映了人民军队建设的本质要求

在国防和军队建设中解决打得赢、不变质的问题，要处理好二者的关系。打得赢是不变质的基本要求，离开了打得赢，军队不能有效地履行神圣职责，不变质也就失去了意义；不变质是打得赢的根本保证，离开了不变质，我军建设就失去了正确的前进方向，也不可能形成强大的战斗力，胜利担负起保卫社会主义祖国的历史责任。人民军队的性质、宗旨、职能和使命，决定了做到打得赢、不变质是我军存在和发展的全部意义和价值所在。解决好打得赢、不变质这两个历史性课题，是我军对党、对国家、对民族的庄严使命和历史责任，既具有现实的紧迫性，又是长期的历史任务。

（三）在探索特点规律中解决两个历史性课题

江泽民指出，解决打得赢、不变质两个历史性课题，必须不断探索新形势下治军的特点和规律、军事斗争准备的特点和规律、国防建设的特点和规律。探索新形势下治军的特点和规律，应坚持一切从客观实际出发，着眼于新形势的特点和发展。江泽民指出，在新形势下，我们对军队建设的特点和规律还缺乏深入研究与准确把握，认识上还没有实现从必然王国到自由王国的飞跃，一些工作思路、工作方法和政策措施还不太适应。这就要求我们必须深入研究军队建设面临的新形势的特点和发展，找出规律性的东西，找到实在管用的治军方法和措施，提高治军能力和水平。探索新形势下军事斗争准备的特点和规律，应立足于应付复杂局面，对军队建设面临的新情况、新问题，进行全面系统的分析研究。江泽民强调，我们对高技术局部战争还知之不多，知之不深。做好军事斗争准备，提高打赢能力，必须把高技术局部战争的特点和规律研究透、搞清楚，着力解决新形势下军事、政治、后勤保障、国防科技、武器装备和国防动员等工作面临的突出矛盾，总结新经验，有所创造，不断提高军队建设和军事斗争准备水平。

二、党对军队的绝对领导是我军永远不变的军魂

面对国际风云变幻和国内改革开放的新形势，江泽民把党对军队的绝对领导作为军队建设和发展的首要问题。他明确指出："一个军队要有军魂。我看，我们军队的军魂就是党的绝对领导。"所谓"军魂"，就是把"党对军队的绝对领导"看成是立军之本、建军之魂。否认党对军队的绝对领导，我军就会成为失去灵魂、任人摆布、被人利用的躯壳。坚持党对军队的绝对领导，是我军的优良传统，是毛泽东、邓小平始终强调的一条根本原则。江泽民把这一原则提到"军魂"的高度来深刻揭示这一原则的科学性、重要性和必然性，是对毛泽东、邓小平关于党对军队绝对领导思想的继承、丰富和发展。

（一）坚持党对军队的绝对领导是我军建军的根本原则

坚持党对军队的绝对领导，是毛泽东、邓小平一贯坚持的建军原则，党指挥枪的观念已经深深融入我军的血脉，成为广大官兵的精神支柱。在新的历史条件下，江泽民始终把坚持党对军队的绝对领导作为军队建设的最高原则，明确指出，坚持党对军队的绝对领导，是我军的根本建军原则。他说："在坚持党对军队的绝对领导这个问题上必须旗帜鲜明、态度坚定。如果在这个问题上含含糊糊，甚至自行其是，那是绝对不允许的。"他要求军队"在任何时候任何情况下，都要坚决听从党中央、中央军委的指挥，永远忠于党、忠于社会主义、忠于祖国、忠于人民"。

（二）坚持党对军队的绝对领导必须坚决抵制错误观点的影响

在新的历史条件下，坚持党对军队的绝对领导，遇到了许多新情况、新问题。在这一根本原则问题上，我们面临的来自国内外敌对势力的最严峻挑战，就是他们散布和鼓吹的"军队非党化""军队非政治化"和"军队国家化"等三种荒谬论调和错误政治观点。江泽民指出："西方敌对势力为实现其'西化'、'分化'中国的图谋正伺机对我军进行渗透和破坏，他们鼓吹的'军队非党化'和'军队非政治化'那一套，就是妄图改变我军的性质，使我军脱离党的领导。军队的同志特别是高中级干部，对此必须高度警惕，始终保持政治上的清醒和坚定。"一些原社会主义国家的党放弃对军队的领导、丧失政权的教训，十分深刻。我们必须始终坚持党对军队领导地位的绝对性，确保党从思想上、政治上、组织上牢牢掌握军队。要进一步强化军魂意识，牢固树立党对军队绝对领导的观念，在坚持党对军队绝对领导这个根本原则上始终做到旗帜鲜明，立场坚定，行动高度自觉。

（三）切实从思想政治上、组织上和制度上加强党对军队的绝对领导

从思想上、政治上掌握军队，是我党长期以来建军治军的一条基本经验，并形成了一整套行之有效的制度和纪律。在新的历史条件下，江泽民在继承的基础上又有所发展，对如何切实从思想政治上、从组织人事上以及如何从坚持制度和严格纪律上把握部队，做了重要论述，提出了更高的要求。对如何从思想政治上把握部队，江泽民指出："坚持党对军队的绝对领导，必须首先从思想上、政治上掌握军队。"并强调，必须将思想政治建设摆在全军各项建设的首位，这是从党、国家和军队工作全局的战略高度提出的要求。对如何从坚持制度和严格纪律上把握部队，江泽民指出，制度建设是最根本的，党对军队绝对领导要靠制度来保证，并说："严守政治纪律是坚持党对军队绝对领导的保证。"他强调，党对军队绝对领导的一系列根本制度，是我军的特色和优势，是保证我军性质和战斗力的带根本性的东西，任何时候都不能丢。而且还要结合新的形势任务，积极探索贯彻执行这一系列根本制度的有效途径和方式，更好地保证党对军队的绝对领导。对如何从组织人事上把握部队，江泽民再三强调，要保证军队永不变质，要赢得未来战争的胜利，必须下大力培养选拔年轻优秀干部，以"保证枪杆子永远掌握在忠于党的可靠的人手里"。对培养选拔干部，江泽民强调要始终坚持党管干部，群众参与；德才兼备，全面要求；公道正派，搞"五湖四海"和加强锤炼，重在考验等原则。

三、积极推进中国特色军事变革

积极推进中国特色军事变革，是贯穿于江泽民国防和军队建设思想中的主导性思想。20 世纪 90 年代以来，以江泽民为核心的中央军委，着眼世界新军事变革的严峻挑战，立足中国国情和军情，制定了一系列带有鲜明军事变革性质的重大战略决策，形成了系统的军事变革战略思想。其本质就是适应世界新军事变革发展趋势，从我国的国情和军情出发，走以信息化带动机械化、以机械化促进信息化的跨越式发展道路，通过深化改革，实现军队建设的整体转型，建设一支能够打赢未来信息化战争的强大的现代化、正规化革命军队。

（一）推进中国特色军事变革是我军迎接世界新军事变革的必然抉择

认清世界新军事变革的发展趋势是推进中国特色军事变革的重要前提。江泽民指出："建立在新的物质技术基础上的新军事变革，必然导致军队建设和作战方式等一系列方面发生革命性的变化。从大的方面讲，有四个趋势值得我们注意。"这四个趋势包括：信息化武器装备将成为军队作战能力的关键因素；非接触、非线式作战将成为重要作战方式；体系对抗将成为战场对抗的基本特征；太空将成为国际军事竞争新的战略制高点。

世界新军事变革给我军带来了严峻挑战。江泽民指出："信息化是新军事变革的核心。人类社会的战争形态正由机械化战争转变为信息化战争。整个工业时代军队的武器装备、组织体制、军事理论、军事训练以及后勤保障方式等，都将按照信息化的要求进行彻底改造。工业时代的机械化军队正在转变为信息化军队。"但是，由于我军目前仍然处在机械化半机械化阶段，信息化建设还只是刚刚起步。因此，在世界新军事变革的大潮中，我军面临着由机械化向信息化转型的巨大压力和严峻挑战。

世界新军事变革给我军带来了有利机遇。江泽民指出："世界新军事变革给我们带来了严峻挑战，也给我们提供了历史机遇。"世界主要军事强国的军事变革的加速发展，一方面在客观上进一步加剧了国际战略力量的不平衡性，有可能进一步拉大发达国家与发展中国家在军事实力上的差距。但另一方面，也给我们充分发挥后发优势提供了有利条件。因为，他们的发展既给我们提供了可以借鉴的有益经验，同时也给我们提供了可以吸收的历史教训。正如江泽民指出的那样："今后二十年，是我们国家发展的重要战略机遇期，也是国防和军队现代化发展的重要战略机遇期。如果我们错过了这二十年，就很可能错过整整一个时代。要以时不我待的紧迫感，积极推进中国特色的军事变革。"

适应世界新军事变革发展趋势，积极推进中国特色军事变革，必须适应未来战争要求，抓好人才战略工程。对此，江泽民同志强调，要造就大批高素质新型军事人才，按照新型军事人才需要具备的"良好的全面素质、复合的知识结构和综合能力、创新精神和创新能力"的素质要求，为我军现代化建设和军事斗争准备提供强大的人才和智力支持；要充分发挥院校在培养高素质军事人才中的主渠道和基地作用，走军队干部由军队自己培养和依托国民教育培养并举的路子。

（二）按照科学的战略构想推进中国特色的军事变革

军事变革是军事领域整体性、根本性和系统性的转型，完成这种重大的时代转型，最重要的是要具有全局性的战略构想。江泽民指出："推进中国特色的军事变革，必须按照实现信息化的要求，科学确立军队建设的战略目标、发展思路和具体步骤。"

推进中国特色军事变革的根本目标，是建设信息化军队、打赢信息化战争。

推进中国特色军事变革的发展道路，是实现机械化、信息化建设的复合式跨越发展。江泽民指出："当前，我军处在机械化任务尚未完成，同时又要努力向信息化过渡的特殊阶段。"那么，我们怎么才能在短短的几十年时间里实现军事变革的目标呢？江泽民指出："要坚持以信息化带动机械化，以机械化促进信息化，实现机械化、信息化建设的复合式发展，完成机械化、信息化建设的双重历史任务。"从总体上讲，我军现代化建设水平与西方发达国家军队相比存在明显的差距。推进中国特色军事变革，走跨越式发展道路是唯一正确的决策。江泽民指出："我们没有必要等到走完发达国家军队机械化建设的全部过程再来搞信息化，而应该努力推进机械化、信息化的复合发展。……我们有必要也完全有可能在较高的起点上推进机械化和信息化建设，使军队的火力、机动力和信息能力协调发展。这就要求我们努力跨越机械化发展的某些阶段，也要努力跨越信息化发展的某些阶段，同时还要吸取发达国家军队机械化和信息化建设失误的教训，尽可能少走弯路。实现跨越式发展，就是要努力走出被动追赶的发展模式，最终进入与发达国家军队同步发展的轨道。"

推进中国特色军事变革的战略步骤，是按照"三步走"的战略构想逐步实现国防和军队现代化。推进中国特色军事变革，既要适应世界新军事变革的发展趋势，又要从我国的国情军情出发，把国防与国家、当前与长远、需要与可能统一起来，积极稳妥地进行。20世纪末，党和国家做出了21世纪前50年分三个阶段实现我国现代化的战略部署。国防和军队现代化作为国家现代化建设的重要组成部分，必须有一个与国家现代化发展战略相配套的战略构想，从总体上把握好国防和军队现代化建设的历史进程，有计划、按步骤地推进。为此，江泽民和中央军委确定了国防和军队现代化建设分"三步走"的战略构想。第一步，到2010年，用十几年时间，努力实现新时期军事战略方针提出的各项要求，主要解决好军队的规模、体制编制和政策制度问题，为国防和军队的现代化打下坚实基础。第二步，到2020年，随着国家经济实力的增长和军费的相应增加，加快我军质量建设的步伐，使国防和军队现代化建设有一个较大的发展，基本实现军队机械化，使信息化建设取得重大进展。第三步，再经过30年的努力，到21世纪中叶，实现国防和军队的现代化。

四、用新时期军事战略方针统揽国防和军队建设全局

军事战略方针是一定时期内筹划和指导战争全局的纲领和原则，是军事战略的核心内容与集中体现。江泽民明确指出："一个国家，一个民族，要生存和发展，要在激烈竞争的国际环境中站稳脚跟，就不能没有正确的军事战略方针。在当前复杂多变的国际形势下，为了掌握战略主动，我们必须确立正确的军事战略方针。"新时期军事战略方针的确立和完善，为国防和军队建设提供了科学的依据和发展方向。

（一）新时期军事战略方针的基本内容和基本精神

以江泽民为核心的中央军委在1993年年初召开的军委扩大会议上，明确规定我军新时期的军事战略方针仍然是积极防御，并在具体内涵上充实了新的内容。他指出："概括起来讲，今后一个时期，积极防御的军事战略方针的基本内容就是以毛泽东军事思想、邓小平同志关于新时期军队建设的思想为指导，服从和服务于国家发展战略，立足打赢一场可能发生的现代技术特别是高技术条件下的局部战争，加速我军质量建设，努力提高我军应急作战能力，扬长避短，灵活应变，遏制战争，赢得战争，保卫国家领土主权和海洋权益，维护祖国统一和社会稳定，为改革开放和现代化建设提供强有力的安全保证。"军事战略方针必须适应国家安全环境和军事战略任务的变化而不断充实和完善。1993年新时期军事战略方针确立后，在世纪之交新军事变革呈现加速发展的趋势，信息化战争登上历史舞台后，以江泽民为核心的党中央、中央军委及时对新时期军事战略方针进行了充实和完善，强调我们的军事斗争准备的基点要放到打赢信息化条件下的局部战争上。

（二）军事战略方针对国防和军队建设具有全局性的统领作用

江泽民指出："全军的各项建设和一切工作，包括军事训练、政治工作、后勤保障、国防科研等，都要在新时期军事战略方针指导和统揽下，立足于打赢未来现代技术特别是高技术条件下的局部战争，周密计划，全面部署，深入展开。"新时期军事战略方针的制订，适应了国家发展战略的要求，为改革开放和发展经济提供坚强有力的安全保证，使军队建设和军事斗争更好地为实现国家的战略目标服务。为贯彻新的战略方针，江泽民于1995年提出了军队建设要实行"两个根本性转变"的战略思想，即"在军事斗争准备上，由应付一般条件下的局部战争向打赢现代技术特别是高技术条件下局部战争转变；在军队建设上，由数量规模型向质量效能型、人力密集型向科技密集型转变"。实践证明，这革命性的转变是完全正确的。正是有了这一转变，才有了我军现代化建设的一系列调整改革。以新时期军事战略方针为指导和统揽，就是要求全军的各项建设和一切工作，都要服从和服务于这一战略方针的需要，都要围绕打赢现代技术特别是高技术条件下的局部战争展开和实施，要强化"打赢"意识，以"打赢"为根本标准，把增强现代技术特别是高技术条件下的防卫作战能力作为军队建设和一切工作的中心任务。

（三）以军事斗争准备为龙头，牵引和带动国防和军队现代化建设的整体推进

江泽民指出："我们要以军事斗争准备为龙头，通过局部跃升推动军队现代化建设的整体推进。"贯彻新时期军事战略方针，就是要抓住军事斗争准备这个最现实、最紧迫的任务。抓住了它就抓住了重点，抓住了军队现代化建设的龙头。做好军事斗争准备，既要关注现实威胁，又要适应未来挑战，把军事斗争准备融入军队改革和现代化建设的全局中去。要处理好军事斗争准备与军队现代化建设长远发展的关系，在仍然可以争取到一个较长时间和平的形势下，把抓紧做好军事斗争准备与有计划、按步骤进行军队现代化建设统一起来，做到既能迅速形成我军高技术条件下作战的精锐力量，

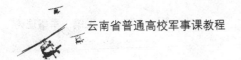

又能有效带动军队现代化建设的全局。要处理好主要战略方向与其他战略方向的关系，突出主要战略方向，兼顾其他战略方向，以主要战略方向的军事建设带动其他战略方向的军事建设。要处理好重点项目建设与体系建设的关系，着眼尽快建立起一个结构合理、功能齐全、综合集成、反应迅速，能够充分发挥武装力量整体效能和国家战争潜力的作战体系，集中力量，实现重点项目突破，带动整个作战体系的发展。

五、按照"五句话"总要求全面加强军队建设

江泽民从增强军队战斗力和军队根本职能出发，明确指出"部队要做到政治合格、军事过硬、作风优良、纪律严明、保障有力"。这是实现我军建设总目标的总要求，反映了新时期军队建设的发展规律，涵盖了新时期军队建设的基本内容，是实现新时期我军建设总目标所必须遵循的行动准则和纲领。

（一）"五句话"总要求的科学内涵

江泽民提出的"五句话"总要求是对新时期军队建设总目标的具体化和规范化，是有效履行我军职能的必然要求，是现代战争对军队建设提出的客观要求。

政治合格，就是要始终坚持党对军队的绝对领导，模范执行党的理论、纲领和路线、方针、政策，坚持人民军队的性质、本色和作风，始终做党、人民和社会主义国家利益的忠实捍卫者。

军事过硬，就是要具有牢固的战斗队思想、精湛的军事技术、良好的军事素质和快速高效的反应能力，能够有效履行维护国家安全统一和发展利益的职责使命。

作风优良，就是要有良好的思想、工作、战斗和生活作风，做到实事求是，谦虚谨慎；学以致用，言行一致；积极进取，敢于创新；英勇顽强，雷厉风行；艰苦奋斗，勤俭办事。

纪律严明，就是要严格遵守法律法规和条令条例，严格遵守政治、组织、军事和群众纪律，做到令行禁止，一切行动听指挥，确保部队的集中统一和高度稳定。

保障有力，就是在一定的经济和社会条件基础上，科学组织和运用人力、物力、财力、技术等，及时、准确、高效地保障军队建设和作战需要。

（二）全面落实"五句话"总要求，努力实现"三化"总目标

把提高战斗力作为全面落实总要求的根本出发点。坚持把提高战斗力作为全面落实"五句话"总要求的根本出发点和落脚点，是江泽民始终坚持的一个带根本性的问题。在新世纪新阶段改革开放和发展社会主义市场经济的条件下，军队建设出现了许多新情况、新问题，坚持以战斗为作为出发点和立足点，认真落实"五句话"总要求，既明确了军队建设以战斗力为标准的根本指导思想，又明确了评价、衡量军事、政治、后勤、科研等各项工作的根本尺度，明确了检验军队建设效益大小的客观标准。

把促进全面建设作为全面落实总要求的基本着力点。"五句话"总要求涵盖了军队建设的方方面面，环环相扣，相互关联，构成了我军全面建设的基本要素，成为加强我军全面建设的基本依据。对于加强部队的全面建设，江泽民特别强调的主要有三点：一是要深刻理解"五句话"的内在辩证联系，强化全面建设的观念；二是要分清"单

打一"与抓典型的界限；三是要从本部门本单位的实际出发，从各方面的横向联系和长远的历史发展着眼，切实理顺落实"五句话"总要求的思路，对全面建设进行统一筹划和规范。

把搞好创新改革作为全面落实总要求的主要途径。全面落实"五句话"总要求，必须通过深化改革，不断创新来实现军队建设的全面提高。进入新世纪，在不断产生新的矛盾和问题的情况下，江泽民就如何通过改革解决其重大问题做出了明确指示，主要是通过深化武器装备建设、军队编制体制和教育训练、军事理论研究以及后勤建设的改革，实现"两个根本性转变"，从而保证打得赢、不变质，实现"三化"建设的总目标。

把抓好基层工作作为全面落实总要求的主要措施。要树立正确的工作指导思想，能否抓好工作落实，从根本上说是个党性问题，工作指导思想问题。江泽民指出："工作要越抓越实，不能浮在表面。军事训练也好，整个军事工作也好，都应该抓实。只有抓实，才能抓出效果。"要改进思想方法和工作方法，必须掌握和运用唯物辩证的思想方法和工作方法。要从根本上防止和克服形式主义、官僚主义，必须增强党性，淡泊名利，解决好世界观、人生观和价值观的问题。要以《军队基层建设纲要》为依据，下大力抓好基层工作。

六、实施科技强军战略，加强军队质量建设

江泽民和中央军委在制定《"九五"军队建设计划纲要》时，明确提出"科技强军"战略思想。实施科技强军战略，是顺应世界军事发展、历史趋势的重大战略决策。它要求军队建设必须以科技进步为动力，把军队战斗力的提高真正转到依靠科技进步上来，向科学技术要质量，向科学技术要战斗力，走有中国特色的精兵之路，从根本上提高我军建设质量，努力缩短与世界军事强国的差距。

（一）加强质量建设，走有中国特色的精兵之路

江泽民指出："军队质量在现代战争中具有决定性的意义。我们必须把加强质量建设作为实现我军现代化的基本指导方针，摆在更加突出的位置。"随着科学技术的迅猛发展及其在军事领域的广泛应用，军事力量的要素构成、运用方式等都发生了很大变化，军队的质量对战争胜负越来越具有决定性意义。江泽民强调："加强质量建设，走有中国特色的精兵之路，是实现我军现代化的正确选择。"

中国特色的精兵之路，核心是一个"精"字。它既是对"量"的要求，更是对"质"的要求，精兵是数量与质量的辩证统一。在现代战争条件下，军队质量已成为矛盾的主要方面，成为战争胜负的决定性要素。把我军建设为一支能够克敌制胜的现代化精锐之师，仅靠减少数量是不够的，更重要的是提高质量，减少数量也是为提高质量创造更好的条件。江泽民说："在现代战争中，兵仍然不在多而在精。这个精包括两个方面：一方面是武器装备要精。我们要想办法，逐步逐步地解决这个问题，当然要有重点，全部解决是不可能的。对我们来说，另一方面是要有革命精神。未来反侵略战争不仅仅靠高精尖的武器装备，更重要的是靠人的政治素质，靠人民战争这个克敌制胜的法宝。"

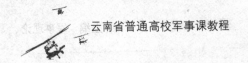

（二）加强军队质量建设的关键，是实施科技强军战略

为适应世界军事发展的大趋势和我国实施科教兴国战略的新形势，江泽民提出实施科技强军战略，强调要依靠科技进步提高军队建设质量。江泽民指出："加强质量建设的关键，是实施科技强军的战略，提高军队现代化建设的各个方面的科学技术含量，增强现代技术特别是高技术条件下的防卫作战能力。"

实施科技强军战略，核心内容是把依靠科技进步提高战斗力摆在国防和军队建设的战略位置，增强国家的军事科技实力，全面提高军队建设的科技含量。

实施科技强军的落脚点是实现军队建设的"两个转变"。江泽民指出："贯彻科技强军战略，以改革创新的精神推动我军由数量规模型向质量效能型、由人力密集型向科技密集型转变。"实现这"两个转变"的实质，就是把提高战斗力的重点转到依靠科技进步的轨道上来。

依靠科技进步实现"两个转变"，关键是要提高广大官兵的科学技术素质，需要培养和造就大批高素质的军事人才。江泽民指出："打赢未来可能发生的高技术局部战争，既要依靠现代化的武器装备，更要依靠具有现代科学文化知识和现代军事技能、思想上政治上过得硬的高素质的军事人才。"江泽民对新型军事人才提出了具体的素质要求：一是要具备良好的全面素质，在思想政治、科学文化、军事专业和身体心理等方面全面发展、全面过硬。二是要具有复合的知识结构和综合能力，尽可能成为既精通某专业又具有广博知识的一专多能的人才。三是要具有创新精神和创新能力，掌握科学的思维方法，能够敏锐地发现问题、正确地分析问题和创造性地解决问题。为适应世界新军事变革发展和我军实现"两个转变"的需要，江泽民强调必须大力加强人才队伍建设，为我军现代化建设和军事斗争准备提供强大的人才和智力支持。他为我军制定了人才战略工程，即经过一二十年的努力，培养和造就"五支队伍"：指挥军官队伍、参谋队伍、科学家队伍、技术专家队伍和士官队伍。

（三）开展科技练兵，推动军事训练向更高层次发展

科技练兵，是信息化条件下军事训练的主要内容和基本方式，是我军军事训练的一场变革。打赢未来高技术战争，我军军事训练必须贯彻科技强军战略，增大训练的科技含量。江泽民指出："科技练兵是提高我军打赢高技术战争能力的根本途径，在军队现代化建设全局中具有举足轻重的地位。全军部队特别是各级领导和机关，要进一步认清科技练兵的重大意义，正确把握科技练兵的方向和规律，不断把科技练兵引向深入。"

开展科技练兵，要把"打赢"作为根本出发点和落脚点。江泽民指出："'打得赢'是部队一切工作的出发点和落脚点，也是科技练兵的根本目的。"坚持战训一致的原则，以高技术作战为背景，紧紧围绕解决军事斗争准备的重点难点问题，紧贴实战需要，做到仗怎么打兵就怎么练，坚持从难从严，加强针对性训练，努力缩小训练与实战的差距，绝不能搞形式主义和花架子。

开展科技练兵，要把提高部队全面作战能力作为最终目的。江泽民指出："要强化诸军兵种联合作战训练，提高诸军兵种联合作战的能力。训练不仅要着眼于提高官兵

的技术、战术水平，同时要着眼于练思想、练作风、练意志，培养革命英雄主义精神。还要特别注意通过科技练兵培养和造就大批新型军事人才。"

第六节 胡锦涛关于国防和军队建设重要论述

胡锦涛关于国防和军队建设重要论述是胡锦涛关于国防和军队建设及有关军事问题的科学理论体系。这一理论体系，着眼全面履行新世纪新阶段军队历史使命，以推动国防和军队科学发展为主题，以加快转变战斗力生成模式为主线，深刻论述了全面加强军队革命化现代化正规化建设，推进军事理论、军事技术、军事组织、军事管理创新，积极稳妥推进国防和军队改革，拓展和深化军事斗争准备，全面提高以打赢信息化条件下局部战争能力为核心的遂行多样化军事任务能力，在全面建设小康社会进程中实现富国和强军的统一等一系列根本性、全局性、方向性的重大问题，形成了一个科学的理论体系。

一、坚持把科学发展观作为加强国防和军队建设的重要方针

2003 年党的十六届三中全会提出了科学发展观问题。2005 年 4 月 1 日，胡锦涛在军委民主生活会上，明确提出坚持在国防和军队建设中贯彻落实科学发展观的要求。2006 年 3 月 11 日，胡锦涛在十届全国人大四次会议解放军代表团全体会议上进一步强调，坚持把科学发展观作为加强国防和军队建设的重要指导方针，推动国防和军队建设又好又快发展，努力提高我军应对危机、维护和平、遏制战争、打赢战争的能力，切实履行好新世纪新阶段我军历史使命。2010 年年底，胡锦涛进一步提出以推动国防和军队建设科学发展为主题的重大战略思想，全面阐明了科学发展观对国防和军队建设的总体要求。

（一）坚持经济建设和国防建设协调发展

发展是科学发展观的第一要义。在国防和军队建设中贯彻科学发展观，首要的问题是必须坚持经济建设与国防建设协调发展的方针。科学发展观之所以科学，关键在于它把社会主义经济建设、政治建设、文化建设、国防和军队建设置于一个大的系统中，实施全面协调的指导。胡锦涛指出，国防建设与经济建设协调发展的方针，是我们党对国防建设和经济建设"内在规律"的科学总结。在整个国家建设的大系统中，国防建设与经济建设是两大支撑领域，处理好二者的关系，对于国家全面建设与发展具有举足轻重的意义。经济建设与国防建设相互影响、互为作用。只有国家经济实力增强了，国防建设才会有更大的发展；只有把国防和军队建设搞上去，国家经济发展才会得到可靠的安全保障。

（二）坚持以人为本的核心

坚持以人为本，是科学发展观的本质和核心，是胡锦涛为总书记的党中央提出的重要执政理念，也是建军治军的重要理念。对军队来说，就是要始终坚持人民军队的宗旨，全心全意为人民服务，坚决维护人民群众的根本利益。在军队建设中，必须充

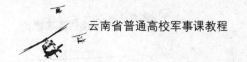

分尊重官兵的主体地位和创造精神，心系基层、情系官兵，切实维护官兵权益，不断改善官兵的物质和文化生活条件。军队建设贯彻以人为本，要符合军队作为武装集团的特殊性，适应遂行作战任务的要求。要把爱护官兵生命与培育战斗精神统一起来，继承和发扬我军大无畏的英雄气概和英勇顽强的战斗作风。要把关心官兵个人发展与从严治军统一起来，严格制度、严格纪律、严格训练、严格管理，做到令行禁止。要始终着眼有效履行职能使命和提高战斗力，把贯彻以人为本与坚持从严治军、培育和谐精神和强化战斗精神、发扬民主与一切行动听指挥有机统一起来。要把尊重官兵权益与确保一切行动听指挥统一起来，教育广大官兵正确认识军人的义务和权益，自觉为祖国、人民和军队多做贡献。

（三）坚持全面协调可持续发展

全面协调可持续是科学发展观的基本要求。国防和军队建设全面协调可持续发展，必须按照"五句话"总要求，以提高部队战斗力为根本出发点和落脚点，全面加强革命化、现代化、正规化建设，使军事、政治、后勤、装备建设相互配合、相互促进、共同进步；必须下功夫解决军队内部存在的某些结构失调、关系不顺的问题，进一步优化结构，理顺关系，加强体系建设，提高整体效能；必须大力加强科学管理，切实转变传统的管理模式，不断提高国防和军队现代化建设的质量和效益，走出一条投入较少、效益较高的国防和军队现代化建设路子。全面贯彻落实科学发展观，必须抓好国防和军队建设的"五个统筹"，即统筹中国特色军事变革与军事斗争准备，统筹机械化建设与信息化建设，统筹诸军兵种作战力量建设，统筹当前建设与长远发展，统筹主要战略方向与其他战略方向。

二、履行新世纪新阶段我军的历史使命

2004 年 12 月 24 日，胡锦涛在军委扩大会议上向全军提出了新世纪新阶段我军历史使命。这一历史使命可以概括为"三个提供、一个发挥"，即：为党巩固执政地位提供重要的力量保证；为维护国家发展的重要战略机遇期提供坚强的安全保障；为维护国家利益提供有力的战略支撑；为维护世界和平与促进共同发展发挥重要作用。在庆祝中国人民解放军建军 80 周年暨全军英雄模范代表大会上的讲话中，胡锦涛郑重强调："人民解放军的全部工作，都要围绕有效履行这一历史使命来展开，各项建设都要围绕提高履行历史使命的能力来进行。"

（一）为党巩固执政地位提供重要的力量保证

军队要为党巩固执政地位提供重要的力量保证，体现了军队从属于政党的本质关系，是党的执政地位面临新的挑战对军队提出的新要求，是由党在中华民族伟大复兴中的中流砥柱的历史地位决定的。党是我们事业的领导核心，只有在党的领导下，中华民族才能实现伟大复兴。军队肩负起巩固党的执政地位的历史使命，也就是肩负起中华民族伟大复兴的历史使命。要为党巩固执政地位提供力量保证，军队就必须接受党的绝对领导，在任何条件下都要听党指挥。

（二）为维护国家发展的重要战略机遇期提供坚强的安全保障

军队要为维护国家发展的重要战略机遇期提供坚强的安全保障，这是因为战略机

遇期对我国的发展至关重要，当前影响和冲击战略机遇期的不利因素仍然较多。在这种情况下，人民军队必须肩负起努力维护战略机遇期的重要使命。胡锦涛强调，军队要把国家主权和安全放在第一位，履行好维护国家安全、捍卫国家主权和领土完整的神圣职责，为创造一个有利于全面建设小康社会、加快推进社会主义现代化的长期安全环境做出应有的贡献。

（三）为维护国家利益提供有力的战略支撑

军队要为国家利益提供有力的战略支撑，是国家发展的必然要求。在经济全球化的条件下，任何国家的利益都离不开世界，任何国家的利益都不只局限于本国固有的领土、领海和领空，国家利益的疆界在不断改变。我国经济的快速发展，国家利益的内涵不断深化、外延不断拓展，给军队提出了为国家利益提供有力战略支撑的历史使命。军队要为国家利益提供有力的战略支撑，关键在于提高我军完成多样化军事任务的能力。

（四）为维护世界和平与促进共同发展发挥重要作用

军队为维护世界和平与促进共同发展发挥重要作用，是一个全新的概括。尽管我军一直是维护世界和平与促进共同发展的重要力量，但明确地把维护世界和平与促进共同发展作为我军的历史使命还是第一次。这一重要思想表明，我们是社会主义国家，要坚持走和平发展的道路，高举和平、发展、合作的旗帜，中国能否顺利地发展起来，很大程度上取决于是否有一个和平的国际环境；要坚持倡导互信、互利、平等和协作的新安全观，在平等互利的基础上同各国开展交流与合作，推动建立合理的国际政治新秩序；要维护世界和平与促进共同发展，必须有强大的军事实力。

（五）提高我军应对多种安全威胁、完成多样化军事任务的能力

按照新世纪新阶段军队历史使命的要求，我军必须提高应对多种安全威胁、完成多样化军事任务的能力。既要应对传统安全威胁，又要维护国家发展利益；既要维护领土、领海、领空安全，又要维护海洋、太空、电磁空间以及其他方面的国家安全；既要维护国内安全稳定，又要积极参与国际和地区安全合作、联合国维和、国际反恐、国际人道主义救援等，为维护世界和平贡献力量。从我国实际情况看，军队完成多样化军事任务还包括应对重大自然灾害。需要格外重视的是，我军要应对多种安全威胁，首要的是应对国家被侵略、被颠覆、被分裂的威胁，我军承担多样化军事任务，首要的是打赢信息化条件下的局部战争，只有具备打赢信息化条件下局部战争这一核心军事能力，完成其他军事任务才有充分的能力基础。在增强打赢信息化条件下局部战争能力的同时，还要重视提高非战争军事行动的能力。

三、依靠科技进步加快转变战斗力生成模式

胡锦涛在党的十七大报告中要求全军"切实转变战斗力生成模式"。他强调，我们必须进一步实施科技强军战略，推进军队建设由数量规模型向质量效能型、由人力密集型向科技密集型转变，把军队战斗力生成模式切实转到依靠科技进步特别是以信息技术为主要标志的高新技术进步上来，不断提高官兵的科技素质，充分发挥科技进步

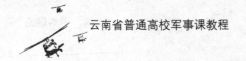

和创新对战斗力提高的巨大推动作用。2010 年 12 月，胡锦涛进一步向全军提出"以加快转变战斗力生成模式为主线"的重要战略思想。

（一）加快战斗力生成模式转变是时代发展的要求

战斗力生成模式随着军事形态的变化而不断发展。在战斗力生成模式的演变中，科学技术始终是关键的主导因素，始终作用于战斗力的诸要素。军人的素质能力，武器装备的质量与水平的提升，体制编制、军事理论、战术方法的演进等，无不与科学技术的发展水平息息相关。人类军事发展史表明，历史上每次科学技术的重大进步，都在军事领域引发新的军事变革，从而带动新型军事知识体系及能力结构的形成，提高武器装备的效能及人员的素质，提供高效率的教育训练手段，促进新的体制编制的产生，最终形成以先进科学技术为标志的新的战斗力生成模式。当前，与世界发达国家军队相比，我军现代化水平相对落后，形势严峻。赶超世界先进水平，必须首先发展国防科技，然而我们在这方面同世界先进水平的差距仍然较大。同时，当今世界科技发展一日千里，军事领域以信息技术为核心的新军事技术革命正在蓬勃展开，世界各主要国家都在大力发展国防科技，加强科研队伍建设，增加科研经费，对高技术这一制高点展开争夺。面对如此日新月异的形势，如果我们不把军队战斗力的增长转到依靠科技进步上来，就很难缩短与西方军事强国的差距，国防和军队建设就会被时代抛在后面。

（二）依靠科技进步提高武器装备水平

把军队战斗力生成模式转到依靠科技进步上来，必须大力发展高新技术及其物化了的武器装备。胡锦涛强调，信息能力在战斗力生成中起着主导作用，信息化武器装备成为战斗力的关键物质因素，基于信息系统的体系作战能力成为战斗力的基本形态。20 世纪 90 年代以来的局部战争表明，随着现代科技的飞速发展，武器装备的重要作用也越来越突出，离开了武器装备的现代化，国防和军队现代化将失去最基本的衡量标准，进行信息化条件下的战争就失去最重要的物质基础。

（三）努力提高广大官兵的科技素质

把军队战斗力生成模式转到依靠科技进步上来，必须提高全军官兵的科技素质。胡锦涛强调，人的科技素质在战斗力中具有特殊重要的意义。军队对科学技术发展的敏感程度，远远超过其他部门。现在可以看得很清楚，知识作为一种重要的军事要素，在军队建设和军事斗争中的作用越来越突出，未来的信息化战争，从某种意义上说，就是知识的较量。我军战斗力距现代技术特别是信息化条件下局部战争的要求还有较大差距。这种差距，既表现为武器装备等方面的落后，更突出表现为我军官兵科技素质等方面的落后。因此，把军队战斗力的增长转到依靠科技进步上来，必须两手抓，两手都要硬。一手抓武器装备的高科技含量，一手抓官兵的高科技素质。只有这样，才能从根本上提高我军的战斗力。

（四）着力解决深层次矛盾和问题

把军队战斗力生成模式转到依靠科技进步上来，还必须着力解决体制编制、政策制度等方面的深层次矛盾和问题。胡锦涛在党的十七大报告中指出："调整改革军队体制编制和政策制度，逐步形成一整套既有中国特色又符合现代军队建设规律的科学的组织模式、制度安排和运作方式。"他还要求，要集中精力抓政策制度调整改革，尤其要注意解决那些关系广大官兵切身利益的问题，力争取得一些实质性成果，以利于进一步聚焦人才、凝聚军心和保持部队稳定。在新的形势下，军队征兵难、吸引保留人才难、转业退伍安置难、伤病残人员移交地方难和一些基层干部生活困难等问题还比较突出。这些问题都直接或间接影响着军队战斗力。因此，实现军队战斗力生成模式的转变，一个很重要的方面是改革调整政策制度，为战斗力生成模式转变提供可行的组织制度保障。

四、积极开展信息化条件下的军事训练

军事训练是和平时期提高战斗力的基本途径，是军队有效履行使命的重要保证，是军事斗争准备的关键环节。在党的十七大报告中，胡锦涛强调指出，要"积极开展信息化条件下军事训练"，为我军军事训练的创新发展进一步指明了方向，提出了更高要求。

（一）信息化条件下军事训练的基本内容

新世纪新阶段，积极开展信息化条件下军事训练，要着眼战略全局大抓军事训练，切实把军事训练摆到战略地位，积极推进机械化条件下军事训练向信息化条件下军事训练的转变，按照打赢信息化条件下局部战争的要求全面严格训练部队；要坚持从实战需要出发从难从严训练，大力加强基础训练、联合训练和使命课题训练，积极开展复杂电磁环境下训练，全面增强官兵综合素质，努力提高部队信息化条件下的实战能力；要坚持把军事训练的根本着眼点放在提高官兵综合素质上；要适应战斗力生成模式转变，坚持走科技兴训之路；要围绕构建信息化条件下军事训练的科学体系，深化军事训练内容、方式和手段的创新发展；要充分发挥军事训练对军队全面建设的推动作用。

（二）信息化条件下军事训练的目标

积极开展信息化条件下军事训练的目标，是提高信息化条件下一体化联合作战能力。这是胡锦涛关于军事训练重要思想的根本出发点，也是军事训练转变所要达到的预期结果。它从根本上解决了实现军事训练转变的定向、定性和定位问题。信息化条件下作战的基本特征是体系与体系的对抗，基本作战形式是一体化联合作战。在这样的战场上，对官兵的个体素质和军队的整体作战能力提出了非常高的要求，特别是人与武器的结合更加强调人机系统的整体性和技术战术的有机融合。

（三）信息化条件下军事训练的基本原则

围绕积极开展信息化条件下军事训练这一战略任务，胡锦涛提出了"四个坚持"的基本要求，即坚持从信息化条件下的实战需要出发从难从严训练，坚持把军事训练的根本着眼点放在提高官兵综合素质上，坚持走科技兴训之路，坚持以改革创新推动训练发展。这"四个坚持"分别回答和解决了军事训练转变的出发点、着眼点、路径和动力等问题。

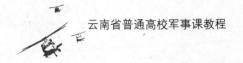

（四）信息化条件下军事训练的多重功能

胡锦涛关于积极开展信息化条件下军事训练的思想，不仅强调军事训练本身，更重要的是着眼军事训练对推动军队建设与发展战略全局的枢纽作用，着眼于全面发挥军事训练的多重功能。一是强调军事训练不仅要为确保军队"打得赢"服务，还要为确保军队"不变质"服务。二是强调军事训练对军队全面建设具有重要的推动作用。军事训练是军队和平时期最基本的实践活动，与军队建设的各领域、各方面都具有广泛而深刻的联系。军事训练对于创新军事理论、推动体制编制调整改革、牵引武器装备发展、培养高素质军事人才，具有十分重要的作用。三是强调军事训练具有特殊的思想教育功能。把军事训练同思想政治教育紧密结合起来，是防治"和平病"的一剂良方。在长期的和平环境中，官兵容易滋长和平麻痹的思想，部队容易出现作风涣散的问题，解决这些问题要靠思想教育，同时也要靠发挥军事训练所特有的思想教育功能。在军事训练中，把练技术、练战术与练思想、练作风结合起来，培养广大官兵坚定的战斗意志、顽强的战斗作风和过硬的心理素质。四是强调军事训练是重要的治军方式和管理方式。强调军事训练是现代化建设与正规化建设之间的最佳纽带。实践证明，从严治训既可以全面检验我军现代化建设成果，又能有效促进我军正规化建设，提高正规化水平。他要求通过严格训练、严格要求，提高广大官兵的纪律性，养成部队行动的准确性，增强部队秩序的规范性。要求各级一定要注意把抓教育、抓管理、抓养成与抓训练紧密结合起来，管好部队带好兵，始终保持部队正规的战备秩序、训练秩序、工作秩序和生活秩序。五是强调军事训练本身具有威慑作用。深入扎实开展军事训练，是反"台独"军事斗争极其重要的直接准备，而且本身就能对"台独"分裂势力起到强大的震慑作用。

五、走中国特色军民融合式发展路子

新世纪新阶段，随着当代科学技术、产业革命和新军事变革的迅猛发展，为贯彻落实科学发展观，实现国防和军队建设又好又快的科学发展，胡锦涛对国防和军队建设模式进行了新的思索。他在党的十七大报告中提出要"走出一条中国特色军民融合式发展路子"。

（一）军民结合、寓军于民是时代要求

胡锦涛指出，积极探索新形势下军民结合、寓军于民的新途径、新方法，全面推进经济、科技、教育、人才等各个领域的军民融合，在更大范围、更高层次、更深程度上把国防和军队现代化建设与经济社会发展结合起来，为实现国防和军队现代化提供丰富的资源和持续发展的后劲。从世界范围看，当代科技革命、产业革命和新军事变革的发展使国防经济与社会经济、军用技术与民用技术的结合面越来越广、融合度越来越深，信息化战争呈现出军民一体、前后方一体的趋势，信息化军队建设和作战对经济、科技和社会的依赖性空前增强。实行军民结合、寓军于民，推进军民一体化建设，成为一些国家的政策取向。新世纪新阶段，我国高新技术产业化和社会信息化迅速发展，经济结构调整步伐加快，特别是社会主义市场经济体制不断完善和中国特色军事变革不断深入，对军民结合、寓军于民提出了新的要求，也提供了更加有利的条件，利用国家经济社会资源加快国防和军队发展的前景非常广阔。要逐步建立起军民结合、寓军于民的经济社会发展体系。胡锦涛指出，实现军民结合、寓军于民，需要党和国家从经济社会发展全局通盘考虑，完善有利于军民统筹协调的体制机制，制定相应的法规政策和军民通用技术标准，在经济社会发展规划中兼顾军事需求，逐步建立起军民结合、寓军于民的经济社会发展体系。

（二）将国防科技和武器装备发展纳入国家科技创新体系

胡锦涛指出，要尽可能把国防科学技术研究纳入国家科学技术中长期发展规划，广泛吸纳成熟的民用先进技术，提高武器装备创新发展能力。这涉及诸多方面，其中一个非常重要的方面就是科学规划军民两用技术的发展，既实现成果共享，又推动军用技术和民用技术的相互转化。应从国家战略层面，对军民两用技术的发展做出专项规划，加快制定两用技术标准，进一步完善两用技术的投入政策，加大两用技术的研发投入；要健全两用技术的管理体制，鼓励非公有制企业参与军民两用高技术的开发及其产业化，从而使两用技术成为国防建设和经济建设相互促进的技术支撑点和强大推动力。

（三）将重大国防设施和战场建设纳入国家基础设施建设体系

胡锦涛指出，要进一步推动在国民经济基础设施特别是信息基础设施建设中兼顾军事需求，把国防战略布局的完善与国家经济结构和地区经济布局调整结合起来，促进国防基础设施建设的发展。具体来讲，国家大型民用基础设施建设，要兼顾国防建设的需要，国防项目建设也要尽可能做到军民共享。在国家的铁路、公路、港口、机场、通信线路等重大工程建设中，要充分考虑战时部队机动、武器装备调运、军事通信，以及国防动员和人民防空的需要。国防项目建设也要尽量考虑经济发展的需要，最大限度地提高和平时期国防资源的利用效率，充分发挥国防项目、军事设施对经济建设的服务支持作用。要以法规的形式，约束和规范基建项目的军民双向兼顾。通用性强的军用设施要建立军民协调机制，做到军民合用，以提高经济效益。

（四）将军队人才基础培养纳入国民教育体系

胡锦涛指出，要加大依托国民教育培养军事人才和从社会引进专业技术人才工作的力度，更好地满足军队建设日益增长的高素质人才需求。也就是说，军队人才培养要依托国民教育，努力实现"寓才于民"。军官学历教育、通用人才培养，都可以依托国民教育。随着时代的不断发展，军用知识与民用知识，军用技术与民用技术相互融合、相互转化的趋势正在进一步发展，尤其是基础性知识更没有军民之分，军事教育和国民教育有很多相通之处。从我军情况看，由于受培训定额、教学水平和生源质量等因素制约，全军院校难以完全满足部队对人才的需求。而地方院校招生规模较大，学科专业齐全，课程体系完善，师资力量雄厚，这为我们依托国民教育培养军队人才提供了很好的条件。

（五）将军队生活服务保障纳入社会服务保障体系

胡锦涛指出，能依托社会保障资源办的事就要实现社会化保障。他还要求积极推进军队后勤保障和其他保障的社会化。军队的后勤保障特别是生活保障必须社会化，以减轻部队"办社会"的负担，其方向是扩大军队社会化的保障范围。随着军队生活保障社会化程度的提高，一些与军事职能没有多大关系的保障机构可以逐步剥离，有间接关系的也可以相应压缩。军队需要的保障机构要很精干、很充实，同时保障水平也要有明显提高。

第三章　战略环境

战略环境是国家制定战略的客观基础。分析和研究战略环境的特点和规律，特别是对影响我们国家生存与发展的有利条件和不利条件、主要矛盾和次要矛盾、积极因素和消极因素、现实威胁和潜在威胁，对更好地把握时代主题，维护国家长治久安，建设强大的国防，捍卫国家的主权和领土安全，促进世界和平有着重大的战略意义。

第一节　战略环境概述

战略环境是影响战略全局的客观情况和条件的统称，包括国际和国内的政治、经济、军事、外交、科技、地理等方面的因素。

一、战　略

（一）战略的含义

战略是筹划和指导战争全局的方针和策略，是根据对国际形势和敌对双方政治、军事、经济、科学技术、地理环境等诸要素的分析判断，科学预测战争的发生与发展，制定全局方针、原则和计划，筹划战争准备，指导战争实施所遵循的原则和方法。战略在军事斗争的实践中产生，并随军事斗争实践的不断发展、深化而丰富和完善。战略的指导对象是军事斗争全局。军事战略是国家总体战略的重要组成部分。战略把国家的安全利益作为基本历史使命。

（二）战略的特点

世界上的任何事物都有区别于其他事物的本质属性，战略也不例外，军事战略因其特定的研究对象、内容和表现形式，而具有自身的鲜明特点。

1. 全局性

全局性是战略的首要特点。这个全局指的是国家（集团）整个军事斗争的全局，带有照顾各方面、各部分和各阶段的性质。

战略是国家（集团）关于军事问题的最高决策，处于军事领域的最高层次。在现实生活中，全局是可以区分层次的。凡是相对独立的，具有照顾各个方面、各个部分、各个阶段性质的事物，都可以称之为"全局"。例如，世界可以是一个全局，一个国家可以是一个全局，一个独立的战区也可以成为一个全局。但是，作为国家（集团）的军事战略，它的全局有其特定的对象和范围。在军事领域里，战略的层次最高，指导的范围最广，它是各项工作的"龙头"和总纲，是各种活动的依据。

战略统筹军事斗争的各个方面和各个部分。军事是国家活动的一个重要领域，军事斗争是国家达成一定政治目的的重要手段。然而，军事领域又是一个大的、相对独立的领域，包含各个方面和各个部分。一方面，战略必须接受国家基本路线和总方针、总政策的指导，把服从和服务于国家全局利益的需要作为根本的出发点，并充分考虑军事斗争与政治、外交、经济、科技、思想文化等领域斗争的联系，使之有机结合，密切协调，以有效地实现国家总的战略和目标。另一方面，战略又必须从军事斗争的全局出发，将国家对军事斗争的总需求体现在自身的各项内容之中，确立军事斗争的总纲领，以统筹军事领域的各项工作和活动。在战争条件下，各项战争准备工作的落实，各种战争力量的运用，各种作战活动的指挥与协调，以及各项作战保障工作的组织与实施等，都要在战略的指导下进行。在和平条件下，各种军事力量的建设、各种方式军事斗争的开展、未来作战的准备与运筹、军队各项改革工作的进行以及对未来发展的预测等，也都要以战略为基本依据。因此，军事领域的工作必须把战略作为统揽全局的总纲。

战略指导军事斗争的全部过程。这个过程既是相对独立的，又是承前启后的，可以包含若干发展阶段。在战争条件下，它指导战争准备以及战争发生、发展和结束的全过程；在和平条件下，它与国家的发展战略相适应，指导一定历史时期内的全部军事斗争。在一定历史条件下的战略，应对该时期军事斗争的全过程进行整体筹划，确定其总的战略目的和任务、战略指导的基本思想、原则和战略方针等。在总揽全局的基础上，立足现实，着眼未来，对军事斗争的发展趋势进行预测，恰当区分战略阶段，明确各阶段的具体战略方针和战略任务，并根据客观情况的发展变化，适时加以调整，使战略指导始终符合发展的客观实际。

战略对军事斗争全局的指导往往是通过对全局具有决定性影响的关键问题的筹划和解决来实现的。这个关键就是全局的重心，是主要矛盾所在。战略指导者最要紧的就是要把注意力放在关照全局上面，处理好全局中的各种关系。因此，在确立和实施战略时，要善于分析影响全局的各种因素和矛盾，抓住其中对全局变化起决定性作用的主要矛盾，找出解决这个矛盾的有效方法和对策，推动军事斗争全局朝着有利于实现战略目的的方向发展。中国共产党领导的历次革命战争的战略都充分体现了抓住关键指导全局的特点，堪称解决战争中主要矛盾的典范。

2. 对抗性

军事斗争，尤其是战争，是一种有组织、有计划的暴力行为，是敌对双方以军队或其他武装组织为骨干而展开的激烈较量。战略对军事斗争的筹划和指导是伴随这种较量进行的，对抗性是其显著特点。

战略本身所具有的政治性是其对抗性产生的基础。从本质上说，军事斗争是具有政治目的的行动，特别是战争，更是一种"流血的政治"，是解决阶级之间、民族之间、国家之间，以及政治集团之间在一定发展阶段上的矛盾的一种最高斗争形式。任何战略都是为一定的阶级、民族、国家、政治集团的利益服务的，而这种服务往往又是在充满矛盾和冲突的斗争中实现的。从这个意义上讲，任何战略都具有鲜明的政治性和对抗性，古今中外，概莫能外。政治性既是战略根本性质的最高表现，又是其对抗内容的最集中反映。

在实践中，战略的对抗性主要表现为针对国家安全所面临的威胁，全面筹划和运用国家的军事力量去夺取军事斗争的胜利。军事力量是实施对抗的物质基础，灵活运用各种斗争方式则是在对抗中取得主动和胜利的条件。战略必须根据国家所面临的安全环境和斗争对象的特点，建设一支规模适度、战斗力强、能卓有成效地维护国家利益的军事力量，以便一旦斗争形势需要，便能以这支力量战胜对手。战略的这一特点要求它的决策者和执行者不仅要有高敌一筹的谋略和卓越的组织指挥才能，而且要有不屈不挠、团结奋斗的勇敢精神，只有这样，才能在敌我双方的激烈对抗中灵活运用和充分发挥军事力量的最大效能，夺取军事斗争的胜利。

战略的对抗性具有整体性和连续性的特点。在军事领域内，战役和战术也是具有对抗性的，并且在本质上与战略的对抗性是一致的。但是，战役和战术的对抗性在其包含的内容和表现形式上却与战略有很大区别。战略的对抗性主要表现在对整个国家（集团）军事斗争全局的整体运筹上，具有更广阔的空间和时间范畴。它既包括对军事力量建设的全面筹划，也包括对军事力量使用的全面筹划；既包括战争时期对战争全局的整体运筹，也包括和平时期对各种军事斗争方式的整体运筹。在现代技术特别是信息技术条件下，战略的对抗性更加具有谋局造势和综合威慑的特点，突出强调策略艺术和技术手段的有机结合，以及军事斗争与其他斗争的整体配合。此外，战略的对抗性还具有连续性的特点，即不论是平时还是战时，不论是采用战争方式还是采用非战争方式，战略的对抗性都是始终存在的，这与战役和战术的对抗性有着显著的区别。

3. 谋略性

谋略是指挥员基于客观情况而提出的计谋和策略。它是人的自觉能动性的高度体现，是指导军事斗争取得胜利的一个重要因素，也是战略的一个突出特点。

战略是主客观结合的产物。从本质上讲，它是政治的选择，有严格的规定性，但从实践的意义上讲，它又是手段的选择，有高度的灵活性。战略重点和枢纽的把握、战略方针的确定、军事力量和斗争方式的运用、战略调整和转变等，都是计谋、策略、艺术的结合，是智与谋的生动表现。

自古以来，任何战略都体现着一定的谋略思想，中国历史上战略的谋略性更有自己的特色。《孙子兵法》就是一部充满谋略思想的经典之作。它明确指出，"兵者，诡道也"，主张"上兵伐谋"，把以智取胜定为用兵之上策。我国历史上的军事家们虽然也讲角力斗勇，但更注重以智取胜，这是中华民族军事文化的优良传统。在中国几千年的传统文化中，历来强调以德服人，不崇尚暴力。反映在军事领域内，则讲求刚柔相济，以柔克刚，即使自己处于优势和主动地位也是如此。强调指挥员要在客观物质基础上充分发挥主观指导能力，使自己成为勇敢而明智的英雄，不但有压倒一切的勇气，而且有驾驭整个战争变化发展的能力。实践证明，高敌一筹的谋略往往能产生单纯的物质力量难以达到的结果，或成为物质力量的"倍增器"，使物质力量发挥出超常的功效。特别是在战争爆发之前，高超的谋略甚至还可以有效地遏制对手，实现"不战而屈人之兵"的目的。在战争过程中，良谋妙计则可以变被动为主动，化劣势为优势，制人而不制于人，收到以少胜多的成效。在中国的战争史上，运用谋略使自己摆脱困境，转弱为强，最后战胜敌人的战例不胜枚举。中国革命战争的胜利就是最好的例证。以毛泽东为代表的老一辈无产阶级革命家，在革命战争中所表现出的高超的谋略水平和指挥艺术，连他们的对手也深为叹服，堪称人类战争史上的传世之作。

4. 相对稳定性

军事斗争情况的发展变化，决定着军事斗争指导规律的发展变化。战略必须随着军事斗争的发展而发展，依照情况的变化而改变，一成不变的战略是不存在的。然而，由于战略处于军事领域的最高层次，指导范围广，影响重大而深远，是一切军事活动的依据和准则。因此，战略又具有相对的稳定性，这是它与战役和战术相区别的又一重要特点。

战略的指导对象是相对稳定的。战略是对军事斗争全局的筹划和指导。这个全局不是某一个方向、某一个地区或某一种斗争方式，而是整个国家（集团）在一个特定时期内的军事斗争全局。它既包括各个方向和各个地区，也包括各种斗争方式和斗争发展过程中的各个阶段。其主要斗争对手、战略方向和斗争方式，是依据该时期内国家（集团）安全面临威胁的性质和程度而确定的，具有相对稳定性。虽然在一个时期内国家（集团）面临的安全环境可能发生某些变化，但一般说来，只要全局情况没有发生根本性变化，或在全局中占据支配地位的主要矛盾没有发生根本性变化，双方力量对比和斗争形势没有发生根本性变化，战略就必须保持基本稳定。虽然在这个时期内一些局部情况的变化对于全局有一定影响，战略应当根据情况的变化不断加以调整，但这种调整只能是局部性的修正，而不应当是全局性的、根本性的变动。这种局部性的修正可以使战略筹划和指导更加符合客观实际，使全局的稳定建立在更加可靠的基础之上。

战略的理论指导原则是相对稳定的。战略作为国家（集团）根本性的军事政策，其基本的理论指导原则受国家（集团）所遵循的理论（思想、路线）和总政策的支配和制约，因而，在一定时期内也是基本稳定的。虽然在这个时期内，军事斗争的具体对策和策略需要根据情况的变化不断调整，但却不能脱离国家（集团）的基本理论（思想、路线）和总政策，更不能与其相违背。因此可以说，只要国家（集团）军事斗争的基本政策不变，军事战略的根本性质就不会变。无论军事战略怎么调整，具体的方针、原则怎么改变，都是国家（集团）既定的理论（思想、路线）与总政策的体现和具体化，其基本的理论指导原则不会发生根本性变化。例如，积极防御是我国最根本的军事政策和国防政策，是指导军事斗争的基本战略思想和强大理论武器。几十年来，尽管国际国内形势和斗争对手曾多次发生重大变化，战略也进行过多次调整，但积极防御这个最根本的理论指导原则没有变，因而保持了战略的相对稳定。

战略的基本内容是相对稳定的。战略是为了实现国家（集团）在一定时期内所确定的政治目的，而从全局上对军事斗争进行的筹划和指导。它主要通过规定战略目的、战略方针、战略手段等内容而具体地表现出来。一方面，这些内容的规定是战略指导者从实现既定的政治目的出发，对一个时期内军事斗争全局的整体运筹，指导的范围广、时间长、宏观概括性强，有一定的前瞻性和导向性，因而是基本稳定的。另一方面，这些内容一经确定，就成为行动的准则和依据，是不允许随意变动的，因而也必须确保它的基本稳定。当然，为了便于既定战略的贯彻和实现，在实行过程中，往往要把它区分为相互联系的各个部分，或者划分为前后连贯的几个发展阶段，但这只是它的具体化和补充，而不是改变，并且都是为实现总的政治目的服务的。既定的政治目的没有达到，战略的历史使命就没有完成，战略目的、战略方针和主要的战略对手也就不可能有大的变动。

（三）战略的构成要素

战略的构成要素即构成战略的基本成分，是战略本质属性的反映，也是战略内容和形式的具体展现。尽管当今世界各国对战略概念的表述千差万别，但仍然可以总结出现代军事战略包含的基本要素。

1. 战略行为的主体

国家联盟可以是战略行为的主体，国家可以是战略行为的主体，政治、军事集团或战略区也可以是战略行为的主体。在现代国际政治中，国家是国际行为的主要主体，因而也是现代战略行为的主体。

2. 战略行为的范围及战略方针

军事战略是区别一种战略与另一种战略的主要标志。军事战略虽然与政治、经济、文化等密切相关，但军事战略以战争为其研究对象和活动领域，而不能以政治、经济、文化为主要行动领域。现代军事战略行为的范畴日益扩展，但还没有也不可能脱离战争的准备与实施这个核心，否则就不是军事战略。

战略方针是指导军事斗争全局的总纲领、总原则。它主要规定完成战略任务和实现战略目的的基本途径，明确斗争的重点、主要战略方向和相应的战略部署，是一定时期内或一次战争中指导军事力量建设和军事斗争实施的行为准则，是战略的主体和核心。战略方针是国家（集团）的总方针、总政策的重要组成部分，是总方针、总政策在军事上的反映。它是联结战略理论与战略实践的纽带和桥梁，对于平时做好战争准备，开展维护国家主权、利益的军事斗争，以及战时进行战争，都有直接的指导作用。在军事领域，战略方针具有宏观定向作用，是统揽和牵引各项工作的"龙头"。有了正确的战略方针，军事力量的建设、军事斗争的开展和作战的准备与实施就有了明确的方向。同时，战略方针对国家的政治、外交斗争和国民经济的规划、布局等，也有重大影响。战略方针的正确与否，对军事斗争的进程和结局有着决定性意义。在和平时期，正确的战略方针可以使国家在复杂多变的国际斗争中站稳脚跟，创造、赢得并保持战略上的主动地位。在战争时期，战略方针则往往决定着战争的成败。

战略方针是指明完成军事斗争任务的基本途径。在战争条件下，它要规定基本作战类型（进攻还是防御）、主要打击方向（目标）、主要作战地域、主要作战形式、主要作战原则，以及使用的主要力量、战争的进程和持续时间等。在和平条件下，则应规定主要斗争对象，预计可能爆发战争的时间、地域、规模、样式、进程和阶段区分，确定对待战争的原则立场，规定开展军事斗争的基本政策、主要斗争方式和加强军事力量建设、进行战争准备的基本原则，以及国家转入战时状态的措施和战争爆发后的力量运用、作战方法等。如果是在临战条件下，战略方针还应重点规定进行直接战争准备、防备和对付敌人突然袭击的指导原则，规定进行战争动员、进入战争状态的时

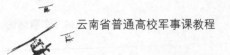

机、规模、样式和方法，并应分析战争可能发生、发展的情况和特点，为确定战略部署、区分战略任务、指导作战行动规定总的原则等。

战略方针是主客观相结合的产物。首先，它是建立在战略指导者对主客观诸因素、诸条件及其发展变化趋向的科学认识和准确判断的基础之上的。战略方针是战略指导者以维护国家根本利益为着眼点，以战略环境和战略理论为基本依据，在科学分析敌对双方政治、经济、科技、军事、自然地理诸因素的对比和军事斗争特点、规律及其发展趋势的基础上，根据战略目的的要求而制定的。战略环境是战略方针的客观基础，战略指导者对战略环境的科学认识和正确判断是制定战略方针的基本前提。军事斗争是捍卫国家安全利益的斗争，如果指导它的战略方针发生失误，其后果将不堪设想。战略方针的失误往往是由对战略环境的认识和判断失误而引起的。其次，战略方针是战略指导者主观指导能力的生动反映。军事斗争的胜负主要取决于双方的军事力量对比，以及政治、经济、自然等条件，同时还取决于双方主观指导的能力。客观条件的优劣只是为胜负提供了可能，但要分胜负，还需加上主观指导的努力。战略指导者虽不能超越客观条件许可的限度去期求胜利，但可以而且也必须在客观条件的限度内，能动地争取胜利。正确的战略方针是战略指导者对客观条件正确认识的结果。充分发挥主观能动性，灵活运用计谋和策略，是夺取军事斗争胜利的基本保证。

3. 战略的目的和任务

战略目的是战略行动所要达到的预期结果，是战略意图的集中体现，是制定战略的出发点和战略实施的归宿点。不同的战略目的往往反映战略的不同性质，自卫性质的防御性战略与维护领土主权完整等合法利益相联系，而扩张性质的进攻性战略往往把别国的领土划归自己的战略边疆，把别国的利益纳入自己的利益圈。战略任务是国家赋予军队的基本使命，是战略目的的具体化，体现了总的战略企图，是实现战略目的必须解决的重大问题。

4. 战略手段

战略手段即实施战略目的的物质力量，主要解决用什么进行战争和怎样进行战争的问题。它是战略指导者根据既定的战略目的、任务和战略方针的要求，使用军事力量和开展军事斗争的具体行动。战略手段有时表现为单一的军事力量，但通常是以军事力量为主，包括军事、政治、经济、心理在内的综合力量。战略手段的表现形式可能是现实的，也可能是潜在的。在现代条件下，战略手段不仅是物质力量的战争运用，还是物质力量的非战争运用；不仅是军事力量的实际运用，也是军事力量的威慑运用。战争手段是战略决策的重要内容，战略能否获得成功，主要取决于能否把战略目的和战略手段有机结合起来，实现两者的匹配。战略手段的选择与运用是战略指导灵活性的直接体现，要根据不同的条件、目的和问题，因时、因地、因敌制宜，采取不同的战略手段。

二、战略环境

战略环境是制定战略的客观基础。正确认识和分析战略环境是正确制定战略的先决条件。战略环境包括国际战略环境和国内战略环境两大方面。

（一）国际战略环境

国际战略环境就是指世界各主要国家和政治集团在一定时期内在战略上相互联系、相互作用、相互斗争所形成的世界全局性的大环境。国际战略环境包括国际战略格局和国际战略形势两个方面。国际战略格局是国际战略环境的框架结构。国际战略形势是国际战略环境的动态表现，它从本质上反映了世界各主要国家或政治集团建立在一定军事、经济实力基础上的政治关系的基本状况和总体趋势，其核心是世界范围内的战争与和平问题。国际战略环境是在一定的时代背景下形成的，时代特征对它有决定性的影响。此外，影响国际战略环境的主要因素还有：国际战略利益的矛盾及其发展；政治、军事、经济力量在世界范围内的分布与配置；主要国家之间的战略关系及其斗争、制约、合作的态势；战争的进程和结局，以及战争威胁的性质和程度等。

国际战略环境是国家安全和发展的国际条件，对实现国家的战略目标和战略利益有重大的影响，并决定或制约着一个国家政治、军事、经济斗争的对象和敌友关系以及采取的方针、政策和策略。任何一种战略，都是依据一定的环境条件而提出来的，在实施过程中都要受到环境条件的制约，因此，对国际战略环境的分析和判断，是制定战略决策和战略实施过程中必须特别加以重视的一个至关重要的问题。只有站在时代的高度，从各主要国家或政治集团的战略利益关系入手，较系统地考察一个较长时间内国际战略格局的状况和国际战略形势的发展趋势，综合分析影响国家安全和发展的各种国际条件，判明本国可能遭受的威胁，才能提出正确的战略对策。国际战略环境的范围极其广泛，但对于某一国家（集团）的战略指导者来说，应该重点关注国际战略环境的几个主要特征：

一是时代性。时代特征是世界性的、阶段性的。它反映了世界发展总进程中的矛盾领域和斗争状况。它所反映的是世界的总貌，是整个世界在一定历史阶段的总的标志。正确认识时代特征，有助于战略指导者从宏观上把握当代世界的主要矛盾和总的发展趋势，从而对国际战略环境做出正确的判断，避免战略指导的重大失误。

二是全局性。国际战略格局反映了一定时期内国际的力量对比、利益矛盾和需求，以及基本的战略关系。对国际战略格局进行分析和研究，有助于从总体上了解世界各主要国家在世界全局中的地位以及战略利益方面的矛盾和需求，有助于对世界形势及其可能的发展趋势做出基本的估计。

三是局部性。周边安全形势，是指周边国家（集团）直接、间接影响本国安全的条件和因素。周边安全形势中最值得注意的是周边国家与本国的利益矛盾、对本国的政策企图、与本国密切相关的军事力量及其部署等直接影响本国安全的情况和因素。

四是主导性。世界各国之间由于战略利益和政策的异同，既可能是对手，也可能是朋友。各国的战略动向，既互为条件、相互依存，又相互影响和制约。其中一些实力较强的世界性和地区性的大国，特别是超级大国所推行的战略，对地区乃至世界的安全与稳定具有主导性的影响。因此，在一定时期内了解主要国家的战略动向，有助于从世界各国特别是大国之间的关系上具体地研究国际战略环境，进而对世界形势做出正确判断。

五是战争与和平的矛盾性。战争是解决阶级、民族、国家和政治集团之间利益矛

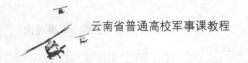

盾和冲突的最激烈的手段。只要战争的根源还存在，战争与和平始终是国际安全面临的重大问题。对于一个国家的主权和安全来说，来自外部的战争威胁是最严重的威胁。因此，当代世界战争与和平的趋势在国际战略环境中最引人注目，也是世界各国研究和制定军事战略时关注的重点。

（二）国内战略环境

从军事斗争的角度讲，国内战略环境是指筹划、指导军事斗争全局的具有重大影响的国内社会环境与自然环境。它反映了国家军事力量建设与运用的可能条件和制约因素，决定着战略的基本性质和方向，是制定战略的依据。国内战略环境主要包括国家的政治、经济、军事、地理等方面的基本状况，其中，对战略具有直接影响的是国家的地理环境、政治环境和综合国力状况。

1. 地理环境

地理环境主要包括国家的地理位置、幅员、人口、资源、地形、气候以及行政区划、交通、要地等状况。地理环境不仅是制定战略的重要客观依据，而且是影响战争胜负的重要因素。加强对地理环境的研究与认识，是制定符合客观实际的战略指导的重要环节。

2. 政治环境

国内政治环境涉及范围较广，但对战略形势影响最大的有两个方面：一方面是国内政治环境的本质和核心，即国家的政治、法律制度与基本国策。它对军事斗争全局的筹划指导具有决定性的影响。另一方面是政治安全形势。国内政治安全主要包括一定时期国内的阶级、民族、宗教、政治集团之间相互关系的基本状况及其对政局和国家安全的影响。其中，敌对势力分裂和颠覆国家、制造武装冲突或国内战争等情况是直接影响国家统一和稳定的国内因素，是筹划、指导军事斗争必须关注的重要问题。

3. 综合国力状况

综合国力是一个国家全部物质力量和精神力量、实力和潜力的总和，它包括国家的人力、物力、财力、军力、科技与生产能力、社会保障与服务能力及组织动员能力等。综合国力是军事斗争特别是战争的物质基础，也是军事理论和作战方法发展进步的重要条件。一切军事斗争和军事活动，归根结底都要依靠综合国力，特别是经济、科技和军事实力的支撑，并受其制约。战略指导者必须立足于国家综合国力的实际状况，本着勤俭节约、讲究实效的原则，筹划、指导军事力量的建设与运用，使之与国家建设和社会发展的总体水平相适应。

（三）战略与战略环境

1. 正确认识和分析战略环境是制定战略的先决条件

战略环境与战略是客观实际与主观指导的关系，主观战略是建立在客观战略环境的基础之上，战略环境是制定战略的客观基础。制定战略的过程，是战略指导者认识和分析战略环境的过程。对战略环境的认识和分析越客观、越准确，所制定的战略也就越符合实际，越有成功的把握。而能否正确认识和分析战略环境，则取决于战略指导者所采取的立场、观点、方法和思维能力。只有坚持辩证唯物主义和历史唯物主义的世界观和方法论，对战略环境进行客观的、全面的、系统的分析，才能把战略建立在对战略环境正确认识的基础之上，进而实现正确的战略指导。

2. 战略对战略环境的发展变化具有重大的能动作用

战略作为对军事斗争全局的筹划和指导，不论其正确与否，都对维持或改变战略环境有重大影响。实践证明，在一定的物质条件下，正确的战略可以改变险恶、不利的战略环境，化险为夷，转危为安。错误的不符合客观实际的战略，则会使环境恶化或使困境加剧，导致斗争严重受挫，甚至导致全局失败。因此，战略指导者的责任就是制定符合客观实际和斗争发展规律的战略，实施正确的战略指导，克服和改变不利战略环境，维护、争取有利战略环境，审时度势，趋利避害，把军事斗争引向胜利。从军事斗争的历史和现状看，任何国家（集团），不论其政治目的和决策者的素质如何，都力图通过制定和推行自己的战略，促使战略环境朝着有利于自己的方向发展。然而，从属于不同政治目的的战略，对战略环境所起的作用是截然不同的。以推行霸权主义和侵略扩张为目的的战略，对国际战略环境起着破坏和恶化的作用，会给国际社会带来灾难。而以反抗侵略和维护和平为目的的战略，则起着改善战略环境的作用，为维护世界和平和促进人类进步创造有利条件。

三、世界安全形势

进入新世纪以来，世界处于大变革、大调整、大变化之中，和平与发展仍然是时代的主题，求和平、谋发展、促合作已经成为不可阻挡的时代潮流，但全球性挑战日益增多，新的安全威胁因素不断出现。

（一）经济全球化和世界多极化深入发展

全球工业化、信息化进程加快，经济合作方兴未艾，各国经济的相互依存、互联互动进一步增强。国际战略力量消长变化加快，大国之间合作与借重上升、竞争与制衡继续发展，新兴发展中大国群体性崛起，国际体系孕育着深刻调整。维护和平、制约战争的因素持续增长，各国在安全领域的共同利益增多、合作意愿增强，世界性的全面大规模战争在较长一段时间内可以避免。

然而，经济全球化是一把"双刃剑"，既有利于世界经济的快速发展，又不可避免地带来一些负面影响，使一些非传统安全威胁，如经济安全、信息安全、金融安全等进一步凸显出来，直接或间接地影响到国际国内的安全与稳定。主要表现在：一是经济摩擦日趋增多。发达国家对资本、技术、贸易、市场的争夺进一步加剧，发展中国家面临着保护和发展本国经济、打破经济垄断和封锁、提高国际经济竞争力等严峻挑战，从而将使国际经济摩擦呈上升趋势，甚至有些大的摩擦将导致当事国之间国家正常关系的破裂。二是贫富差距进一步拉大。由于各国发展水平不同和国际影响力不同，发达国家依靠他们制定的"游戏规则"，借助经济竞争力的绝对优势，将在经济全球化中获得越来越多的好处，变得越来越富有；而广大发展中国家则处在一种不平等、不公正的旧的国际经济秩序之中，在国际经济竞争中处于弱势地位，在经济全球化过程中必然获利较少，相对而言将更加贫困化。三是传统的国家主权受到挑战。处于弱势的国家，包括发展中国家和部分发达国家，无时不感到政治强权和经济强权的存在。

一些西方发达国家将借经济全球化之名，更加肆无忌惮地侵犯别国的主权，由此将引发新的国际紧张局势，甚至演变成流血的武装冲突或局部战争。

21世纪初，世界上多数国家都在致力于推动多极化进程。美国作为唯一超级大国，竭力破坏和阻挠这一进程，企图建立其单极独霸的世界。在21世纪头10年里，欧盟实现了持续的大规模东扩，其经济、贸易、防务一体化进程进一步加快。在外交和防务领域，欧盟一直致力于建立和强化统一协调的外交和防务机构，制定共同的独立外交政策和安全战略，谋求国际事务和欧洲事务的主导权，逐步实现其在国际舞台上"不受限制"地独立发挥作用的目的。俄罗斯在21世纪头10年里，在普京总统的努力下，借助能源资源价格暴涨的机会，实现了国内政治稳定和经济的强劲增长，从而跻身"金砖四国"。俄罗斯拥有世界上唯一能与美国抗衡的强大军事力量，虽然综合国力受到削弱，但尚能以其军事力量尤其是核力量有效支撑其大国地位。今后一个时期，俄仍将奉行比较强硬而又灵活的对外政策，既反对美国单极称霸政策和北约东扩战略，又极力拉拢西方支持其经济复苏，竭力保持其在原苏联范围内的影响力，并力求在世界和地区事务中发挥其大国的影响力。日本是世界上第三经济大国，且其军事实力强大。近年来，日本不断加强日美军事同盟，推行海外派兵、先发制人等外向型军事战略。随着其经济和军事实力的膨胀，日本极力谋求世界政治大国的地位，谋求亚洲尤其是东亚事务的主导权。印度、巴西等发展中的大国，近年来在国际政治、经济事务中的影响力都迅速上升，其中印度已拥有战略核武器和有效核威慑能力。东盟、非盟等在地区事务中的影响力也在不断上升。G20大有取代G8的趋势。"新兴经济体"、"金砖四国"、G2、"中美国"等概念的大量出现，标志着多极化发展的成果，也代表了世界多数国家推进多极化进程的共同心愿。

（二）世界安全形势发展的总体趋势保持不变

世界安全形势发展的基本趋势不会改变：和平与发展的时代主题继续深化的大趋势不会改变；相互依存与相互摩擦同时发展，相互依存日益加深的大趋势不会改变；新兴大国群体性崛起，多极化加速发展的大趋势不会改变；中国综合国力与国际影响力日益上升，中国国家安全环境相对改善的大趋势不会改变，但同时也要看到，中国面临的安全形势有愈发复杂化的趋势。

一是战略板块之间高强度的硬对抗将继续受到节制，但是大国间、国家集团间围绕战略利益的"软较量"将日益加剧。现在大仗打不起来，像"冷战"期间那种集团性、阵营性战争，大国之间的全面战争发生的可能性不大，形势继续趋向缓和。但并不是说没有矛盾。大国间包括传统大国、超级大国和新兴大国，还有一些国家集团，比如G20、G8、东盟、欧盟等都参与到了国际事务当中，他们之间的相互摩擦，特别是战略利益上的摩擦，包括围绕战略资源、战略发展空间、战略主动地位等方面的争夺会比过去更加激烈。

二是国际无核化成为当今国际社会的热点话题，但核力量在国家安全中的支柱地位难有实质性改变。2009年，奥巴马在"布拉格之春"提出"全球零核"的概念，联合国也召开了核不扩散和核裁军的峰会。奥巴马还邀请世界主要国家首脑在华盛顿举行全球核安全峰会。美国国防部长在印度发表讲话声称要与中国开展核裁军谈判，像当年的美苏谈判一样。美国、俄罗斯、英国、法国相继公布了拥有的核武器数量，美俄达成进一步削减核武器协议，"伊核问题""朝核问题"继续受到国际社会的关注，并面临着日益严厉的制裁，核问题的热度正在上升。但是，从各国的实际表现来看，在未来几年，核力量在国家安全中的地位作用不会有实质性变化，甚至在某些时候还会相对上升。俄罗斯在常规武器方面难与美国匹敌，核力量作为国家安全战略的支柱，不会轻易松动。美国实际上也没有做好真正放弃核武器、销毁核武库的准备。奥巴马政府关于无核世界的一些想法遭到传统势力的强力阻击。美俄如何履行核大国的特殊责任，如何建立不首先使用核武器的国际机制，如何保证核裁军与核安全的平衡，如何放弃"冷战"思维建立最低限度的战略互信，为核裁军提供必要的政治基础，这些都不是轻而易举的事情。

三是针对非国家行为体的反恐、反毒、反海盗的斗争仍将是非传统安全领域的重要内容，各国围绕非传统安全领域的问题展开了战略博弈。这些博弈已经不仅限于反恐、反毒品、反海盗、反极端主义势力，在气候变化领域和金融安全领域的博弈已经成为非传统安全的新的重要形态。金融战场围绕金融主权与安全展开的货币战、贸易战等日趋激烈。气候变化问题已经不单单是一个气候本身的问题或者说是自然科学问题，也不是一般的社会问题。气候问题的政治化、意识形态化越来越明显。西方发达国家千方百计地推卸自己的历史责任，在气候问题上设置碳关税，构筑绿色技术壁垒，对发展中国家开展碳战争，压制发展中国家合理的碳排放权，侵蚀发展中国家的气候主权，这实质上是以气候变化为工具，压制、削弱甚至剥夺发展中国家的生存权与发展权。这已经不是一般的气候问题，而是生死攸关的较量。

四是欧亚大陆两大军事同盟体系的基本框架不会改变，但在新的国际格局下，美国将努力寻求重塑旧的军事同盟体系与建构新的合作伙伴关系的平衡。美国将进一步强化美日安保条约和北约这两大支柱。同时，在一系列重大国际问题和地区问题上，美国又越来越离不开其他大国的协调与合作。因此，美国不得不一方面寻求改善旧的同盟体系，同时寻求与其他大国建立开展必要的协调合作，尽可能保持两者之间的战略平衡。

五是中美安全关系仍然是全球安全问题的重要内容。一方面，美国在全球与地区安全问题上与中国的利益关联度，以及对中国的安全需求在增加。但另一方面，美对中国的牵制力度也在增加。在中美关系史上，历来有一个怪圈，每当美国新总统上任，就会出现"紧张、摩擦、调适、缓和"的怪圈。中美之间的摩擦，奥巴马时代和布什时代的差别在于奥巴马更多的是用巧实力，多路并进，向中国发起软进攻。美现在全面介入东南亚的事务，重返东南亚，从台湾海峡、南海，到巴基斯坦、阿富汗、印度，进行弧形战略布局，遏制中国的意图十分明显。

（三）世界和平与发展面临的难题和挑战出现新的动向

围绕战略资源、战略要地和战略主导权的争夺加剧，霸权主义和强权政治依然存在，地区动荡扩散，热点问题增多，局部冲突和战争此起彼伏。世界经济发展中的能源、粮食等问题严峻，深层次矛盾凸显，经济风险的联动性、系统性、全球性特点明显。恐怖主义、环境灾难、气候变化、严重疫病、跨国犯罪、海盗等问题日益突出。

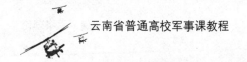

一是大国战略竞争加剧。在全球化持续深入发展和多极世界格局逐渐显现的背景下，大国之间在相互利益依存和共同应对全球性挑战等诸多因素的作用下，大国关系日益呈现竞争与合作同步加强的新气象，爆发传统意义上的大国战争的可能性变得越来越小。但是，由于世界正在经历全面转型，前景充满不确定性，所以主要国家为了更好地应对变局和确保各自战略安全，在经济形势恶化的情况下，依然纷纷着力加强战略力量。

在持续加强军备建设的同时，大国围绕海洋、太空与网络的战略竞争也在持续升温。美、俄、加等国竞相通过立法、建军事基地、军演等加紧抢占北极"战略领地"，美、俄、澳等国利用南极海域的"法律真空"抢占地域、宣示主权；美、日、俄、印等国纷纷制定网络安全战略，组建网络司令部或网络部队。在此背景下，各种军事演习此起彼伏，旨在应对安全威胁、展示战略意图、突出跨国联合、显示军事实力，呈现出频率高和规模大的鲜明特点。美国先后与中东、欧洲、非洲、亚洲的几十个国家和地区举行多种样式的联合军演，俄罗斯分别与北约成员国、中国、印度、委内瑞拉等举行了联合军演，东盟、上合组织、非盟、东非共同体等也都分别在组织内部举行了不同强度和规模的联合军演。

二是核扩散形势日趋严峻。核问题作为"冷战"时期最重要的战略安全问题，在"冷战"结束后相当长一段时间内相对沉寂，但近年却在多个方面变得越来越突出。首先，核裁军风生水起，但推进艰难。在西方国家的大力推动下，以实现"无核世界"为目标的"零核运动"已逐步形成一场全球性运动。但是，美俄有关削减核武器的谈判至今尚未取得实质性成果。其次，核军控形势严峻，扩散危险更加突出。朝鲜连续进行了多次核试验，半岛无核化进程遭受重创，伊朗核问题僵局难以根本打破。在气候变暖问题愈演愈烈的背景下，对清洁能源的需求上升激起和平利用核能热潮，核废料污染及民转军用的风险巨大。越来越多的国家加入和平利用核能的行列。核恐怖主义的威胁仍在上升。美国总统奥巴马称核恐怖主义是"对全球安全最迫切和最极端的威胁"，美情报部门认为"恐怖分子已下定决心购买、制造或盗取核武器"。

三是低端安全问题日益突出。在军事战略和核武等国际安全高端问题日益突出的同时，涉及各国生存和可持续发展的资源、能源和粮食等低端问题，也由于世界人口增长、经济增长模式和气候变化等因素而变得越来越突出。

四是恐怖主义问题继续恶化。恐怖主义在21世纪第一个10年被视为国际安全的重大威胁。在第二个10年，这种威胁仍可能继续发展。除核恐怖主义的威胁仍在上升之外，从地域范围看，南亚作为恐怖主义的高危地带和国际反恐的核心阵地，恐怖主义与反恐的较量将变得更加激烈。中东和非洲的恐怖主义威胁有所回升。伊拉克在美军开始撤离的背景下，恐怖袭击呈上升势头。也门安全形势持续恶化，在美英等国反恐议程上的排位大幅前移，美英对也门加大了反恐投入。

第二节　国际战略格局

国际战略格局就是世界各主要国家或地区在一定时期内相互关系的基本结构，它是国际战略环境的总体框架，表现了世界力量的分布、组合和对比。在国际战略格局中，拥有强大军事实力和政治影响力的国家和地区，在世界事务中扮演着主要角色，起着主导作用，通常被称为"极"或"力量中心"。国际战略格局的样式是由力量对比关系所决定的。各历史时期，新生力量的形成与变化，使起主导作用的"力量中心"也随之变化，从而形成单极格局、两极格局以及多极格局。

一、国际战略格局的历史演变

15 世纪以后，随着哥伦布等人的地理大发现，世界从分散走向整体，人类逐渐开始有了世界意识。同时，划时代的资产阶级工业革命，极大地解放了生产力，为资产阶级强国在世界上的扩张奠定了丰厚的物质基础；随着世界贸易的迅速发展，资本主义在世界范围内的殖民扩张，欧洲由此形成了国际战略环境变化的中心地带。具有典型意义的第一个世界战略格局在拿破仑战争后形成。

（一）"维也纳体系"：多极均势格局

以拿破仑战败，维也纳会议召开为标志的自由资本主义阶段，世界上的重要战略力量是俄国、英国、普鲁士、奥地利和法国。拿破仑的失败导致欧洲列强重新建立政治军事的均势格局。俄国、英国、奥地利成为当时国际政治中的主导力量。各列强都企图利用维也纳会议来达成自己的战略目标。最后，形成了维也纳体系。其主要内容就是要防止法国的重新崛起，维持欧洲大陆的均势，避免发生新的战争。同时消除 18 世纪法国大革命的一切后果，并在欧洲大陆上恢复封建专制制度，对欧洲版图进行了了重新分割。维也纳会议形成的均势格局，在较长时间内确保了欧洲列强之间没有爆发新的战争。但是，由于维也纳会议没有解决列强之间的内在矛盾，因此，到了 19 世纪 50 年代，这个均势格局便开始走向崩溃。

（二）"凡尔赛—华盛顿体系"：多极格局

自 19 世纪 60 年代开始，普鲁士经过 3 次王朝战争，最终于 1871 年完成了德意志的民族统一，成为德意志帝国。德国的崛起打破了已有均势，不仅彻底改变了欧洲格局，也使世界战略格局发生了变化，引起帝国主义列强重新划分势力范围。新兴强国德国开始挑战老牌强国英法等国。在 19 世纪后 30 年瓜分世界的狂潮中，欧洲列强的矛盾日趋加剧，帝国主义集团最终形成以英、法、俄为一方的协约国集团和以德、奥、意为另一方的同盟国相互抗争格局，并最终引爆了第一次世界大战。第一次世界大战结束后，为了瓜分战败的德国、奥匈帝国和土耳其帝国的遗产，帝国主义列强召开了巴黎和会及华盛顿会议，形成了"凡尔赛—华盛顿体系"，成立了以战胜国为主导的国际联盟，形成了多极格局。

（三）"雅尔塔体系"：两极格局

第一次世界大战导致了第一个社会主义国家苏联的诞生，并成为世界战略格局中的一支重要力量，从而打破了帝国主义国家一统天下的局面。世界大战使英国和法国逐渐开始衰落，德国暂时削弱，美国开始崛起，加入了争夺世界的行列。由于对"凡尔赛—华盛顿体系"的不满，以及世界经济危机的爆发，促进了法西斯政治思想势力在欧洲的兴起和发展。1922年，意大利法西斯夺取了政权；1933年，希特勒掌握了德国的政权，成立了第三帝国；日本法西斯军国主义也十分猖獗。德、日、意三国形成了轴心国同盟，决心称霸世界。1939年，第二次世界大战全面爆发，世界开始分为两个战争集团：一个以德、日、意为主的法西斯同盟，一个以苏、美、英为主的反法西斯同盟，双方进行了长时间的激烈战争。在二战末期，国际政治舞台上美、苏两大国已经成为两支主要力量。旧的传统上以欧洲为中心的国际政治格局宣告终结，以美、苏两大国为首的两极格局即"雅尔塔体系"开始形成。该体系的形成以二战末期的一系列美、苏、英三国首脑举行的德黑兰会议、雅尔塔会议和波茨坦会议为标志，其中尤以雅尔塔会议最为重要，标志着两极格局的初步形成。

第二次世界大战后，美、苏两国的战时同盟关系迅速破裂，形成了长期的"冷战"局面。在意识形态上，美国和苏联根本对立；在政治经济体制上，双方完全不同；在军事上，北约和华约两大军事集团相互对峙。20世纪60年代末70年代初，在美、苏两极之外，世界出现了西欧、中国和日本等新的力量中心，再加上第三世界力量的增长及因各种动荡所造成的全球不稳定因素的增加，使美、苏两个超级大国再也没有足够的能力去控制世界。因此，美、苏在这一时期的对外政策都出现了较大变化。美国尼克松至布什政府的对外政策均处于不断调整之中，但坚持全球扩张的总体战略目标并未根本改变；苏联从勃列日涅夫到戈尔巴乔夫的对外政策则转向全面收缩。1991年，苏联解体，两极格局崩溃，促使世界格局重新构建，世界各种战略力量重新定位和整合。

（四）苏联解体，东欧剧变：一超多强格局

"冷战"的结束并没有停止在"冷战"过程中已经出现的世界多极化的发展趋势。美国作为世界上唯一的超级大国，认为美国领导的国际关系体系的"单极阶段"终于到来了，于是依靠美国的权势和价值观来建立"世界新秩序"。但是，俄罗斯仍然是唯一拥有能够与美国相抗衡的核武器大国，作为联合国的常任理事国，俄罗斯在世界事务中的作用仍然不可低估。与此同时，欧共体向欧盟成功发展有力地表明了西欧是国际政治中的一极重要力量。

以中国、韩国和东盟成员国为代表的亚洲的崛起，同样显示出该地区除日本以外的其他国家正在确立和发挥他们在世界事务中的重要作用。占有联合国多数席位的第三世界国家作为一个整体对国际事务的影响也不容忽视。因此，自20世纪60年代末就初露端倪的世界多极化发展趋势，便更加清晰地显现出来。同时，一个以全球化为基础的"无国界经济"正在世界范围内形成，出现了经济全球化浪潮。由此，自第二次世界大战结束以来人类社会就向往的世界和平与社会发展，在"冷战"结束之后，终于更加突出地成为时代的主题和世界人民共同追求的目标。

二、国际战略格局的现状和特点

当前国际形势的特点，可以用"三个总体、三个局部"来概括，即总体和平、局部战争，总体缓和、局部紧张，总体稳定、局部动荡。在世界和平与发展的潮流中，多极化、全球化趋势继续推进。对大多数国家而言，国际形势中机遇大于挑战的态势继续存在。也就是说，和平、缓和与发展、合作是当前国际形势的主流。具体体现在以下几个方面：

（一）大国关系基本稳定，并趋于改善和发展

"9·11"事件和反恐战争为大国增进良性互动和加强合作提供了新的动力和契机。"9·11"事件促使美国外交政策进行了一定程度的反思和调整，重点是反思与调整其对大国的政策思路。布什政府在相当程度上改变了上台之初对中、俄采取的强硬态度，将其对中、俄政策基调由消极面较多地转为积极面增加。中美领导互访就中美发展建设性合作关系、建立高层战略对话机制、全面扩大双边合作等重大问题达成共识，中美关系走出了"撞机事件"造成的低谷和阴影，出现了新的良好发展势头。奥巴马上台后，中美双方虽在"达赖问题""南中海问题"等方面出现过碰撞和摩擦，但两国关系总体上仍保持了良好发展趋势。美俄关系明显改善，两国元首实现互访，双方对进一步削减战略核武器和建立新的战略关系框架立场接近，达成初步共识，尤其是在反恐战争中进行了全面合作。美国还密切加强同欧盟、日本等主要盟国的关系，相互合作、协调明显增强。欧、俄、中之间的相互关系与合作也有新的发展。主要大国之间关系的改善和发展带动欧亚大陆局势趋向稳定与缓和。

（二）各国特别是大国的安全观念发生重大变化

"9·11"事件和反恐战争在很大程度上改变了传统的安全观，促使各国朝着减少国与国对抗，促进国际合作和世界总体安全的方向调整军事和国家安全战略。这可从以下三个层面来看：第一个层面是各国尤其是美国等西方国家重新认识什么是对其安全的现实威胁。在此之前，它们一直把中、俄等非西方国家视为对其威胁之源，并主要以此展开其安全战略布局。"9·11"事件后开始认识到国际恐怖主义才是对其安全的真正威胁，才是它们的主要敌人。美国及其盟国表示，打击恐怖主义等非传统安全挑战非一国之力所能奏效，必须加强国际合作，促进共存与合作双赢。第二个层面是各国重新认识怎样才能维护国家安全。"9·11"事件打破了认为国家有庞大军事力量就能克敌制胜，就能维护国家安全的传统理念。美国军事力量世界第一，不但拥有最强大的进攻性武力，还拥有最先进的防御系统，并竭力谋求绝对军事优势以确保其绝对安全。但在恐怖分子袭击下，所有这些最强大和最先进的攻防手段都失去了作用，美国本土遭到空前惨重的打击。这表明，在现代条件下，在恐怖分子非对称手段袭击下，即使掌握绝对军力优势的国家，也无法确保本国的"绝对安全"。越来越多的国家认识到，只有奉行和平的外交政策，平等、友好地对待别国，尊重别国的安全和主权，不搞干涉、欺侮、侵略别国的霸权主义和强权政治，才是对本国安全的最好保障。第三个层面是西方国家尤其是美国重新安排其国防战略布局的轻重缓急。以前美国战略布局是外向型的，把重点放在海外，向国外大量派兵，建立军事基地和经营军事集团及联盟，认为这样做可以御敌于国门之外，便于进击敌国，但在很大程度上忽略了本土防御。美国在"9·11"事件后出台的新的《国防战略报告》明确把防卫本土安全作为优先战略目标。这当然不表明美国将从海外收缩，美国要推行全球战略，势必会继续加强海外军事部署，但其军事布局重点的改变是明确的。西方国家这些安全观念上

的变化很可能带动其军事思想和防务战略在一定程度上的调整和转型，可能使其防务政策逐渐着重本土防御，这将有利于缓解与消除国与国之间的对立和对抗，促进世界总体安全。

（三）西方国家重新认识"南北问题"，考虑调整"南北关系"

"南北问题"的核心是南北差距不断扩大。越来越多的西方国家认识到，南北贫富鸿沟在逐渐扩大。不少发展中国家的贫困化加深是滋生国际恐怖主义的温床和土壤，是对世界和平、稳定与发展全局的严重挑战。这种状况再恶化下去，不但会影响发达国家的再发展，也会影响其国家安全。形势迫使发达国家关注和重视解决这一问题，推动它们考虑将其对外经济政策和对外经济关系朝着有利于遏止世界贫富差距扩大、缓和"南北矛盾"的方向转变。美国和欧洲的一些发达国家表示要采取适当行动帮助最不发达国家解困脱贫，以促进改善"南北关系"。在墨西哥蒙特雷召开的联合国发展筹资会议上，国际社会对促进解决"南北关系"和帮助发展中国家发展经济等问题取得重要共识和积极成果。今后，西方发达国家可能不再顽固地阻挠发展中国家要求改革不公正、不合理国际经济秩序的努力，在贸易、投资、金融、外援等领域更多照顾发展中国家的利益和要求，以改善发展中国家的外部经济环境。这将有利于改善"南北关系"和促进整个国际形势的缓和与稳定。

（四）国际形势和国际关系更加错综复杂，局部战争和紧张动荡的局面上升

在国际形势主流总体和平、缓和、稳定的环境下，国际形势中严峻的一面也有所凸显。首先，恐怖主义膨胀泛滥已成为国际形势中一个新的重大变数，也是造成国际局势紧张、动荡的一个祸根和爆发点。正是恐怖分子制造"9·11"事件，才导致目前这场世界范围的大规模反恐战争。虽然目前已基本消灭了阿富汗境内的恐怖分子及其基地，但国际恐怖势力远未根除，他们仍随时可能发难，同时，大规模杀伤性武器的扩散等非传统威胁明显增大，对世界和平与安全构成了严重挑战。其次，一些原有的热点地区如南亚次大陆和中东地区，或矛盾进一步加剧，或冲突不断升级，潜伏着或正在引发新的严重的地区危机。尤其是世界贫富差距还在继续扩大，造成一些国家政局动荡、社会危机、"南北对立"和恐怖主义事件频发。这种情况如继续恶化，可能引发更加严重的不测后果。

（五）美国加紧推行全球独霸战略

自"冷战"结束后，美国依仗"一超独大"的有利时机强势推行霸权主义，美历届政府无一例外。当前美国正利用经济优势和"天下无对手"的"战略间歇期"推行实力政策，变本加厉地强化全球战略攻势，妄图尽快建立由美国独家支配的世界秩序。美国的强势地位和美国政府咄咄逼人的单边主义攻势，对世界多极化进程造成严重干扰和挑战。

（六）世界多极结构是保持国际战略平衡与稳定、维护世界和平与安全，也是维护各国独立与主权的重要保障

世界走向多极化既是当代世界发展的历史趋势，又是世界绝大多数国家的普遍愿

望，这一进程是难以阻止的，美国建立由其主宰的单极世界的图谋不可能得逞。其一，世界力量消长变化日益有利于多极化进程。美经济强劲增长时期基本已过，此后可能陷入低速增长。欧盟扩大和一体化的深化进程将同步发展，其力量和地位日趋上升，俄罗斯复兴进程加快，中国经济持续快速增长，印度、巴西等地区大国和一些区域性一体化组织正不断发展壮大。这将有力地阻止美国的单极战略，推动世界多极化进程向纵深发展。其二，美单极独霸政策受到国际社会普遍抵制。欧盟、俄、中等大国在世界战略格局走向上有相同或相近的目标与政策取向，都明确主张多极化，对美单极支配图谋形成共同牵制态势。广大发展中国家和中小发达国家出于维护本国的独立与主权，确保本国应有的国际权益与地位，都希望维护世界战略平衡与稳定，反对单极独霸，主张多极共存。特别是美坚持实行强权政治，对不认同美国制度和政策的国家动辄进行制裁、遏制、打压，甚至动武，将自己的意志凌驾于国际社会之上，为了霸权私利，甚至不惜背信弃义，撕毁国际条约、协定；在一系列重大国际问题上大搞双重标准，使国际社会认识到，美国的一极主导实质就是强权主宰。这将根本损害世界绝大多数国家的根本利益，因而会受到国际社会的普遍反对与抵制。其三，美国的作用与影响有一定限度。就战略力量而言，世界基本上保持了均势，尤其是俄罗斯的战略核武器同美不相上下。美在日内瓦人权会议上连年受挫，在反恐扩大化和中东政策等一系列国际问题上陷于孤立，对一些国家的"遏制"政策未能得逞，表明美国并不能为所欲为和一手遮天。总之，美国的全球战略攻势和单边主义外交政策对国际形势和世界战略格局会产生全局性的冲击和负面影响，但毕竟阻止不了世界多极化及世界和平与发展的总趋势。

三、国际战略格局的发展趋势

从目前看来，和平与发展这两大战略问题还不可能根本解决，国际战略格局依然保持"一超多强"的基本结构，但"一超"与"多强"之间的相互关系将出现新的趋势和一些微妙变化，加上新兴力量中心的逐步崛起，世界多边主义的趋势将有所加强。

（一）"一超多强"局面还将维持相当长的时间

两极格局崩溃后，世界处于向多极化演变的历史进程中。决定这一进程的关键，在于美与其他"诸强"之间的力量对比。但从20世纪90年代中期以来，一方面这种力量对比的差距趋于缩小，另一方面美国超级大国的地位还没有从根本上动摇。

欧盟是世界上最大的经济贸易集团，从1998年起GDP和外贸总额均已超过美国。1999年启动后的欧元，成为美元强有力的竞争对手。但欧盟发展为一个自主、强大、统一的欧洲，还有很长的路要走。伊拉克战争后，法德等国在实行共同安全与防务政策方面迈出了新的一步。但由于美国的军用技术领先欧盟10年以上，在一个相当长的时期内，"老欧洲"还不会脱离美国主导下的北约。

日本经济、科技实力雄厚，GDP居世界第三位，外汇储备位居世界前列，是世界最大的债权国之一。日本军人人均军费居世界首位。20世纪90年代以来，日本经济陷于停滞，但制造业仍在发展，海外总资产达到3万亿美元。未来20年，日本在保持世界经济大国地位的同时，将积极谋求成为政治和军事大国，但还不会摆脱美日军事同

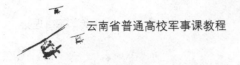

盟的束缚。

俄罗斯仍具有较强的综合国力。它继承了苏联在联合国安理会常任理事国的席位，以及苏联76%的领土和70%的国民经济总资产，横跨欧、亚两大洲，国土总面积1700多万平方千米，自然资源极其丰富，物质技术基础雄厚，燃料动力、冶金、机械制造、化学和交通运输业十分发达，科技实力较强，人民受教育程度较高，在航空、航天、核能、生物工程和新材料等领域居世界先进水平，仍具有巨大的发展潜力。普京总统规划了俄罗斯2020年建设蓝图。近年来，俄社会趋向稳定，经济开始恢复性增长，而且质量明显提高，一系列宏观经济指标有较大的改善。据国际货币基金组织预计，至2015年，俄罗斯经济可维持5%～6%的年均增长率，为世界上经济增长最快的国家之一，将跻身世界主要经济体之列。俄罗斯在财力有限的情况下，利用高科技提升防务能力，计划到2020年实现军事现代化，保持了世界第二大军事强国地位。随着经济的复苏，俄罗斯领导人正致力于加快军队建设和武器装备更新换代的步伐，重振大国的意图更加明显。俄罗斯的发展将证实邓小平的预言：未来多极世界，俄罗斯算一极。

应当指出，中国的强大在推动世界的多极化上起着尤为重要的作用。1979—2000年，GDP平均增长9.5%以上，相当于世界平均速度的3倍。自1997年起，9项主要工农业产品产量居世界第一位。进入21世纪的头10年内，中国经济继续保持高速增长，GDP总量分别于2007年超越德国，2010年超越日本，一跃成为当今世界的第二大经济体。

力量对比均衡化，是多极化战略格局形成的基础，而这一点在很大程度上与美国地位的变化有关。虽然世界向多极化发展的趋势不可逆转，但21世纪前20年，美国将继续保持唯一超级大国地位，这一基本事实使得多极化进程不会发展得很快；同时，"诸强"力量的逐步增大，与美国的差距趋于缩小，也使美国建立单极世界的企图难以实现。"一超多强"的局面还将维持相当长的时间，历史仍将在曲折中前进。

（二）经济全球化的发展趋势不断影响着国际安全态势

经济全球化冲破了发展中国家的国门，加速了财富向发达国家聚集，也加剧了弱势国家的贫穷落后。高技术在"冷战"后成为发达国家财富的强力吸纳器，致使其综合国力迅速膨胀。美国凭借高科技优势，获利最大，经济实力势压群雄。经济全球化在近十几年的迅猛扩张，世界自由大市场的形成，舒缓了美国经济危机的内压，而且其巨大的资源反过来又推动了其科技进一步发展和军事实力的进一步提升。这一结果使得本已失衡的世界战略力量格局更加失衡，使美国在国际安全中大行单边主义，并为其推行霸权主义提供了物质资本。全球化背景下，实力差距和贫富差距无限制地超越临界点，以及宗教民族矛盾尖锐化，必然演变成为今天国际社会的灾难性后果——恐怖主义、极端宗教和极端民族主义猖獗泛滥。

经济全球化是一把双刃剑，一方面极大地扩大了各大国之间的利益联系，使得大国的相互依存性增强，因此有力地制约了大国间发生战争的可能性。另一方面，全球化在先进的技术和手段支持下拉近穷人和富人的空间距离，不同宗教和文化传统得以零距离接触，从而增大了摩擦和碰撞的几率，也促进了恐怖主义人员、资金、技术的全球流动，加上武器扩散越来越简单，使得恐怖主义活动更为便捷，组织更容易，破坏性和危险性更大。因此，打击恐怖主义和防武器扩散将面临更加困难而复杂的形势。

从本质上看，世界的和平与动荡最终是由各国各地区不同的发展状况决定的。正是由于发展不平衡，使各国各民族甚至信仰不同宗教的人群所享受到的权利出现巨大差异。发达国家在国际关系中经常做出一些为富不仁的举动，无视发展中国家的尊严，恃强凌弱，剥夺弱小国家应有的权利，因此，埋下怨恨和仇恨的祸根，在宗教和极端思想的促动下形成复仇势力。

（三）国际反恐斗争将继续成为国际战略格局演变中的焦点

"9·11"事件对国际战略格局产生了重大影响。国际恐怖主义是政治、经济、民族宗教等多种矛盾相互交织的产物。国际恐怖主义与民族分裂主义和宗教极端主义相互勾结，威胁到地区的和平与稳定。但是应当指出，伊斯兰激进势力的兴起，穆斯林民众强烈的反美情绪，宗教极端组织的暴力行动等，本质上都是"南北矛盾"激化的表现，是全球范围内贫富两极分化的必然结果。恐怖主义的泛滥，表明发展中国家的激进势力对美国霸权主义采取了以恐反霸、以暴抗暴的态度，是第三世界底层的一种绝望反击，是伊斯兰极端势力反西方、反以色列怨恨情绪的盲目发泄。在"南北矛盾"没有根本缓和之前，在美国没有放弃霸权主义和偏袒以色列的政策之前，滋生恐怖主义的土壤就将继续存在下去。恐怖主义与反恐怖主义的斗争将长期成为国际安全中的焦点。

伊拉克战争后，国际反恐形势出现了扩大化和长期化的新动向。美国虽暂时打赢了伊拉克战争，但却在伊斯兰世界埋下了更多的复仇种子，新的热点正在形成。在这个背景下，美国注重协调大国关系，缓和与中、俄之间的潜在冲突，强化北约和美日军事同盟在反恐中的地位和作用，同时不放弃在反恐上的双重标准。美国全球战略的这一调整，暂时减轻了对中国的压力，但美国并没有在根本上放弃对中国的遏制和围堵。

（四）新军事变革深刻影响着国际军事形势的发展

在世界范围内展开的新军事变革，是人类文明由工业时代向信息时代转变的产物，是综合国力竞争在军事领域的反映。信息化是新军事变革的核心，战争形态正由机械化战争转化为信息化战争，机械化军队正在转化为信息化军队。新军事变革对国际军事形势带来了广泛深刻的影响：

1. 为了争夺 21 世纪军事领域的制高点，各大国展开了新一轮军备竞赛

据美国会预算局的报告，其武器装备的科研和采购经费，从 2004 年的 1370 亿美元增至 2013 年的 1860 亿美元，增幅达 36%。日、俄等国的军费也均有较大幅度的增加。英军重点发展信息化武器，陆军到 2014 年分 3 个阶段实现数字化。法、印等国则在发展武器装备方面投入巨资。

2. 新干涉主义的抬头威胁着世界和平与地区安全

美国利用在军事变革中获得的巨大优势，放肆地推行扩张政策和先发制人战略。据统计，目前美国在联合国近 200 个会员国中的 132 个有军事存在，在 30 多个国家设有近千个军事基地；"冷战"后对外出兵 40 余次，平均每年 5 次以上，超出"冷战"

时期的 2.8 次。伊拉克战争中，美英联军出动 1800 架飞机，飞行 4.1404 万架次，瞄准 2.524 万个目标点，投放了 2.9 万枚弹药（其中 2.4 万余枚精确制导炸弹）和 750 余枚巡航导弹，使伊拉克成为美军新装备的试验场和新战法的演练场。

3. 战争形态向信息化战争发展演变

新军事变革催生了信息化战争形态，它的基本特征是非接触、非线式、非对称和精确化、智能化以及作战空间的无限拓展。这与以往的机械化战争形态相比，是一个根本性的变化。一是信息作为现代战争的战略资源，其重要性日益上升，信息力量已经成为现代军队作战能力的关键因素。争夺制信息权的斗争，将渗透到战争的各个领域，贯穿作战的全过程，直接影响作战的成败。二是非接触、非线式、非对称作战成为现代战争的重要作战方式。随着武器装备杀伤距离的增大和打击精度的提高，远程精确打击将逐步取代短兵相接的传统作战方式，战争将在战场的全纵深同时展开，没有明显的战线和前后方之分。三是战场对抗日益呈现体系对抗的基本特征。战争力量的构成趋向体系化，强调各种力量要素的有机结合，从力量的"一体化组织"和"一体化使用"上寻求新的战斗力增长途径。单一军种的作战日益消失，传统的军种分工趋于模糊，作战表现出高度的集成性。四是指挥控制具有适时高效的特征。由于 C^4ISR 系统的快速发展，情报获取实时化，信息传输网络化，并实现信息的无缝链接，武器平台中心战逐步向网络中心战转变。各级指挥机构、作战单元和武器系统在广阔的战场空间实现信息的实时共享，指挥效能空前提高。

第三节　我国周边安全环境

国家周边安全环境，是指一个国家周边安全状况和态势。包括与相邻国家矛盾冲突、边界纠纷、军事渗透、颠覆甚至入侵等情况。它关系国家和民族兴衰存亡，是制定国防战略的依据。

一、我国周边安全环境概述

(一) 概　况

1. 我国是陆海大国

我国是位于欧亚大陆东南部、亚洲东部、太平洋西岸的濒海大国。陆地面积约 960 万平方千米，有 2.2 万千米的陆地边界线，1.8 万千米的海岸线（不含岛屿海界），陆地国土面积居世界第三位，拥有丰富的海洋资源。

2. 我国邻国众多地缘关系复杂

我国在陆地上与 14 个国家相接壤，按地理位置排序依次是：朝鲜、俄罗斯、蒙古、哈萨克斯坦、吉尔吉斯斯坦、塔吉克斯坦、阿富汗、巴基斯坦、印度、尼泊尔、不丹、缅甸、老挝和越南。在海上我国与日本、朝鲜、韩国、菲律宾、马来西亚、印度尼西亚、文莱和越南 8 个国家的大陆架或 200 海里专属经济区相连接，其中朝鲜和越南既是海上邻国，又是陆地邻国。我国陆海邻国众多，仅次于俄罗斯排世界第二位，周边安全环境复杂。

　　我国及周边地区也是世界上大国最集中的地区，又多是军事强国，核扩散的形势严峻。在众多邻国中，有的过去曾经对我国发动过侵略战争，现在仍是经济大国，并正在成为军事强国。一些邻国之间存有积怨，甚至对立，一旦它们之间发生冲突，必将影响我国的边境安全。有的国家内部不稳定因素多，一旦发生内乱，将对我国边境安全造成压力。有的国家居民与我国边境居民同为一个民族，信奉同一宗教，虽有利于两国边境居民友好往来，但也存在消极因素。还有一些国家，与我国仍存在着历史遗留下来的边界领土争端和海洋划界争议。随着这些不同因素的变化，将对我国安全环境产生不同的影响。

　　3. 我国安全环境受外部因素影响大

　　我国安全环境的外部影响，主要来自陆、海两个方面。历史上，美、苏曾分别从海上和陆上对我国施加过影响。苏联解体后，俄罗斯仍是世界上最大的陆地国家，陆地面积约 1707 万平方千米，横跨欧亚大陆。从历史上看，中俄地缘战略上的不安全因素依然存在。美国位于北美洲大陆南部，陆地面积 936 万多平方千米，综合国力强大，并积极向海外发展。美国和俄罗斯对欧亚大陆具有全局性影响。

　　日本、印度是我国周边地区的两个重要国家，是构成我国地理环境的重要因素。日本资源缺乏，对海外资源和海外市场的严重依赖性是其显著特点。在近代，日本经历了 50 年的侵略扩张和对美国的依附。中日甲午战争至第二次世界大战结束以前，日本军国主义积极推行侵略扩张政策，主要是向亚洲大陆扩张。第二次世界大战结束后，美国控制世界海洋，日本转而依附美国，充当美国在太平洋的前沿堡垒。"冷战"结束后，日本继续追随美国，企图成为政治和军事大国。印度人口众多，是一个依陆面海的大国。地理条件较为优越，周边邻国主要是中小国家。我国是直接与印度毗邻的唯一大国，两国目前仍存有边界争议，历史上曾发生过边境战争。

　　东南亚、中亚是我国周边的两个重要地区，也是我国陆、海两面的枢纽地区，对我国的安全和经济发展具有重要影响。在通道、资源、安全等方面都有重要战略意义。在交通方面，东南亚是连接亚洲与大洋洲，沟通印度洋和太平洋的"十字路口"，控制太平洋到印度洋的主要水上航线。中亚地区处于东亚、西亚、南亚和北亚的地理连接点上，是连接欧亚大陆以及我国、俄罗斯、欧洲、中东、南亚各地陆路连接的枢纽。在资源方面，东南亚有丰富的战略资源，锡储量占世界 60%，橡胶年产量占世界的80% 以上，矿产资源丰富，石油和稻米出口量较大。在安全方面，东南亚邻接我国的东南沿海与西南地区，是影响我国南部安全的重要方向。贯穿东南亚的海上战略通道对于日本有重要意义，对美欧各国的航运也有重要影响。中亚地区与我国新疆、西藏等地接壤，该地区的形势与我国西北边疆的安危相关。中亚五国是苏联的加盟共和国，现是独联体成员国。随着上海经合组织的建立，我国与中亚各国建立了平等合作的友好关系，将对这一地区的安全环境产生有利影响。

　　（二）我国在《联合国海洋法公约》中的权益

　　我国是联合国海洋法公约国，海洋对我国安全影响深远。靠近中国大陆的有黄海、东海和南海。海洋是巨大的宝库，蕴藏有丰富的资源，对人类的生活、生产与发展都具有十分重要的战略意义，它一直是海洋国家争夺的对象。

1973 年 12 月至 1982 年 4 月，联合国召开了第三次海洋法会议，154 个国家出席了会议，通过了《联合国海洋法公约》（以下简称《公约》），从 1994 年 11 月 16 日起正式生效。第三次联合国海洋法会议对领海、海峡、大陆架、专属经济区、群岛国、岛屿制度等一系列重大问题进行了讨论，规定了群岛国制度，将一大片公海划为这些国家的内水；确定了"200 海里专属经济区"制度；重新定义了"可达 350 海里的大陆架"概念。《公约》几乎涉及海洋法的所有方面，其中，与我国周边安全环境密切相关的有如下要素。

1. 基线、内水、领海和毗连区

基线：是陆地和海洋的分界线，也是测算领海、毗连区、专属经济区和大陆架的宽度的起点线。一是正常基线。即领海基线（也称低潮线），是海水退潮时退到离海岸最远的那条线。二是直线基线。即在海岸上和沿海岛屿上选定一系列的基点，在这些基点之间划出一条条相互连接的直线，构成一条折线，这条折线即为领海基线。一般适用于海岸线比较曲折，沿海有许多岛屿的国家。《公约》规定，"沿海国为适应不同情况，可交替使用以上各条规定的任何方法以确定基线"，称为"混合基线法"。

我国政府在 1958 年的《中华人民共和国关于领海的声明》中指出："中国大陆及其沿海岛屿的领海以连接大陆岸上和沿海岸外缘岛屿上各基点之间的各直线为基线。"1992 年颁发的《中华人民共和国领海及毗连区法》明确规定："中华人民共和国领海基线采用直线基线法划定，由各相邻基点之间的直线连线组成。"根据此法，中华人民共和国政府于 1996 年 5 月 15 日发表声明，宣布了我国领海的部分基线和西沙群岛的领海基线。

内水：国家内陆和领海基线向陆一侧的水域，统称为内水。内水构成沿海国领水的一部分，沿海国在这一海域内享有排他性的主权。其中，海湾根据湾口宽度以及海湾与沿海国的关系，可分为三种：沿岸属于一国领土的海湾；沿岸属于两个或两个以上国家领土的海湾；历史性海湾。

对于沿岸属于一国领土的海湾，该国可在一定条件下将其划入本国的内水范围，实行完全排他的主权。《公约》规定：如果海湾天然入口两端的低潮标之间的距离不超过 24 海里，则可在这两个低潮标之间划出一条封口线，该线所包围的水域应视为内水；海湾天然入口两端低潮标之间的距离超过 24 海里，则 24 海里的直线应划在海湾内，基线以内的水域才是内水。历史性海湾是指沿岸属于一国，其湾口虽然超过领海宽度的两倍，但历史上一向被承认是沿海国内海湾的海湾。如我国的渤海湾。历史性海湾完全处于沿岸国排他性主权的管辖下。

领海：濒海国陆地领土及其内水以外邻接的一定宽度的海域，称为领海。其范围为领海基线至领海线之间的海域。国家主权及于领海的海床、底土及其上空。《公约》规定，"每一国家有权确定其领海宽度，直至从按照本公约确定的基线量起不超过 12 海里的界线为止"。目前，包括中国在内，世界上有 117 个国家实行 12 海里的领海宽度。领海是沿海国家领土的组成部分，受沿海国主权的管辖和支配。沿海国在领海享有属地最高权，领海内的一切人和物均受沿海国管辖。沿海国有权制定和颁布有关领海的法律和规章。外国船舶可以在领海上无害通过，但外国飞机未经许可不得飞越他国领海的上空。沿海国的主权不仅及于领海，也及于领海的上空、海床和底土。

毗连区：沿海国在毗连其领海以外一定范围内，为行使必要管制权而划定的区域。其外部界限从领海基线量起不得超过24海里。沿海国在毗连区内可对本国和外国公民及船只行使海关、缉私、卫生和移民等事项的管制权。

2. 专属经济区、大陆架

专属经济区，是指主权国家在邻接其领海的外部海域设立的经济管辖区。其外部界线至领海基线不应超过200海里。专属经济区是国家自然资源区的组成部分，国家对之行使有关国际海洋法规定的经济主权权力和管辖权。

专属经济区是《公约》创设的一种新的海域，它介于领海和公海之间，具有独立的法律地位。专属经济区不同于领海，它虽属沿海国管辖区域，但并不构成沿海国领土的组成部分，沿海国对它不享有绝对的、排他的主权。专属经济区也不同于公海，其他国家虽然在专属经济区有自由航行、飞越权，但已不是公海意义上的那种自由，主权国可对其他国家在专属经济区内的活动加以限制。

大陆架，是陆地向海面下自然延伸和缓倾的浅水平台。其范围从低潮线起到海底坡度突陡止。沿海国有对其行使勘探和开发自然资源为目的的主权权力。在国际法上，大陆架是指沿海国家的陆地在海水下面的自然延伸，并与大陆形成一个连续的、完整的整体。《公约》规定：如陆地领土向海底延伸部分不足200海里时，可扩展到200海里；如延伸部分超过200海里的，不应超过从测算领海宽度的基线量起350海里，或不超过连接2500米深度各点的等深线100海里。

我国的海岸线漫长，大陆架极为广阔，属于大陆架超过200海里的18个国家之一。渤海、黄海海底全部为大陆架，东海有2/3的海底是大陆架，最宽处近400海里，南海大陆架占海底面积的一半以上，总面积约有150万平方千米。但是，除渤海大陆架外，我国大陆架都与邻国存在划界问题。中国政府多次郑重声明，根据大陆架是陆地领土自然延伸的基本原则，中国对东海大陆架拥有不可侵犯的权利。东海大陆架涉及其他国家的部分，应由中国和有关国家协商划分。位于南海上的东沙、西沙、中沙和南沙群岛领海，有150多个岛屿和礁、滩，自古以来就是中国的领土。南海诸岛大陆架与其他国家的划界问题，应由我国与有关国家依据《公约》和国际习惯，通过谈判协商公平合理划定。

1982年12月10日，我国作为首批签约国，在联合国海洋法公约上签字。1996年5月15日，我国第八届全国人民代表大会常务委员会第十九次会议批准实施。

（三）我国周边安全环境的历史演变

1. 我国因特殊环境形成了重陆轻海的国防观

我国是一个陆海大国，理应既重视陆地又重视海洋，形成陆海并重的安全观和国防政策。但是，特殊的地理、历史和社会情况，使我国长期以来形成了重陆轻海的观念。我国陆地面积大，陆地资源丰富，气候条件良好，有足够的生存空间，在世界进入现代文明之前，中华民族完全可以依靠江河流域发展自给自足的农业文明。以小农生产方式为经济基础的中央集权的封建社会形成较早，体制和制度严密，政治和思想上统治力量强大，极大地限制和束缚了资本主义生产方式的发展，使我国缺乏向海洋

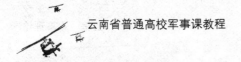

谋求经济利益的社会动力。

在古代的中国，对中央王朝的主要威胁来自陆地，多数来自我国内部北方游牧民族的侵扰，历代中央王朝的主要防御方向是北方。长城就是这种防御政策的产物和历史象征，长城两侧是当时中央王朝与北方游牧民族交战的主战场，长城的走向标志我国中原农业文明和北方游牧文明的分界线。

直至近代中国屡遭西方列强从海上的大举入侵，才迫使中央政府开始重视和加强海上的防御。早在明代，我国就开始遭到倭寇从海上的入侵，但由于王朝的海军力量薄弱，一代抗倭名将戚继光只能采取以海战为辅，以陆战为主，待敌人上陆以后再加以歼击的御敌方略。清朝后期，为了对付列强从海上入侵，我国从国外购买了先进的铁甲战舰，组建了实力雄厚的北洋水师。但是，由于清王朝腐败和作战指导上的消极被动，甲午一战导致北洋水师全军覆灭。

新中国成立后，毛泽东提出建立强大海军的战略思想。进入20世纪60年代，中苏关系急剧恶化，力量对比强弱悬殊，我国被外敌入侵的危险性增大，只能采取诱敌深入的防御方针对付可能的侵略战争。在这种情况下，我国海军的任务只能是配合和保障以陆军为主的陆上防御，从而形成了一支近岸防御型海军力量。

海洋是强国富民的宝库，是联系世界各国的重要纽带。长期以来，中国人有很强的守土意识，海洋意识却一直较淡薄。现代条件下，大海对于人类再也不是障碍。21世纪仍将是海洋的世纪，各国现代高新科学技术和经济快速发展，对海洋开发利用的步伐将进一步加快。我们必须重视海洋，进一步强化海洋意识，维护我国海洋权益不受侵犯；我们必须经略海洋，充分发挥海洋在国家建设中的重要作用。在新形势下，我国随着改革开放的深入和加入WTO而进一步走向世界，加强与各国的友好往来和经济技术合作，世界也正走进中国。

2. 我国近代屡遭帝国主义列强入侵

在西方列强势力还未扩展到东亚之时，除了北方游牧部落对中原的入侵外，我国历代封建王朝几乎感受不到漫长边界和海岸的危险。青藏高原和帕米尔高原将我国与南亚、中亚隔断，在西北只有一条穿越茫茫沙漠戈壁的狭窄通道与中亚相连，南有云贵高原和横断山脉天然屏障，东南的万里海域更是不可逾越的障碍。但当世界进入近代，西方列强凭借坚船利炮，开始从陆上和海上同时蚕食中国这个古老的国度。仅1842年、1860年、1895年和1901年，清政府4次战败，被迫与列强签约割让大片国土，赔偿巨额白银。随着近代西方工业化快速发展，先进的军事技术和航海能力彻底粉碎了中国封建统治者传统的安全观。

自1840年后的100年里，帝国主义列强屡屡入侵中国。过去认为最安全的浩瀚海疆，成为敌军入侵成功次数最多的突破口。第一次鸦片战争，英法联军攻占广州、厦门、定海、镇海、宁波和镇江，从长江口入侵南京；第二次鸦片战争，英法联军攻占广州、大沽口、天津，从天津侵入北京；中法战争，法军攻占我福建马尾港；中日甲午战争，日军攻占旅顺、威海；1897年德国军舰进占胶州湾，俄国军舰闯进旅顺口；1900年八国联军攻陷天津和北京；1914年日军攻占济南、青岛；1937年以后日军发动全面侵华战争。

在同一历史时期内，中国的陆地边疆也不安全。沙俄和日本曾先后侵占我国东北地区；英国军队曾先后两次从东亚方向入侵中国西藏地区，并曾在第二次入侵时攻占拉萨；英、日军曾先后越过中缅边境侵入云南；法军从中越边境侵袭云南；等等。在中国近代史上，我国台湾、海南岛等岛屿和海洋，由于经济、军事战略地位重要，更是被帝国主义列强侵占和瓜分的重灾区。

二、我国周边安全环境现状

新世纪以来，世界格局和安全形势正发生变化，和平与发展成为新时代的主题。一个相对和平稳定的安全环境已经出现。经过多方共同努力，中国与所有邻国的关系得到全面改善，与一些曾经关系紧张的国家也逐渐建立起相互谅解和信任的正常关系，重新走上了健康发展道路。我国周边安全环境处于新中国成立以来最好的时期之一。

（一）和平合作是我国目前周边安全环境的主流

1. 世界大国与我国建立了合作伙伴关系

中美关系是当今世界大国关系中最为重要的关系之一，也经历了跌宕起伏的坎坷历程。两国曾是共同抗日的盟友，从新中国诞生到中美建交前，两国关系从长期对峙逐渐趋向缓和。中美建交后，两国关系出现了历史性的改善。中美两国领导人实现互访，把两国关系带入了新阶段。《中美联合声明》中指出：中美双方将"共同致力于建立中美建设性战略伙伴关系"，双方将"在中美三个联合公报的原则基础上处理两国关系"。中美关系在布什政府上台后，曾因台湾问题而出现波折，但共同利益特别是双方的经济合作，使两国关系又重新走上了正轨。

中美军事关系发展受到诸多因素影响。中美两国在维护世界和平与稳定、地区安全和防止核扩散等重大问题上存在的共同利益，是两国关系发展的基础。两国各自的战略需求是其发展的动力，大国关系的互动和意识形态因素等都对其带来影响。另外，美国国内因素，如决策圈内的总统、国会和军方，决策圈外的利益集团、新闻媒介、公众舆论等，也对中美关系影响极大。台湾问题始终是中美关系中最重要、最敏感的核心问题。

中俄关系对中国安全的影响深远。"冷战"结束以后，中俄关系发展顺利。两国保持着良好的国家关系，两国领导人保持互访，发表了一系列联合声明。1996年双方建立了"平等信任、面向21世纪的战略伙伴关系"，由原来"建设性伙伴关系"上升到"战略协作伙伴关系"。中俄已经建立不对抗、不结盟，以"和平共处五项原则"为基础的友好和互利合作关系。进入新世纪后，两国政府和人民决心继续致力于中俄世代友好这一主题，2001年7月，两国领导人在莫斯科签署了具有历史意义的《中俄睦邻友好合作条约》。该条约以"永做好邻居、好朋友、好伙伴，永不为敌"的战略思想为核心，全面总结了20世纪中俄关系的历程，并对未来双边关系发展确定了指导原则。中俄两国已经建立了良好的国家关系，在普京访华期间双方签署的《联合声明》曾重申："无论国际风云如何变幻，无论中俄各自国内发生什么样的变化，双方决心恪守《中俄友好合作条约》所确定的方针和原则，不断推进、扩大并以新的内容充实和深化两国全面战略协作伙伴关系，在双方关切的问题上协调立场，相互支持。"未来，两国

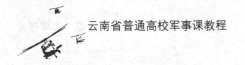

关系必将更加稳固，合作领域还将更加宽广。

中日关系是今天国际关系中的重要组成部分。中日复交后，两国关系发展基本平稳，双方都把发展长期稳定的友好关系作为各自的基本国策。1998 年 11 月，双方曾在我国领导人访日的联合宣言中明确"建立致力于和平与发展的友好合作伙伴关系"。虽然近年来日本社会有"右"倾化趋势，但中日两国的稳定符合两国人民的根本利益，所以必将使中日关系克服一切困难向前发展。

中国与欧盟各国保持着良好的关系。中国与欧盟领导人就建立中欧长期稳定的建设性伙伴关系达成共识。鉴于中国社会经济发展情况，欧盟 2001—2003 年优先对华合作的领域有：为中国加入 WTO 提供支持和援助，在反偷渡和非法移民、社会保险改革、电信、环境、能源以及人力资源开发等方面开展合作。这些合作项目的开发促进了中国相关领域的发展，亦提高了"欧盟在中国的知名度"。欧盟对华合作项目集中于支持中国的人力资源开发；向与中国经济和社会改革关系密切的部门提供培训及技术援助；通过鼓励地方经济发展，帮助解决农村及城市贫困问题；环保合作以及加强中欧商业对话和产业合作等。

2. 我国与邻国友好关系发展顺利

我国在坚持"和平共处五项原则"基础上与一切国家发展友好关系，特别注重发展与邻国的睦邻友好关系。目前，我国与所有邻国的关系均得到改善。20 世纪 90 年代以来，我国分别与俄罗斯、哈萨克斯坦、吉尔吉斯斯坦签订了国界协定，与俄罗斯、哈萨克斯坦的国界问题已经得到完全解决。中、俄、哈、吉、塔 5 国领导人多次会晤，签署了关于边境地区加强信任及相互裁减军事力量的协定。

我国同越南、印度的关系也得到发展，全面加强政治、经济、文化交往，国家领导人正常互访。中越边界问题也已经得到解决。但中印有着 2000 多年的友好历史，目前有两大突出问题长期困扰中印关系，一是边界问题，二是西藏问题。自 1988 年以来，在双方的共同努力下，中印边界问题联合工作小组一直定期举行会谈并取得一定进展，双方曾签署了《关于中印边境实际控制线地区军事领域建立信任措施的协定》。作为世界上两个最大的发展中国家，中印关系具有全球和战略意义。两国有足够空间实现更大规模的共同发展，在地区和国际事务中发挥各自作用。在当今全球化形势下，随着两国在所有重大问题上的参与力度和作用日益增大，中印伙伴关系对国际社会应对全球挑战和威胁至关重要。作为正在形成中的多极化国际秩序中的两个大国，中印同时发展将对未来国际体系产生积极影响。

同时，我国与韩国、日本等国在经济贸易和文化等领域进行了广泛交流与合作。

3. 我国周边"热点"逐渐降温

所谓"热点"，是指一些经常或多年发生战争的地区或国家。我国周边的"热点"较多，如 20 世纪 50 年代初的朝鲜半岛问题，70 年代末的阿富汗、柬埔寨战争，90 年代爆发印巴冲突等。这些战争和冲突，不仅发生在我国周边，也不同程度地威胁我国边界地区的安全。"冷战"结束后，这几个热点地区先后出现了不同程度的逐渐降温，目前，尽管朝鲜半岛问题还存在着多种矛盾，甚至矛盾可能还会进一步激化，但总的形势是趋于缓和，对外部的影响越来越小，减缓了对我国有关边界地区安全的威胁。

新形势下，周边的"热点"中，对我国安全影响较大的是朝鲜核问题和印巴之间的对立。朝鲜半岛是东亚各国利益的交汇点，各大国都不希望朝鲜半岛出现危机。20世纪90年代初，美国与朝鲜曾签署了关于核问题的框架协议，双方的对立局面曾有所缓和。朝鲜与韩国也开始从对峙走向对话，打破了严重僵持的局面。虽然双方和谈的进程将是长期的和复杂曲折的，但相互间的气氛逐渐缓和，南北双方的经济交往和民间往来也逐渐增多。21世纪初期再次出现核问题，因此危机再起。解决该问题的任务将是长期、复杂的过程。另外，对我国影响较大的另一热点问题是印度与巴基斯坦的严重对立。两国关系曾有一定程度的改善，但仍未能根本解决已存在的对立。但总的看来，我国周边安全环境趋于和平与稳定。

（二）相对稳定的安全环境中存在着不安全因素

我国的安全环境存在着两重性：一是相对和平稳定的安全环境不断得到巩固和发展；二是我国仍面临着一些不安全因素和潜在的威胁。

1. 西方军事强国对我国安全环境影响深远

在世界军事强国中，美国对我国安全环境的影响尤甚。美国与我国虽远隔重洋，但对我国安全的影响却无处不在。在各大国与我国关系向前发展的同时，在以美国为首的西方世界仍然有一股企图遏制中国的逆流，顽固地坚持"冷战"思维，不愿意正视我国政治、经济的发展以及在国际社会中的积极作用，散布所谓的"中国威胁论"，以"人权"为幌子，干预中国的内政，继续坚持对台军售，阻挠中国统一大业。美国对华政策的两面性，是我国安全环境不稳定的主要因素之一。

2. 周边热点地区仍有发生情况突变的可能

我国周边地区热点之一的朝鲜半岛，由于在核问题上的立场与国际社会相差甚远，多方谈判虽然在艰难中取得了一些进展，但距彻底解决问题的路还很长，军事对峙的僵局也很难打破，朝鲜半岛发生战争的可能性不能排除。一旦这种情况发生，必将对我国安全造成影响。

印度与巴基斯坦的对立一天不解决，我国这一边境地区的安全隐患就无法排除。由于历史原因，印巴两国既存在民族怨恨，又存在宗教纠纷，还存在着领土争端，在短时间内问题难以得到解决。多年来，印巴军事摩擦时有发生。印度作为地区大国，1996年拒绝在《全面禁止核武器条约》上签字，并以"中国威胁论"为借口，大力发展核武器，积极谋求世界核大国地位。印巴核军备竞赛的升级和对立的加剧，对我国的安全环境产生了不利影响。印巴双方陈兵于边境，相互对峙，克什米尔地区是印度和巴基斯坦争夺的焦点，如果战争爆发，必然会对我国边境安全构成较大威胁。另外，伊朗核问题、伊拉克战争造成的地区安全问题等也不可避免对我国安全环境带来影响。

3. 边界和海洋权益争端尚存

我国坚持在"和平共处五项原则"的基础上与一切国家发展友好关系，特别注重发展与邻国的睦邻友好关系。但同时也必须看到，我国与邻国的边境争议和关于海洋权益的争议情况复杂，解决起来难度很大，这些争议始终是可能影响到我国边境和领海安全的不稳定因素。在这些争议中，陆地边界问题的争议尤以中印边界争议较为突出。关于海洋权益的争议则更为复杂。我国与朝鲜、韩国之间关于黄海、东海大陆架划分，与日本之间关于东海大陆架划分和钓鱼岛的归属问题，都存在着争议。中国的南海处于岛屿被侵占、海域被分割、资源被掠夺的严重局面。我国南沙群岛的海面岛礁几乎被瓜分殆尽。关于南沙群岛的争议，短期难以解决。如果处理不当，还有可能引起国际争端或诱发局部战争。

4. 外国势力插手台湾问题影响我国统一大业

台湾是我国第一大岛，位于我国东南海域，西隔台湾海峡与福建省相望，东临太平洋。台湾是我国东南的海上屏障，扼西太平洋南北航线之要冲，战略地位十分重要。自古以来，台湾就是中国领土的一部分。台湾问题事关国家主权和领土完整、国家现代化进程和民族复兴大业。在国际反华势力的支持下，台湾分裂分子大肆进行分裂活动，企图以武拒统，以武谋"独"。某大国长期坚持"以台制华"的政策，利用台湾问题干涉中国内政，不断提升售台武器的数量和质量，阻碍我国统一。由于外部势力插手，致使台湾问题复杂化。20 世纪 80 年代末以来，海峡两岸关系由对抗走向对话，由紧张走向缓和，由隔绝走向交往。台商在祖国大陆的投资项目增多，两岸人员交流大幅度增加，从探亲、旅游，扩大到经济、科技、文化、教育、新闻和学术等多方面的合作与交流。两岸关系得到进一步改善，但在祖国统一问题上却困难重重。1979 年元旦，全国人大常委会发表《告台湾同胞书》，标志"一国两制，和平统一"的开始。和平统一受阻，主要原因是台湾当局在外部势力的暗中怂恿和支持下，坚持拒绝两岸进行政治谈判的顽固立场，坚持反对"一国两制，和平统一"的主张，积极推行"两个中国""一中一台"的分裂政策，进行分裂祖国的活动。台湾分裂势力是中国安全的最大隐患。2005 年 3 月 14 日我国人大通过并颁布实施的《反分裂国家法》强调：祖国统一是中华民族的共同心愿，决不允许台独分裂势力的分裂活动，决不畏惧强敌干预，决不放弃武力解决台湾问题的严正立场，早日实现祖国统一大业。

5. 恐怖主义和民族分裂活动威胁我国安全

我国是一个多民族的国家，国家统一、民族团结、社会稳定始终是国家安全和发展的重要前提。但恐怖主义和民族分裂势力对我国安全统一的危害不容低估。当前，出现了民族分裂主义、国际恐怖主义和宗教极端主义合流的趋势。这"三股势力"内外勾结、相互借重，对世界和平与发展构成了更加严重的威胁。中东、中亚、南亚和东南亚成为恐怖活动的高发区。我国也处于恐怖主义和民族分裂势力活动的威胁之中，境外"东突"恐怖组织和"藏独"分子正加紧向我国境内渗透。恐怖主义和民族分裂势力活动已对我国改革、发展、稳定构成最直接和最现实的威胁。

三、构建周边安全机制，营造睦邻友好环境

构建周边安全机制，营造睦邻友好环境，是我国安全政策的基本着眼点。新中国成立以来，我国周边东、西、南、北 4 个方向都曾爆发过局部战争或边境冲突。保持和维护本区域的安全利益，是我国和周边国家共同追求的目标。我国需要长期和平、稳定的周边环境，把同周边国家发展睦邻友好关系作为既定国策，积极参与构建地区安全机制，营造良好的周边安全环境。

（一）构筑软实力强化新战略安全观

国家安全涉及哲学问题，其往往体现国家大战略的总体思想。随着全球化的发展，围绕国家安全问题产生了新的现代战略文化。着眼需要，我国树立并遵循"综合安全观"这一新战略安全观。综合安全观认为国际安全问题除了以主权概念为核心的政治安全和军事安全之外，还有经济安全、环境安全、文化安全、社会安全等一系列新的安全问题。其中经济安全的重要性日益突出，它是综合安全的基础和持久安全的根本保证，各国在维护经济安全方面有着越来越多的共同利益。1997年发生的亚洲金融危机就曾引发某些国家的社会、政治和军事危机。我国的新战略安全观主要包括：以国家为安全主体，突出主权安全；以"和平共处五项原则"为政治基础；以相互安全为理论前提；以综合安全为安全维护的内容；以合作安全为实现安全的途径；以"共同安全"和"普遍安全"为目标；以"互信、互利、平等、协作"为新安全观的核心。

安全观对国家的软实力具有很强的依赖性。一个国家所倡导的安全观念能否为多数国家所接受，与该国软实力的强弱有着非常直接的关系。"软实力"是一种吸引力，让别的国家不由自主地跟随你。我国传统文化中有很多非常吸引人的地方，"己所不欲，勿施于人""和为贵"的思想具有极强的凝聚力，它在东亚地区的影响非常广泛。特别是随着改革开放以来我国发展模式的巨大成功所产生的广泛影响，已成为我国软实力的重要组成部分。但是，我们仍必须看到，我国的"软实力"还有待进一步加强和完善。

（二）致力于发展新型大国关系

纵观世界战略形势的演变，我国要实现自己的安全战略目标，很大程度上取决于国际战略平衡。苏联解体前，在中、苏、美大三角格局中，我国利用"战略平衡"赢得了有利的战略地位。"冷战"结束后，面对新的安全环境，我国则必须最大限度地推动国际战略平衡，广交天下朋友，扩大自己的安全空间。

我国历来重视与大国关系的发展，面对"冷战"后国际体系复杂化的挑战，在发展大国关系政策上也有新的定位。

一是不对抗、不结盟、不针对第三国的原则定位。建立大国间健康、稳定的关系，对地区乃至世界和平与安全至关重要。《中俄联合公报》声明：中俄的合作并不针对第三国。中美两国政府和人民对中美关系的态度和立场都同样重要。中国出于共同利益的考虑，重视与大国加强合作与协调，改善和发展与各大国的关系，提出不对抗、不结盟、不针对第三国的大国关系原则，不仅符合今后大国关系发展主流，也为中国塑造良好的国际形象发挥了积极的作用。

二是包容整体利益的"双赢"策略定位。"冷战"思维包含霸权思想、"零和"游戏、迷信实力或武力，支持"单赢"的思想。"冷战"虽已结束，但种种"冷战"思维并未销声匿迹。"冷战"没有毁灭世界，但"冷战"思维仍会制造灾难性的后果。因此，与时代潮流合拍的高度政治智慧应当是包容整体利益的"双赢"策略。我国在发展大国关系中努力构筑伙伴关系框架，为我国营造一种良好的国际环境发挥积极作用，也不失为一种实现"双赢"的理念基础。

三是多重角色并举、灵活多变、万变不离其宗的角色定位。在复杂多变的国际政治体系中，我国可以就不同的问题、不同的时期、不同的领域做出合作、伙伴、旁观、挑战、领导等多种角色的选择。同样，伴随着"冷战"的结束，大国关系也出现了一些重要的新特点：摩擦不放弃合作，并且以合作而不是冲突来解决争端的方式日益增加；大国关系中"敌""我""友"界限模糊；国家利益成为形成和解决国家间矛盾的主要因素。我国注重在国家利益基础上构筑良性互动、多边平衡的新机制，并在内外战略上向以经济、科技为导向的综合国力倾斜。我国注重多重角色并举、灵活多变、万变不离其宗的大国关系战略，就是以国家利益作为对外行为的根本出发点。可以在政治领域是对手而在经济领域是伙伴，或昨天是对手而今天是伙伴。美国学者戴维·香博认为："对手的确可以在某些有限的领域（其中许多具有战略意义）进行合作；而同时保持着竞争性的、有时引起争议的关系。"

（三）稳定周边，改善安全环境

我国的睦邻政策以"和平共处五项原则"为核心。"近者悦，远者来""四邻安，国乃兴""亲仁善邻，国之宝也"等是我国传统的立国方略。历史上我国与一些周边国家曾有过宗藩关系，反对大国沙文主义是我国政府的一贯方针。周恩来曾在亚非会议上强调："一切国家不分大小一律平等。我们重视这个问题，因为我们是一个大国，容易对小国不尊重。我们在人民中就经常提出警惕大国主义思想的问题。由于历史的传统，大国容易对小国忽视和不尊重，因此我们经常检讨自己。"

营造稳定的周边环境是我国发展经济的必要前提，也是进一步发展与全球性大国合作关系的基础。首先稳定陆地边界，继续加强与俄罗斯的经贸、科技、能源及战略利益"捆绑"；维护南亚战略平衡，争取与印度关系有新的改善，继续发展与巴基斯坦的传统友好关系；在东部濒海战略带，一方面在东北亚继续推进与朝、韩友好合作关系，并与美国合作，防止竞争失控；增进与日本的信任度，对两国间的具体争端，力避向全局扩散，而对日本军事大国化问题，则要继续保持高度警惕。同时加强在东南亚的战略合作，以经贸为基础，落实中国—东盟贸易区计划，在推动区域化的同时，加强安全对话，举办博鳌亚洲论坛等，来加强与东盟和周边国家的联系。我国是亚太地缘政治区域中心的政治和经济大国，立足亚太是我们坚定不移的方针。

（四）重塑国家安全体制和区域合作机制

全球化是客观和不可逆转的历史进程。国家安全的挑战已经涉及全方位。以国防为主导，包括军事、政治和社会的传统安全仍然是国家安全的支柱。以经济为中心包括科技与信息安全、金融安全、石油安全、生态与环境安全、粮食安全等非传统安全是国家安全的基石。文化安全是国家安全必须坚守的精神阵地。国家综合安全没有平时、战时之分，也没有前方、后界限，需要动员综合国力，建立包括危机预警、反应评估、管理保障在内的指挥控制与协调机制，并由国家立法，形成对国家安全体制机制和各要素的规范化。国家安全体制和机制的建立是保证国家安全的必要条件，它也随着全球化的发展不断发展。所以，我国把践行新安全观的重点放在积极推进安全体制的重塑和建设上，通过重塑国家安全体制和区域合作机制固化新安全观所取得的成果。

一是深化"上海合作组织"的机制化建设。自《上海合作组织成立宣言》等一系列文件签署以来，这一地区性的国际组织已经向机制化的方向迈出了坚实的步伐。但总体而言，要应对不断出现的新挑战、新问题，这一组织还需要进一步明确其在地区和国际政治舞台上的位置，并进一步加强该组织的机制化、制度化建设，在组织内部形成统一的合作管理系统。规范常设机构的工作职能和运作方式等方面，都是重塑国家安全体制机制亟待解决的重要问题。

二是积极推动东盟地区论坛的机制化进程。东盟地区论坛成立以来，通过不同层次、不同形式的对话，为各成员国提供了一个相互了解和表明各自对安全问题的观点、立场，以及增加信任、防止冲突的广阔舞台。但是，由于亚太地区各国社会制度和经济体制的差异，文化传统和宗教习俗的多样性，政治安全形势和国家利益的复杂性等诸多原因，东盟地区论坛至今仍是一个较为松散的安全对话与合作的组织形式，因此还不能算是一个完整意义上的区域性国际安全组织。但东盟地区论坛不可能长期处于一个"清谈馆"的状况，而且随着成员国间信任措施的逐渐建立，论坛不可避免地会向对其成员国更有约束性的预防性外交方向发展。预防性外交要求实施某些具有约束力的措施，如建立"减少危机中心"，派出调查事实的"特别代表"，论坛主席国获得"斡旋权"，等等。由于这一阶段将会涉及地区内的一些具体安全问题，如南中国海问题，因此中国方面的相关机制应该积极主动地施加自己的影响，推动机制建立朝着公正合理的方向发展。

（五）独立自主和平推进多极格局

独立自主、和平外交是中国外交的首要方针，也是我国对外开放的重要保证。独立自主的关键在于不置于任何一个国家的影响之下。新中国成立后，虽曾一度采取"一边倒"的战略，但没有成为苏联的卫星国。《中美联合公告》后，中美苏之间形成了著名的"大三角"关系。我国在国际战略平衡中强调多种文化的共融，加强多边协商和合作机制，主张通过谈判和协商解决国际争端，不诉诸武力，等等。

在多极化格局中，有多个独立的权力中心，这些权力中心没有一个强大到可以统治别的国家，这个格局可能相当稳定，维持同样的互动模式，因而发生战争的几率少，在一定程度上限制了某些大国的一意孤行，给某些小国在特殊情况下发挥较大作用提供了条件。因此，推动多极制衡战略有利于我国开拓外交活动空间，拓宽战略回旋余地，有利于合纵连横，制止霸权，有利于地区稳定和世界和平。

在新的历史时期，中国坚持独立自主、和平外交和不结盟政策。坚持所有国家不论大小、贫富、强弱一律平等，反对以大欺小，以富压贫，以强凌弱，尊重别国的独立自主，尊重别国的民族利益和民族尊严。和平与发展已成为当今世界主题，和平与安全因素进一步增长，总趋势走向缓和。在世界形势趋于缓和的环境中，我国安全环境既有机遇，又有挑战，而机遇大于挑战。抓住有利机遇，利用和争取较长的和平环境，发展经济，增强综合国力，加强国防现代化建设，为维护祖国统一和保卫国家安全做出新的贡献。

第四章　军事高技术

第一节　军事高技术概述

人类社会的发展史，是伴随着战争史而发展的，战争武器的发展是伴随着社会的经济、政治和科学技术的发展而发展的。自20世纪以来，随着一大批高技术武器装备相继问世并用于战争，已经深刻地改变了战争的面貌。从海湾、科索沃、阿富汗、伊拉克到利比亚等战争中，可以看出：现代战争已进入信息时代，战场对话已经成为高技术武器装备的较量；谁拥有军事高技术，谁就能占据更大的战争主动权，为获取战争胜利奠定物质技术基础。

一、军事高技术的概念与分类

要了解什么是军事高技术，首先我们要搞清什么是高技术。对于高技术的概念，目前定义比较多。我国科技界一种较有代表性的看法认为：高技术是建立在现代科学技术全面发展基础上，处于当代科学技术前沿的，对提高生产力、促进社会文明、增强国防实力起先导作用的技术群。当代高技术主要包括相互支撑、相互联系的六大技术群，即信息技术群、新材料技术群、新能源技术群、生物技术群、海洋技术群和航天技术群。每个技术群既各自独立又相互渗透、相互促进、相互融合。

军事高技术，是指建立在现代科学技术成就基础上，处于当代科学技术前沿，以信息技术为核心，在军事领域发展和应用的，对国防科技和武器装备发展起巨大推动作用的高技术总称。

军事高技术的范围十分广泛，分类也各种各样。主要有两种分法：第一种，从高技术向军事领域自然延伸的角度，军事高技术可分为六大领域：军用信息技术、军事航天技术、军事海洋开发技术、军用生物技术、军用新材料技术、军用新能源技术。军事高技术六大领域的划分，和前面讲到的高技术六大技术群基本是一致的，所不同的是是否应用于军事领域。第二种，从军事高技术与武器装备的关系出发，军事高技术可分为两大类型：一是支撑武器装备发展的基础技术，主要包括微电子技术、光电子技术、计算机技术、新材料技术、高性能推进与动力技术、仿真技术、先进制造技术等；二是直接用于武器装备并使之具有某种特定功能的应用技术，主要包括侦察监视技术、伪装与隐身技术、精确制导技术、信息战技术、指挥控制系统技术、军事航天技术、核化生武器技术、新概念武器技术等。

二、军事高技术的主要特点

军事高技术是高技术的重要组成部分。它既具有高技术的共同特征，又有其自身的特点。军事高技术与一般技术相比，具有以下七大特点：

（一）高智力

高智力是指高技术，是科学、知识、技术密集的新兴技术群，体现着无数专家、学者、科研人员、管理人员和各种能工巧匠的创造活动，是当代科技工作者智慧的结晶。高技术是知识密集型技术，其发展和运用都必须依靠创造性的智力劳动，依靠富有创新意识、创新能力的高素质人才，体现了高智力的特性。这些高技术成果无论应用于军事、文化、物质生活等任何一个领域，都会因注入"智能"，而迅速提高其自动化、智能化水平。

（二）高投资

高投资是指高技术开发和应用需要投入巨大的资本。高技术的研究开发，需要昂贵的设备和较长的研制周期，因而需要耗费巨额资金。据统计，一般高技术企业用于研究开发的经费占其产品销售额的比例高达 10% ～30%，而科研成果产业化的投资又比研究开发投资高出 5～20 倍，形成高技术产业后的设备更新投资还会越来越大。

（三）高竞争

高竞争是指高技术领域的开发存在着激烈的竞争。高技术竞争是一场关于人才、资金、管理、信息和市场的全面较量。这种较量已远远超出工厂与工厂、企业与企业以及产业集团之间的商业竞争范畴，成为国与国之间、集团与集团之间军事、政治、经济竞争的制高点。高技术的竞争性，决定了谁先掌握并应用高技术，先研发出新武器装备并抢先用于战场，谁就能占据战争主动权。

（四）高风险

高风险是指高技术的探索处在科技发展的前沿，具有明显的超前研究的特点，是从未知的领域中探索知识，获取信息，带有很强的不确定性。成败的不确定性因素是难以预见的。任何一项高技术的构思、设计和实施，都有一定的风险性，要么取得巨大成功，要么酿成严重失利，而且失利的几率要大于成功的可能性。高技术的风险性，一般体现在三个方面：一是经济效益的风险性；二是人员生命的风险性；三是智力的风险性。

（五）高效益

高效益是指采用高技术设计、工艺和手段所制成的产品，能大幅度地增强产品的性能，提高劳动生产率、资源利用率和工作效率，因而能为创业者带来巨大的社会效益、经济效益和军事效益。新型武器装备往往是军事高技术的物化，是军事高技术的综合集成。战争实践证明，军事高技术成果一旦转化为新型武器装备，不仅能够大大提高部队战斗力，而且能够逐步改变作战样式甚至战争形态。比如航天技术，投资效益比高达 1:14，充分体现了高效益的特点。

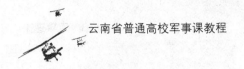
（六）高保密

高技术本身具有极强的综合性和技术辐射性，隐含着巨大的潜力，更加强调保密。由于军事高技术受国家军事战略思想的指导，直接或间接地反映国家的军事战略，直接关系国家的安全利益，所以各国均在一定时期内严格保密，并且有密级高、降密、解密周期长的特点。高技术的保密，对于民用技术来说，保的就是"金钱"，军事技术保的则是"生命"。比如F–117隐形战斗轰炸机，自1982年8月23日服役后一直处于高度保密之中，其作战能力和效果十分突出，1999年3月27日在科索沃战争中被南联盟军队击落后，这种先进隐形战机的技术才暴露无遗，随后这种造价昂贵的隐形战机不得不退出现役。

（七）高速度

高速度主要是以速度快、效率高为主要标志。高速度作为高技术的主要特点，就是反映速度上的革命性变化。

三、军事高技术的发展与应用

军事高技术产生于20世纪40年代，其主要标志是原子能、电子计算机和空间技术的广泛应用。1942年建成了第一座核反应堆，1945年爆炸了第一颗原子弹，1955年建成第一座商用核电站，从此开始了人类利用原子能的时代。1948年，随着第一台电子计算机的诞生，开辟了运用机器代替人类脑力劳动的新时代。1957年第一颗人造卫星上天，标志着人类活动开始超出地球，进入宇宙空间，开创了人类的空间时代。20世纪70年代以来，高技术进入一个新的发展阶段，主要体现在以下几个方面：一是微电子技术的发展；二是生物技术的突破；三是体现高技术发展的最新成就（如新材料技术、海洋开发技术、遥感技术、激光技术和通信技术等）。

当前，军事高技术前沿领域主要有：军用信息技术、作战平台技术、军事航天技术、新概念武器技术、军用新材料技术、先进推进与动力技术、军用生物技术和核武器技术等。其中，军用信息技术、作战平台技术、军事航天技术、新概念武器技术的发展和应用，直接影响现代战争的作战样式和进程；军用生物技术发展的潜力巨大、影响深远。下面主要介绍军用信息技术、军用新材料技术和军用生物技术的发展和应用。

（一）军用信息技术

信息技术是应用信息科学的原理和方法，研究信息的产生、获取、传输、存储、处理和利用的工程技术，又称信息工程。信息技术是在计算机、通信和控制技术的基础上发展起来的。20世纪70年代以来，由于微电子技术、计算机技术、卫星通信、光通信、数据库技术和软件工程的发展，远程数据通信取得成功，可以用通信网络把分散的计算机资源连成一体，构成计算机网络，共享信息资源，在这样的背景下，产生了信息技术。

1. 微电子技术

微电子技术是使电子元器件及由它组成的电子设备微型化的技术，其核心是集成电路技术。它是指在几平方毫米的半导体单晶芯片上，用微米和亚微米的精细加工技术制成由上万个晶体管构成的微缩单元电子电路，并用这种电路组成各种微电子设备的技术总称。1958年第一块集成电路的诞生，标志着微电子技术开始步入人类文明的殿堂。1971年出现了大规模集成电路和微处理器。随后集成电路迅速发展，已经由小规模、中规模、大规模发展到超大规模发展阶段。衡量微电子技术发展水平高低的标志是集成度。集成电路产品的生成主要包括两项关键技术：一是原材料，二是制造工艺。微电子技术较为活跃的领域有集成电路、超导器件等，其基本构成是集成电路和计算机，特点是精细或超精细的"微"加工技术。

随着微电子技术发展水平的不断提高和在军事领域的广泛应用，武器装备的性能将发生巨大变化：一是武器系统的体积、质量和功耗大大减少，可靠性大大提高；二是武器系统自身的信息处理能力得到质的飞跃，使一些原来作为设想的高技术兵器成为现实；三是传统装备的电子化水平将不断提高，从而使保障手段逐步走向多样化和智能化。

2. 计算机技术

计算机包括硬件和软件两大部分。硬件是计算机的"硬设备"部分，它分为主机和外围设备。计算机软件包括计算机程序和程序所使用的数据以及有关的文档资料，通常它被存放在计算机的存储器内。软件的主要任务是，提高机器的使用效率，发挥和扩大计算机的功能和用途，简化程序设计，使其自动化。衡量软件质量的标准，主要包括可靠性、功能、性能、可移植性、可维护性、界面友好等。信息技术的发展，主要反映在电子计算机的发展上。计算机的功能决定着信息技术的发展水平。根据社会的需要，计算机的发展趋势将向微型化、巨型化、网络化、智能模拟的方向发展。

目前，计算机技术已在军事领域广泛应用，成为现代战争中战斗力的倍增器。比如计算机辅助制订作战计划，精确引导和定位以及智能化武器系统等，使得现代战争发生了翻天覆地的变化。除此之外，计算机还广泛地应用于军事训练、新型武器研制、军事科研与评估等各个方面，如武器训练模拟器、驾驶模拟器、维修模拟器和作战模拟系统等。随着计算机技术的发展，尤其是超级计算机的发展，计算机在武器系统中的应用还将更加广泛，对现代军事的影响也将会更加强烈。

现代战争是使用现代武器装备，在相应作战理论指导下所进行的战争。微电子及计算机技术的发展和应用，大大提高了武器装备的作战效能，使其能够击中像飞机和导弹那样的高速飞行目标。洲际弹道导弹的平均飞行速度可达音速的10倍，射程1万多千米，命中精度已达几十米的范围。一般常规武器采用计算机控制火控系统，加上智能引信，可以具有更高的命中精度。所以作战双方往往是在完全"不照面"的"看不见的战线上作战"，双方的飞机可以在几十千米甚至几百千米以外就发射导弹。1982年英阿马岛战争中，阿根廷飞机就是在距英国海军"谢菲尔德"号导弹驱逐舰约48千米处发射"飞鱼"式导弹将其击沉的。军事专家普遍认为，信息技术将会更新一代武器系统，即常规武器的智能化。不但火力控制系统用上计算机，而且炮弹、火箭弹头上也装上单片微型机，这就必将影响到今后的作战方式和军队的结构。以前逐级指挥的"树枝状结构"，将由以微型机网络构成的陆军位置报告系统及联合战役、战术信息

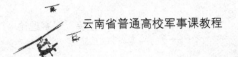

分布式系统的网络结构所取代。美、俄等国正按此设想改编部队。战争决策、作战方案的拟订、模拟和以计算机为核心构成的指挥通信情报网，能解决现代化作战指挥机关远离战场、多兵种联合作战，以及作战指挥自动化等问题。越来越多的带有电脑的自动化武器的出现，使未来战场的情况日趋复杂，适应这种复杂情况的军事理论研究和军事结构改革已经迫在眉睫。

（二）军用新材料技术

新材料技术是相对于传统材料技术而言的，它是在传统材料技术基础上发展起来的。新材料通常是指对现代科学进步和国民经济发展有重大推动作用的、最新发展的材料。这些材料与传统材料相比，具有优异的性能和特定的功能，是发展信息、航天、生物、能源等高技术的重要物质基础。

军用新材料技术，是指用于制造各种先进军事装备的高性能材料或新兴材料的研制与应用技术。

依据材料的用途，各国有不同的分类。我国材料界通常按新材料在高技术中的用途，把新材料又分为信息材料、新能源材料以及在特殊条件下使用的结构材料和功能材料。信息材料是指为电子计算机、微电子技术和通信技术领域开发而使用的材料，主要用于信息获取、处理、传输、贮存等而开发的新型材料，如半导体材料、敏感材料、光导纤维材料和信息记录材料等属此类。新能源材料是指为开发新能源或节约能源而研制出的新材料，如光电转换材料、超导材料、高温结构陶瓷材料等。结构材料和功能材料，是指在特殊情况下使用的高负载、超高温、超低温等特殊材料。其中，结构材料主要是利用材料的力学性能（如刚度、强度、塑性、韧性等）发挥作用。在结构材料中，可分为金属材料、无机非金属材料、有机高分子材料及复合材料；功能材料则是主要利用材料的物理性质和化学性质（如光、声、电及化学特性等）发挥作用。

目前，在军事领域应用的新型材料，主要包括高温材料、功能材料和复合材料等。高温材料的应用范围十分广泛，主要是汽车、坦克、军舰、飞机、导弹的发动机，以及航天飞机、宇宙飞船等表面需要的材料。功能材料在研制隐形武器装备方面发挥着巨大作用，比如反雷达隐形材料可以吸收或衰减大量雷达波信号，既可以涂敷在飞行器表面上，也可作为飞行器的结构材料，好的吸波材料可以吸收99%以上的雷达波能量。复合材料在提高现代武器平台的整体性能方面正发挥着巨大作用，其应用范围越来越广。用高性能纤维及其纺织物增强不同基体所制成的高级复合材料，因其强度大，相对密度小，不仅可以大大降低装备自身的信号特征，而且还具备良好的气动性能，在航空、航天武器装备中有着十分广泛的应用前景。

（三）军用生物技术

生物技术亦称生物工程，是指以生命科学为基础，利用生物（或生物组织、细胞及其他组成部分）的特性和功能，设计、构建具有预期性状的新物质或新品系，以及结合先进的工程技术手段和其他基础学科的科学原理，进行加工生产，为社会提供产品和服务的综合性技术体系。主要包括基因技术、生物生产技术、生物分子工程技术、纳米生物技术、生物耦合技术及仿生技术等系列技术。归纳起来，就是基因工程、酶工程、细胞工程和微生物工程。这四大领域，既有各自独立的技术体系，又在发展和应用上互相渗透、互相交叉、互相结合、相辅相成、相得益彰。基因工程，就是采用类似工程设计的方法，按照人类的需要，将有遗传信息的 DNA 片断，在离体条件下进行分离、剪切、组合、拼接，然后再把人工重组的基因转入宿主细胞内，进行大量复制，并使遗传信息在新的宿主细胞或个体中高效率表达，从而获得人类所需要的基因产物。酶工程就是利用酶的催化作用，通过工艺学手段和生物反应器，工业化地生产人类所需的产品或是达到某一特殊目的的技术，它是酶学理论与化学工业技术相结合而形成的一种新技术。细胞工程是指在细胞水平上的遗传工程，是以细胞为基本单位，离体培养、繁殖，使细胞的某些生物学特性按人们的意愿发生改变，从而改良生物品种，创造新品种。微生物工程是指利用微生物的特定性状，通过现代工程技术手段，生产出人类需要的产品，或者应用于工业化生产的一种技术体系。这种技术体系是通过发酵的途径来培养和利用微生物的，所以微生物工程也称为发酵工程。随着生物技术的快速发展，在军事领域应用具有巨大潜力。

生物技术可用于发展高性能的信息探测系统、通信系统、导航定位系统和信息处理系统等。美军已研究出可探测生物战剂的专用抗体传感器、酶传感器及生物战剂探针，并利用大规模集成电路的手段获得了带有 13.5 万个基因探针的 DNA 芯片，可直接用于基因武器的侦检。同时，利用仿生技术制造的各种信息搜集系统，可以大幅度提高探测、监视和导航能力。例如，模仿复眼结构制成了多元相控阵"蝇眼"雷达、高能宇宙射线空气簇射"蝇眼"探测器和复眼照相机。

生物计算机发展的另一个重要方向是 DNA 计算机。DNA 分子中的密码相当于存储的数据，DNA 分子间可以在某种酶的作用下迅速完成生物化学反应，从一种基因码变为另一种基因码，反应前的基因码可以作为输入数据，反应后的基因码可以作为运算结果。由于 DNA 计算机的每个链本身就是一个微处理器，因而它的运算速度快，几天的运算量就相当于目前世界上所有计算机问世以来的总运算量。它的存储容量也非常大，1 立方米的 DNA 溶液可存储 1000 亿吉比特数据，超过目前所有计算机的存储容量。另外，DNA 计算机所消耗的能量只有一台普通电子计算机的十亿分之一。它可以实现现有计算机无法真正实现的模糊推理功能和神经网络运算功能，是发展智能计算机的一个突破口。

采用仿生设计可显著提高作战平台的性能和生存能力。比如海豚有极佳的流线型体型，依照海豚的体形轮廓和身体各部位比例建造的新式核潜艇，其航速提高了 20% ~ 25%。美国海军仿制了"人工海豚皮"，用这种人造海豚皮包在鱼雷表面，阻力减少了 50%，速度提高一倍。另外，F-117A 的外形像一个由多面体组成的燕子，B-2A 战略轰炸机外形像一只大蝙蝠，这都是由于它们采用了隐身外形设计，据称这种设计能散射 30% 左右的雷达波。

基因武器是运用基因技术对已有的生物战剂（细菌、病毒和毒素等）或良性物质，进行有目的的修饰或改造，制造出新的生物战剂。日本已通过基因重组的方法把肉毒毒素植入良性原料试剂中，成功地研制出了一种新的大肠杆菌生物战剂，未来目标是

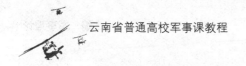

要研究一种含有剧毒结构成分且具有一定潜伏期的生物战剂。另一种专门攻击某一类人种的基因武器（也称种族基因武器）也正在研究之中。

生物技术是一项具有革命性的高技术。现阶段，虽然军事生物技术的发展尚处在初期，但随着 21 世纪生物学时代的到来，生物技术将在军事领域里大显身手。它的飞速发展将把军队武器装备的高技术化推向更高层次。

四、军事高技术对现代战争的影响

科学技术作为最活跃的生产力，不仅深刻地改变着生产领域的面貌，也深刻地影响着军事领域，不仅变革着战争的物质基础，还变革着战争的方式和人们对战争的认识。随着高技术的发展及其在军事领域的广泛应用，军事高技术已经对现代战争行动产生了巨大影响。这种影响可概括为"五化"：侦察立体化、指挥控制智能化、反应快速化、打击精确化、防护综合化。

（一）侦察立体化

侦察立体化，通俗地讲就是"眼观六路，耳听八方"。准确地说，就是"四全"，即全方位（上下、左右、前后）、全频谱（从可见光到红外、无线电波、微波）、全天候（风雨无阻）、全天时（昼夜不停），再加上"一化"，即经常化。

在未来战争中，新型信息化装备将使战场更透明，可实现全球感知，实时进行远程指挥控制。从大洋深处到茫茫太空，布满了天罗地网式的侦察监视系统。水下的声呐，能够偷偷寻找军舰和潜艇的踪迹；地面的传感器，能够警惕地注视人员与车辆的动静。空中的侦察飞机，能够同时监视高空、低空、地面、海上的各种活动目标。比如 E－3A 预警机当飞行高度为 9 千米时，可以探测到 500～650 千米远的高空目标、300～400 千米远的低空目标和 270 千米远的巡航导弹。间谍卫星"站得高，看得远"，其侦察效果更加显著。比如同样一架视角为 20 度的照相机，装在 3 千米高的侦察机上，一张照片可以拍摄到 1 平方千米面积的地面，装在 300 千米高的侦察卫星上，一幅照片可囊括 1 万平方千米的范围。如果把侦察卫星定位到地球同步轨道上，则一颗卫星就能同时看到太平洋两岸，监视地球表面 42% 的面积。

在未来战争中，"侦察—判断—决策—行动"的回路越来越短。信息化装备的广泛使用，使得争夺信息优势成为高技术战争的首要任务。侦察是打击的前提，从一定意义上讲，侦察能力的差异性，决定了交战双方的不平等性，换句话说，一方打的是明白仗，而另一方打的是糊涂仗。特别是战略信息战，就如核战争一样具有大规模毁灭性作用，将成为新的威慑手段。美国参联会原副主席欧文斯曾对美伊两军的侦察监视能力做过一番比较，得出的结论是：如果交战的一方"可以一天 24 小时，仅以 30 秒钟的延迟，在各种气象条件下，透过云层，在 10 厘米的误差以内非常精确地看到另一方，而他的对手则不能，他一定会赢"。侦察能力的差异性，决定了交战双方的不对称性。换句话说，战争尚未开始，胜负已见分晓。

（二）指挥控制智能化

现代军事高技术的发展和应用，使武器装备的射程、威力、精度都几乎达到了各自的极限。交战双方的差别，在很大程度上取决于其对作战力量的指挥控制水平上。要想驾驭陆、海、空、天、电（磁）五维一体的信息化战争，在体系与体系、系统与系统的整体力量较量中应付自如，赢得主动权，单靠人脑已经不够用了，必须借助作为战争神经中枢的指挥自动化系统，实现战场感知能力、信息传递能力、精确打击能力的综合集成。

未来战争，以计算机为核心的网络将把所有的通信系统、探测装置和武器系统联成一体，作战将从"以平台为中心"转向以"网络为中心"。美海军网络中心战的网络结构由三个互相链接的部分组成（即探测装置网络、交战网络和信息传输网络）。网络中心战的体系分为三级：第一级战术级，网络用户数量在24个之内，信息传输时间为零点几秒，信息精度达到武器控制级；第二级为战区级，网络用户数量在500个之内，信息传输时间为秒级，精度达到部队的控制所需的要求；第三级为战略级，网络用户数量在1000个之内，信息传输时间为分钟级，精度达到部队的协同所需的要求。各级指挥官利用网络交换大量信息，感知整个战场的态势，阐述指挥意图，制订作战计划，解决各种问题。网络中心战的显著特点是提高了部队的指挥速度，建立了对战场空间的持续的完备的态势感知。

（三）反应快速化

"兵贵神速"历来是兵家所追求的情形，但传统武器装备因受技术条件限制，常常"欲速不达"。高技术武器装备在现代战争中应用，才使"兵贵神速"成真，实现了机动快、反应快、打击快和转移快。1982年的贝卡谷地之战，以色列6分钟摧毁叙军19个"萨姆－6"防空导弹连，打了20世纪一场时间最短的高技术战争；1986年的锡德拉湾之战，美军空袭利比亚，总共只用了17分钟时间，却在世界上开创了"外科手术式打击"的先河。

高技术武器从发现目标到攻击目标的反应时间也大为缩短。当前，计算机控制的火控系统能在96秒内操纵4门火炮摧毁35个分离的目标，而传统武器摧毁这些目标需要2个小时。在信息化战争中，"被发现就意味着被命中"。对于现代防空系统的反应时间，那更是以秒计时。如美国的"爱国者"、俄罗斯的"C－300"地空导弹系统的反应时间为15秒，我国的"红旗"系列地空导弹的反应时间也为15~20秒。

在未来战争中，时间因素将变得越来越重要。西方军事家已经对"兵贵神速"赋予了新的含义，即"时间就是一切，时间就是胜利""时间是未来战争的第四维战场"。美国前国防部长科恩宣称："以往的哲学是大吃小，今天的哲学是快吃慢。"

（四）打击精确化

精确打击武器和精确的信息支援系统有机结合，使得精确打击成为战争的重要样式。攻击精度越来越高，距离越来越远。精确打击在现代战争中的地位日益重要。按照武器装备目前发展的水平，全世界任何公开暴露的目标，理论上都可对其实施精确打击。洲际导弹能打到全球一切有人居住的地方，而战略轰炸机可以不落地做跨洲际飞行。至于杀伤破坏的威力，常规武器不算，单是核武器，目前全世界储备的核弹头当量将近200亿吨，按照世界总人口64亿计算，每人平均摊到3吨还要多！根据推算，

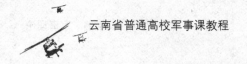

就杀伤破坏效果而论，爆炸威力提高1倍，杀伤力却能提高400％。

在1991年的海湾战争中，精确制导炸弹占美国空军全部投弹量的7％，而命中概率却高达90％以上，普通炸弹的命中概率却在25％以下。美国的F-117A所出动的架次仅占这次战争中总轰炸架次的2％，然而却轰炸了战略目标清单中40％以上的目标。美海军出动两架A-6E"入侵者"重型攻击机，携带"斯拉姆"空对地导弹去轰炸伊拉克的一座发电厂，第一架A-6E发现目标后，首先发射一枚"斯拉姆"导弹，将坚固的厂房炸开一个直径10米的大洞。2分钟后，另一架A-6E攻击机向目标发射了第2枚"斯拉姆"导弹，准确地从第一枚导弹炸开的洞口穿入厂房内部，将电站彻底摧毁。科索沃战争期间，南联盟总参谋部的大楼就受到了北约导弹的袭击，一枚导弹直接从南军总参谋长办公室的窗子打了进去。

在求"精"的同时，借助军事高技术特别是智能化技术，未来战争也开始在"巧"字上下功夫。比如对于人，是打死好还是打伤好；对于物，是打碎好还是打废好。随着时代的发展，人们已经开始重新审视这个古老而又崭新的话题。高技术战争与传统战争的思路也大不一样。追求的目标，是效费比更高，副作用更小，后遗症更大。美国人认为，要想最有效地削弱敌人的战斗力，致死不如致伤，致伤不如使其失能。这里讲的"失能"，既可以指武器，也可以指人员。这样的战争，效费比更高，副作用更小，后遗症更大。

（五）防护综合化

"保存自己，消灭敌人"是一切战争的共同原则。由于现代侦察、监视和探测手段具有全方位、全频谱、全天候、全时域的特点，进攻一方如果不能有效地保护自己，就可能出现"发难者先遭难"的结局。

现在，当一架战斗机在重要地区300米以上高度飞行时，可能受到800~900部雷达的照射，其中可能有300~400部雷达以600~700个不同频率的波束进行搜索，有30~40部雷达跟踪飞机。如果再加上光电探测设备的威胁，战场电磁环境必将更加复杂。这对飞机、导弹等进攻性武器是一个严峻的挑战。在这种情况下，防护的地位显得特别重要。海湾战争中，F-117A飞机大出风头，且无一损伤，其奥妙之处便是借助于外形设计和表面涂料，有效地实现了隐身要求，其雷达反射面只有0.1平方米，和一顶钢盔差不多。

除了隐身技术外，先进伪装、预警告警、致盲致眩、施放诱饵、加固装甲、防电磁脉冲等等，也都成了现代武器装备的防护手段。对于武器装备处于相对劣势的一方而言，搞好防护和伪装隐蔽，直接关系到胜败与存亡。科索沃战争中，南斯拉夫人民和军队敢打善藏，在北约进行的70余天空袭轰炸中，巧妙地保存了自己的军事实力。由此可见，那种认为"高技术侦察监视手段发展了，伪装隐蔽没有意义了"的观点是错误的。事实证明，只要能够综合运用多种防护措施，藏起来、盖进来、小起来、跑起来，是可以收到隐真示假的效果的。

综上所述，军事高技术对现代战争的影响是深刻的，但军事高技术的发展给现代战争带来的新变化还远远不止这些。随着新军事革命的兴起及在全球范围内的迅速拓展，未来战争还将出现更多新的变化。

第二节　高技术在军事上的应用

以信息技术为核心的高新技术在军事技术领域的广泛运用，直接带动了精确制导技术、遥感和探测技术、卫星通信和卫星预警技术、全球定位导航技术、隐身技术、激光技术、夜视技术、电子对抗技术等一系列军事高技术的出现和迅猛发展。军事高技术给武器装备、作战理论、作战方式等军事领域带来根本性变化。

一、精确制导技术

（一）精确制导技术的含义及其分类

1. 精确制导技术的含义

制导就是控制和导引火箭、导弹等按照预定的弹道或根据目标与导弹等运动信息确定的飞行路线准确到达目标的过程。精确制导技术就是以高性能的光电探测器为基础，采用目标识别、成像跟踪、相关跟踪等新方法，控制导引武器准确地命中目标的技术。

2. 精确制导技术的分类

精确制导技术主要包括以下几种制导方式：一是自寻的制导技术。由于毫米波、激光、红外成像和可见光等制导技术具有自动寻找目标和瞄准目标能力，因此，又称为自寻的制导技术。按目标信息来源（工作方式）自寻的制导技术可分为主动寻的制导、半主动寻的制导和被动寻的制导等方式。二是遥控制导技术。遥控制导技术是以设在精确制导武器外部的制导站［设在地面、海上（舰载）或空中（机载）］来测定目标和导弹的运动数据，并将导弹的运动数据同目标的运动数据进行比较，将两者之间的误差信号转换成制导指令并发送到导弹上，导弹接收到"命令"后，调整导弹的飞行方向，使其不断逼近目标。三是惯性制导技术。惯性制导是指利用惯性测量设备测量导弹运动参数的制导技术。惯性制导系统全部安装在制导武器上，主要有陀螺仪、加速度表、制导计算机和控制系统。采用此类制导技术的中、远程导弹，一般用于攻击固定目标，因此制导程序和初始条件是预先输入弹载计算机的。导弹在飞行过程中，计算机根据惯性测量装置测得的数据和初始条件给出制导指令，弹上控制系统根据指令导引导弹飞向目标。四是匹配制导技术。匹配制导技术是通过模仿人观察地标的方式来确定自己位置并走向目的地的一种制导技术。分为地形匹配制导、地图（景像）匹配制导和磁场等高线匹配制导三种。五是全球定位系统（GPS）制导技术。美国为满足各军种导航需要，于1987年开始发展导航卫星全球定位系统。它由空间设备、地面控制设备及用户设备三部分组成。空间设备由24颗导航卫星（其中21颗工作卫星，3颗备用卫星）构成。地面控制设备由5个地面监控站、3个上行数据发送站和1个主控站构成。用户设备为各种GPS接收机（导航接收机）。六是复合制导（组合制导）技术。导弹从发射到命中目标一般要经历三个飞行阶段：初始段、中段和末段。若在其中某个阶段或某几个阶段采用一种以上制导方式，即称为复合制导或组合制导。复合制导是一种取长补短的办法。但在"一体化"、减少重量和体积、系统可靠性、大容

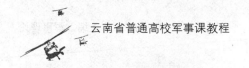

量高速度计算机等方面有很高的要求，成本也较高。目前，随着制导技术的不断发展，精确制导武器广泛采用了复合制导技术，大大提高了武器的打击精度和攻击效能。

（二）精确制导武器概述及其作战应用

1. 精确制导武器的定义及其特点

精确制导武器是指那些采用精确制导技术，直接命中概率在50%以上的武器，如各类导弹以及制导炸弹、制导炮弹、制导鱼雷等。精确制导武器与普通武器相比有着鲜明的个性特征，其基本特点可以概括为"三高、一远、一小"，即命中精度高、作战效能高、作战效费比高、武器射程远及附带毁伤小。

2. 精确制导武器的种类

精确制导武器种类繁多，从不同的角度可以有不同的分类方法。总体上讲，精确制导武器可分为两大类：一类是导弹，另一类是精确制导的炮弹、炸弹，也可以统称为精确制导弹药。两者之间的区别是，导弹依靠自身的动力系统和导引、控制系统飞向目标，精确制导炮弹、炸弹自身无动力装置，其弹道的初始段、中段需借助飞机、火炮投掷，进行末端制导。

3. 导弹的种类

导弹是精确制导武器中类别最多，研制、生产和装备、使用数量最大的一类。导弹有多种分类方式，分类方式也从某一方面反映出了它的性能、用途和特征。

（1）按导弹发射点和目标位置分类。主要有地地导弹、地空导弹、岸舰导弹、舰舰导弹、舰潜导弹、舰地导弹、舰空导弹、空空导弹、空地导弹、空舰导弹、空潜导弹、潜潜导弹、潜地导弹、潜舰导弹、潜空导弹等。随着高技术的发展，还将出现以天基作战平台为发射点和攻击目标的精确制导武器，如反卫星武器、卫星反导弹武器、天基拦截器等。

（2）按导弹射程分类。导弹可分为近程导弹（射程1000千米以内）、中程导弹（射程1000~3000千米）、远程导弹（射程3000~8000千米）和洲际导弹（射程8000千米以上）。

（3）按攻击的目标分类。导弹按攻击目标分类和命名，在使用上十分方便。例如，反坦克导弹、反舰导弹、反雷达（反辐射）导弹、反飞机导弹、反卫星导弹、反导弹导弹等。但随着精确制导武器的通用化，其功能也多样化、例如，"战斧"巡航导弹使用不同战斗部时既可反舰，又可攻击陆上装甲目标和非装甲目标。美国和瑞士共同研制的"阿达茨"导弹，既可对付低空飞机、直升机、遥控飞行器，又可攻击坦克及地面装甲目标。因此，这种分类法又存在明显的局限性。

另外，按导弹的弹道特征，可分为飞航式导弹（如"战斧"巡航导弹）和弹道导弹。按制导系统（方式）也可对导弹命名，如AIM－7E"麻雀"半主动雷达寻的导弹，AIM－9L"响尾蛇"被动红外寻的制导导弹等。

（三）应对精确制导武器的措施

常言道："尺有所短，寸有所长。"精确制导武器也是一样。虽然它能够"指哪打哪"，但也不是没有办法防护它、对付它。因为任何一种武器都不可能尽善尽美，它或多或少会存在某些弱点或某种不足。我们完全可以根据精确制导武器的构造和工作原理，利用其弱点，有针对性地综合运用相应对策，减弱其作战效能，并不断总结经验，探索防御精确制导武器打击的有效方法。目前，应对精确制导武器的措施主要有以下几种方式：一是健全早期预警机制；二是实施综合防护（具体做法包括伪装、欺骗、隐蔽等）；三是组织有效干扰。

二、隐身伪装技术

（一）伪装技术的发展与应用

1. 伪装技术的基本内容

伪装就是进行隐真示假，为欺骗或迷惑敌方所采取的各种隐蔽措施。具体地说，伪装是通过隐蔽真目标、设置假目标、实施佯动、散布假情报和封锁消息等措施，以降低敌方侦察器材（包括人员）的侦察效果，提高目标的生存能力，使敌方对己方军队的行动、配置、作战企图和各种目标的位置、状况等产生错觉，造成指挥失误，从而实现己方军队行动的自由，最大限度地发挥兵力兵器的作战效能，取得战役、战斗的胜利。

军事伪装有各种不同的分类，其中最基本的有两种：一是按军事伪装在战争中的运用范围可分为战略伪装、战役伪装和战术伪装；二是按所对付的侦察器材分对付卫星侦察（320千米高空的近地侦察卫星）、高空侦察、低空战术侦察及地面区域性侦察。

伪装的技术措施主要包括：天然伪装、迷彩伪装、植物伪装、人工遮障伪装、烟幕伪装、假目标伪装、灯火与音响伪装。其中有传统的伪装，也有高技术伪装。

2. 伪装在高技术战争中的应用

在现代高技术战争中，伪装不仅被用来对付各种雷达设备、各种光学相机、电视摄像机、红外扫描仪、热像仪等光电侦察设备的侦察，而且被用来对付制导武器。尽管现代战争侦察手段和攻击性武器性能非常优越，但针对不同的侦察器材，采用相应的伪装措施，还是能够起到一定的作用。如对付雷达侦察，采用设置防雷达伪装网、设置防雷达假目标等措施，都能收到较好的效果。

3. 伪装技术的发展趋势

无论高技术战争具有怎样的特点，鉴于伪装技术在战争中的重要作用，决定了交战双方都重视伪装技术的应用。因此，现有的伪装技术将得到更广泛的应用，并在应用中得到完善和发展，同时还将出现更多的高技术伪装。未来伪装技术的发展趋势主要表现在以下三个方面：伪装技术与武器装备的一体化、发展新的伪装技术和研制新型的伪装器材。

（二）隐身技术的发展与应用

1. 隐身技术的基本内容

隐身技术又称隐形技术或"低可探测技术"，是通过降低武器装备等目标的信号特征，使其难以被发现、识别、跟踪和攻击的技术。隐身技术是传统伪装技术走向高技术化的发展和延伸，是第二次世界大战以后军事技术的重大突破之一，被称为"王牌技术"。

针对现代战场上的侦察探测系统不同，隐身技术可分为以下三种：雷达隐身技术、红外隐身技术和其他隐身技术。其他隐身技术主要是电子隐身技术、可见光隐身技术、微波隐身技术、等离子体技术和全息雷达检测技术等。

2. 隐身技术的应用——隐身武器装备

20 世纪 70 年代初，随着美国国防高级研究计划局的"海弗兰"雷达特征信号减弱计划的实施，隐身技术便作为一项重要的军事高技术获得迅速发展。1975 年以后，美国一直对飞机、导弹、军舰和空间飞行器隐身技术加紧进行秘密研究。自 20 世纪 80 年代以来，由于各种隐身技术的发展取得了重大突破，加之战场对武器装备的隐身要求非常迫切，使得隐身武器装备异军突起，武器装备的隐身化成为现代军事高技术发展的一种重要趋势。各种隐身技术的综合运用，导致一系列新型的隐身武器装备的问世。目前，美国和欧洲一些发达国家已相继研制出隐身轰炸机、隐身战斗机、隐身侦察机、隐身直升机、隐身巡航导弹、隐身火炮、隐身舰艇、隐身坦克和其他的隐身装备等一系列隐身武器装备。

3. 几款隐身飞机

应用隐身技术手段最多、发展最快的当数隐身飞机。

（1）SR – 71"黑鸟"高空超音速侦察机。

SR – 71 是 1959 年洛克希德公司应美国中央情报局的要求秘密研制的一种战略侦察机，共生产了 25 架，现已退役。当时，美国空军用它来进行全球性的战略侦察，搜集军事情报。

"黑鸟"的外形十分独特。它没有水平尾翼，机翼根部的前缘边条一直向前延伸到机头，机身细长，前机身横截面类似菱形，后部扁平，机身与机翼融为一体，平滑过渡。这种外形能明显降低超音速飞行时的空气阻力，有利于提高飞行速度。

"黑鸟"机体的设计目的是缩小雷达散射截面，在隐身能力方面下了很大的功夫。它采用翼身融合、双垂尾内倾 15 度等，都有利于消除雷达波的角反射效应。大后掠边条翼和三角翼则可以减弱对正前方雷达波的散射。此外，在机体表面喷涂黑色的、能吸收雷达波的材料，还用了许多由洛克希德公司研制的特殊材料和涂层，这些都有利于降低其雷达散射截面，从而提高了其隐身能力。

"黑鸟"采用天文—惯性制导系统，一天 24 小时内跟踪 52 个星体，用计算机进行精确导航，因此，机上侦察设备很少发射电磁波信号。机上装有侧视雷达，可以在一个国家的边界外面飞行来探测这个国家内的一些情况。

"黑鸟"曾被认为是世界上飞得最高、最快的飞机。美国的"响尾蛇"空空导弹速度是 2.5 倍音速，"麻雀"空空导弹的速度是 2.5 ~ 3 倍音速，但"黑鸟"飞机比它们飞得更快。先进的民航客机从美国的纽约飞到英国的伦敦需要 4 小时 46 分，而"黑鸟"只要 1 小时 55 分就可以到达，因此被称为"最不可思议"的飞机。

"黑鸟"的侦察设备也很先进。它的高空照相机每次拍摄的宽度约达 48 千米，每小时可以侦察 15 万平方千米的地区。它能在 2.4 万米的高空将地面上行驶的汽车牌照拍摄下来。

（2）F－117A 隐身战斗轰炸机。

F－117A 飞机是美国洛克希德公司研制的隐身战斗轰炸机，它是世界上第一种针对严密设防的战略目标所设计的隐身战斗机。1981 年该机研制成功，并于 6 月首次试飞，1988 年 11 月对外公开，1990 年 4 月向新闻界提供有关资料和照片。

F－117A 隐身战斗机是第一种按低可探测性技术设计原理研制的实用隐身战斗机。F－117A 隐身战斗机采用的隐身技术措施主要有：隐身外形设计、隐身结构设计、采用吸波材料，此外，该机突防时，可进行超低空飞行，利用地形作屏障，避开敌方地面预警雷达。

由于采用了上述各种隐身技术，F－117A 的雷达散射截面积仅为 0.01～0.1 平方米，即比常规飞机的雷达散射截面积缩小 2～3 个数量级，其红外特征和噪声也显著减小。这使得该机成为名副其实的隐身战斗机，因而能在 1989 年对巴拿马的入侵和 20 世纪 90 年代初的海湾战争中一鸣惊人。

（3）B－1B 隐身轰炸机。

1984 年 10 月 18 日，首架 B－1B 飞机试飞，1986 年 9 月达到初始作战能力，1988 年 6 月达到全部作战能力，并生产 100 架，目前陆续交付部队使用。

B－1B 多用途远程战略轰炸机是 B－1A 飞机的改进型，旨在加强飞机隐身措施和增加航空电子系统的能力。

B－1B 多用途远程战略轰炸机采用的主要隐身技术有：发动机紧靠机身，既改善了气动外形，又降低了雷达散射截面；机身机翼融合一体，机翼具有 15°～67.5° 后掠角，并去掉了机背上的锥形骨架；发动机的进气口向后倾斜，进气道呈 "S" 形；机身涂有吸波材料，挡风玻璃镀有导电材料，以减少雷达散射截面；安装有先进的干扰系统，并配备被动式雷达和激光仪器。采取上述措施之后，B－1B 隐身飞机的雷达散射截面积只有 1 平方米，仅为 B－52 飞机的百分之一，具有良好的隐身性能。

B－1B 飞机的主要技术数据是：机长 46 米，机高 10.36 米，载弹 56 吨，最大平飞速度约 1.25 马赫，最大航程（空中不加油）约 1.2 万千米。飞机内有 3 个武器舱，在执行任务时，机内可载 8 枚 AGM－86B 空中发射的巡航导弹，24 枚 AGM－69 远程攻击导弹，12 枚 B－28 或 B43 自由下落核弹或 24 枚 B－61，或 B－83 炸弹。在执行非核攻击时，可载 84 枚 500 磅 MK－82 或 24 枚 2000 磅 MK－84 炸弹，全部装在旋转发射架上。

B－1B 隐身飞机是美国空军的远程战略轰炸机和远距离巡航导弹载机，具有远距离突防能力，同时能够在雷达信号非常密集的环境中有效地实施干扰，包括对地面反射雷达的干扰。

（4）B－2 隐身战略轰炸机。

美国的第一架 B－2 隐身战略轰炸机是在 1981—1988 年研制成功的。在这期间，由于计算机技术的发展使得数学模拟及仿真能力大为提高，因而已能通过计算机模拟仿真来解决减小飞机的雷达散射截面积的问题。如果说 F－117A 主要是通过多面体外形设计来达到隐身的目的，那么，B－2 则是通过综合采用多种低可探测性设计技术来达到隐身的目的，这也正是 B-2 隐身战略轰炸机被称为先进技术轰炸机的原因。

该机所采用的主要隐身技术措施有：独特的外形设计、隐身结构设计和采用吸波材料。此外，B-2 具有超低空飞行能力，它能在 100 米的高度突防，显然能有效降低雷达发现概率。

由于 B-2 采用了一系列隐身技术，其隐身性能远远超过以往的战略轰炸机（包括 B-1B 隐身轰炸机）。例如，B-2 的雷达散射截面积仅 0.3 平方米，比 B-1B 隐身轰炸机的 1 平方米有大幅度减小。

（5）F-22"猛禽"战斗机。

F-22 先进战术战斗机作为第四代战斗机的发展计划在近年来美国航空技术装备的发展项目中占有极为重要的地位。

F-22 实际上并不是一种"纯隐身"战斗机，而是在飞机机动性、敏捷性与隐身性能之间进行优化折中，使其兼有两者优点的飞机。该机的隐身性能加上超音速巡航能力，可大大削弱敌方防御系统的功能。

该机的主要性能特点是：具有全环境先发制人的能力、全频谱隐身特性、超音速巡航能力、精确交战能力和高可靠及维护性。

F-22 中部舱内可携带 6 枚 AIM-120C 型高级中距离空空导弹，或 2 枚 AIM-120C 型空空导弹和 2 枚 1000 磅级联合直接攻击弹药。机长 18.92 米，翼展 13.56 米，空重 14.36 吨，巡航速度为 1.56 马赫，升限为 1.524 万米，机上装有同时对付多个目标的集成电子设备和武器控制系统，具有先发现和先杀伤敌人的能力。可进行连续超音速飞行，具有良好的机动性和较小雷达与红外信号特征，隐身性能好。据专家测定，在雷达荧光屏上的目标显示 F-15 比其大 1000 倍。

（6）F-35"闪电Ⅱ"联合攻击战斗机。

F-35"闪电Ⅱ"联合攻击战斗机是一款由美国洛克希德·马丁设计及生产的单座单发战斗攻击机，F-35 主要用于前线支援、目标轰炸、防空截击等多种任务，并因此发展出 3 种主要的衍生版本，包括采用传统跑道起降的 F-35A 型，短距离起降（垂直起降）机种 F-35B 型，与作为航空母舰舰载机的 F-35C 型。F-35 属于具有隐身设计的第五代战斗机，作战半径超过 1000 千米，具备超音速巡航能力。

（7）RAH-66 型"科曼奇"隐身直升机。

RAH-66 直升机是一种具有超级隐身性能的武装侦察直升机。它原设想是美国陆军"21 世纪部队"战场指挥官的指挥与控制节点之一，遂行武器侦察和攻击任务，可在昼夜和恶劣天候条件下提供战场保障。"科曼奇"直升机可用任何一种运输机空运。这种飞机采用轻型复合机体结构，装有防护系统、低振和高可靠性旋转系统、第二代目标截获与夜视传感器。配备一体化座舱、抗电磁脉冲干扰的航空电子设备和全球导航系统。

"科曼奇"直升机具有多目标截获、识别、优选和任务交接能力。时速 175 千米，航时 2.5 小时，最大爬高速度每分钟超过 150 米。机上载有"地狱火"激光制导反坦克导弹、空空"毒刺"导弹、20 毫米火炮和 90 毫米火箭。该机于 1996 年 1 月进行试飞。目前，该机研制计划已取消，其主要原因一是造价高，二是作战的需求发生了变化。

但不管怎么说，"科曼奇"直升机是美国研制成功的世界上第一种隐身直升机，它的设计有很多独特之处。在对抗雷达的隐身方面采用了奇特的外形设计。其机载反坦克、防空导弹均装在武器舱门上。起落架和航炮可以收进机身内，在旋翼桨叶根部覆盖着雷达吸波防护板。这些措施的总体效果，使它的雷达散射截面积仅为"阿帕奇"直升机的 1/630。在红外隐身方面，其发动机放在"V"形进气道的后边。在尾翼中有一个复杂的排气系统，用于抑制热特征信号，即热排气流流入狭长的导流槽，并与外部冷空气混合，混合气体再与旋翼下的气流混合，从而使其热特征信号仅为"阿帕奇"直升机的 1/50。有了红外抑制器后，大大降低了对方防空导弹和空空导弹的红外成像仪、红外寻的器的效率。在声隐身方面，该机的主旋翼有 5 片桨叶，与 2 片、4 片桨叶相比，其噪声大为减少。不仅噪声小，而且能较好地融入背景噪声之中。在低速飞行时，该机主旋翼采用超静的"潜行方式"慢速旋转。此外，涵道式尾扇有护板遮蔽，大大消除了主旋翼和尾旋翼尾流混合而形成的噪音。

（8）X-47B 舰载隐身无人攻击机。

由美国诺斯罗普·格鲁曼公司研制的 X-47B 有蝙蝠形双翼与翼身融合的飞翼构型，其外形酷似前辈 B-2 隐形轰炸机，只是体积更为小巧。X-47B 型联合无人空战系统（J-UCAS）于 2005 年 6 月 3 日由诺斯罗普·格鲁曼公司开始制造，2011 年 2 月 4 日，X-47B 型无人驾驶飞机在美国加利福尼亚州爱德华兹空军基地首飞成功。

X-47B 无人驾驶飞机是美国研发的最新型的无人机，它的问世标志着无人驾驶飞行器领域的革命性突破。迄今为止，所谓的无人机均无法完全脱离地面人员的控制。X-47B 却可以利用计算机系统处理起飞、降落乃至空中加油等各项指令，亦可在无人干预的情况下自动执行预编程任务，以超过 500 英里（约合 800 千米）的时速在 4 万英尺（约合 1.2 万米）的高空飞行，在躲避雷达监测的同时向千里之外的目标发起攻击。因此，X-47B 可大幅突破人类飞行员的身体承受极限，将美军飞行器的滞空时间从 10 小时提升至 30 小时左右。

X-47B 飞行性能较高，作战半径长，可以在航母上自动起降，并有自主空中加油能力，再加上卓越的隐身性能，同美军各类现役战机相比，X-47B 滞空时间更长，其 800 海里的作战半径，既可以使航母战斗群处于更安全的位置，也可以更深入内陆执行打击任务。另外，X-47B 最大的优势在于隐身突防，它拥有非常优异的雷达和红外低可探测性，保证其能够突破敌方防空圈，为后续有人驾驶作战飞机打开通路。

4. 隐身技术的发展趋势

鉴于隐身技术对作战的重大影响，对于未来的高技术战争而言，隐身技术将得到大量应用，越来越多的国家重视和发展隐身技术。美国多年来一直把隐身技术列入国防关键技术计划中并提供大量经费予以支持。"冷战"结束后，各国建立快速反应部队以应付高技术局部战争的需要，加上反隐身技术发展提出的挑战，必将促使隐身技术在现有基础上进一步获得发展。从总体上看，未来隐身技术的发展趋势大致可概括为：宽频段，全方位，多功能，低成本。

5. 反隐身技术

反隐身技术是使隐身措施的效果降低甚至完全失效的技术。其主要技术途径有：改变雷达的工作波长；采用多基地雷达从侧面探测隐身目标；利用预警机、预警卫星、预警无人机或高空预警气球，从上往下探测空中目标；提高雷达脉冲能量和信号处理质量；利用多部雷达组成雷达网探测隐身目标等。

三、侦查监视技术

（一）侦查监视技术的概念及其分类

1. 侦查监视技术的概念

侦察监视技术是利用声、光、电、磁、热等现代技术，在陆、海、空、天、电、网全时空获取目标信息所采用的技术。它是一个覆盖面很广、概念和内涵都很深的一个综合领域。

2. 侦查监视技术的分类

随着信息技术的发展，侦察监视技术近年来得到了飞速发展，广泛应用于各军事领域，其分类方式多种多样。按活动空间可分为地面侦察、海上侦察、空中侦察和空间侦察；按装备名称可分为雷达侦察装备、照相侦察装备、电视侦察装备、夜视侦察装备、红外侦察装备、多光谱侦察装备、战场传感器侦察装备、无线电技术侦察装备等；按侦察技术特性可分为光电侦察、电磁侦察、无源侦察等。

（二）侦察监视技术原理及应用

自 1959 年 2 月美国发射了第一颗试验型照相侦察卫星以来，侦察监视技术在陆、海、空、天各个层次得到了广泛应用，使战场的"透明度"进一步增强，大大地改善了指挥员对战场情报信息的获取能力。

1. 地面侦察监视技术及应用

地面侦察监视是指在陆地上利用侦察监视手段对战场目标进行的探测活动。地面侦察监视技术手段很多，常用的侦察技术装备有可见光侦察、无线电技术侦察、雷达侦察、地面传感器侦察等。

（1）无线电技术侦察。无线电技术侦察是指使用无线电技术设备，搜集和截获敌方无线电信号，从中判明敌方动向、战斗编成、兵力部署、指挥关系及设备性能等。按技术手段可分为无线电侦听（收）、无线电测向、密码破译等。

（2）雷达侦察。雷达侦察就是利用无线电设备发射无线电波，利用物体对无线电波的反射特性来发现和测定目标的准确位置。雷达系统一般由天线、发射机、定时器、接收机、收发开关、显示器和电源等部分组成。目前，在军事上应用较多的雷达新技术有多谱雷达技术、相控阵雷达技术、超视距雷达技术和合成孔径雷达技术等。

（3）地面战场传感器侦察。战场传感器是 20 世纪 60 年代出现的一种被动式、全天候、能适应各种环境的战术侦察设备，能对地面运动目标引起的震动、声响、红外、磁场、地表压力等物理量的变化进行探测。目前，使用比较广泛的传感器有震动传感器、声响传感器、红外传感器、磁性传感器和压力传感器等。

2. 海上侦察监视技术及应用

海上侦察监视技术是指应用于海面和海下进行侦察监视活动的技术。通常用于水下侦察与监视活动的是声呐和水下电视，用于水面侦察与监视的是舰载雷达等。

（1）声呐侦察技术。声呐是利用声波对水中目标进行探测、定位和识别的水声探测装备。它是最主要的水下侦察监视装备，俗称水下"千里眼、顺风耳"。

（2）水下电视侦察技术。在水下进行侦察摄像的专用电视设备称为水下电视。其工作原理与普通摄像机基本相同，只是其体积小、重量轻、操作性与防水性较好。

（3）水面舰载雷达侦察技术。为了对付来自导弹、飞机和潜艇多方面的威胁，在水面舰艇上装有各种各样的雷达形成雷达侦察警戒幕，其中用于侦察与监视的主要有舰载警戒雷达和侦察雷达等。

3. 航空侦察监视技术及应用

航空侦察监视是指使用航空器装载侦察设备，对空中、地面、水面或水下目标进行的侦察与监视。航空侦察具有灵活、机动、准确和针对性强的特点，是现代战争中不可替代和缺少的侦察手段。航空侦察采用的方式主要有 CCD 照相技术、微光侦察技术、红外成像侦察技术和合成孔径雷达侦察技术等。

（1）CCD 成像技术。随着光敏电子器件技术的发展，以电荷耦合器件为感光元件的 CCD 照相设备在军事活动中得到了广泛的应用。这种技术无须感光胶片就能把影像转换成视频信号，从而在 CCD 器件上直接获得视频信号。

（2）微光成像技术。微光成像技术主要是利用目标反射的夜天光（星光、月光和大气辉光等），通过像增强器的光电转换和增强，达到能够在感光片或成像器上成像的设备。

（3）红外侦察监视技术。红外侦察是依据目标本身发出的热量进行成像的一种技术。它是一种被动式全天候的侦察设备，探测目标的基本条件是目标与背景之间要有一定的温度差，因为任何物体，只要绝对温度在零度（摄氏 – 273.16 度）以上，都能不断向外辐射红外线，红外侦察的工作原理就是根据目标与背景物体辐射红外线的差别来进行探测和识别的，温度相差越大，目标越容易被发现。

（4）合成孔径雷达技术。合成孔径雷达通常安装在飞机机体下方两侧，可以观测到飞机两侧 100 千米以内的地面目标，而在飞机正下方的目标反而看不到，故称为合成孔径侧视雷达。

目前，航空侦察监视技术的平台主要有固定翼侦察机、侦察直升机、无人侦察机和预警机等。固定翼侦察机就是有人驾驶的大型专用侦察机。侦察直升机主要完成战术侦察任务，具有机动灵活、侦察时效性强的特点。无人侦察机是用无人驾驶飞行平台装载侦察设备实施侦察的一种航空侦察系统。

4. 航天侦察监视技术及应用

航天侦察监视是指利用卫星携带的侦察监视设备在外层空间进行的侦察。目前，应用较多的侦察卫星有照相侦察卫星、电子侦察卫星、预警卫星和海洋监视卫星。

（三）侦察监视技术的发展趋势

随着现代科学技术的不断发展，以及各种侦察技术手段的广泛应用，现代侦察监

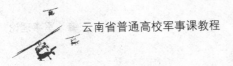

视技术已进入一个崭新的发展阶段。无论是侦察方式、侦察手段、设备本身，还是其战术应用，都将提高到一个新的高度，其发展趋势主要体现在以下六个方面：

1. 信息获取数字化

现代战争中获取战场目标信息的传感器，广泛采用先进的信息获取技术，CCD 摄像和照相、红外探测、运动目标检测雷达、合成孔径雷达、激光侦察和涵盖声、光、电、热、磁、压力、振动等无源传感器，实现了高精度、高灵敏度、全频段、全数字化的全维信息获取。信息获取的数字化为情报传输、处理分发和应用奠定了坚实的技术基础。

2. 侦察监视立体化

现代战争中利用多种运载平台搭载侦察监视装备，使侦察技术手段遍布陆、海、空、天、电、网全维空间。在太空，包括高中低轨的成像侦察卫星、电子侦察卫星、信号侦察卫星和预警卫星等。在空中，各种有人侦察机、无人侦察机、临近空间侦察飞行器、平流层侦察飞艇等对战场实施全天时、全天候、连续的侦察监视。在地面，各波段雷达，固定、机动的地面传感器实施战场侦察监视。在海上，有各种侦察船艇和升空的侦察平台、水下布设声呐和激光水听器等水声探测网络。

3. 情报传输网络化

借助卫星通信系统以及各种有线和无线通信网络，实现了大容量情报信息安全可靠的传输。宽带、多业务的通信网络实现了战场情报的实时共享，拉近了前方与后方的距离，真正实现"决胜千里之外，运筹帷幄之中"，缩短了侦察、决策、打击、评估的时间，从根本上改变了现代战争的"游戏规则"，出现了以网络为中心的战争形式，使侦察情报作用更加突出，成为左右战争胜负的关键性因素。

4. 情报处理智能化

随着人工智能技术的发展和广泛运用，将改变海量信息由人工处理和指挥官无法实时和准确决策的现状。情报信息的分布式处理、自动分析融合、智能决策支持显得越来越重要，提高可靠性、广域获取信息、缩短态势感知决策所需时间、提高情报共享程度，将成为信息化战争争取信息优势的核心环节之一。同时目标的自动识别、多传感器的信息融合也成为智能化处理的重要组成部分。

5. 情报分发自动化

情报分发自动化建立在情报信息科学分类、分级的基础上，要与战场态势、作战任务、武器平台有机地结合起来，实现在正确的时间、正确的地点、将有用的情报送到用户手中，同时实现将正确的武器对准正确的目标。

6. 侦察打击一体化

闭环式 C⁴IKSR 的发展，缩短了"从传感器到射手"的时间。未来的战场中更多的可能是侦察平台挂载作战单元，以及作战平台上集成更多的侦察传感器，或者传感器平台与作战平台通过网络链接起来，组成"多系统的系统"，形成搜索、侦察、监视、识别、打击和战损评估的无缝链接，简化情报信息收集、传递、处理过程，缩短决策时间，抓住瞬息万变、稍纵即逝的战机，实现"发现即摧毁"的最佳作战效果。

总之，侦察监视技术是一门综合技术和多学科交叉的技术，是军事高技术的重要组成部分，具有技术内涵丰富、发展变化迅速的特点，是牵引和推动信息技术发展的主力军。侦察监视技术的发展，必将对新的军事革命产生重大影响。

四、电子对抗技术

（一）电子对抗概述

1. 电子对抗的概念

对于电子对抗的定义，世界各国并不一致。苏军和今天的俄军称电子对抗为无线电电子斗争，简称电子斗争。其定义是：对敌方无线电电子器材和系统实施侦察，并随之进行无线电电子压制，以及对己方无线电电子器材和系统进行无线电电子防护的综合措施。美军把电子对抗称为电子战。现在一般认为：电子对抗，也称电子战或电子斗争，是指为削弱、破坏敌方电子设备使用效能和保障己方电子设备正常工作而采取的综合措施。

2. 电子对抗的特点

电子对抗作为一种战争手段存在，除具有其他战争手段所共有的特点之外，还具有十分鲜明的个性特点。主要表现是：枪炮未打，电子先行；打击要害，瘫痪"神经"；攻防兼备，形态完整；软硬兼施，手段齐全。

3. 电子对抗技术的分类

电子对抗技术是由综合的、交叉的、多层面的多种学科技术所构成的技术体系。传统的电子对抗技术，主要包括无线电通信对抗、雷达对抗、光电对抗技术等。随着电子计算机在军事领域的普及运用和网络技术在现代战争中作用的凸显，计算机网络对抗技术也已经成为电子对抗技术的新领域。

（二）电子对抗技术的军事应用

电子对抗按技术应用可以分为通信电子对抗、雷达电子对抗、光电电子对抗、网络电子对抗、C^3I 系统电子对抗等。

1. 通信电子对抗

通信电子对抗通常是指无线电通信中的侦察与反侦察、干扰与反干扰。通信侦察是摸清敌方通信设备的信号频率、功率、调制方式等信号特征，以便对其实施干扰。通信干扰是干扰敌方正常通信状态，使其不能正常工作，达到破坏敌方指挥联络的目的。反侦察和反干扰是防止通信侦察和干扰而采取的技术措施和组织措施。目前，针对敌方的通信侦察和干扰，主要采取新体制通信手段与之对抗，如跳频通信、扩频通信、猝发通信和卫星通信等。

2. 雷达电子对抗

雷达是利用发射探测电磁波脉冲来搜索目标的设备。当雷达发射的电磁波脉冲信号遇到目标时会产生反射信号，利用接收反射信号可以测定目标的性质和空间位置。雷达电子对抗就是针对雷达的工作特点对其进行侦察、干扰和摧毁，破坏其对目标探测和获取目标信息的能力。雷达侦察和雷达干扰与通信电子对抗相似。摧毁是指运用反辐射武器对敌方雷达进行攻击，直至摧毁敌方的雷达。反辐射武器主要包括反辐射导弹和反辐射无人机两种。为使雷达免遭摧毁，可采取诱饵引偏技术、部署假雷达阵地、使雷达进行间歇工作、反辐射导弹逼近告警系统或低截获率雷达和毫米波雷达等措施。

3. 光电电子对抗

光电电子对抗主要包括激光、红外和可见光等电子对抗。由于光控武器在历次战争中的作用非常突出，而且武器种类越来越多，因此对光控武器的电子对抗已成为克敌制胜的重要手段。光电电子对抗与雷达电子对抗类同，包括侦察与反侦察、干扰与反干扰、制导与反制导、隐身与反隐身、摧毁与反摧毁等几个方面。

4. C^3I 系统的电子对抗

C^3I 系统是军事指挥自动化系统，是战场情报、分析判断、决策指挥、执行系统连成一体的指挥体系。它可在战场上实施信息战，压制敌方信息系统，保护己方的指挥顺畅，因此，C^3I 系统电子对抗包括电子对抗技术的各个方面。在战争中，C^3I 系统有不可替代的作用，而且是被攻击的首要目标。为此，应采用机动、隐蔽、伪装、反侦察、反干扰、反摧毁的技术，构筑整体电子防御体系。C^3I 系统中的电子对抗分为雷达电子对抗、通信电子对抗、光电电子对抗、计算机病毒干扰、GPS 电子干扰、敌我识别干扰和引信干扰等。

（三）电子战飞机

电子战飞机又称为电子干扰机，是带有电子干扰设备，在空战中对敌方的雷达和通信设施进行干扰的军用飞机。电子战飞机一般都是利用运输机、重型攻击机和战斗轰炸机的机体加装电子干扰设备而成。大型的重达上百吨，小型的总重也在 20 吨以上。其主要任务是使敌方的防空体系包括雷达、通信设施等失灵，也就使它的防空导弹、防空高炮及拦截的战斗机失去了"眼睛"，掩护己方的攻击飞机完成攻击任务。

美国空军电子战三大支柱是：机载自卫电子系统、专用电子战飞机和 F－4G "野鼬鼠"反雷达飞机。专用电子战飞机主要有：大型电子干扰机 EC－130，飞行速度低，但干扰功率强，多在防空火力圈外实施远距干扰；小型电子干扰机 EF－111、EA－6B，可与战斗轰炸机或攻击机同时编队出击，做随队干扰。

1. EA－6B 干扰机

EA－6B 是美国格鲁曼公司在 A－6 攻击机的基础上发展的一种舰载电子战飞机，绰号"徘徊者"。第一架飞机于 1968 年 5 月首次试飞，1971 年 1 月开始交付部队使用，到 1979 年为止，共生产了 68 架，成为美国海军电子对抗飞机的主要机种。

EA－6B 舰载电子战飞机装有 2 台涡轮喷气发动机，单台推力 5080 千克，总推力 10160 千克。该机机长 18.24 米，翼展 16.15 米，机高 4.95 米。飞机总重 14588 千克，最大起飞重量 26580 千克，最大平飞速度 982 千米/小时，最大航程 3254 千米，实用升限 11580 米，载油量 11592 千克。

EA－6B 的座舱内可容纳 4 名空勤人员：1 名驾驶员，3 名电子对抗操作人员。飞机可载电子对抗设备近 4000 千克，主要有各种干扰机、综合接收机、干扰丝投放器等。

在机载设备方面，EA－6B 装有实时显示多功能雷达，可以提供实时地图显示，对固定和活动目标进行搜索和测距，实行离地等高飞行或地形跟踪飞行等。此外，在垂直尾翼顶端装有一个体积很大的电子设备天线，这是 EA-6B 电子干扰机最为明显的外形识别标志。

由于 EA-6B 电子干扰机本身带有空中受油装置，所以，飞机在经过空中加油之后，作战半径和航程都有较大的增加。

2. EF-111 干扰机

美国空军的 EF-111A 是由 F-111 战斗机改装成的专用电子对抗飞机，机长 23.16 米，机高 6.10 米，最大起飞重量 40346 千克，最大作战速度 2216 千米/小时，实用升限 16670 米（远距干扰）、15450 米（突防）、16185 米（近距支援），作战半径 370 千米（远距干扰）、1495 千米（突防）、1155 千米（近距支援），转场航程 3706 千米，续航时间 4 小时以上。

EF-111A 飞机的核心是重达 4 吨的电子设备。干扰发射机装在武器舱内，天线安装在 4.9 米长的船形整流罩内，垂尾翼尖设备舱内装接收机及其天线。该系统有三种工作方式，即自动、半自动、手动，可覆盖 7 个频段（500 兆赫～18 千兆赫），系统总有效辐射功率接近 1 兆瓦，而且可定向、半定向和全向辐射，全向辐射有效范围达 230 千米。5 架这种干扰飞机辐射的功率足以压制从波罗的海到亚得里亚海的绝大多数原华约国家的防空雷达。该机配备的欺骗式雷达干扰机，可自动提供特定的干扰信号，对地空导弹、高炮、截击机的制导系统和火控雷达进行欺骗，使其精度降低。海湾战争后，美军又对 EF-111A 电子系统进行改造，增加干扰样式，改进接收机，发展相控阵天线，提高干扰机的有效功率。

3. 美军新一代电子攻击机 EA-18G "咆哮者"

EA-18G 是目前唯一能实施全频谱空中电子攻击能力的飞机平台，同时还带有美国海军作战飞机 F/A-18E/F 的目标定位和自卫能力。EA-18G 由双座 F/A-18F 第二批衍生而来，具有较高的设计稳定性，飞行员既可以在航母甲板上也可以在陆地航空基地驾驶该飞机。

EA-18G "咆哮者" 参与了 2011 年的利比亚战争，它通过强力干扰和 AGM-88 型 "哈姆" 高速反辐射导弹，对利比亚的防空和通信网络造成了严重破坏，使利比亚的防空导弹毫无还手之力。

（四）电子对抗技术的发展趋势

1. 通信对抗技术的发展趋势

未来复杂电磁环境下作战，通信对抗技术的发展趋势主要有以下三个方面：一是研究对付扩频通信的技术手段。二是发展相参干扰、分布式干扰等新技术。三是研究空天一体的通信干扰新技术。

2. 雷达对抗技术的发展趋势

从目前情况看，要适应复杂电磁环境下的战场需求，雷达对抗技术的发展应向以下方面努力：一是更加智能化，以适应复杂多变的电磁环境。二是强化电子进攻能力，加强硬摧毁和定向打击能力。三是扩展频谱范围，并将无线电、微波、光学等多种频谱的利用综合为一体。四是增加与其他电子设备的综合一体化，降低费效比。

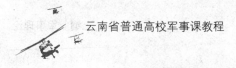

3. 光电对抗技术的发展趋势

随着光电技术在军事上的广泛应用，光电对抗技术的发展方向是：一是注重采取新光电防护技术。新光电防护技术主要包括烟幕技术、诱饵技术和防止激光照射的装置等。二是向综合化、多功能化、全程化对抗发展。

4. 网络进攻技术的发展趋势

网络进攻技术的发展趋势主要包括：一是开发纳米机器人和芯片细菌。二是采用自动化网络攻击和快速反应技术。三是研制微机械有机体和数字有机体。

5. 网络防御技术的发展趋势

网络防御技术的发展趋势主要包括：一是实施网络入侵综合探测。二是采用海量密码技术。三是进行多类型电子认证。四是开发反定向能武器技术。五是采用全光纤网络。六是研究量子密码学。

五、军事航天技术

（一）航天技术基本内容

航天技术是指将航天器送入太空，以探索、开发和利用太空及地球以外天体的综合性工程技术，又称空间技术。航天技术主要包括航天运载器技术、航天器技术和航天测控技术三大类。其中，航天运载器技术是解决将人造航天器"送上太空"的问题，航天器技术是保证航天器在太空飞行时"掉不下来"，航天测控技术是能够让航天器在太空活动时"听从指挥"，完成指定的任务。

1. 航天运载器技术

航天运载器技术就是借助动力载体（运载工具）将航天器送入外层空间的技术。外层空间，又称太空、空间、大气层外、简称"天"，它是指地球大气层外的空间区域，通常是指离地100千米（大气密度为海平面的五百万分之一，已接近真空）以外的地方。

航天运载器是用于克服地球引力和空气阻力将航天器送到外层空间的技术装备。它是航天技术的基础。目前常用的运载器是运载火箭，一般为多级火箭。未来还会使用航天飞机作为航天运载器。1957年10月，苏联把世界上第一颗人造地球卫星送上了太空，标志着航天技术的诞生，揭开了太空时代的序幕。

运载火箭主要由动力系统、控制系统、箭体结构和无线电测量系统组成。在近50年的航天技术发展过程中，世界各国已研制成功几十种运载火箭，以美国和苏联最突出，我国航天技术也已取得重大进展。

2. 航天器技术

航天器是在宇宙空间执行航天任务的飞行器。航天器分为载人航天器和无人航天器。载人航天器有飞船、空间站、航天飞机；无人航天器有人造地球卫星和空间探测器两类，而人造地球卫星的数量最多，包括科学卫星、应用卫星、技术试验卫星。目前大量使用的军事卫星就属于应用卫星。

3. 航天器测控技术

航天测控技术是对飞行中的运载火箭及航天器进行跟踪测量、监视和控制的技术。

航天测控技术的关键技术是保证对发射的火箭和航天器进行监控，保证其正常运行和工作，使其"听指挥"而不失控或失踪。

（二）航天器的军事应用

1. 军用卫星

军用卫星是指能够完成各种军事任务的人造地球卫星。美国从 1959 年就开始发射军事用途的卫星。苏联于 20 世纪 60 年代初开始发展军事卫星。五十多年来，军用卫星技术性能有了很大提高。军用卫星按用途可以分为军用通信卫星、侦察卫星、海洋监视卫星、导航卫星、气象卫星、测地卫星等。侦察卫星是为获取军事情报而发射的人造地球卫星。军事导航卫星是通过卫星上发射无线电信号，为地面、海洋、空中和空间军事用户导航定位的人造地球卫星。利用卫星来导航或定位，具有高精度、全天候、能覆盖全球和用户设备简便等特点。美国全球导航定位系统（GPS 系统）能够为部队、装甲兵、飞机、舰船导航和定位，同时也可为精确制导武器提供精确的制导定位。测地卫星是用于测量地球的形状和大小、地球重力场的分布、城市和村庄的布局、军事目标的地理位置的卫星，对军事侦察有重要的作用。气象卫星是从空间获取气象情报的重要装备，对全球天气监视和天气预报业务有重要用途。

2. 天基武器系统

天基武器主要指部署在外层空间用于攻击敌方航天器、拦截弹道导弹的空间武器。主要包括反卫星卫星、动能武器和定向能武器等。目前正处于研发阶段。

3. 军用载人航天器

载人航天器包括载人飞船、空间站、航天飞机和空天飞机，它们都可执行军事任务。载人飞船是指能保障宇航员在空间轨道上生活和工作，并能安全返回地面的航天器。空间站是大型、绕地球轨道做长时间航行的载人航天器，是多用途的太空基地，有广阔的军事应用前景。航天飞机是部分可重复使用的，往返于地面和近地轨道之间，载人和运货兼用的航天器，在军事上有重要的应用价值，空天飞机是能在普通跑道上水平起降，并在大气层内、外飞行的完全可重复使用的航天器。目前，这种航天器正处于试验阶段，在军事上的应用前景广阔。

（三）军事航天技术的发展趋势

1. 研究直接支援部队作战为主的战术卫星系统

美、俄等军事航天大国发射的各种军事卫星，均属战略层次的航天器，通过海湾战争和科索沃战争的实践表明，这些卫星在对高技术局部战争的适应性上还不能满足战术应用的要求。为支援部队作战，军事卫星应从战略型向战术型转变。

2. 军用卫星系统与 C^3I 系统实现联网运行

目前使用的大部分军用航天系统都是分立结构或为独立系统，彼此互通互联性差，信息不能及时共享和综合利用。未来的军用航天器将朝网络化方向发展，部署在不同轨道、执行不同任务的航天器和相应的地面系统将连接组网，实现空间侦察监视与陆、海、空的相关设备组成一体化的系统，从而夺取太空信息优势。

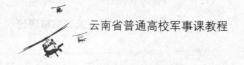

3. 微小型卫星和超大型卫星将各显身手

现代卫星系统技术的发展产生了两个极端。一是小型化。微小型卫星具有重量轻、体积小、研制和发射成本低、研制周期短、发射方法灵活、不易被摧毁等一系列优点，受到世界各国航天界的高度重视。二是巨型化。大型卫星将进一步发展，朝着超大型、综合型、多功能、可维修和长寿命的方向发展。

4. 加速发展天基武器系统

太空已成为继陆、海、空之后的第四战场，各国对太空的争夺不可避免。美国为独霸太空正在加紧发展空间攻防武器系统，其地基动能与激光反卫星武器已具备实战能力，机载与天基反导和反卫星激光武器均已取得重大进展。

六、指挥控制技术

（一）指挥控制技术概述

1. 指挥控制技术的概念

指挥控制技术是指利用计算机、网络等手段，保障军队指挥员及其指挥机关对所属部队和武器装备实施有效指挥和控制的技术。指挥控制技术的发展水平，是一个国家军队现代化建设水平高低的重要标志。

2. 指挥控制技术的地位作用

指挥控制技术极大地提高了军队的战斗力，因而被称为"兵力倍增器""现代战争的效率之神"。俄罗斯把军队指挥信息系统发展看成是"第二次世界大战以来，继核武器和导弹武器之后军事技术的第三次革命"。美国国防部的许多官员认为："有没有一种高超的指挥控制本领，同有没有武装部队同等重要"。归纳起来，指挥控制技术的地位作用主要包括以下四点：一是指挥控制技术是国防威慑力量的重要组成部分；二是指挥控制技术是军队战斗力的"倍增器"；三是指挥控制技术是信息化战争作战指挥的必备条件；四是指挥控制技术是打赢信息战的物质基础和技术手段。

（二）几种主要的指挥控制技术

在现代信息化战争中，主要应用的指挥控制技术包括通信技术、侦察监视技术、位置报告技术、计算机网络技术、战术数据链技术、辅助决策技术、指挥文电处理技术、信息安全技术等。

1. 通信技术

通信技术是指人类借助通信设备和工具传递信息的手段和方法。它是保障实现各类通信的物质基础与技术手段，是连接指挥、控制、情报、电子对抗系统的桥梁和纽带，它将随着科学技术的进步而发展。通信技术是一种综合技术，它涉及电子技术、计算机技术、材料技术等众多技术领域，是现代科学技术较为集中的领域，也是发展较为迅速的技术领域之一。

2. 侦察监视技术

侦察是军队为获取军事斗争特别是战争所需情报（包括人员、武器装备、地形地物及作战结果等）而采取的行动，是实施正确指挥、取得作战胜利的重要保障。侦察监视的目的在于探测目标，识别目标，获取有价值的情报信息。具体可分为发现目标、识别目标、监视目标、跟踪目标以及对目标进行定位。

3. 位置报告技术

在作战指挥领域，位置报告技术是根据作战指挥需求全面认知客观实体的产物，是指运用地理信息技术、军事导航定位技术对作战双方位置信息进行分析、交互和报告的技术。

4. 计算机网络技术

计算机网络技术在战术作战环境中的应用，将会全面影响到现代战争的组织与指挥方式，改变指挥员的思维模式，创造全新的作战指挥方法。利用计算机网络技术，可以将指挥主体与客体之间的距离缩短在"可视"的范围内。网络包括数据网络、通信网络、视频网络、语音网络等，这些网络无一不是在计算机网络技术的基础上构建起来的。

5. 战术数据链技术

战术数据链技术是一种特殊的指挥控制技术，是采用无线通信设备和数据通信规程，并与计算机控制密切结合而建立的数据通信网络，是直接为指挥和武器控制系统提供支持、服务的数字化数据通信系统。

6. 辅助决策技术

计算机辅助决策技术是指利用计算机根据具体决策环境和任务辅助决策者进行科学决策的技术。在军队指挥领域，辅助决策技术是指利用计算机根据作战指挥的内容和程序，辅助指挥员及其指挥机关正确进行作战决策的技术。

7. 指挥文电处理技术

指挥文电处理技术是指挥信息系统中用于处理指挥文电的各种技术。主要包括军用文书拟制与编辑、军用数字地图及图形显示、指挥文电管理、指挥文电传送等技术。

8. 信息安全技术

信息安全技术是指包括检测、记录、对抗各类信息威胁所采取的必要的控制机制、策略和措施中应用的技术。它包括认证、访问控制、加密和防火墙等主要技术。

（三）指挥控制技术的发展趋势

指挥控制技术是以信息技术为主体的技术。指挥控制技术的发展，取决于信息技术的不断创新、发展及在军队指挥中的应用程度。综观现代信息技术的发展及未来军事斗争的需要，先进的信息技术将不断应用于军事领域，推进军队指挥的发展。在今后一个时期，对作战指挥影响较大并带来作战指挥的方式与手段变革的主要是指挥控制技术的数字化、智能化与网络化。

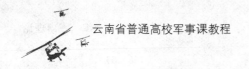

第三节　核化生武器

一、核化生武器基础知识

（一）核武器

1. 核武器的概念

核武器是利用重原子核链式裂变反应或轻原子核自聚变反应瞬间放出的巨大能量，产生爆炸作用，具有大规模杀伤破坏效应的武器的统称。

核武器的爆炸方式一般有空中爆炸（简称空爆）和地面（水面）爆炸（简称地爆）两种方式，有时也可采取地下（水下）爆炸。空爆杀伤破坏范围大、程度轻，主要用于杀伤破坏地面有生力量、武器装备、交通枢纽等目标。地爆杀伤破坏范围小、程度重，主要用于破坏地下坚固工事及主要装备等目标。

2. 核武器的基本类型

核武器的类型主要包括原子弹、氢弹、中子弹等。

（1）原子弹。

原子弹是利用易裂变重原子核发生裂变链式反应，瞬间释放出巨大能量，造成杀伤破坏作用的核武器，也称为裂变弹。原子弹的威力通常为几百至几万吨级 TNT 当量。

1945 年 7 月 6 日，美国在新墨西哥州进行首次原子弹试验爆炸成功，成为世界上最早掌握核武器的国家。同年 8 月 6 日、9 日，美军向日本广岛、长崎分别投掷了一枚原子弹，造成 20 多万人员伤亡，震惊了世界。此后，相继有苏联、英国、法国试爆成功。我国的第一颗原子弹于 1964 年 10 月 16 日爆炸成功。

（2）氢弹。

氢弹主要是利用氘、氚等轻原子核的聚变反应，瞬时释放出巨大能量，造成杀伤破坏作用的核武器，又称聚变弹。由于轻核聚变反应要在极高的温度下才能进行，所以氢弹还被称为热核弹。氢弹的威力比原子弹大得多，可达几千万吨 TNT 当量。

1952 年 10 月 31 日，美国在太平洋比基尼岛核试验基地爆炸成功了世界上的第一颗氢弹。1967 年 6 月 17 日，我国成功地进行了一次 300 万吨级的氢弹试验。从原子弹到氢弹的成功研制，美国人用了 7 年的时间，而我国仅用了不到 3 年的时间。

（3）中子弹。

中子弹是以高能中子辐射为主要杀伤因素，且相对减弱冲击波和光辐射效应的一种特殊设计的小型氢弹，又称为增强辐射弹。它的主要特点是当量小、中子的能量高、数量多、放射性沾染轻。一般中子弹的当量不大于 3 千吨 TNT 当量。中子弹主要是以高能量中子辐射来起杀伤作用，其贯穿能力强，杀伤范围大，能够穿透坦克装甲和一定的工事防护层杀伤人员。

1977 年 6 月，美国宣布研制出以贯穿辐射为杀伤方式的中子弹。此后，各国也相继投入研制威力更大而形式多样化的第三代核武器。

3. 核武器的杀伤破坏效应

核武器的杀伤破坏效应，又称核武器毁伤效应，是指核武器爆炸对人员和物体造成的杀伤破坏作用及效果。造成杀伤破坏的主要因素有冲击波、光辐射、早期核辐射、核电磁脉冲和放射性沾染。前四种因素均在爆后几十秒内起作用，统称为瞬时杀伤破坏因素。放射性沾染的作用时间比较长，一般可持续几天甚至更长的时间。通常情况下，当量在百万吨级以上的核武器，光辐射的杀伤破坏半径最大，当量在千吨级以下时，早期核辐射的杀伤破坏半径最大。

（二）化学武器

1. 化学武器的概念和分类

化学武器是以毒剂的毒害作用杀伤有生力量的各种武器、器材的总称。包括装有毒剂的化学炮弹、航弹、火箭弹、导弹、地雷、航空布洒器和气溶胶发生器等。

化学武器与常规武器相比，具有杀伤途径多、杀伤范围大、杀伤作用时间长、杀伤作用的选择性大和威慑作用大等特点。按照毒剂形成战斗状态的方式，化学武器可分为爆炸型化学武器、热分散型化学武器和布撒型化学武器三类。

2. 军用毒剂的分类和中毒症状

（1）神经性毒剂。这是一类破坏神经系统正常传导功能的毒剂。这类毒剂是含有机磷酸醋类化合物，称含磷毒剂或有机磷毒剂。主要包括沙林、梭曼、塔崩、维埃克斯。这类毒剂的中毒症状是：较快出现瞳孔缩小、胸闷、呼吸困难、流口水、肌颤、抽筋等。中毒严重时，如急救不及时，会引起死亡。

（2）糜烂性毒剂。这是一类能使皮肤、黏膜细胞组织坏死溃烂的毒剂，又称"起泡剂"。主要有芥子气、路易氏气。这类毒剂毒性较大，渗透能力强，皮肤染毒后数小时，染毒处发红、发痒、起水泡、溃烂（其中，路易氏气染毒后，皮肤很快出现疼痛感）；眼睛染毒后，会红肿、怕光；呼吸道中毒后，会流鼻涕、咳嗽，出现类似重感冒的症状。这类毒剂中毒后的治愈时间较长，但死亡率较低。

（3）全身中毒性毒剂。这是一类能抑制体内细胞色素氧化酶，破坏组织细胞氧化功能，使机体不能利用氧的毒剂，又叫血液中毒性毒剂或氰类毒剂。主要有氢氰酸、氯化氢等。其中，氢氰酸是一种无色液体，有苦杏仁味，使用时呈气态，毒性较大，能造成全身缺氧。人员中毒后，会很快出现口舌发麻、胸闷、气短、面部及嘴唇呈鲜红色、头疼、呼吸困难、抽筋、瞳孔散大等症状。中毒严重时，会立即死亡。

（4）失能性毒剂。这是一类能造成思维和运动感官功能障碍，使人员暂时丧失战斗力的毒剂，简称失能剂。主要有毕兹等。这类毒剂的中毒症状是：瞳孔散大、脉快、口干、肢体无力、走路不稳、反应迟钝、昏睡或狂躁，人员会暂时失去正常的活动能力，一般不会有生命危险。

（5）窒息性毒剂。这是一类刺激呼吸道，引起肺水肿，进而造成窒息的毒剂。主要有光气等。光气在常温下为无色气体，有干稻草味，使用时呈气态，通过呼吸道侵入机体，直接作用于肺泡，使肺泡膜通透性增强，并使肺毛细血管扩张，血浆渗入肺泡造成肺水肿，使机体缺氧而窒息。中毒潜伏期一般不超过 24 小时。中毒症状表现为呼吸困难、面部青紫、咳嗽、吐泡沫状痰等，严重时出现昏迷以致死亡。高浓度中毒时，潜伏期变短甚至没有，迅速造成死亡。

（6）刺激性毒剂。这是一类刺激眼睛、上呼吸道及皮肤，引起大量流泪或剧烈喷嚏的化学战剂。主要有苯氯乙酮、西埃斯、亚当氏气等。这类毒剂的中毒症状是：流泪、打喷嚏、流鼻涕，眼睛和呼吸道有刺激感。

（三）生物武器

1. 生物武器的概念和特点

生物武器，旧称细菌武器，是生物战剂及其施放装置的总称。其杀伤破坏作用主要靠生物战剂。生物战剂是指用来杀伤人员、牲畜和毁坏农作物的致病微生物及细菌毒素的总称。生物武器的施放装置包括炮弹、航空炸弹、火箭弹、导弹弹头和航空布撒器、喷雾器等。

生物武器是一种大规模杀伤性武器，它与常规武器相比，有许多特点：致病力强，传染性大；污染面积大，危害时间长；传染途径多，难以发现；生产简单、方便、成本低。

2. 生物战剂的分类

生物战剂是构成生物武器杀伤威力的决定因素，其种类很多。据国外文献报道，可以作为生物战剂的致命微生物约有 160 种之多，按照形态和病理作用，可分为六大类：病毒类、细菌类、立克次体类、衣原体类、真菌类、毒素类。

二、核化生武器的现实威胁

当今世界，虽然有些武器杀伤威力空前增大，但从整体上看仍然无法与核化生武器相提并论，军事强国仍然将核化生武器威胁与实战作为其军事战略的支柱，特别是美国，将核武器视为其全球战略的基石和推行强权政治的工具。同时，一些国家、地区和组织也在极力发展核化生武器，使得世界核化生环境日益复杂严峻。

（一）核化生武器数量不断增加

1. 核武器达到超饱和状态

自 1945 年 7 月 16 日美国研制的人类第一颗原子弹试验爆炸成功以来，相继有苏、英、法以及印度等国加入了核国家的行列，核军备竞赛高潮迭起，世界核武器库急剧膨胀。经过半个多世纪的发展，目前，世界上公认的有美国、俄罗斯、英国、法国、中国、印度和巴基斯坦等国拥有核武器，核弹约有 3.5 万枚，总威力当量约 100 亿吨 TNT 当量，可摧毁地球上所有目标 25 次。在有核国家中，95% 以上的核弹头掌握在美国和俄罗斯两国手中。

2. 化学武器大量囤积

目前，俄军正式装备的具有弹药型号的毒剂有沙林、芥子气、路易氏气、光气、亚当氏气等，其对外宣布存储量 4 万多吨。据透露，美国储存的毒剂总量为 3 万~3.5 万吨，有 10 个化学武器储备设施，一些大型化学武器储存设施占地可达 50 平方千米以上。从理论上计算，美国和俄罗斯两国储存的毒剂足以使数倍于世界人口总数的人中毒致死。

3. 生物战剂发展迅速

目前，美、俄等国军队已经把致病微生物列为标准生物战剂，同时改进了生物战剂施放技术，大大增强了生物武器的攻击作用。近年来，由于微载体、中空纤维等哺乳动物细胞大量培养技术的成功，病毒能够大量培养。而且，对人畜致病的新病毒常有发现，其中有些可能成为新的生物战剂。美、俄从非洲等地搜集来的埃博拉病毒、马尔堡病毒等，就已经作为新的生物战剂。另外，多种生物病毒和一些人工合成的生物活性肽也有可能成为新的生物战剂。

（二）核化生武器质量逐步提高

1. 核武器向小型化、多样化发展

当今世界，最有能力使用核武器的国家玩弄两面手法，一方面大谈要控制或禁止核试验，另一方面又暗中大力发展核力量。目前，世界核武器主要呈现出以下发展趋势。

（1）发展小型化、低当量核武器。

目前，美国正在发展一种高命中精度、威力可调和低威力的深钻地小型核武器，企图用这种武器有效地打击深埋地下的目标，并尽量减少间接损害，从而缩小核武器与常规武器的差别，使核武器变得实用化。美军新装备的 B6 - 11 型核航弹可在 0.3 万～34 万吨范围内随时调成 4 个当量值使用，还能钻入地下 50 英尺后爆炸，以保证既能取得需要的毁伤效果，又不危及己方的安全。核武器小型化，缩小了核弹与常规弹威力的差距，降低了"核门槛"，增强了使用的广泛性和灵活性。

（2）发展第四代核武器。

第四代核武器以原子武器和核武器的原理为基础，所用的关键研究设施是惯性约束聚变装置，因此它的发展不受全面禁止核试验条约的限制。在军事上，由于这类武器不产生剩余核辐射，所以可作为"常规武器"使用。只有那些拥有第二代核武器，掌握先进技术的发达国家才有能力发展第四代核武器。

反物质武器是利用极少量的物质与它的反物质相互作用所释放出的巨大能量，来压缩钚或铀丸产生链式反应，从而引发热核爆炸，或者激励出极强的 X 射线或 γ 射线激光。它是目前研究的第四代核武器中最重要的一种。

2. 化学武器向高毒性发展

（1）发展毒性更强的新毒剂。

当前，世界一些国家把高毒作为新毒剂的研究重点，力求寻找毒性更强、作用更快的新毒剂，使遭袭者来不及防护，只要吸一口气即可致死。如俄罗斯研制的代号为"新手"的神经性毒剂，其战斗性能比美国的 VX 毒剂强 5～10 倍，能穿透世界上各种防毒面具，而且目前尚无特效急救药。

（2）发展二元化学武器。

二元化学武器是在弹体内不直接装填毒剂，而装填可生成毒剂的中间体，即把两种或两种以上的液体或固体分装于弹药内由隔膜隔开的小室中，发射时隔膜破裂，几种组分在弹体中靠弹体飞行旋转进行混合，通过化学反应生成毒剂。其优点是：生产、运输、储存、使用和销毁过程较安全；扩大了毒剂来源，使一些性质不稳定的毒物也有了战场应用的可能性；有利于军民结合，平时不必建立高度专业化的毒剂工厂；可掩人耳目，以生产化工原料为名，行毒剂生产之实。至今，美国已经研制出二元沙林、二元 VX 和中等挥发性毒剂的二元弹药。而俄罗斯提出的二元毒剂的概念意义更为广泛，其两种组分可认为是无毒的，也可以是有毒的，反应后可生成一种或两种性质不同而又在中毒途径上具有互补性的毒剂。

3. 生物武器向超强杀伤力发展

近些年来，各种新技术特别是生物技术的飞速发展，为研制适合于生物战要求的生物战剂创造了条件，从而再次引起了一些国家对生物武器的重视。未来生物武器的发展趋势：寻找致病力更强的生物战剂、发展基因武器等。

三、核化生武器的防护

核化生武器虽然具有较大的杀伤破坏性，但它也是可防的。1945 年 8 月 6 日，日本广岛突然遭到美国原子弹的袭击，损失惨重。人们发现，靠近爆心投影点的地面建筑物全部倒塌，而防空洞却完好无损。一个日本少女从防空洞中出来安然无恙。可见，只要积极有效地组织防护，就能减少或避免损伤。

（一）对核武器的防护

1. 利用工事防护

各类永备工事、野战工事对核武器的各种杀伤效应都有较好的防护效果。

永备工事内安装有密闭门、滤尘器、报警器、供电、供水系统及生活设施。在遭受核袭击时，只要冲击波超压不超过工事的设计能力，则工事内的人员就是安全的。所以，在接到核袭击警报信号或发现闪光时，应尽量利用永备工事来防护。行动时，要根据统一的指挥迅速有秩序地进入工事，关好防护门，并视情况掩堵耳孔。

各种野战工事对减弱冲击波、光辐射和早期核辐射也有良好的作用。通常情况下，在工事遭到中等以下的破坏时，工事内的人员不会超过轻度伤。例如，在一次 3000 千吨的空爆中，在距离爆心投影点 13 千米开阔地面上的狗遭到中度伤害，而 5～6 千米处崖孔内的狗则基本安全。

2. 利用装具器材防护

利用装具器材等防护，在一定距离上可以避免或减轻光辐射、冲击波和放射性沾染的伤害。如用防护衣等把暴露的皮肤掩盖起来，可以减轻光辐射的烧伤；防毒面具可防止放射性沾染对面部和呼吸道的危害；用耳塞或棉花球塞耳朵，可以保护耳鼓膜不受冲击波的损坏。

在核爆炸放射性烟云到达以前，处于爆心下风方向的人员，要迅速穿戴防护衣、防毒面具等制式防护器材，做好防护准备。若无制式器材，应利用就便器材进行防护，如戴口罩，披上雨衣（斗篷），扣紧袖口、领口和裤腿，脖子上围毛巾等，将身体遮盖起来，进行全身防护。实践表明，利用雨衣等各种就便器材遮盖暴露部位，对防止体表沾染有良好的效果。例如，某次地爆，炮兵分队指挥员穿雨衣乘车进入云迹区，实弹射击后撤离，沾染检查的结果是：雨衣内军服表面的沾染程度仅为雨衣表面的 10%～16%。

3. 利用地形地物防护

地形地物对冲击波的传播影响很大，合理地利用山地、谷地、土坎、涵洞等进行防护，都能起到一定的作用。当发现核爆炸闪光时，应尽快利用就近高于地平面的地形地物来防护，如土丘、土坎、山坡等，背向爆心紧靠遮挡一侧的下方立即卧倒。或是利用土坑、弹坑、沟渠、山洞、桥洞、涵洞等地形，迅速跃入，身体蜷缩，跪或坐于坑（洞）内，两手掩耳，闭眼，半张嘴，暂时停止呼吸。如果旁边有坚固的建筑物，应尽量利用墙的拐角或紧靠背向爆心一面的墙根卧倒。室内人员应尽量利用屋角或床、桌卧倒或蹲下。需要注意的是，在利用地形地物防护时，要避开山石、土坎易崩塌和建筑物易倒塌的地区，避开易燃易爆的物体，以免受到间接伤害。

4. 采取防护动作防护

在开阔地上发现核爆炸闪光时，若没有工事、装具器材和有利的地形地物加以利用时，应坚定、沉着，采取灵活的防护动作来保护自己。其要领是：立即背向爆心卧倒，两手交叉垫于胸下，闭嘴、闭眼、收腹、两肘前伸，面部夹于两臂之间，两腿伸直并拢，暂时憋气。这是因为，人员卧倒后的受力面积约为站立时的 1/5，所以可减轻伤害，闭眼、遮脸、压手、头部下压，则可减轻光辐射对暴露部位的烧伤。

5. 服用药物防护

对放射性沾染可采用预先服用药物的方法进行防护。例如，服用碘化钾可减少放射性碘在甲状腺内的蓄积，服用双醋酚酊等缓泻药可使进入人体的放射性物质迅速向体外排出等。同时，要尽量不在沾染区内喝水、吸烟、进食，不接触受染物体。对于可能受染的食物或饮水，在食用前应进行沾染检查。若沾染程度高于控制量，必须经过洗消才能食用。

6. 消除沾染

消除沾染是指利用各种措施，将放射性物质从人员、物体表面上除去或使之减少到控制量以下，以减轻放射性物质对人员的伤害。核爆炸后，遭受放射性沾染的人员、服装及其他装备，应因地制宜地采用各种方法及时消除，以避免或减轻放射性沾染造成的伤害。

（二）对化学武器的防护

在接到化学袭击警报，或发现可疑征候时，应迅速采取各种防护措施，以避免或减少敌化学武器的杀伤。主要防护措施有：利用集体工事防护、利用制式器材防护、利用简易器材防护。

（三）对生物武器的防护

对生物武器，可采用以下方式进行防护：免疫接种；药物预防；消毒、杀虫、灭鼠等。

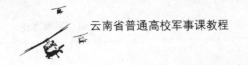

第四节 新概念武器

在新军事革命的激烈竞争中，科学技术的迅猛发展及其在军事领域中的广泛运用，为高技术时代新式武器的研究和生产奠定了雄厚的基础，特别是一批新兴科学技术的成熟和广泛应用，酝酿、研究、试制了多种新毁伤机理的武器，如激光、粒子束、电磁、生物武器等，过去人们随心所欲幻想的武器，高技术逐步把它们变为了现实。

一、新概念武器的基本含义

（一）新概念武器的定义

新概念武器是指与传统武器相比，在基本原理、杀伤破坏机理和作战方式上有本质区别，是尚处于研制或探索之中的一类新型武器。这种新型武器装备在设计思想、系统结构、总体优化、材料应用、工艺制造、高技术含量、部署方式、作战使命、作战样式、毁伤效果以及经济可承受性方面都不同于传统武器，是武器装备系统中发挥战斗力倍增器作用的创新性武器。一旦新概念武器装备大量投入实战使用，将对未来信息化战争带来革命性的影响和改变。

（二）新概念武器的分类

目前发展中的新概念武器种类繁多，各武器使用的新技术、运用的新原理及新能源等方面相互交叉，对其分类比较困难，仅从能量的运用方式进行分类，可分为定向能武器、动能武器、信息武器、非致命武器和其他新概念武器等五大类型。

第一大类型：定向能武器。定向能武器也叫束能武器或射束武器，是将能量高度集中于极小的立体角内，并在瞬间释放能量摧毁目标的一种高能武器，其特征是射束快且能量高度集中，是一种远距离拦截高速运动目标的理想武器。定向能武器主要包括激光武器、微波武器、粒子束武器等。

第二大类型：动能武器。动能武器就是运用物体运动的能量杀伤、击毁目标的武器。从投镖、箭弩到现代的枪炮，都是人类利用动能杀伤力而制造的武器。新概念动能武器有别于一般的动能武器。首先，获取动能的机理超出了传统的手段，是以更新的科学技术为依据；其次，动能武器的速度远远超出一般武器；再次，动能武器的打击对象重点是超常的目标，如导弹、卫星等高速飞行目标。新概念动能武器主要包括动能拦截武器（如美国的"爱国者"导弹）和电磁发射武器（电磁炮、电热炮）等。

第三大类型：信息武器。信息武器是指在为争夺信息权（信息获取权、控制权和使用权）斗争中，所使用的以现代信息技术为技术工艺的武器装备系统。它主要包括两大方面，也就是信息防护和信息攻击。信息防护，是采取各种措施保护己方的信息系统免遭破坏，确保这些信息系统能正常发挥功能。信息攻击，是对敌方信息及信息系统实施有效打击。通过干扰或摧毁敌方信息源，破坏或削弱敌指挥控制能力，通过切断敌方信息流，瘫痪敌方整个作战系统。信息武器主要包括电脑病毒、寄生蠕虫、特洛伊木马、逻辑炸弹、门户陷阱、植入破坏芯片装置、微小机器、微生物、电子通路阻塞、高性能微波枪、电磁脉冲炸弹、音响武器及传播武器等。

第四大类型：非致命武器。所谓非致命武器，是指主要用来使人员和装备失去作用，把对人的致命性、永久性伤害，以及对财产的非故意破坏，降至最低限度的武器。与传统的致命性武器不同的是它不通过爆震、穿透和碎片等方式来达到目的，而是利用其他破坏方式使目标失去作用，不造成野蛮的物理毁伤，非致命武器主要包括针对人员（激光眩目器、强光爆震手榴弹、次声波武器、超声波子弹、催泪武器、超臭弹等）和装备器材（机载战术激光器、特种黏合剂、超级润滑剂、气溶胶弹、金属致脆液、超级腐蚀剂、油料凝合剂、阻燃剂、碳纤维弹等）的非致使武器等。

第五大类型：其他新概念武器。主要指一些设想中的新概念武器。主要包括环境武器和基因武器。

二、几种新概念武器的独特性能

（一）激光武器

激光武器是利用激光的能量直接摧毁目标或使其失去战斗力的定向能武器。根据激光功率大小和用途的不同，激光武器可分为激光干扰与致盲武器、战术激光武器、战区激光武器和战略激光武器。激光干扰与致盲武器是低能激光武器，在武器装备的分类中属光电对抗装备。战术激光武器、战区激光武器和战略激光武器为高能激光武器，也就是通常意义上的激光武器。高能激光武器又叫强激光武器或激光炮。高能激光武器的杀伤破坏效应主要是烧蚀效应、激波效应、辐射效应。

（二）动能拦截弹

动能拦截弹是以火箭发动机增速获得巨大动能，然后通过精确撞击，直接毁伤目标的武器。动能拦截（非爆炸性）是现代空天防御战争中颇受重视的一种拦截杀伤目标的方式，是在导弹技术的基础上迅速发展起来的一项新技术。它是当前发展现代防御体系的武器系统、反卫星武器系统和其他防御武器系统的主要推动力，是实现提高综合防空和防天、中远程精确打击、海上封锁、陆上军事争夺电磁权等军事能力的重要手段。动能拦截武器又被称为光电技术、信息技术高度密集的智能武器，由探测系统、制导与识别系统以及动力系统三部分组成，能在复杂的电磁干扰环境中自动识别和选择目标，并实施摧毁性打击。

由于动能拦截弹省略了引信和战斗部，既减轻了质量又提高了安全可靠性，因此动能拦截弹具有命中精度高、杀伤力强、机动性好、可在大气层内外作战等特点。

目前，美、英、法、俄和以色列等国都致力于发展动能拦截弹技术。美国是世界上最积极发展动能拦截弹技术的国家，主要用于导弹防御计划和动能反卫星计划。迄今为止，美国正在研制5种动能拦截弹，分别是地基拦截弹、陆基战区高空区域防御拦截弹、舰载"标准-3"拦截弹和陆基"爱国者-3"拦截弹，以及地基动能反卫星拦截弹。

（三）粒子束武器

粒子束武器是以电子、质子、离子或中性粒子为弹丸，通过高能加速器将其加速到接近光速，聚集成密集的束流射向目标，以束流的动能或其他效能杀伤破坏目标的定向能武器。

粒子束武器是一种崭新的武器系统，它具有能量高度集中、束流穿透能力强、效能高、反应速度快、能全天候作战等突出特点。缺点是在粒子带电时易受地球磁场的影响。

粒子束不仅是一种能"毁伤"敌方导弹和卫星的武器，还可以作为用较弱的中性粒子来识别真假目标的手段。现已掌握使用粒子束识别不同弹道导弹的技术，中性粒子束在将来还可用来核查太空的目标是否装有核材料。

（四）微波武器

微波武器是利用定向发射的高功率微波束毁坏敌方电子设备或攻击敌方作战人员的一种定向能武器。它能以极高的强度或密度照射和轰击目标，利用强大高温、电离、辐射等综合效应杀伤人员和破坏武器。微波武器的主要作战对象是雷达、战术导弹（特别是反辐射导弹）、预警飞机、卫星、通信设备、军用计算机、隐身飞机、车辆点火系统和人员等。与激光武器和粒子束武器相比，微波武器受气候的影响比较小。

微波武器的作战效能主要包括对电子设备的干扰、软杀伤、硬杀伤和对人员的杀伤四个方面。

（五）电 炮

电炮是利用脉冲能源提供的电能或利用电能与化学能相结合，使弹丸或其他有效载荷达到的较大的速度或动能，它是全新原理的发射技术。电炮分为两大类：电磁炮和电热炮（化学炮）。

1. 电磁炮

电磁炮是利用运动电荷或载流导体在磁场中切割磁场线所产生的电磁力来加速弹丸，是完全依赖电能和电磁力加速弹丸的一种超高速发射装置。电磁炮主要分为电磁线圈炮、电磁轨道炮两类。电磁线圈炮是利用感应耦合的固定线圈产生的磁场与弹丸线圈上的感应电流相互作用产生的电磁力，推动弹丸加速；电磁轨道炮是利用流经导电轨道和滑动电枢的强电流与其所产生的磁场作用的电磁力驱动弹丸。

与常规火炮相比，电磁炮具有初速大、质轻型小、隐蔽性好、射击速率高、可控性好等特点。在防空防天与反导方面，电磁炮可广泛用于反飞机、反巡航导弹、反弹道导弹甚至反卫星作战。此外，在反舰、航天发射等方面也具有非常广泛的应用前景。

2. 电热炮

电热炮是利用放电方法产生的等离子体，在封闭的放电管或炮膛内做功来推动弹丸。按照等离子体的形成方法差异，电热炮又分为直热式和间热式两种。

（六）环境武器

环境武器是指通过利用或改变自然环境状态所产生的巨大能量来打击目标的武器。环境武器主要分为气象型、地震作用型和生态型三个类型。所谓气象型，是指利用云和大气中微粒的微观不稳定性，人为地制造出洪涝、干旱、闪电、冰雹和大雾，利用大气的不稳定性人工引起飓风、龙卷风以及台风等自然灾害，进而对人和生物等造成危害。所谓地震作用型，是利用地壳中隐藏的热应力分布不均，而且具有极强的不稳定性，通过人为激发，可以在敌占区诱发"人造地震"。所谓生态型，是通过向敌方地区撒播能阻止地球表面热量散发的化学物质，使敌国的大地变成干燥的沙漠，导致生态环境变化；还可以把大量的溴或氯释放到敌方上空，破坏臭氧层，使之形成"空洞"，让大量的紫外线辐射到敌国地面。

仅就气象武器运用技术而言，目前主要有洪水技术、严寒技术、热风暴技术、水柱技术、浓云掩体技术、毛毛雨技术等。

洪水技术是用飞机在敌方上空的云层中投放硝酸银颗粒，这些颗粒很小，与注射针头相仿，它们能使云层中的水蒸气形成大雨，从而造成洪水泛滥。

严寒技术是在敌方距离地面 17 千米左右的高空爆炸装有甲烷或二氧化碳的炸弹，释放出来的甲烷或二氧化碳密布天空，遮住太阳光，使敌方阵地地区长时间处于黑暗之中，温度下降，造成敌方人员伤害或设备无法使用。

热风暴技术是在沙漠地区使用激光将空气加热，形成龙卷风和沙漠风暴，以影响敌方的人员行动和设备使用。

水柱技术是在海底 30 米深处投放巨大威力的炸弹，形成海底地震，造成海啸，掀翻敌方军舰，冲垮海岸上的阵地和卷走人员。

浓云掩体技术是利用微波技术，在自己阵地上空制造乌云，干扰敌方飞机的活动。

毛毛雨技术是利用微波技术，使敌方阵地下起毛毛细雨，雨滴虽小，但密度很大，形成一个"雨帘"，影响敌方的雷达工作。

未来还可能利用纳米技术，制造更小的"雄蜂"，随心所欲地远距离改变敌方天空的云层状况，为自己向敌军进攻创造条件。

（七）次声武器

次声武器是利用低于 20 赫兹的低频声波在短时间内使人体器官产生强烈的共振，造成人员头昏、恶心、肌肉痉挛、神经错乱、呼吸困难、惶惶不安。次声对机体的基本作用原理是生物共振，人体内部各器官的振动频率均在次声频率范围内。当人体处于次声作用下时，只要声压级达到一定程度，体内器官就会发生共振，使人感觉不适，甚至造成器官破坏。

次声武器具有传播速度快、传播距离远、不易察觉和穿透力强四个特点。

（八）基因武器

基因武器是指利用基因工程技术研制出的具有杀伤性的新型生物产品。基因武器杀伤机理就是用生物工程技术，按照"保存自己、消灭敌人"的原则，在一些病菌或病毒中，接种能抗普通疫苗和药物的基因，生产具有显著抗药性的病原体，或在一些不会使人致病的微生物体内，接种致病基因，制造新的生物制剂，尔后将致病病原体、生物制剂投向目标人群，从而导致该人群和种族致病、大量死亡或灭绝。

基因武器具有生产成本低廉、杀伤威力巨大等特点，被称为不可救药的武器、杀人不见血的武器。

（九）非致命武器

非致命武器是指为达到使人员或装备失能，并使附带破坏程度最小化而专门设计

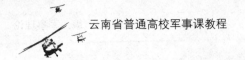

的武器系统。由于它不以杀伤人员和毁坏装备、设施为目的，而是针对人员、装备、基础设施的薄弱环节，使其失去作战能力或不能正常发挥作用，从而达到作战目的，因此又称作失能武器或非杀伤武器。

目前，国外发展的非致命武器，按照用途基本上可分为反装备非致命武器和反人员非致命武器两大类。

反装备非致命武器，主要是通过破坏装备本身的材料结构或外部条件，使其无法正常发挥作用，通常以阻止装备快速实施机动为主要目的。主要包括强力黏结剂、特种润滑油、超级腐蚀剂、金属致脆剂和动力系统熄火弹等。

反人员非致命武器可使敌方战斗减员。目前，国外正在研究开发几种专门的反人员非致命武器，包括：用于控制骚乱的非致命武器；使人员失能的武器；阻止人员进入某一区域的武器。主要有激光武器、次声武器、化学失能剂、刺激剂和黏性泡沫等类型。

三、新概念武器对未来战争的影响

新概念武器作为新一代的武器装备，它不仅使整个武器装备系统产生了革命性的变化，而且对战争观念、作战方式以及军队体制都将产生巨大影响。

（一）改变战争观念

传统战争是政治的继续，是流血的政治，战争的目标是保存自己、消灭敌人。打仗肯定要流血，流血必然要死人，要想自己不死，必须先把敌人消灭。这种战争观，几千年来从来没有人会怀疑它会有所改变。但新概念武器特别是非致命武器发明以后，战争不仅能够少流血，还有可能不流血，在战争中保存自己的同时有可能不消灭敌人。战争的目标不再是以"消灭敌人肉体"为最高标准，使敌人失能、使敌人接受我方的立场，可能成为所追求的最佳目标。所以，现在一些军事理论家就对过去的传统战争理论提出疑问，认为战争可能是流血的政治，也可能是不流血的政治。战争可能是保存自己、消灭敌人，同时也可能不消灭敌人，当战争使用传统的硬杀伤兵器时，战争无疑是前者，当战争使用新概念武器时，战争可能是后者。

（二）改变作战方式

传统战争基本作战样式为进攻和防御。攻防双方摆兵布阵，两军对垒，战线很分明。作战的基本方式先是火力打击，然后兵力突击。这种非攻即防的战争模式，随着新概念武器的出现将有所改变：战场上看不见硝烟弥漫，也听不见炮声隆隆，甚至战场上看不到士兵，没有作战界线，甚至没有国边界之分。比如激光武器、粒子武器的战场在太空，太空没有国界；计算机病毒武器战场在网上，网络是国际性的；基因武器、纳米武器，看不到战场。因此，新概念武器的出现，使得战场前方和后方的区别更加模糊，国土概念淡化。

（三）改变军队体制

军队的体制是根据作战需求而设置的，作战方式变了，必然引起军队体制的改变。对体制影响是多方面的，最主要是领导指挥体制、装备保障体制和部队编制三个方面。

一是对领导指挥体制的影响，领导指挥体制将向扁平网络化的方向发展。指挥体制横向加宽，纵向缩短。目前我军从总部到军区、军师旅团营连排，总共九级，纵长横窄，横向不联结，纵向难联紧。新概念武器的作战是网络战、太空战和失能战，总部有可能直接指挥某种特种作战部队就可以解决战斗。

二是装备保障体制将向军民一体化的方向转轨。新概念武器装备高技术含量高，供应与维修很复杂，一般作战人员只能掌握使用方法，维修改进主要依托地方科研人员。美国专业技术文职人员数量和现役人员差不多，在伊拉克战争中，一大批文职人员随队从事技术保障。

三是部队编制将向小型多能方向改变。编制内的战斗员额将大大减少，编制中高技术军兵种成分将有所增加。天军、机器人军团、网络战部队等新型兵种可能在未来军队编制里面。

第五节 高技术与新军事变革

自 20 世纪 70 年代以来，以信息技术为核心的新技术浪潮，推动着信息化时代的到来，深刻地改变着军事斗争的面貌，引发了军事领域一系列变革性的变化。

一、新军事变革概述

在 20 世纪 80 年代初期，以苏联总参谋长奥加尔科夫为代表的一些苏联军事家就提出："新兴技术的发展和应用将使军事学说、作战概念、军事训练、兵力结构、国防工业、研制重点等都发生革命性的变化。"第一次提出了"军事技术革命"的概念。随着时间的推移和军事领域变革的进一步深入，人们逐步发现，军事领域的这种变革或革命并不是一种单纯的军事技术变革，而是军事领域的整体性变革。美国著名军事理论家安德鲁·马歇尔在 1993 年提出了"新军事变革"的概念，随后逐步被人们普遍接受。

（一）新军事变革的基本内涵

所谓新军事变革，就是在人类社会从工业时代走向信息时代的变革过程中，在以信息技术为核心的高技术迅猛发展推动下，将信息化武器系统、创新的军事理论和变革的体制编制有机地结合在一起而形成的，能彻底改变旧作战方式，极大地提高军事效能的军事变革。简单地说，是指世界军事由工业时代的机械化军事形态向信息时代的信息化军事形态的全面转型。

一是新军事变革是整个社会变革的重要组成部分，强调要从社会整体变化来认识新军事变革。社会是军事的母体，军事是社会的重要领域。任何作战方式，都可以在相应人类社会生产方式中找到自己的影子。

二是新军事变革是科学技术发展和应用的必然结果，必须从现代科学技术的发展来认识新军事变革。人类历史上每一次军事变革都是由关键技术的突破引发的，作为知识经济时代的特征和标志，当今世界，信息技术无处不在、无时不有，达到了空前普及的程度。信息已经成为现代社会最重要的战略资源之一。

三是新军事变革是军事领域的整体变革，必须从军事发展的全局来认识新军事变革。总的来看，新军事变革包括三个基本要素：先进的武器系统、创新的军事理论和科学的体制编制。每个要素都是军事变革的必要条件，但不是充分条件。它们各自并不能独立地导致军事变革的真正实现，只有当它们同时出现并有机地结合在一起时，军事变革才能真正地发生。其中，先进的技术和武器系统是军事变革的前提条件和物质基础，是军事变革的"硬件"。创新的军事理论是军事变革的灵魂，是军事变革的"软件"。它不但决定先进的技术和武器系统这些"硬件"如何运行，发挥其具体功能，而且决定其如何相互作用，以发挥其最大的效能。变革的体制编制是先进的武器系统、创新的军事理论的具体体现，是把军事变革的"硬件"和"软件"有效地结合在一起并发挥出最佳功能的关键。总之，新军事变革不是一个孤立的事件，而是一个整体的过程。只有当先进的技术和武器系统与创新的军事理论以及科学的体制编制正确、及时地结合在一起时，新的军事变革才会出现。

（二）新军事变革的主要动因

军事发展的历史表明，任何一次军事变革的形成与发展，都有其特定的时代背景和多元化的内在动因。

1. 世界格局的新变化是新军事变革形成的外在动因

目前，我们不仅处在一个科学技术大发展和人类社会大变革的时代，而且正处于世界格局大变化的时代，"冷战"结束后世界格局的变化为新军事变革的产生提供了良好的外部条件和有力驱动。

一方面，相对平稳的国际环境为新军事变革造就了良好的社会环境和物质条件。虽然战争对人类社会的发展也在一定意义上起着某种推动作用，但是战争对经济的发展却是有百害而无一利的。战争不仅会严重阻碍经济的正常发展，而且会对人类已有的经济建设成就造成极大的破坏。在人类发展史上可以称得上经济高度发展的时期往往都是没有或很少有战乱的所谓"太平盛世"。和平发展时期经济的快速增长，不仅可以为军事领域的变革性发展造就良好的社会环境，而且也为军事变革提供更好的物质条件。"冷战"的结束，使人类在饱受了核威胁之苦后终于迎来了相对的和平。这种总体上相对稳定和平衡的国际形势，为世界经济发展带来了良好的机遇和条件，使世界经济进入了一个前所未有的高速发展时期。世界经济的发展，尤其是发达国家的稳定和发展中国家的迅速崛起，不仅极大地推动了人类社会的整体发展，也为军事领域变革性的发展提供必要的物质基础，同时也为具有一定风险的军事变革创造了有利契机。

另一方面，新的军事需求不断发展为新军事变革提供了强有力的现实牵引。没有一定的军事需求，军事发展和变革就会失去方向和动力。这场新的军事变革也是在"冷战"后新的军事需求牵引下和新的战争需要推动下形成和发展起来的。

2. 高技术的发展和应用是新军事变革形成的内在动因

以信息技术为核心的高新技术迅猛发展，特别是诸多成熟的高新技术在军事领域的广泛应用，是这次新军事变革的另一个主要原因，也是加速新军事变革进程的主动力。20世纪80年代前半期，美国里根政府提出的"星球大战"计划，虽然曾一度被认为是"梦幻计划"，但却为未来军事发展带来了新的启迪、新的思路，其科学技术上的意义远远大于军事战略上的意义。

首先，高新技术的发展和应用为新军事变革提供了技术前提和物质基础。目前，以大量应用信息技术为特征的军事信息变革，不仅彻底改变了军事技术和武器装备的发展模式，而且导致了诸如各种先进的侦察、预警、通信、导航卫星，无人飞行器，陆基、舰载、机载侦察监视装备，电子战装备，反辐射、巡航、激光制导导弹，集束炸弹，以及性能先进的夜视器材等高新技术武器装备的大量涌现。这些高技术兵器，无论从效能还是从使用方式看，均较此前的同类武器发生了质的变化，从而为新军事变革奠定了必要的技术前提和物质基础。

其次，高技术的发展和应用，促使战争形态开始发生了重大变化。技术决定战术。一系列高新技术的军事运用，使得现代战争面貌发生了很大变化：电子战成为贯穿战争全过程的一种作战样式；支配、控制信息与信息系统已成为作战的重心之一；空袭与反空袭已成为一个独立的作战阶段；导弹战及远程战增多；大纵深作战、非线式作战成为基本交战方式；夜战被握有夜视器材优势的一方广泛采用；战场空前广阔，陆、海、空、天、电五维一体，高度透明。这些都体现了以信息技术为核心的高技术发展和应用对新军事变革的强大推动力。

（三）新军事变革的主要特征

1. 示范效应明显

循着近 30 年来世界上发生的一系列局部战争的脉络，我们会很清晰地发现美国在这场新军事变革中起着独特的示范作用，极大地引领和推动着这场新军事变革。在海湾战争、科索沃战争、阿富汗战争、伊拉克战争和利比亚战争中，以美国为首的西方发达国家都以很小的代价赢得了军事上的全面胜利。其根本原因就是实行了新军事变革的一方与依然是机械化时代军事力量为主的对手之间形成了军事上的"时代差"。占有"时代差"优势的一方能"看得到、打得到、打得准"对方，而对方则"看不到、打不到、打不准"他们。这些高技术局部战争既让发达国家尝到了新军事变革的甜头，坚定了继续推行新军事变革的信心和决心。同时，也使其他国家清楚地认识到了军事发展的大方向：必须启动和进行新军事变革，实施军队信息化建设，发展信息化武器装备，否则一旦战争来临，就会陷入被动挨打的境地。

2. 成本投入高昂

新军事变革在以高技术为核心的同时，还具有明显的高成本、高投入特征。据美国战备预测中心 2007 年 10 月公布的数据，伊拉克战争与阿富汗战争的总开支到 2008年年底达到了 8000 亿美元。人均日开支比二战时期高 240 倍，比朝鲜战争高 110 倍。在二战结束时，一辆坦克只需 5 万美元，战斗机才 10 万美元，即使航空母舰也只需700 万美元。而现在，一辆 M1A1 坦克为 200 万美元，一枚"爱国者"防空导弹的价格为 110 万美元，一架 F–117 隐身战斗轰炸机的价格为 1.06 亿美元，相当于二战时 800架飞机。而且这种高成本的趋势还在不断发展，现在美国一艘核动力航空母舰的造价已经达到 100 亿美元；一架 F–22 隐身战斗机的价格为 2.3 亿美元，就连美国这样的超级大国也承受不起，在生产了 187 架后，无奈地关闭了生产线。这些数据从一个侧面说明了实施新军事变革需投入的成本是多么高昂，没有坚实的经济基础是根本无法承受的。

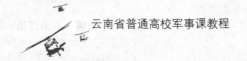

3. 发展失衡加剧

世界各国推行新军事变革的进程不同，有的快，有的慢，而且这种发展的失衡性目前仍然在加剧。根据新军事变革启动的早晚和进展速度的快慢，可把世界各国分为四大集团。在第一集团中只有美国，英、法、德、日等发达国家属于第二集团，属于第三集团的国家是俄罗斯，印度、巴西等发展中国家属于第四集团。

4. 变革周期较短

在人类文明由工业时代向信息时代过渡时期发生的军事变革，相关军事专家预测其主要展开阶段可能从 20 世纪 90 年代初到 21 世纪中叶，将持续 60 年左右的时间，整个进行期预计从 20 世纪 70 年代开始到 21 世纪 70 年代结束，总共约 100 年时间。这一时间与以前的历次军事变革持续时间相比是比较短的。冷兵器军事变革，从古埃及人开始制造青铜兵器开始，到中国的汉唐帝国全面完成了冷兵器的变革，把冷兵器战争推向了高峰，持续了 4000 多年。热兵器与机械化时代的军事变革，从 12 世纪中国人开始制造各种火器算起，到 1871 年德法战争时基本完成热兵器变革，到 20 世纪 40 年代基本完成了机械化军事变革，持续了 900 多年。新军事变革的这种周期缩短特征是与人类社会的转型相对应的，体现了人类社会进步速度的逐渐加快。

二、新军事变革的主要内容

新军事变革究竟包括哪些主要内容呢？对此，军事理论家们有着不同的看法。如以色列历史学家克里·沃尔德就认为，新军事变革主要涉及"武器装备、军事训练、军队编制和军事学说的变革"；美国军事战略家克雷·派尼维奇认为，新军事变革主要体现在"技术的变化，军事系统的发展，作战理论的创新，以及组织结构的调整等"。但是，从军事变革发生发展的一般规律看，新军事变革一般包括三个基本要素，与此相对应，新军事变革也应该包括三个主要内容，即军事技术变革、军事理论变革和军事组织变革。

（一）构造新型武器装备体系——军事技术变革

武器装备是战争的物质基础，是军事斗争的基本工具。军事领域的任何变革性发展，首先是从武器装备的飞跃性发展开始的。武器装备的变革性发展，尤其是信息化武器装备体系的建立，是新军事变革实现的基本前提，并在一定程度上代表着信息技术的发展水平。总的来看，武器装备变革主要体现在以下几个方面："一体化"建设紧锣密鼓、"集成化"凸显作战效能、"嵌入式"激活主战武器、"信息化"牵动多元化需求、"智能化"技术空前发展。

（二）创立新的军事理论——军事理论变革

创新军事理论是这次新军事变革的重心和活的灵魂。它既是军事技术变革的必然结果，又是进一步开展武器装备革新和编制体制变革的指针。从历史看，每一次军事变革发生和发展时期，都是带来了创新军事理论最为活跃的时期，都出现自己标志性的理论代表作。19 世纪上半叶克劳塞维茨和若米尼的军事理论，是对拿破仑战争期间进入高潮的那次军事变革的理论总结。19 世纪末 20 世纪初相继问世的一系列军事理论，如马汉的"制海权"论、杜黑的"制空权"论、富勒的"机械化战争"论、鲁登道夫的"总体战"论、图哈切夫斯基的"大纵深作战"理论等等，均是机械化时代军事变革的理论表现。第二次世界大战后盛行起来的核战争理论、核威慑理论，以及核条件下的常规战争理论等，都是与核时代的军事变革联系在一起的。而目前成为各国军事理论研究热点的信息化战争理论、信息安全理论，则反映了信息技术基础上新军事变革的需要。军事变革必然导致各种新军事理论应运而生，而新军事理论的产生，又对军事变革实践起到必不可少的导向作用和牵制作用。目前新的军事变革理论主要包括新的战争观、新的作战观、新的制权观等方面。

（三）塑造新型的军队——军事组织变革

在军事变革中，不论是军事技术变革的成果，还是军事理论变革的成果，都必须通过军事行为的最终实施者——军队的组织结构的变革性变化来体现。因此，军事组织变革是新军事变革是否能最终实现的关键。在新军事变革中，军事组织变革的最终目的，就是要在军事技术变革和军事理论变革的基础上，通过军队建设思想、体制编制形式、组织指挥体制等方面的彻底性变革，建立一支能适应未来信息化战争需要的，掌握各种信息化武器装备的信息化军队。军事组织变革既是新军事变革的重点，也是新军事变革中的难点。

三、新军事变革的发展趋势

当前，世界新军事变革浪潮正以前所未有的深度和广度向前推进，新军事变革将呈以下趋势。

（一）向更高的层次迈进

随着新军事变革的宏观性、整体性、未知性、前瞻性空前增强，对战略规划的需求越来越迫切。为此，世界各主要国家纷纷顺应时代发展趋势，把新军事变革定位为国家职责，纳入整体规划，加大投入力度，求得国防与经济建设的同步发展。比如，在美国政府和国会的强力推动下，美军费投入持续攀升，2011年军费近7000亿美元，其中40%以上直接用于新军事变革。俄罗斯政府则制定了"联邦军事学说"，为进行新军事变革规定了大政方针，并在国家财政非常困难的情况下，支持军队进行了四次大规模调整改革。

（二）向更广的范围扩展

以信息技术为核心的新军事变革，增强了战争的可控性，降低了战争的风险和门槛，拉近了军事变革与战争的距离。信息化武器、信息化作战平台、数字化部队、新型作战理论等在近几场现代局部战争中纷纷登场亮相。可以预见，今后像伊拉克战争、科索沃战争等"实验型"的战争将更多地出现，新军事变革将通过"实验型"战争而提速。这种互动也大大增加了所有国家加快军事变革的紧迫感。各国普遍意识到，顺应新军事变革的潮流，就能夺得军事领域的制高点和战略主动权，国防强，则国家兴；滞后新军事变革的潮流，军队建设就会落伍于时代，国防弱，则国家衰。

（三）向更新的领域渗透

新军事变革主要是由先进的信息技术对军事的影响而产生的。信息技术在影响军事的过程中，可分三个层次：一是改进现有的军事系统，提高现有军事系统的效能，使之发挥更大的作用。二是先进的信息技术创造出新的暴力工具，如智能武器、无人驾驶武器、机器人部队。三是由信息技术间接地推进新概念武器的发展，包括激光武器、定向能武器、非杀伤武器等。后两种影响，更具有革命意义。现阶段，信息技术对现有军事系统的"建设性"较为明显，而"否定性作用"较为隐晦。二者的冲突与融合，将在未来一定时期内决定军事斗争的面貌。

总之，新军事变革是观念革命，必须对旧有思想体系进行深刻改造；新军事变革是军事领域全面信息化过程，必须抢占信息化建设制高点；新军事变革是系统工程，必须促使各种军事要素有机结合；新军事变革是实力较量，必须从根本上提高国家综合国力。

第五章 信息化战争

第一节 信息化战争的本质内涵和发展历程

人类社会正在进入信息时代，进行战争的方式发生了重大变化。信息化战争作为一种全新的战争形态，开始登上现代战争的舞台。

一、信息化战争的基本概念

信息化战争是信息时代战争的基本形态，是依托网络化信息系统，使用信息化武器装备及相应作战方法，在陆、海、空、天和网络、电磁等空间及认知领域进行的以体系对抗为主要形式的战争。其基本内涵：一是信息化战争作为信息时代的产物，是该时代生产水平和生产方式在战争领域的客观反映；二是信息化战争必然以信息化军队为主体作战力量，战争双方至少有一方拥有信息化军队才能进行的战争，机械化或半机械化军队之间打不了信息化战争；三是信息化战争的主要作战工具是信息化武器装备，诸作战单元实现了网络化、一体化，并创新和运用与信息化武器装备相适应的作战方法；四是战争在多维战场空间进行，其中在航天空间、信息空间、认知空间和心理空间占相当大的比例；五是在物质、能量和信息等作战诸要素中，信息起主导作用，信息能在战争中表现为火力和机动力的物质能量。

二、信息化战争的根本动因

信息化战争是人类社会政治、经济、科学技术和战争实践发展到一定阶段的必然产物。

（一）信息化战争是社会经济形态发展的必然结果

战争形态是人类社会经济形态的产物。因为人们从事战争的工具和手段，是由特定时代的社会经济形态所提供和决定的。人类社会和战争历史的发展表明，社会的经济形态是战争形态的母体，有什么样的经济形态，就会孕育出什么样的战争形态。这是不以人的意志为转移的客观规律。

农业时代的手工业生产方式，决定了战争能量的释放形式主要是依靠人的体能，战争所使用的武器主要是冷兵器。因此，这一时代的战争被称为冷兵器战争。在漫长的农业时代，社会所创造的工具主要是人力工具，由于科学技术水平低下，生产力发展缓慢，生产工具只能通过人力来驱动，靠人去操纵，人们也只能使用手工制作的青铜和铁质的刀枪剑戟、弓箭和战车等冷兵器进行战争。这一时代有限的物质条件和效率低下的人力生产工具，以及自给自足的分散式农业生产和作坊式的手工业，使得战争形态的演变十分缓慢。

工业时代的机器大工业生产方式，决定了热能成为战争能量的释放形式，战争所使用的武器为机械化武器。因此，这一时代的战争被称为机械化战争。从17世纪上半叶开始，伴随着蒸汽机的发明和电力、化学等工业的产生，人类进入工业时代。由于人们对能量和物质资源的利用及动力生产工具的使用，导致了社会生产方式的机械化、电气化和规模化。机器大工业生产方式的出现，使人们能够大量运用火炮、坦克、飞机和舰船等机械化武器装备从事战争，战争的能量释放形式从以人的体能为主转变为使用热能和核热能。战争物质基础发生的根本性变化，必然推动和要求战争形态发生革命性的变革，使工业时代的战争呈现出空间广阔、规模宏大、人数众多、进程缓慢、消耗和损失巨大的特征。从冷兵器战争演进到机械化战争，完成这场军事革命的进程持续了300余年。

20世纪中叶以来，由于科学技术的飞速发展和生产力水平的大幅度提高，以计算机技术和信息技术为龙头的高新技术群不断涌现，人类开始进入了信息时代。随着信息技术在军事领域的广泛运用，大量信息化武器装备投入战场，为新一轮战争形态的变革提供了物质基础。在科学技术和战争实践的推动下，一场迄今为止人类军事史上波及范围最广、变化最深刻、发展最迅速的军事革命正在世界范围内蓬勃兴起。一个以使用信息化武器装备为主导，使战争基本方式发生根本变化的信息化战争，开始登上战争舞台。

（二）高技术的发展是信息化战争产生的直接动因

战争形态的重大变革，通常发生在技术革命之后；而技术革命又往往是在科学技术水平迅猛发展并发生质的飞跃的情况下出现的。20世纪50年代以来，世界上陆续出现了一大批高新技术群：以微电子技术、电子计算机技术、人工智能技术和通信技术为基础的信息技术；以导弹为代表的精确制导技术；以人造卫星和航天飞机为代表的航天技术；以激光技术为先导的聚能技术；以核聚变为代表的新能源技术；以新材料为基础的隐形技术等。其中，信息技术在高技术群中起主导作用。这些新技术一经出现，便以前所未有的速度向深度和广度发展。高技术的迅猛发展和运用，必将导致新的技术革命。毛泽东曾经指出："技术上带根本性的、有广泛影响的大的变化，叫做技术革命。蒸汽机的出现是一次技术革命，电力的出现是一次技术革命，太阳能或核能的出现也是一次技术革命。"高技术群的出现，除其本身的发展具有革命性之外，它的影响之深远、波及领域之广阔，是历史上任何一次技术革命都无法比拟的。如今，高新技术群体，尤其是微电子技术和计算机技术已渗透到人类社会活动的各个领域，引发了政治、经济、科技、军事和文化等各个领域的深刻变革，已经产生并将继续产生难以估量的重大影响。

科学技术的进步必将引起军事领域的技术革命。与以往历史上的军事技术革命不同的是，当今这场军事技术革命不是由单项和少数民用领域的技术引发的，而是由多项高技术交叉综合作用的结果。因此，这场军事技术革命是全方位的。其中起核心作用的技术是军事信息技术。其骨干技术包括微电子技术、计算机技术、光电子技术和军事航天技术。军事技术革命的出现，必然导致武器装备发生质的变化。以军事信息技术为核心的军事高技术群，使人类进行战争的工具发生了时代性的飞跃，即由机械化武器装备阶段进入了信息化武器装备阶段。这必然引起作战方式、作战理论和军队编制体制的根本性变革。

（三）　当代局部战争实践是信息化战争产生的基础

20 世纪 90 年代以来先后发生的海湾战争、科索沃战争、阿富汗战争和伊拉克战争，是人类战争史上具有划时代意义、承前启后作用的战争。它们既是工业时代机械化战争的延续，更是孕育信息化战争雏形的"母体"。这几场局部战争几乎都使用了全新的武器和全新的战法，每场战争都给人们以耳目一新的感觉。人们越来越强烈地感悟到：战争形态正在发生深刻变化，机械化战争形态正向信息化战争形态转变，信息化战争正逐步成为现代战争的基本形态。

海湾战争闪现了新军事革命的影子，世界从此进入新的战争时代。信息攻击、远程精确打击、陆海空天电一体化作战成为主要作战行动。传统的线式作战、梯次攻击、层层剥皮的作战方式已经被摒弃，"零死亡率"的战争已经成为战争双方追求的目标。

总之，当代几场局部战争的实践，使人们已经深刻感悟到新的战争形态所具有的深刻内涵，战争实践成为推动信息化战争形成和发展的催化剂。它促使人们更加自觉地接受信息化战争，适应信息化战争，更重要的是主动地选择和设计信息化战争。

三、信息化战争的本质属性

本质是事物的内部联系，它由事物的内部矛盾所决定，是事物比较深刻的一贯和稳定的方面。战争本质是指战争固有的最根本的政治属性。信息化战争的本质就是信息化战争的共有特性及其内部的联系性。

（一）　信息化战争诱因更加复杂，但没有改变战争的政治本质

信息化战争这一全新的战争形态，其政治属性不可避免地成为人们思考和研究的一个重要问题。有人认为，信息化时代的战争不仅是政治的继续，而且也将成为非政治群体谋取利益，显示其存在的一种手段。从战争发动者看，除了国家和国家集团外，宗教团体、恐怖组织、民族部落、贩毒集团及犯罪团伙均可能发动战争，甚至掌握计算机技术的个人也可以利用网络发动一场特殊战争。有人提出，在信息时代，军事、政治、经济以及科技之间的相互依赖程度进一步加深，使得交战双方围绕战争而展开的军事、政治、经济等方面的斗争异常激烈，经济制裁、外交斡旋、武器禁运等非武装斗争形式在战争中的作用更加突出，并被纳入战争范畴。还有人声称，在信息时代，由于信息化战争模糊了战争准备和战争实施的界限，人们将时刻生活在战争的海洋之中。总之，在一些人看来，随着战争主体和战争内涵的扩大，战争的政治本质泛化了。

事实上，信息化战争仍然是"政治的继续"。一是从社会条件看，由于阶级、民族、国家、政治集团的社会政治形态依然存在，因而阶级、民族、国家、政治集团之间的利益矛盾和冲突不可避免，当矛盾与冲突不可调和时，必然导致战争的发生。因此，信息化战争依然是达成一定的阶级、民族、国家和政治集团的政治目的一种工具

和手段。二是从战争指导看，由于战争在战略、战役、战术之间的界限相对模糊，导致国家最高领导层和决策层对战争的准备、实施、进程和结束更为关注和审慎，因而更加凸显现代战争与政治之间的密切关系，政治始终居于支配地位，军事服从政治，战略服从政略，并贯穿于战争的全过程。三是从战争实践看，当代局部战争都是双方国家利益较量的结果，都是双方国家政治发展的产物。显然，信息化战争仍然是政治的继续，仍然是政治经济利益矛盾斗争的必然产物。

（二）信息化战争"消灭敌人"的内涵更加丰富，但没有改变军事的基本目的

与传统的战争相比，信息化战争"消灭敌人"的内涵在不断地发生变化和拓展。信息化战争突出了"控制敌人"或"遏制敌人"的表现形式。一是在战略层面，"消灭敌人"主要是指摧毁敌人发动战争和进行战争的意志，通过对敌方国家信息网络系统实施有效干扰和破坏，或通过对敌方军事、政治、经济等重要战略目标实施全面而有效的打击，极大地削弱甚至彻底摧毁敌方的战争实力和战争能力，使敌难于或无法继续进行战争行动，迫使敌人放弃抵抗决心并最终屈服。二是在战役层面，"消灭敌人"主要是指扰乱和破坏敌方的军事决策程序，通过对敌军队作战体系实施结构破坏和瘫痪，使敌方整个战场空间和战斗部队、战斗支援部队、战斗勤务支援部队等作战系统，以及战场情报、指挥、控制、通信、打击、毁伤评估等作战职能无法协调一致地行动。三是在战术层面上，"消灭敌人"主要是通过对敌方要害部位实施"点穴"式攻击，注重关键或要害部位的小规模歼灭，并造成敌方心理的震撼和恐惧。

（三）信息化战争暴力表现形式具有多样性，但没有改变暴力的根本特性

信息化战争与传统战争那种到处断壁残垣、血肉横飞、尸横遍野、血流成河的惨状，特别是核生化战争所造成的悲剧景象相比，暴烈性、残酷性和破坏性在某种程度上相对弱化了。这充分说明，信息化战争的暴力表现形式越来越趋向于多样性，但并没有改变暴力的本质特性，信息化战争仍然是暴力对抗的军事活动。一是从暴力作用的形式上看，信息化战争更多地表现信息能量的发挥，信息的作用在于调控和聚合其他能量，从而能够有效地增强传统能量的作用效能。二是从暴力作用的目标上看，信息化战争着眼于攻击敌人的信仰、心理、认知等"软目标"，导致敌国民众心理产生强烈的震撼和恐慌，从而达到战争目的。三是从暴力作用的结果上看，信息化战争导致直接或间接的经济损失和生命残戕远远超过传统战争。特别是对大量重要的经济、政治和军事目标的摧毁，给一个国家和一个民族带来了前所未有的重大灾难和心理创伤。在科索沃战争中，以美国为首的北约部队把南联盟的国家潜力作为首要打击目标，造成南境内100%的炼油厂、70%的石油库存和30%的石油储存能力被摧毁，虽然战争中南军民只亡1800人、伤5000人，但战争造成的间接灾难和对人民身心健康和生存能力的影响却是前所未有的。

（四）信息化战争力量要素发生变化，但没有改变综合实力较量的格局

构成战争力量的要素，随着军事技术的发展而发生变化。国家的社会政治制度、

政治组织力、内外政策、意识形态等始终影响并决定战争的目的和性质，进而影响和决定国内、国际对战争的态度，因而成为战争的政治基础和决定战争胜负的首要条件。首先，信息化武器装备系统的研制、生产需要极高的经济投入，信息化武器装备系统大量运用于战场必然导致极高的经济消耗，没有强大的经济实力做后盾，战争将无法进行，更不用说赢得胜利。军事力量仍然是信息化战争的工具，敌对双方军事力量的较量仍然是信息化战争的集中体现，因而军事力量的优势与劣势及其在战争过程中的消长变化，将直接决定战争的胜负。信息化战争中的信息优势不仅意味着战场的主动权，而且在一定意义上将意味着战争的胜利，因而信息能力对信息化战争起着关键作用，但不是决定作用。其次，信息化战争是知识、技术密集型的战争，是智能化战争。信息化战争力量要素的核心则突出表现为知识力和信息力。这是战斗力要素的新构成和新发展，可以预见知识力和信息力在未来战争的整体力量中将居于核心地位，对信息化战争的进程和胜负具有决定性作用。只有高素质的信息化人才，才能有效组织信息对抗与作战，才能实施信息化作战行动。此外，信息化战争仍然是在一定时间、空间条件下进行的，因而地理环境仍然对战争的方式、进程和结局具有一定的制约作用。由此可见，信息化战争不仅包括物质力量的较量，也包括精神力量的较量，不仅包括有形力量的较量，也包括无形力量的较量，即双方综合实力的较量，这种格局将持续到战争的最后结束。

四、信息化战争的发展历程

信息化战争的产生与形成，是人类社会政治、经济、科学技术和战争实践发展到一定阶段的必然产物。到目前为止，信息化已经历了萌芽、初始和发展三个阶段。

（一）信息化战争的萌芽阶段

从科学技术发展来看，第二次世界大战是机械化战争发展的鼎盛时期，战后的近70年里，在机械化武器装备方面，除了技术性能上进行的一些更新换代之外，没有更多的创新成果。20世纪60年代末，微型芯片、集成电路、计算机、基因工程、激光、航天等一大批高技术与先进制导弹药的结合，成为当时军事技术和武器装备发展的两个亮点，从而为沉寂的军事领域带来了生机和活力。

1967年，美军首次在越南战场上使用激光制导炸弹；1972年，又在越南战场上大量使用了激光和电视制导炸弹。整个越南战争中，美军先后投放25000余枚制导炸弹，命中概率达60%以上，圆概率误差提高到2米，作战效能比传统的无制导炸弹提高上百倍。从此，这种新型的"灵巧炸弹"为信息化战争埋下了第一粒种子。

1973年第四次中东战争中，交战双方首次大量使用导弹进行实战。埃及使用了苏制SA-6地空导弹和AT-3线导反坦克导弹，以色列使用了美制电视制导小牛空地导弹和陶式反坦克导弹，作战效果引人瞩目。

1982年的黎巴嫩战争中，以叙贝卡谷地之战第一次展示了空中力量和C^3I系统结合之后的巨大潜力，第一次展示了电子压制、电子干扰和电子摧毁的巨大威力。

1982年英阿马岛海战，是英国和阿根廷围绕马岛主权归属进行的一场局部战争，从1982年4月2日开始到6月14日结束，历时74天。这是世界上第一次大规模使用精确制导武器的海空交战，也是交战双方真正形成对抗的第一次高技术局部战争，这场战争标志着精确制导武器和电子信息装备已经成为现代战场的主宰。

1986 年美军对利比亚发动了代号为"草原烈火"和"黄金峡谷"的两次军事打击行动。战争中所采取的高技术、低强度、快速进入、快速交战、快速撤离的"外科手术式打击"样式，以及"点穴式攻击"的作战样式，对推动信息战争的发展产生了重要而深远的影响。

（二）信息化战争的初始阶段

从 20 世纪 70 年代开始，信息化战争的萌发对军事理论创新、科学技术进步、精确制导武器研制和电子信息装备发展，以及美军遂行较大规模的高技术局部战争奠定了良好的基础。在这种情况下，以美国为首的多国部队于 1991 年进行了海湾战争，并最终打赢了这场战争。

海湾战争中，美军亡 390 人，伤 3336 人，被俘 21 人，失踪 45 人，损失飞机 56 架（包括直升机 22 架）、坦克 35 辆；英军亡 36 人，伤 43 人，失踪 8 人，被俘 12 人，损失飞机 7 架；其他国家军队也有轻微损失。伊拉克参战的 43 个师中，有 38 个师被歼灭或重创，6.2 万人被俘，3847 辆坦克、1450 辆装甲车、2917 门火炮被击毁或缴获，107 架飞机被击落或缴获。

海湾战争使大规模机械化作战发展到极致，信息化作战初露端倪，信息化武器装备在战争中发挥了重大作用。从战争形态上看，海湾战争是战争形态的一个转折点和里程碑；从科学技术发展和武器装备使用的角度来看，海湾战争是机械化向信息化转变的一个分水岭；从军队建设的角度看，海湾战争是美军增强信心，重振大国军队雄风，走向世界广阔战场、称霸世界的一个重要起点和跳板；从新军事变革的角度来看，海湾战争是一个助推器和发动机，没有海湾战争的胜利，没有海湾战争的验证，就不可能有 1993 年以后新军事变革的大幅度快速推进和彻底转型。

（三）信息化战争的发展阶段

经过前两个阶段的发展和准备，美国在武器装备方面，经过新军事变革，已经拥有了先进的信息化武器装备体系，在武器装备的精度方面有了明显的提高，不仅可以提高杀伤破坏效能，更重要的是可以减小附带损伤，这对于现代条件下进行武力干涉和用战争方式发言提供了很大的便利；在军事理论创新方面，通过新军事变革的"头脑风暴"和学术研究，以及多次战争实践和创造，美军已经积累了一批先进的作战理论和现代战争文化观念。从科索沃战争开始，美国就甩开联合国，甩开国际社会，一意孤行，进行信息化战争的尝试，发动了科索沃战争、阿富汗战争和伊拉克战争。这三场战争，使信息化战争从低级向高级逐渐迈进，是信息化战争的敲门砖。

1999 年 3 月，以美国为首的北约对南联盟发动了科索沃战争，揭开了信息化战争的面纱。科索沃战争于 3 月 24 日爆发，6 月 10 日暂停空袭，共持续 78 天。参加空袭的北约国家共投入飞机 819 架、航母 4 艘、舰艇 51 艘，共出动各型飞机 38000 架次，发射巡航导弹 1300 多枚，发射和投掷各型导弹和炸弹 23000 多枚，对南 40 多座城市、7600 个各类目标和 3400 多个活动目标进行了轰炸。以美国为首的北约空袭南联盟，是继海湾战争后全球范围内规模最大、投入高新武器最多、持续时间最长、现代化程度最高、纯空中化"非对称性"的一次局部战争。科索沃战争使战争形态开始产生本质性变化，信息化战争形态首次出现，夺取信息优势、控制机动、精确打击成为战争的主导；首次对 1993 年之后军队信息化建设的成果进行了综合展示和实战运用，在全球 C^4ISR 系统运用方面，实现了全球网络化、信息化、一体化，具备了跨军兵种、跨地域无缝连接和实时指挥控制能力；首次使用了电磁脉冲炸弹、计算机病毒攻击武器、石墨炸弹等心理战、网络战、控制战、信息战武器，验证了大规模信息化作战及信息化战争条件下盟军联合作战理论；首次使用 GPS 制导的巡航导弹。战争初期，精确制导炸弹和导弹的使用量占 90% 以上，其中巡航导弹 329 枚。在 78 天的空袭中，大约投放了 23000 颗炸弹和导弹，其中精确制导武器占 35%。综合验证了联合作战理论和联合作战体制，创新了全纵深精确打击作战、非对称作战、非接触作战、战略信息战，以及盟军联合作战理论。

2001 年"9·11"事件之后，美国迅速调整了国家战略和军事战略，并于 10 月份发动了阿富汗战争，信息化战争日趋完善。阿富汗战争是信息化条件下的特种作战与反特种作战，从 2001 年 10 月 7 日爆发，到 2002 年 3 月 4 日基本结束。这场战争规模不是太大，强度也不是太高，但信息化程度和联合作战水平都很高，战争中首次使用了侦察攻击型无人机、全球信息栅格，验证了网络中心战理论；首次实现了 C^4ISR 系统为主的全球一体化作战模式；首次使用了单兵数字通信系统、掌上电脑、光电侦察设备、地面传感器和 GPS 接收机等信息系统，验证了信息化战争中的特种作战理论；首次使用了 GBU-28 钻地炸弹、BLU-82 巨型炸弹、BLU-118B 燃料空气炸弹、传感器引爆武器、风力修正子母弹、斯拉姆 ER 空地导弹等新型武器，验证了大规模毁伤性武器的可控性理论。

2003 年 3 月 20 日至 5 月 1 日，美、英等国以萨达姆拥有大规模杀伤性武器和支持恐怖活动为由，发动了一场旨在推翻萨达姆现政权，扶持亲美政权，并以最终实现控制中东为目的的战争，国际上称之为伊拉克战争。伊拉克战争是美军新军事变革发展到成熟阶段，军队建设从机械化向信息化转型之后的一场信息化战争，这场战争的速战速决，在多个层次对军队建设和战争发展趋势产生重大影响。美国成功地验证了"先发制人"战略和"震慑"理论，夺取信息优势，实施全频谱控制、联合对地攻击、精确闪击作战和快速决定性作战等新的作战理论，综合运用了网络中心战成果，创新了地面作战中接触与非接触相结合、空中遮断及空中近距支援与地面快速推进相结合的战法，为大规模信息化作战奠定了理论和实践基础。

第二节　信息化战争的基本特征和作战样式

一、信息化战争的基本特征

作为一种战争形态，信息化战争较之其他战争形态，呈现出鲜明的时代特征。

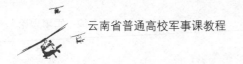

（一）多维化

随着人类认知领域的不断扩展，战争空间也在不断扩大。信息化战争与机械化战争相比，其战场空间已由地面、海洋和空中向外层空间、电磁空间、网络空间及心理空间等领域扩展，使信息化战争的战场空间呈现出多维化的特征。

1. 外层空间

在信息化战争中，战场监控、信息传输、导航定位、精确制导等，主要都依赖外层空间的卫星来支持，这已经被近几场局部战争所证明。科索沃战争和阿富汗战争中，美军及其盟军的军事情报 70% ~90% 是由太空侦察系统获得的；每当美军要发起新一轮攻击时，都要事先向作战地区上空调集 10 ~20 颗军事卫星。伊拉克战争中，美军为了夺取信息优势，在 600 ~800 千米的外层空间部署了多达 116 颗的各类卫星。在未来信息化战争中，太空所具备的独特的优越性将得到进一步扩展和强化。没有制天权，就不可能掌握制信息权和制空权，也就没有制海权和制陆权。可以说，谁控制了太空，谁就掌握了战争的制胜权。为了争夺太空的控制权，太空信息战、太空反卫星战、太空反导战等一些新的太空作战样式应运而生，必将成为未来信息化战争的重要作战行动，使争夺太空优势的斗争变得更为激烈。

2. 电磁空间

电磁战场被称作继陆、海、空、天之后的"第五维战场"，是信息化战争的重要作战空间。在信息化战争中，电子目标星罗棋布，无论是电台、雷达、通信卫星等各种电子装备，还是地面开进的坦克、海上游弋的舰艇、空间格斗的战机等各种作战兵器，它们都能成为电磁波的发射源，使各种电磁波纵横交错，在广阔的空间中形成密集的电磁频谱网，确保了对各军兵种部队的指挥控制。信息化战争中电磁空间的极端重要性，使得敌对双方在电磁空间里的对抗更加激烈。当代几场高技术局部战争表明，战争一旦爆发，两军对抗往往先从无形的电磁空间里展开。如海湾战争实施空袭前几小时，以美军为首的多国部队就开始了对伊军实施强烈的电磁干扰和压制，可谓"兵马未动，电子先行"。海湾战争中多国部队部署和使用了上百架电子战飞机和大量进攻性电子器材，对伊军展开了强大的电子攻击战，使伊军指挥系统瘫痪，有 250 部制导雷达、炮瞄雷达、目标引导雷达等被摧毁。

3. 网络空间

网络空间是人类进入信息社会的必然产物。目前，世界各地的计算机通过国际互联网络连为一体，形成了一个巨大的遍布全球的网络空间。网络空间的出现，使地理上的距离概念和国家之间的地理分界线变得越来越模糊，也给信息化战争带来了新的作战空间，出现了网络空间战这一种全新的作战样式。在网络空间里，通过计算机病毒、芯片攻击和网络"黑客"入侵等手段，可对以计算机为核心的信息网络实施攻击，达到瘫痪敌指挥控制系统、削弱甚至使敌整个部队丧失战斗力的目的。科索沃战争中，无形的"黑客"曾使美国白宫的网络服务器瘫痪数小时；北约空袭开始后，总部的网站每天都收到来自攻击者的数以万计的电子邮件，严重阻塞了网络线路；巴尔干地区的一台电脑每天向北约总部发出 2000 封电子邮件，其中包含各种大大小小的电脑病毒。

4. 心理空间

从阿富汗战争和伊拉克战争中我们可以看到，心理空间已经成为信息化战争的一个重要的作战空间。阿富汗战争中，美军向阿边境快速部署了空军第 193 特种作战联队和陆军第 4 心理战大队等专业心理战部队，采取各种手段开展强大的心理攻势。伊拉克战争中，战前美军心理战专家专门分析了伊拉克甚至阿拉伯世界的意识形态和文化特点，将各军兵种所属的多支富有实战经验的心理战部队部署到伊拉克周边地区，对伊军民实施广泛的心理战行动，专门设立了"倒萨广播电台"，并以各种手段向伊境内散发"倒萨"宣传品，极力宣扬美军的强大武力，企图以强大的心理攻势瓦解伊军民的抵抗信心和士气。与此同时，伊拉克也竭尽所能地进行了反心理战，主动与联合国配合进行核查，以争取国际舆论的支持；进行全民动员，激励士气，号召全国军民抵抗侵略；针对联军担心大规模的人员伤亡，大肆宣扬要与美军进行巷战，使巴格达成为美军的坟墓等等，从心理上对美军士兵施压。

（二）一体化

信息化战争是体系与体系的对抗。交战双方为了赢得战争的胜利，必须调动一切积极因素，充分发挥各自系统的最大整体作战能力，这就使一体化成为信息化战争的一个重要特征。

1. 作战力量一体化

信息化战争中，通过信息网络和信息技术，可以将处于不同空间位置的各种作战能力联结成为一个有机的整体，形成一体化作战力量。第一，武器装备一体化。采用"横向技术一体化"技术，从横向上对现有武器系统进行改造或改进，使其具备通用性、联动性，从而更便于从传感器到射手之间、各武器系统之间、各作战部队之间的信息流动，使武器装备在横向联结成为统一的有机整体，大幅度地提高武器装备系统的整体效能。第二，诸兵种合成一体化。在各军种内部，不断提高部队的合成程度，使作战部队、作战支援部队、勤务保障部队紧密合成为统一的有机整体，提高作战系统的整体作战能力。第三，诸军种联合一体化。在各军兵种之间，通过建立一体化信息网络和联合指挥机制，铲平各军种相互独立的"烟囱"，实现诸军种作战力量一体化。

2. 作战行动一体化

信息化战争中的主要作战样式，是两个以上的军种按照总的企图和统一计划，在联合指挥机构的统一指挥下共同进行的联合作战，其作战行动具有一体化的特征。由于军兵种专业越来越多，作战行动的系统整体对抗特征越来越强，各种作战行动的相关性更加密切。空中作战行动需要来自太空的卫星、地面的雷达、海上的防空等系统的支援，地面作战需要来自空中和海上的火力支援，海上作战需要有制空权的掩护和制信息权的保障，等等。与此同时，各种作战力量的传统分工趋于模糊，攻击战术目标，有时要动用战略手段；打击战略目标，有时仅需要战术力量；进攻和防御界线趋于模糊，在加强对敌人进攻作战的同时，十分重视对己方作战力量的防护，攻防节奏转换很快；软打击和硬摧毁融为一体，软打击是实施硬摧毁的重要保障，硬摧毁必须在软打击行动的支持下才能顺利实施。这些变化说明，单一军种的独立作战正在逐渐消失，空地一体、海空一体、陆海空天一体的多军兵种联合作战已成为作战的基本样式，信息化战争已经呈现出十分鲜明的一体化特征。

3. 作战指挥一体化

信息化战争中，集指挥、控制、通信、计算机、情报、侦察和监视一体的 C^4ISR 系统，为作战指挥提供了准确的战场情报、快速的通信联络、科学的辅助决策、实时的反馈监控，从而使树状的指挥体制将逐渐被扁平网络化的指挥体制所代替，使作战指挥实现了一体化。一是战略指挥、战役指挥和战术指挥一体化。战略指挥为战役、战术指挥提供更加科学和明确的作战指导，同时战役、战术指挥为战略指挥提供更加准确和全面的情报和建议。二是情报、决策和控制一体化。可以在很短的时间内完成收集处理情报、制定作战决策和实施战场控制这样一个指挥周期，使各种指挥活动十分顺畅地融为一体。三是诸军兵种作战指挥一体化。通过联合作战指挥体制，使诸军兵种作战指挥实现统一决策、统一组织、统一实施、协调一致和情报共享。

4. 综合保障一体化

综合保障是保障军队为遂行各种任务而采取的各项保证性措施与进行的相应活动的总称，可分为作战保障、后勤保障、装备保障、政治工作保障等不同的类型。在机械化战争中，各种保障行动是相对独立的，而信息化战争中，各种保障由分离走向了一体化。以后勤保障和装备保障为例，为了适应信息化战争的联合作战要求，各军兵种后勤和装备保障，必须统一组织，统一计划，统一行动，实行联合一体化保障，这样才能发挥后勤和装备保障的整体效能。

（三）精确化

信息化战争中，在多层次、全方位、全时空的情报、侦察和监视网络的支持下，使用大量的精确制导武器，使各种作战行动的精确化程度越来越高。美英联军在伊拉克战场上共投掷了2.9万多枚各种弹药，其中精确制导弹药约占68%，明显高于海湾战争的8.4%、科索沃战争的35%和阿富汗战争的60%。从这几场局部战争中我们可以看出，信息化战争的精确化特征越来越突出。

1. 精确打击

精确打击是信息化战争精确化的核心内容，它是靠提高命中精度来保证作战效果，而不是通过增加弹药投射的数量去增强作战效果。从理论上讲，武器的命中精度提高一倍，对目标的毁伤力可达到原来的四倍。随着探测、高速信号处理、自动控制等技术的发展，精确制导武器的命中精度将进一步提高。同时，在 C^4ISR 系统的支持下，信息化武器装备将实现一体化，形成一个完善、精确、灵巧的侦察—指挥—打击系统，使精确打击成为信息化战争的基本作战样式。科索沃战争中，北约始终把精确制导武器作为主导型武器使用，大量使用防区外发射的精确制导弹药或巡航导弹实施远距离空袭作战，对预定目标实施全纵深精确打击和重点打击，使精确打击成为作战的主导方式。

2. 精确侦察、定位和控制

精确侦察、定位和控制是实现精确打出的前提和基础。第一，侦察精确化。信息化战争中，大量先进的侦察、监视、预警等探测系统，可对目标实施全天候、全时辰的侦察监视，从不同侧面反映目标的特征，并对获取的信息进行相互印证，从而得到全面、准确的战场情报。第二，定位精确化。通过建立精确的大地坐标系、建立地形数据库和目标特征数据库等各项技术，使用 GPS 等天基导航定位系统，使全球精确定位变成了现实。第三，控制精确化。在 C^4ISR 系统的支持下，作战指挥与控制实现了互联、互通、互操作，指挥员可以直接对一线作战部队甚至作战兵器进行有效的指挥、控制和协调，使指挥控制更加精确化。

3. 精确保障

所谓精确保障，就是充分运用以信息技术为核心的高技术手段，精细而准确地筹划、实施保障，高效运用保障力量，使保障的时间、空间、数量、质量要求尽可能达到精确的程度，最大限度地节约保障资源。美军认为，在信息化战争中，一方面，后勤保障的费用越来越高，各种保障物资部署到战场上的时间紧迫，计划和运输给保障基地带来更大的压力；另一方面，由于作战行动的精确化，不必要向战场运送大规模的保障资源，应在武器装备不丧失任何作战效能和持续作战能力的情况下，提高保障资源的使用效率，以降低保障资源的部署数量。为此，美军后勤各业务领域普遍建立了信息管理系统，如"全军资产可视系统""物资在运可视系统""新型战场分发系统"等。这些采用模块化程序和标准化数据构成的信息管理系统，把后勤领域连接成一个巨大的无缝隙的后勤信息网络，从而为美军后勤提供了至关重要的三种能力，即可以准确地知道后勤拥有什么，确切地知道差在哪里，以及把兵力物资投向何地，从而提高了部队应用战场上物资的能力，实现后勤保障的"精确性"。

（四）快速化

从科索沃战争、阿富汗战争和伊拉克战争我们可以看出，未来信息化战争的作战速度快，作战节奏转换迅速，作战行动的持续时间甚至整个战争的持续显得越来越短暂，使信息化战争呈现出快速性的特征。被原美国防部长拉姆斯菲尔德大加赞赏，并在伊拉克战争中得到实战检验的军事理论成果——《震慑与畏惧——迅速制敌之道》一书，在谈到信息化战争的迅速性时指出："从技术角度而言，这里的速度包括制订作战计划、作战决心、部署和兵力使用等，这一切都需要部队在最短的时间内做出迅速的反应。"

1. 作战指挥快

在信息化战争中，信息技术广泛运用于战场侦察监测设备和信息快速传输网络，实现了信息的实时获取、实时传输、实时处理，使得信息流动速度空前加快，空间因素贬值，时间急剧增值，作战指挥得以快速进行。在信息化的战场上，尽管基本作战指挥程序和信息流程没有发生根本变化，同样要经过发现目标、进行决策、下达指令、部队行动等环节，但这些环节几乎可以同步进行。1995 年波黑维和行动中，以美国为首的北约使用了大量的电子侦察卫星和通信卫星，建立了迅捷可靠的实时数据传输系统。这个系统首先通过无人侦察机获取波黑前线的地面目标信息，然后将数据直接通过中继卫星发送到设在匈牙利的无人机地面控制站；经地面控制站初步处理后再通过卫星传输到设在英国的联合分析中心；经分析处理后，再通过卫星传送到美国的五角大楼，形成攻击指令后，又通过卫星传送给正在前线空中待命的战斗机飞行员。整个信息处理与传输过程所需时间越来越短，正向实时化发展。

2. 部队机动快

2004年3月27日，美国宇航局研制的 X-43A 高超音速无人飞机在美国西海岸试飞成功，该机以每小时 8000 千米的速度创造了飞机时速的世界新纪录。美国国防部计划在 2025 年左右为美军装备使用这种发动机的高超音速轰炸机，这种飞机能在 2 小时内从美国本土飞抵全球任何目标。在信息化战争中，不仅空中作战力量的机动速度很快，而且地面作战力量的机动速度也大大加快。伊拉克战争中，美第 3 机械化师高速挺进，不与伊拉克内部的伊军部队纠缠，开战仅 5 天，就长驱直入 400 千米，直逼巴格达，创造了日行 170 千米的开进速度，这等于海湾战争时期美军开进速度的 3 倍，创造了战争史上大纵深突击的新纪录。美陆军在当前的军事转型中要求，要在 96 个小时内向世界任何地方部署一个作战旅，120 个小时部署一个作战师，30 天在战区部署 5 个师。

3. 打击速度快

信息化战争中，各种信息化武器具有快速的打击能力，使得作战行动的速度加快，时效性明显提高。如美国的"宝石路"激光制导炸弹从发射到击中目标仅为 30~40 秒；空空导弹只有 3~4 秒；先进的防空系统发现目标后几秒钟即可截击目标。弹道导弹在空气稀少的高空和外层空间飞行，几乎没有空气阻力，飞行速度可达 13~14 倍音速。而激光武器、电磁武器、计算机病毒武器等的打击速度可达光速。为了改变目前的亚音速巡航导弹超低空、低速飞行易被发现和被拦截的缺点，1998 年 9 月，美国海军提出要发展 6 倍音速的高超音速巡航导弹。由各种飞机、导弹等武器组成的快速火力打击系统，可在 1 小时内对上千千米外的目标进行战略空袭，使远距离快速精确打击成为信息化战争中的主要作战样式。

（五）非接触

非接触作战是指敌对双方在不接触的情况下，使用信息系统和远程作战武器实施防区外打击的作战行动样式。战争实践证明，非接触作战能充分发挥高技术武器装备的威力，易于隐蔽作战企图，达成战争的突然性；能提高生存能力，减少伤亡；可实施全纵深同时攻击，增大作战效能；可减小战争的政治风险，增强战争的可控性。从当代几场局部战争实践看，非接触作战已经走上战争舞台，信息化战争已经呈现出非接触的特征。

1. 远距离攻击

科索沃战争中，以美国为首的北约部队充分利用高技术武器的优势，从远离实际战区的本土、同盟国或海上出动飞机或发射导弹，同时对南联盟战略、战役目标实施精确的防区外打击。如从 1.2 万千米外出动 B-2A 隐身战略轰炸机实施轰炸；从 2000 千米外出动 B-52H 和 B-1B 战略轰炸机，在离战区 800 千米外发射巡航导弹；在 1000 千米以外发射巡航导弹。为了实施远距离攻击，美军组建了十多支"航空航天远征部队"，以实现其"全球警戒、全球到达和全球力量"的战略构想。航空航天远征部队具有四个主要的特点：一是反应迅速。所有部队可以在 20~70 小时内完成一切战斗准备并遂行战斗任务。二是掌握全面的信息优势。能得到多种航空航天态势感知系统的不间断保障，近实时掌握战区空中和地面的全面情报。三是具有强大的远程精确打击能力。突击手段以使用精确制导武器为主，并且具有实施防区外打击能力。四是持续作战与自身防护能力较强。在作战中可以不断得到战略与战术空运部队的保障，因此可在遥远战区持续遂行作战任务。

2. 隐身攻击

隐身攻击虽然作战的距离较近，但由于隐身攻击难以被发现，不容易受到直接的火力打击，因而也被看作是一种非接触作战样式。海湾战争中 F－117 隐身飞机出色的战绩，使美军和世界发达国家的军队都更加重视发展武器装备的隐身技术。目前，美军正加紧打造一支由 F－117A、F－22、JSF、B－1、B－2、隐身无人机等组成的隐身空中力量，并希望将这支力量作为信息化作战的核心。2001 年 10 月 26 日，美国国防部空军部长罗希宣布，以研制 F－117A 和 F－22 闻名于世的洛克希德·马丁公司，将为美军研发下一代（第四代）联合攻击战斗机（Joint Strike Fighter，简称 JSF）。JSF 与 F－22 一样，也是一种隐身战机，这种新战机的型号定为 F－35。第一批 JSF 新型战机已在 2008 年推出，共 10 架，其中 6 架用于装备美国空军，另外 4 架则装备美国海军陆战队。从 2013 年开始为期 30 年的生产期内预计生产 3000 多架，逐渐装备美国三军和英国部队。为了与美国竞争，俄罗斯也在加紧研制具有超机动性能、超音速巡航能力和隐身性质的新一代战机。除大力发展隐身飞机之外，一些国家还在尝试研制隐身坦克和隐身舰艇，力图将隐身武器运用于陆战场和海战场。

3. 无人攻击

无人攻击也是一种非接触作战样式。目前，已经在战场上投入使用的主要是无人飞机，它的作战功能正在从战场侦察向压制敌防空火力和实施精确打击转变。2001 年 2 月，一架 RQ－1 "捕食者" 无人机在美国内华达州内利斯空军基地的沙漠靶场上空创造了历史，成为空军打击地面目标的首架遥控飞机。这架外形细长的 "捕食者" 无人机 3 次发射激光制导的 "狱火" 导弹，3 次都击中了地面的坦克目标。2001 年美军对阿富汗空袭第 11 天后，第一次在实战中使用 RQ－1 "捕食者" 无人飞机对地面实施攻击。RQ－1 原型机在 1994 年首次试飞成功，1997 年进入批量化生产，装备一套具有全天候侦察能力 TESAR 雷达系统，其分辨率为一英尺，还有激光定位仪、激光测距仪、电子战设备、两部电视摄像机和全方位红外侦察系统，机长 8.23 米，翼展 14.84 米，重量 1035 千克，有效载荷 204 千克。

4. 信息攻击

利用电磁频谱和网络空间实施信息攻击，是信息化战争中十分常见的一种作战样式，也是一种非接触作战样式。实施信息攻击的一方，可以在上百千米之外实施电子干扰，也可以在上千千米甚至上万千米之外实施网络攻击。攻防双方虽然可以通过电子信息实施激烈的交战，但却互不接触，甚至不知道对方身处何地，不能进行直接的火力打击。信息攻击虽然不会造成人员的伤亡，但信息攻击的成败对夺取战争的胜利却十分重要，因此信息攻击将会在未来信息化战争中占据越来越重要的位置。

二、信息化战争的主要作战样式

信息化战争主要包括网络战、电子战、心理战、精确打击战、网络中心战、特种

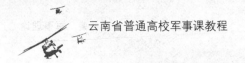

战、太空战等作战样式。这些作战样式，在信息化战争中交织出现，共同规范和决定着战争的基本面貌。

（一）网络战

20世纪70年代初，以计算机技术为核心的信息技术迅猛发展。80年代，计算机网络以前所未有的速度向全球各个角度辐射，到90年代，已普及社会的各个领域。在社会经济领域普遍信息化和网络化的同时，以计算机为核心的信息技术也在军事领域大量应用，成为军队现代化和武器系统先进程度的重要标志。就在互联网方兴未艾之时，一种前所未有的威胁也向人类袭来。闻所未闻的"蠕虫""爱虫""疯牛""米开朗基罗"等计算机病毒纷纷从"潘多拉"盒子里释放，各式各样的计算机黑客如猛虎下山，极大威胁着社会经济发展和国家安全。面对这种威胁，美国防部在1996年首次把通过网络尤其是国际互联网对国家基础设施的攻击作为信息战的重要方面，正式提出了计算机空间战的概念。1999年科索沃战争，真正意义上的网络全面对抗首次出现在战场。交战双方在计算机网络空间展开了异常激烈的对抗，互联网变成了"硝烟弥漫"的战场。

科索沃战争使人们对这种新型的作战方式的认识更加深化，各国学者相继提出了不同的概念、观点和看法，但不论对网络战表述方式怎样，这种建立在信息网络基础上的新型作战方式的实质就是：以计算机病毒、黑客攻击等手段对敌方的信息网络系统进行干扰、破坏、摧毁或控制，并以此影响、破坏以信息网络为基础的军事系统及国家信息基础设施的作战行动。

网络战是一种在特殊的信息网络空间中进行的特殊作战，它既没有军队与地方、军人与百姓、前线与后方的严格区分，也没有战时与平时、时间和空间的绝对界限。与传统作战方式相比，这种新型的作战方式具有作战空间的无限性、作战力量的广泛性、作战手段的知识性、作战时间的连续性、作战过程的突变性、作战效率的高效性等显著的特点。

与传统的作战方法不同，在网络空间遂行的网络作战，没有硝烟，没有炮火，是一种不流血的特殊战斗。敌对双方在无形的计算机网络空间中，利用各种手段展开殊死搏斗，对敌方的计算机网络系统实施最大限度的攻击和破坏，是作战双方都追求的重要目标。网络战基本的作战方式主要有网络病毒战、网络渗透战、网络阻塞、网络欺骗等。

（二）电子战

自1904年日俄战争中首次出现无线电通信对抗之后，电子战经过百年的发展历程。在这百年的历程中，随着电子技术的飞速发展，电子战在战争中的地位和作用越来越重要，特别是从海湾战争、科索沃战争、阿富汗战争和伊拉克战争中，人们已经清楚地看到，电子战是信息化战争中的一把无形利剑，电子战的成败对于作战胜利具有至关重要的影响。

电子战，是为削弱、破坏敌方电子设备使用效能和保护己方电子设备正常工作而采取的综合措施，是敌对双方利用电子设备所进行的电磁斗争。随着电子技术在军事上的应用越来越广泛，无线电通信设备、雷达设备、导航设备、制导设备、遥测遥控设备和指挥自动化系统以及红外、激光、夜视等各种光电设备大量装备部队，电子战的重要性越来越大。战争中运用电子战干扰或摧毁敌方的电子设备，就可以破坏或扰乱敌方的指挥控制，迟滞、牵制敌方的作战行动，为夺取战役、战斗胜利创造有利的条件。

电子战的主要内容包括三个方面：一是电子侦察。主要是截获敌方电子设备发射的信号，经过分析、识别，得到敌方电子设备工作的频率、工作方式、信号特征参数以及配置地点和用途等情报，为制订电子战计划、研究电子战对策、发展电子战装备提供依据，为电子干扰、电子防御、摧毁辐射源以及部队的其他作战行动提供情报保障。二是电子进攻。主要是根据电子对抗侦察所获得的准确情报，综合运用电子干扰、电子欺骗等"软杀伤"手段和反辐射摧毁、电子武器攻击、火力摧毁等"硬杀伤"手段，对敌方电子设备和系统实施破坏，削弱或阻止敌方对电磁频谱的使用。三是电子防御。主要是通过反电子侦察、反电子干扰和对反辐射武器的防护，防止己方电子设备发射的电磁信号被敌方截获并从中获取情报；采用各种措施清除或削弱敌方电子干扰对己方电子设备工作的有害影响；防止敌方反辐射武器对己方电磁辐射源的攻击。

电子战有三个显著特点：一是具有软、硬杀伤的双重作战能力。众所周知，电子战具有使敌方电子信息系统遭受电子干扰的"软杀伤"作战能力；同时，电子战还具有日益增强的"硬杀伤"作战能力。电子战的"硬杀伤"作战能力是通过两个方面表现出来的：一方面，是以反辐射导弹、反辐射无人机等武器来实现硬杀伤的，这是一种典型的侦察跟踪与火力相结合的产物；另一方面，是以强激光能量和电磁脉冲能量直接使电子设备系统损坏。二是具有广泛的渗透性。电子战已渗透到陆战、空战、海战的各个领域，并向外层空间发展。在信息化战争中，不论作战规模大小、作战过程长短，电子战都会遍及整个战场空间，贯穿于战争的全过程。三是电子奇袭是电子战的基本作战形式。电子战在很大程度上是一种技术对抗，占有技术优势的一方，就会利用其技术优势争取电子战的主动权。但是，电子战技术的发展十分迅速，保持技术优势并不是一件容易的事，因此，为了充分利用技术优势而不被敌人预先察觉，在电子战中往往采取电子奇袭的作战方法。

（三）心理战

心理战是以人的心理为目标，以信息媒介为武器，运用多种手段对人的心理施加刺激和影响，造成有利于己不利于敌的心理态势，达到分化瓦解敌人，巩固己方阵线，以小的代价换取大的胜利或不战而胜的特殊作战样式。

1. 心理战的本质

心理战的本质有两个方面：一方面是以人的心理为目标。人的心理，即人的感觉、知觉、情感、意志、潜意识等等。心理战的目的并不在于对敌物质力量的杀伤，而在于对敌精神意志的控制和征服，攻其心、乱其谋、泄其气、夺其志。通过对敌心理的打击和刺激，使敌人感到精神疲惫、情绪低落、心理恐慌，使敌改变既定目标和态度。另一方面是以特制的信息和媒介为武器。心理战追求的是对人的心理发生作用，而要对人的心理发生作用就必须依赖于某种信息。这种信息，是由心理战实施者经过精心制造，旨在对心理战对象的心理发生作用的攻击性信息。但信息还要依靠媒介才能发挥作用，心理战媒介是心理战信息传播和发送的载体，它可以是声波、电波、光波，也可以是一件生活用品、一件艺术品、一件收藏品；既可以是有形的，也可以是无形的；既可以用战术手段，也可以用技术手段。它的最终目的是使对方接受心理战信息的刺激和影响，并使其心理状态产生心理战实施者所希望的变化。

2. 心理战的特点

心理战具有五个基本特点：一是本质的非强制性。心理战不是像武力战那样采用强制的手段，即所谓通过"硬杀伤"征服敌人，而是通过非强制手段，即所谓"软杀伤"征服敌人。心理战的非强制特点说明，实施心理战必须针对和利用敌方的心理需求、心理缺口、心理弱点，重点作用于其心理误区和盲点，才能收到效果。二是时空的非限制性。心理战具有无限制的时间和空间。就时间来说，既可以在战时使用，也可以在平时使用。对于一场战争或一次战役、战斗而言，心理战贯穿战前、战中、战后全过程。就空间来说，既可以在前方进行，也可以在后方实施。可以说，只要心理战实施者所发送的信息能被心理战对象所接受，心理战就能够进行。三是手段的多样性。任何信息和媒介，只要被赋予心理战使命，都可以成为心理战的特殊武器。由于信息和媒介具有广泛性，使得心理战既可以心平气和地劝说和诱导，也可以赤裸裸地威胁和恐吓；既可以理智点拨、正义召唤、情感感化，也可以挑拨离间、制造摩擦、渗透策反；等等。四是领域的广泛性。心理战已不局限于军事领域，而更多地或经常地在政治、经济、外交、文化和宗教等领域中体现，可以说涉及人类生活的各个方面。五是对象的多元性。心理战既可以针对敌对国家，也可以针对中立国家和友好国家；既可以针对一国或多国同时展开，也可以针对某一阶层或集团单独实施；既可以针对上层首脑、军事团体，也可以针对普通一兵甚至普通民众；等等。

3. 心理战的手段及样式

心理战的手段及样式主要有三种：一是威慑心理战。主要是通过威慑信息对敌人的认识、情感和意志施加影响，从心理上对其施加压力、遏制对方的心理战。二是谋略心理战。这是以谋略手段实施的心理战，是指为了达成一定军事目的，以各种形式向敌传递精心策划的虚假混乱信息，以干扰破坏对方的心理过程，使其产生有利于己的心理状态的心理攻击行动。三是宣传心理战。宣传是阐述某种主义、主张、思想、观点，以争取影响和改变特定对象，激发其采取一定行动的活动方式。宣传心理战以集体心理为目标，影响人们的意识和行为，以达到瓦解敌方士气、激发己方军民斗志、影响中立国家和世界舆论的目的。

（四）精确打击战

实施精确的火力打击，是作战行动所追求的目标。如今，信息技术的飞速发展，极大地提高了武器装备的打击精度，同时，也将侦测系统、通信系统、指挥系统、武器系统和评估系统有机结合起来，从而使现代作战呈现出精确化的趋势。

精确打击战，简称精确战，是指依靠信息优势的支持，运用精确制导武器系统，对敌人实施精确打击的一种作战样式。精确战的出现，是日益成熟的信息技术应用于武器系统的必然结果，是武器信息化和战场透明化综合作用的产物，更是信息时代的必然要求。精确战可在多维空间、不同时间以多种方式对战场目标实施全方位立体打击，进而达成作战目的，它具有作战距离远、直接摧毁重心、作战节奏快、战场生存难、作战效益高、附带伤亡小和作战可控性强等特点。

精确打击战是在信息技术的主导作用下开始的，使用的是信息化的各种作战平台和各种导弹、电子战兵器，以及 C^4ISR 系统的各种装备器材等，其作战手段和作战样式可分为三种类型。一是战场导弹精确打击。包括地面导弹战、防空导弹战、海上导弹战和空中导弹战。二是远距离战略精确轰炸。随着航空技术、精确制导技术和信息技术的不断进步，精确制导武器正朝着远程、精确和快速方向发展，远距离精确打击已逐步成为未来高技术战场发展的主要趋势，其基本方式有远距离空中袭击、非接触作战。远距离空中袭击是局部战争条件下的空袭作战，由于受到战争目的、规模等诸多因素的影响与制约，使得空袭作战方式由大面积的饱和轰炸向精选目标的远距离"点穴"式和"外科手术"式空袭方向发展。这两种空袭方式，使用精确制导武器对敌方的要害目标或目标的要害部位实施空中打击，具有代价小、效益高，持续时间短，同时又不会扩大战争规模等特点，因此在现代局部战争中被广泛采用。非接触性作战，就是交战双方在不直接接触的条件下的作战行动，有的称之为"远战""超视距作战"，有的称之为"纵深打击"或"后方打击"。其主要表现是：超越地平线打击，作战双方不能通视；从敌方传感器探测距离以外打击；从敌方直瞄火力以外实施打击。其明显优点是可以减少人员伤亡，有利于掌握战场主动权。非接触性作战最突出的特点之一，就是实施不见面的打击，避免两军面对面的直接对垒。三是联合火力精确打击。联合火力打击是指为达成战争的战略目的，运用诸军种远程突击力量，在联合战役指挥机构统一指挥下进行的、以电子信息战为支持的一系列非接触式的火力突击行动。20世纪90年代以来，战役火力效能大幅度提高，联合火力打击地位陡然上升，成为局部战争条件下新的作战样式。

（五）网络中心战

美军认为，要将美军建设成信息化军队，适应未来信息化战争的需求，就必须实现陆、海、空军部队的一体化横向联合；要实现各部队间的无缝隙横向联合，就必须有一种新的具有牵引作用的共同的作战理论用以指导美军的信息化建设，而网络中心战正是能够指导美军信息化建设的理论。网络中心战概念，最早由美国海军于1997年4月提出，后被美国国防部接受。美军已经把发展网络中心战能力作为《2020联合构想》提出的夺取信息和决策优势、实现军队转型、提高作战能力的主要手段之一。

网络中心战是指利用信息网络系统，把地理上分散部署在陆、海、空、天广阔区域内的各种探测系统、指挥系统和武器系统等，集成为一个一体化的作战体系，使各级作战人员能够利用该网络共享战场态势、交流作战信息、指挥与实施作战行动。

网络中心战的核心，是将力量从过去以平台为中心根本性地转移到以网络为中心。平台中心战强调的是力量的集结，即通过大量集结作战平台，形成相对于敌方更强的战斗力，夺取最终胜利。网络中心战则强调以网络为基础的作战信息的获取及其快速传输，使广泛分布而又紧密联系的传感器、指控中心和武器在各自的位置上做出迅捷的反应，合理地决策和适时采取行动，由此而增强部队的必胜信心和总体作战能力，制约敌方获得先机的可能性。在这种环境下，特定的地面、水下和空中作战平台的战斗效率不再主要由其本身的传感器及小范围指控能力决定，转而由国家或战区传感器网络系统选择最适宜完成打击任务的平台和武器，并为它们提供目标信息，由传感器、发射装置和指控中心组成的高容量网络将左右战况和最终结果。与传统的"平台中心战"相比较，网络中心战具有四大特点：依托网络整合兼容各种武器平台、装备器材和作战人员等诸要素；运用网络工作原理，成指数式倍增提高作战效能；大大地提高一体化联合作战指挥控制能力；充分发挥一体化联合作战的各种潜能。

网络中心战的基础，是以计算机系统为核心的高度智能化的综合网络。它由三个互联互通、无缝隙链接的网络组成。一是传感器栅格。它是由分布在陆、海、空、天的各类专用侦察设施和各种武器平台上的嵌入式侦察设备以及情报中心等构成，是依托于信息栅格的动态组合的网络，为指挥官提供高度透明和持续不断的战场态势信息。二是信息栅格。由各种通信信道、计算机和信息处理设备等组成的永久型物理网络，是实施网络中心战的核心的基础设施。广域分布、无缝链接、动态开放的信息栅格，可为联合部队提供分布式的信息处理、网络化的信息传输，提高指挥控制的速度和效能。三是交战栅格。由分布在陆、海、空、天的各类火力打击武器与电子战、网络战等软杀伤武器及指挥中心等组成。

网络中心战不仅存在于包括陆地、海洋、空中和太空等传统的战争领域，而且还存在于信息域、认知域。信息域是创造、采集、处理、传输、共享信息的领域，是争取信息优势的关键领域，也是促进作战人员间信息交流的领域。在信息化战争中，信息域是斗争的焦点。实施网络中心战的部队，必须具备收集、共享、获取和保护信息的能力，建立和维持超越对手的信息优势，使部队通过相关、融合、分析等处理过程改善其信息地位。认知域存在于参战人员的思想中，是信息化战争作战的重要对象之一。认知域既包括知觉、感知、理解、信仰、价值观及据此做出的决策，也涉及军事领导才能、部队士气与凝聚力、训练水平与作战经验、态势感知能力和公众舆论等。

网络中心战作为信息化条件下的一种全新的作战样式，实现了信息的互通互连和实时共享，其本质是信息化战场上的联合作战。网络中心战以信息网络为核心，以作战行动控制的实时性为特征，以发挥整体作战效能、削弱或瘫痪敌作战系统为目标，最终目的是将态势感知、指挥控制和软硬打击等能力通过网络可靠地连接起来，获取信息优势进而形成决策优势和行动优势。作战空间感知、作战平台网络、有效信息结构和实时协同动作既是构成网络中心战的关键要素，也是一场战争是否实施了网络中心战的主要标志。

（六）特种战

特种战，即特种作战，主要是指专门执行突袭、破袭敌纵深内重要的军事、政治、经济等目标的战斗和其他特殊作战。世界是复杂的，战争艺术是多彩的。大战结束了，"冷战"也结束了，但国际上的矛盾并没有化解。解决新矛盾要有新方法。在斗争复杂化时，政治家们试图用特种战这把"快刀"来理清纵横交织的种种矛盾。于是，在世界各国普遍裁军、武装力量总数不断缩小的当今时代，特种作战部队却得到发展，特种战惊动各国元首，也丰富了人类智慧，创新了信息时代的战争艺术。

特种作战不是信息时代的产物，而是伴随着战争的产生而产生的。信息时代，军事斗争的环境发生了重大变化，特种作战部队的任务、装备、作战理念等也发生了显著的变化。与机械化战争不同，信息时代赋予了特种作战以新的内涵：特种部队是打击恐怖势力的突击力量；特种战成为敌后作战的重要手段和窥视信息化战争的窗口；特种作战的样式不断翻新，主要有特种间谍战、特种反恐战、特种突袭战和特种搜救战。

为了适应政治斗争、军事斗争、经济斗争和外交斗争的需要，许多国家的军队中都编有一定数量的特种战部队。这类部队的编制特殊，武器装备特别，训练严格，行动秘密，其作战特点与普通部队明显不同。特种战部队主要担任特种战任务，当发生地震、火灾、水灾等重大自然灾害时，特种战部队也承担救护任务。有些国家的特种战部队经历战火的考验和磨炼，已经形成了鲜明的特色，在国际社会中产生了一定影响。美国的"绿色贝雷帽"部队，英军的"哥曼德"部队，以色列的"野小子"部队，法国的"黑衣人"部队，德国的"德意志捷豹"部队，日本的"雄鹰"部队等，就是特种战部队的别称。

（七）太空战

太空是指地球大气层以外的宇宙空间，也称外层空间。太空战也称天战，主要指敌对双方在外层空间进行的军事对抗行动，也包括外层空间的相互攻防救援行动，以及外层空间同空中或地面之间的相互攻防行动。太空战力量主要是指部署在太空的军事力量，也称天军。太空战力量是人类科学技术发展和社会进步的产物，是一支建立在以航天技术为主的高技术发展基础上的新型部队。太空战是太空军事力量之间进行的较量，是一种全新的战争样式。这一战争样式以运用高新技术作支撑，以强大的经济实力作基础，是掌握战略主动的新举措，是维护国家安全的新途径，增强太空战实力是提升国家战略能力的新要求。

太空战既是空间军事力量之间的较量，也是空间与地面军事力量以及地面对空间军事力量之间的较量，而主要是空间力量之间的较量，这就决定了太空战样式的多样性和复杂性。随着空间技术的不断发展，太空战样式也将创新。当前，太空战主要有三种样式。

1. 卫星攻防战

人造卫星是在空间轨道上环绕地球运行的无人航天器，从用途看，可以区分为军用卫星和民用卫星两类。卫星是占据太空优势的重要装备。发展卫星是太空战的基本手段之一。卫星攻防战主要是发生在军用人造卫星之间的进攻与防御行为，是天际中高技术之间的一种特殊的搏杀。军用卫星是卫星攻防战的主要作战单元，也是实施保障性太空作战的主要武器系统。在卫星攻防战中航天员将发挥重要作用。在太空战中，卫星既是攻防的武器，也是攻防的阵地。适应太空战的新趋势，人造地球卫星将向大和小两个方向发展，即大型卫星越来越大，综合型高功率大型卫星平台在空间平台中的作用越来越突出；小型卫星越来越小。有关专家认为，小型卫星的体积小，性能好，发射灵活，可靠性强，研制周期短，在太空中不易被摧毁，这一系列优点提高了小型卫星在太空战中的地位。21世纪，发达国家将部署"杀手卫星""攻击卫星"和"卫士卫星"。微型卫星、纳米卫星甚至皮米型卫星的研究，将成为争夺航天技术优势的一个热点。皮米卫星本身有一层防敌各类侦察的涂料，并安装有"眼皮"，一旦被敌国反卫星武器盯上并发射激光，它除了可以自动变轨外，还可以自动地合上"眼皮"，使敌激光武器无奈。一颗"母星"能发射数颗皮米卫星，遍布太空织成不间断的侦察网。

2. 导弹拦截战

导弹是依靠自身推进能控制其飞行弹道、将弹头导向并毁伤目标的武器，通常由推进系统、制导系统、弹头系统和弹体结构系统等四部分组成。导弹拦截战，主要是指发生在反弹道导弹的导弹、反卫星导弹之间的战斗，即用导弹把对方的导弹或卫星摧毁，以达到保护自己、消灭敌人的目的。"星球大战"就是导弹拦截战的一种重要样式。"星球大战"计划是建立在全弹道、多层次、多手段拦截基础上的战略防御武器系统，是在充分估计未来核威胁环境基础上的来自太空的搏斗。根据苏联当时的洲际导弹和潜地导弹的总数，美国设想，一旦苏联发动核大战，美国可能同时受到3000多枚导弹和30000多枚弹头的攻击。美国为了保障自身的安全，保存核反击力量，必须把这些弹头在进入美国之前的太空中将其摧毁。为此，美国努力建造有效率为99.9%的三层或四层防御。

3. 天基平台攻防战

天基平台主要有空间站、航天飞机、宇宙飞船等通过航天运输系统形成的在太空的平台。天基平台攻防战是利用空间站、航天飞机、宇宙飞船等航天器作依托，打击对方或进行防卫的军事斗争行动。天基平台攻防战的主要作战样式，是平台与平台之间在太空中的较量，同时也能以天基平台作依托，实施对地面的作战。

第三节　信息化战争的发展趋势和基本对策

一、信息化战争的发展趋势

海湾战争使人们看到了信息化战争的萌芽，伊拉克战争向人们展示了信息化战争的雏形，目前战争形态仍正处于一个由机械化战争向信息化战争过渡的转型期。中外一些未来学家和军事专家认为，敌对双方完全使用信息化武器装备所进行的全面信息化战争大约要到本世纪中叶才能到来。从二十多年信息化战争发展的大致轨迹来看，未来信息化战争的发展将会呈现出如下一些趋势。

（一）拓展战争内涵

传统的战争概念，主要指阶级、民族、政治集团和国家之间为达到一定的政治和经济目的而进行的武装斗争。而未来的信息化战争将在战争的主体、战争的目的、战争的暴力性以及战争层次等方面发生重大的变化，从而使传统的战争概念受到巨大的冲击，战争的内涵将得到大大的拓展。

1. 战争的主体多元化

传统的战争主要发生在国家和政治集团之间，战争打击的目标主要是对方的军事力量和战争潜力，战争的主体是军队。而在未来信息化战争中，由于信息战和反恐战所具有的特点，战争的主体除了军队之外，还包括恐怖组织、贩毒集团、工商集团、民族组织、宗教组织、犯罪团伙等。随着科学技术的发展，制造常规弹药易如反掌，制造核武器、化学武器和生物武器的技术也正在越来越多地被人们了解和掌握，这就使一些社会团体和组织不仅可以掌握和使用常规武器，而且也有可能掌握和使用核生化武器、掌握和使用计算机病毒等信息武器。因此，战争不仅会在国家与国家之间展开，而且也可能会在社会团体与社会团体之间、社会团体与国家之间、少数个人与社会团体或国家之间展开。战争主体的多元化，使国家安全面临着严峻和复杂的挑战，为了应对这种挑战，仅仅依靠军队力量是不够的，还必须依靠社会的各种力量。美国拥有世界上最强大的军队，却无法阻止"9·11"事件的发生。"9·11"事件发生后，布什总统虽立即宣布国家进入战争状态，但却无法在短时间内认定谁是交战对手，军队也无法在遭受攻击后立即对敌方做出有效的反击。

2. 战争的目的发生变化

夺取经济资源是传统战争最重要的目的。在工业时代，因为人力、土地、能源和矿产等资源是经济发展的基础和主导因素，所以战争的目的主要表现为对这些有形物质资源的争夺。第一次世界大战后的巴黎和会、第二次世界大战后的雅尔塔会议，实际上就是对世界有形资源的再瓜分和再分配。但是，进入信息化时代后，知识经济不仅依赖于有形的物质资源，更依赖于无形的知识和信息资源。联合国教科文组织曾做过调查，认为各国知识占有量上的差距，已经成为最终导致国与国之间竞争力和经济实力差距的主要因素。因此，未来信息化战争的目的将发生变化，将不再主要是明火执仗地攻城略地，赤裸裸地抢占自然资源，而是通过争夺和控制知识与信息资源，包括控制敌对国领导层和民众的精神、意识与价值观，进而控制有形的物质资源，最终维护和发展国家与集团的政治利益和经济利益。

3. 战争的暴力性减弱

传统的战争理论认为："战争是流血的政治。"但未来的信息化战争中，则有可能成为不流血或少流血的政治。在信息化战争中，信息和信息系统既是武器，也是交战双方攻击的主要目标。进攻一方可以不动用大量的军队，不实施传统意义上的大规模火力交战，而只需通过网络攻击、黑客入侵和利用新闻媒介实施的大规模信息心理战等"软"打击的方式，破坏敌方的计算机信息网络，瘫痪敌方指挥系统，瘫痪敌国的经济，制造敌方社会的动乱，把战争意志强加给对方，以不流血的形式换取最大的政治和经济利益。即使在使用各种"硬"摧毁手段的战争中，进攻一方也不再以剥夺敌国的生存权利，或完全夺占敌方的领土等作为最终目标，而是注重影响对手的意志，尽可能地减少战争的伤亡，力争以最小的伤亡代价换取最大的胜利，战争暴力性将会减弱。

4. 战争的层次更加模糊

在未来信息化战争中，战争的战略、战役和战术层次将会逐渐模糊。一方面，战役或战术行动具有战略意义。由于武器装备的作战效能越来越高，精确打击和信息战等作战行动对敌方军事、政治、经济和心理的攻击威力越来越大，因而小规模的作战行动就能有效达成一定的战略目的，一场战斗或一次战役就有可能是一场战争。另一

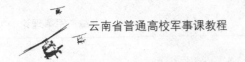

方面，作战行动将主要在战略级展开。信息化战争不再是从战术突破到战役突破再到战略突破，而是战争一开始就把敌方的军事、政治和经济等重要战略目标作为打击对象。战略信息战和超视距非接触式的精确打击，使得战争在全纵深内展开，使战略、战役和战术融为一体。比如，在科索沃战争中，地面战斗就几乎没有发生过，战争主要是由战略性空中打击构成的。

（二）提升战争威力

战争的发展，从某种意义上说实际上就是作战效能不断提升的历史。核武器的出现，使热兵器作战效能的发展走到了极限。人类对武器作战效能的追求，反而使得具有最大杀伤威力的核武器无法在实战中运用。然而人类并没有放弃对武器作战效能的追求，大量信息化武器和新概念武器的出现和运用，将使未来信息化战争具有亚核战争的威力。

首先，信息时代的军事技术将把常规作战效能推到极致。未来信息化战争的常规作战效能将是建立在军事工程革命、军事探测革命、军事通信革命和军事智能革命已经完成或基本完成的基础之上。在这四大军事技术革命中，军事工程革命的起步最早。军事工程革命已经使传统武器装备跨越空间和速度基本达到物理极限。军事探测革命将使得侦察、探测的空域、时域和频域范围大大扩展，使对作战行动的感知、定位、预警、制导和评估达到几乎实时和精确的程度。军事通信革命将在未来信息化战争中实现军事信息的无缝链接和实时传输，使各指挥机构和部队、各侦察和作战平台之间达到在探测、侦察、跟踪、火控和指挥方面的信息畅通，真正实现实时指挥和控制。军事智能革命将真正实现作战指挥活动和作战武器装备的自动化和智能化。智能化指挥系统将使指挥控制活动的准确性和时效性大幅度提高。作战平台将集发现、跟踪、识别和自主发射为一体。智能化弹药将具有"自动寻的"和"发射后不管"功能，远程打击的精度将达到米级。同时大量高度智能化的机器人将投放战场，使指挥活动和作战行动的效率极大提高。

其次，大量新概念武器的使用将使信息化战争的作战效能具有亚核效果。在信息化时代，随着科学技术的进一步发展，大量新概念武器会不断出现和应用于战争。这些新概念武器具有完全不同的杀伤和破坏机理，它们不以大规模杀伤对方人员的生命为目标，而是通过使对方的作战人员和武器装备丧失作战功能，或通过改变敌国的生态和自然环境来达成战争目的。新概念武器中具有大面积破坏与毁伤效果的主要有次声波武器、电磁脉冲武器、激光武器和气象武器等。次声波武器具有洲际传送能力，并且可以穿透10多米厚的钢筋混凝土，因此作用范围极广。在高空施放的电磁脉冲弹可以在瞬间使大范围的电子设备丧失功能。在信息化战争中，大量新概念武器装备虽然不具备核武器那种大规模、大范围的物理杀伤和破坏作用，但它们所拥有的系统集成能力、战场控制能力、精确摧毁能力和能够高效达成战略目的的能力是核武器所无法相比的。从这个意义上说，信息化战争具备了亚核战争的威力。

（三）谋取全谱优势

美军在《2020年联合构想》中指出：美军的最高宗旨是达成国家最高指挥当局指

定的各项目标。就未来的联合部队而言，实现这一宗旨的途径是掌握全谱优势。所谓"全谱优势"，是指在所有军事行动中美军都能单独地或与多国及跨机构伙伴协同击败任何对手并控制局势。

谋取全谱优势，就是要夺取陆、海、空、天、电等各个战场空间里的优势，获得制空、制海和制信息权，其中最重要的是夺取制信息权，谋取信息优势。美国高级军事专家艾略特·科恩在《战争的革命》一书中说道："在未来战争中，对信息的争夺将发挥核心作用，可能会取代以往冲突中对地理位置的争夺。"信息优势具有以下几个方面的含义：一是信息优势是信息化军队的核心能力，只有具备这种能力，才能使军队具有"交互式作战空间态势感知与共享能力"。二是比敌方更全面地掌握战场空间状况，包括敌对双方的态势和企图。三是拥有比敌方更先进的天基信息系统，有阻止敌方利用太空实施威胁的能力。四是有比敌方更强的情报搜集与评估能力、侦察与监视能力、信息传输能力和信息处理能力。五是拥有很强的信息防护能力，能确保传感器、通信和信息处理网络系统不被敌方干扰、破坏和利用。六是有很强的信息进攻能力，能使用"软""硬"手段，影响、干扰、削弱、破坏或摧毁敌方的信息系统。

为了充分发挥信息优势的作用，提高信息的有效性和信息使用的效率，美军正在努力建造全球网络栅格，力图将信息优势转化为决策优势。美军认为："信息优势只有在其有效地转化为知识优势和决策优势时才能给联合部队带来竞争优势。联合部队必须能够利用转化为知识优势的信息优势来夺取'决策优势'，即在对手未做出反应前做出决策并使决策付诸实施，如果是非战斗性行动，就要以快节奏做出决策的落实决策。"

随着科学技术的飞速发展，谋取全谱优势不断被注入新的内涵。如为了确保对太空领域的优势地位，保证网络基础设施不会受到严重破坏，美国拟准备将信息网络中心建在火星之上。再如，纳米技术和生物技术的发展，将会拓展战争的空间，使战争向微型化和生物化方向发展，谋取全谱优势就必须包括谋取在纳米尺度下的微型空间的优势、谋取在生物领域内的优势。

（四）实现智能化

信息化发展的高级阶段是智能化阶段，因此信息化战争的发展趋势之一就是实现战争的智能化。这一趋势主要表现在以下三个方面：

1. 作战武器平台的智能化

随着人工智能技术的发展，在未来信息化战争中将会大量使用具有智能化的作战武器平台。如人工智能制导武器，它具有自主进行敌我识别、自主分析判断和决策能力，可以自动寻找目标并实施攻击；无人驾驶的智能化坦克、飞机和舰船，它们可以深入危险地区执行攻击任务；智能电子战系统，它可以自动分析并掌握敌方雷达的搜索、截获和跟踪工作程序，发出有关敌方导弹发射的警告信号，并确定出最佳防卫和干扰措施；众多类型不同、功能各异的各种机器人；等等。在阿富汗战争中，无人机已经发挥了重要的作用。特别值得注意的是，目前世界许多发达国家都在制订发展机器人的计划，仅美国正在研制的机器人就有100余种，英国也有30余种。随着纳米技术的发展，军用微型机器人将大量地投放于战场，执行侦察探测、信息传递、破袭敌

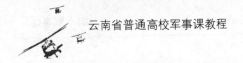

电子设备和武器系统以及杀伤敌作战人员等任务。

2. 作战指挥手段的智能化

随着计算机技术的发展，未来将会出现神经网络计算机、光计算机、高速超导计算机、生物计算机等新概念计算机，将使人工智能技术迈上新的台阶。未来计算机的功能，将在运算、存储、传递、执行命令的基础上，大大扩展其智能，将会由信息处理转向知识处理，不仅可以代替人的记忆和计算功能，而且可以代替人的思维功能。以这种高度智能化计算机为核心的 C^4ISR 系统，不仅能够实现实时的战场侦察监视、情报搜集和通信联络，而且可以辅助指挥员定下决心和制订计划，将会为作战指挥提供更加先进的智能化手段，使作战指挥真正进入智能化的时代。

3. 许多作战行动将发生在智能化领域

在传统的机械化战争中，虽然在智能化领域也存在着敌我对抗活动，如敌我之间的谋略对抗就是一种思维对抗，但这种对抗是间接的，需要用部队真实的作战行动才能表现出来。然而，在未来的信息化战争中，由于信息战的广泛运用，智能化领域将会发生激烈的对抗。知识、信息和思维这些智能化的范畴，既有可能是作战所使用的手段，也有可能是作战所要打击的目标，因此在智能化领域将会发生大量的直接对抗的作战行动。为了阻止敌人及时制定出正确的作战决心，不仅需要采用谋略行动欺骗敌人，而且更需要采取信息攻击手段，直接打击敌人的 C^4ISR 系统，破坏敌人的决策程序。

（五）全面威慑与速决取胜

在未来信息时代，战争指导者为了得到世界民众的支持，不引发民众强烈的反战情绪，不得不对战争的规模和进程实施严格的控制，因而未来信息化战争基本上都是一种局部战争。在这种局部战争中，为了以最小的代价获得所需要的政治、经济和军事利益，就必须高度重视军事威慑的作用，力争采取速决的方法赢得战争的胜利。

在这方面，美军在伊拉克战争中所运用的"震慑"与"迅速制敌"作战理论，代表了未来信息化战争的一种发展趋势。这种作战理论的核心思想是：战争发动者通过广泛使用政治、经济、战略、战役、战术层次的全方位力量，形成一种综合力量，向敌人发出要么毁灭，要么投降，抵抗是毫无意义的信号。它所打击的要害目标是国家，特别是国家领导层以及该国军民的抵抗意志，以最经济的手段达成最大的政治利益，从而达到不战而屈人之兵的理想境界。这其中，震慑是手段，迅速制敌是目的。

美军认为：在"迅速制胜"理论中，"迅速"意味着在敌人能做出反应前进行快速机动，"制胜"意味着在物质和精神上能够影响和主导敌人意志的能力。"物质制胜"包括摧毁、解除武装、阻止和抵消能力，使对手无能为力；"精神制胜"意味着摧毁、战胜以及抵消敌人抵抗意志的能力，或者是不用武力就迫使敌人接受美国的条件和目标。达成这种"制胜"的主要机制是通过对敌人施加足够的"震慑"条件，迫使其接受美国的战略目的和军事目标。"迅速制敌"将会夺取环境控制，而且瘫痪敌人对事件的看法和理解力，或者使敌人的看法和理解力成为负担，从而迫使敌人无法在战术和战略层次上形成抵抗。

"迅速制敌"的主要内容包括六个方面：第一，"迅速制敌"旨在通过"震慑与畏惧"的应用来左右和影响敌人的意志和看法，因此要求部队必须具备几乎接近于即时投入使用的能力；必须具备同时攻击所有必要目标以产生足够"震慑与畏惧"的能力；必须具备可持续不懈地行动的能力。第二，"迅速制敌"可通过四个主要特性得到界定：对自己、敌人和环境的全面认知；迅速性；卓越的行动能力；对作战环境的控制。第三，"迅速制敌"基于美国人性格中的创业精神之上，基于工商领域和一系列信息技术、与信息相关技术、材料技术和其他一些技术方面正在取得的巨大进步之上。第四，"迅速制敌"可应用于从和平、危机到战争的整个范围。第五，"迅速制敌"可用于对多种目标进行一系列"打击波次"的持续不懈的有力打击。这种打击将综合用于海上、空中、地面和太空部队，如果有必要，"迅速制敌"还包括对领土的有形夺取和占领。第六，"迅速制敌"部队应具有许多能力可在未来 5～15 年内形成和投入使用。

（六）精干作战力量

未来信息化战争中，先进的信息化系统和远距离的投送能力为军队的小型化奠定了基础。由于军队的作战能力将成指数增长，小规模的高度一体化和智能化的军队，即可达成战略目的。因此，精干作战力量，创新信息时代的军队组织形态是军队建设的必然趋势。

军队的总体规模将大幅度缩小。随着军队的信息化程度和作战能力的不断提升，缩减军队规模将是必然的趋势，拥有庞大的常备军将成为历史。作战部队的建制规模将更加小型灵巧。未来军和师的编制将可能最终消亡，旅、营或更低级别的战术单位将成为主要的作战建制，并可能出现按作战职能编成的小型作战群或能够同时在陆、海、空等多维空间作战的一体化的小型联合体。为适应未来信息化战争的需要，一些技术密集、小巧精干的新型兵种作战单元也将相继出现并逐步增多。

军队体制编制将进行重要调整。未来信息化战争是高度一体化的作战，未来军队编成的一体化，将主要表现为按照系统集成的观点，建立"超联合"的一体化作战部队。为此，未来军队信息系统的构成，将按照侦察监视、指挥控制、精确打击和支援保障四大作战职能，建成四个子系统。侦察监视子系统将所有天基、空基、陆基和海基侦察监视平台和系统连为一体，完成对作战空间全天候、全方位的实时感知；指挥控制子系统把所有战略级、战役级和战术级指挥控制和通信系统联为一体，将对作战空间的感知信息转变为作战决策和控制；精确打击子系统把陆海空天的信息和火力系统构成一体化的精确打击平台；支援保障子系统为作战行动提供实时精确的保障。这四个子系统的功能紧密衔接、有机联系，构成一体化的作战系统。按照这个思路构建的军队，将从根本上抛弃工业化时代军队建设的模式，革除偏重发挥军种专长和追求单一军种利益的弊端，使作战力量形成"系统的集成"，从而能够充分发挥整体威力，实施真正意义上的一体化作战。

二、应对信息化战争的基本对策

信息化战争的到来，加剧了世界各国战略力量对比的不平衡性，增大了发展中国家战略选择的难度，特别是对我国国防和军队建设与发展提出了严峻挑战。对此，我们必须立足当前、着眼未来，从发展的角度搞好国防和军队的信息化建设，以求在未

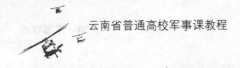

来信息化战争中立于不败之地。

（一）树立信息时代国防建设的新理念

机械化战争的制胜理念是消耗敌人、摧毁敌人，大量歼灭敌人的有生力量，而信息化战争的制胜理念是控制敌人、瘫痪敌人，通过破击敌人作战体系，达到巧战而屈人之兵的目的。机械化战争中，万炮轰鸣的火力倾泻为主要打击手段，而在信息化战争中，实施精确打击为首要选择。国防建设是军队打赢信息化战争的重要基础。因此，我们在考虑国防建设和经济建设时，从宏观规划到人力、物力和财力的动员，从经济基础建设到国防工程、交通信息、防汛和医疗卫生等建设都必须和打赢信息化战争通盘考虑、规划和建设。

战争形态的发展变化，给我们带来的挑战首先是观念上的影响和冲击，强烈要求我们必须适应这种不可抗拒的变化，树立与打赢信息化战争相适应的观念，为国防现代化提供有效的建设理念和指导方法。认识只有跟上时代变化才能占据主动，理念只有适应形势才能把握先机。应对信息化战争形态带来的挑战，只有确立与打赢信息化战争相适应的思维方式，强化信息制胜意识，用源于实践高于实践的先进理论指导实践，用创新的观念谋求国防和军队的建设发展，才能使国防建设适应军队的信息化建设。

（二）大力加强国家信息基础建设

在信息时代，国家的信息基础建设是国家战略能力的重要组成部分。国家战略能力是指一个国家在需要进行战争或应对突发事件时，所能调动的各种力量的总称。

完善的国防信息基础设施是国防信息化的基础，如果没有快速、准确和高效的国防信息基础设施，就不可能真正实现国防和军队的信息化。加强国防信息基础设施建设，要促使传统的军事通信网向一体化指挥控制平台过渡，逐步实现综合、智能和"无缝"的国防信息网络，以支持各级指挥员在任何时间、任何地点获取作战指挥信息，为满足信息战争需求提供支撑和保障。

国家的信息基础建设是军队信息化建设的基石，是打赢未来信息化战争的重要支撑。因此，必须把加强国家的信息基础建设作为应对信息化战争的首要举措。当前，我国信息基础设施建设，已获得了长足的发展。虽然在交通、金融和通信等主要行业信息化水平，我国已经接近发达国家，在数字地球领域，我国和发达国家处在同一起跑线上，但与发达国家相比，在许多方面我国仍存在差距。因此，必须下大力加强我国的信息基础建设，努力提升我国的国家战略能力。

信息基础建设的重点应主要放在三个方面：一是努力发展以微电子技术、计算机技术和通信技术为主体的信息技术，这是一个国家信息基础建设的基础。二是加快国家大型网络系统建设。三是大力开发各种软件技术。目前我国软件技术的研制、开发能力远远落后于发达国家，与一些发展中国家相比也不占优势。此外，国家信息安全的防护，在相当程度上是由先进的软件技术来保障的。因此，应加大研制和开发软件技术的资金、技术和人力投入，使我国在软件技术上跻身于世界先进行列。因此，必须把加强国家的信息基础建设作为应对信息化战争的首要措施。

（三）努力培养国防信息化人才队伍

人才是强国兴军之本，决定未来信息化战争胜负的是高素质国防和军队信息化人才。随着信息技术的飞速发展和在社会各领域的广泛运用，信息科技人才的紧缺已经成为一个世界性问题。必须加大力度，努力培养新型国防信息化人才，为我军打赢信息化战争提供强大的智力支撑。为此，我们必须把国防信息化人才队伍的培养工作作为国防信息化建设的根本大计，树立超前意识，构建我军新型的国防信息化人才培养体系，抓紧培养复合型人才，尽快缩小与发达国家军队在人员素质上的"知识差"，以适应国防信息化建设和未来信息化战争的需要。

我国信息技术人才的匮乏突出，必须下大力采取多种有效措施加强国防信息技术人才的培养、引进与保留，建设一支雄厚的信息人才队伍，确保我国的信息基础建设能够持续不断地发展。一方面，要依托地方进行信息化人才的双向培养；另一方面，军事院校教学中要加大高新技术知识的比重，提高部队信息化条件下的训练水平，创造良好的信息化环境和信息化文化氛围。

（四）加速推进国防和军队信息化建设的进程

我军在加强军队机械化建设的同时，必须趁国家加快经济和社会信息化发展之势，紧紧围绕"听党指挥、能打胜仗、作风优良"的强军目标，跨越式加快国防和军队信息化建设。

首先，要树立信息主导的思想。观念是行动的先导，一是确立信息化在军队建设中的主导地位，全面推进国防和军队的信息化建设。二是系统集成观。要用大系统的观念来筹划军队建设。在作战力量建设上，强调加强作战空间预警、C^4ISR 和精确使用作战武器；在战场准备上，要求建立数字化战场；在部队建设上，要求建立数字化部队；在装备建设上，要求积极推行"横向技术一体化"。三是"虚拟实践观"。虚拟现实技术的发展，为人们"虚拟实践"提供了可能。人们可以面向未来，创造一种"人工合成环境"，在实验室里"导演"战争，主动适应未来。为此，美、英等国军队建立了许多"战斗实验室""作战模拟实验室"和"作战仿真实验中心"等等。

其次，要实现我军信息化建设的跨越式发展。国防和军队的信息化建设是一个十分复杂的系统工程。我军信息化建设要抓住三个重点：一是要大力发展信息化武器装备。我军一方面要致力发展信息化武器装备；另一方面要在信息化弹药、信息化作战平台、专用信息战武器三个方面取得突破性进展，这样才能缩小与发达国家的时代差。二是要大力推进数字化部队建设。在建设思路上要突出我军的特色，走出一条投入少、周期短、效益好的发展路子。三是要大力加强数字化战场建设。数字化部队和数字化战场是信息化战争的两大支柱，有了数字化战场数字化部队才有可靠依托。我军数字化战场建设，应充分运用空间基础数据建设成果，将导航定位、天基立体测绘和时间基准、地球中心坐标系统相统一，建设成能够覆盖整体作战空间的多维信息获取系统，形成平战结合、诸军一体的战场信息系统，推进我军的国防和信息化建设。

第六章　云南军事地理及近现代
重大军事事件概况

云南位于北纬 21°8′32″～29°15′8″和东经 97°31′39″～106°11′47″之间，东西横跨 864.9 千米，南北纵距 990 千米，总面积 39.4 万平方千米。全省人口 4600 万，少数民族人口占全省人口的三分之一，全国 55 个少数民族中，云南有 25 个，是一个多民族和谐的大家庭。云南地处祖国西南边陲，是我国西南的重要国防门户。

一、云南军事地理概况

云南东接黔桂，北靠川藏，西南连缅甸，南邻老挝、越南。边界线长 4060 千米，其中中缅边界 1997 千米，中老边界 710 千米，中越边界云南段 1353 千米，是我国毗邻周边国家最多、边境线最长的省区之一。云南有 8 个边境地州，26 个边境县，有 15 个民族与境外相同民族在国境线两侧居住。已开通 11 个国家级口岸、9 个省级口岸和近百条过境通道，与泰国、柬埔寨、马来西亚、新加坡、孟加拉国、印度相距不远，皆可陆路到达。云南自古以来就是陆地通向南亚、东南亚等地的重要门户。

云南地区幅员外形如"帚"，从西北向东南散开。地形由纵谷区和山原区组成，其中山地面积占 84%，丘陵占 10%，坝子占 6%，地势高耸，对邻省邻国均呈居高临下之势。纵谷区由滇西北横断山脉高山峡谷，滇西南哀牢山、无量山等中山峡谷，金沙江峡谷组成，是青藏高原的南延部分。高黎贡山、怒山、云岭和怒江、澜沧江、金沙江自北向南相间排列。洱海至尖高山一线以北，山高林密，是省内山地海拔最高的地区，一般海拔在 3000～5000 米，坡度为 30～50 度，岭谷陡峻，谷底和山岭的高差多在千米以上，"三江"穿流在三山之间，水流湍急。洱海至尖高山一线以南，山地高度逐渐降低，谷地亦渐变宽，山地海拔 3000 米以下，坡度为 20～40 度，山地顶部宽平且山脊连贯，山势低矮，间杂着较大的宽谷盆地，有亚热带雨林和季风雨林植被。山原区由滇中高原和滇东北高原组成。平坝多分布在高原面上的谷地和河流沿岸，丘陵地主要分布在牛栏江和南盘江以南的高原面上。云南气候复杂，类型多，垂直变化大，属热带、亚热带高原季风气候，日照充足，雨量充沛，旱雨季分明。5～10 月份，受来自海洋性潮湿的西南季风和东南季风所控制，降雨量高；11 月至翌年 4 月，受来自印度次大陆干暖西风气流所控制，降雨较少，形成旱、雨季分明。

总之，云南是一个多山的省份，由于盆地、河谷、丘陵、低山、中山、高山、山原、高原相间分布，各类地貌之间条件差异很大，类型复杂多样。全省平均海拔 2000 米，最高点为滇藏交界的德钦县怒山山脉的梅里雪山卡格博峰，海拔 6740 米，最低点在与越南交界的河口县境内南溪河与元江汇合处，海拔仅 76.4 米。

云南与中南半岛诸国山水相连，历来是帝国主义和霸权主义者觊觎的地区，战略地位非常重要，云南近现代的军事活动，不仅是稳固国防局势的杠杆，而且已成为云南近现代发展的一条重要轴线。按军事地理特征，云南可划分为滇西方向、滇南方向、滇中后方地域。

早在 2000 多年前，云南就已成为我国与印度和东南亚友好交往和发展贸易往来的重要通道。这条古道从四川至云南，然后通达缅甸、印度、中亚、西亚各国乃至西方国家。二战时期云南开通了著名的滇缅公路和"驼峰航线"，为赢得抗日战争的胜利发挥了重要作用，在历史上写下了辉煌的篇章。

二、云南近现代重大军事事件概述

鸦片战争后，中国沦为半殖民地半封建社会，云南被英法帝国主义划分为其势力范围，从此以后，云南各族人民与封建主义、帝国主义展开了一系列的斗争。云南人民为反抗帝国主义的侵略，反对和推翻封建专制统治，争取中华民族的独立和解放、自由和幸福，进行了艰苦卓绝、不屈不挠的英勇斗争，在中国近现代革命斗争史上写下了许多惊天动地、可歌可泣的壮丽篇章。我们永远不要忘记这悲壮辉煌的历史！我们要永远铭记为祖国和人民的事业而英勇献身的各族人民英雄。

（一）杜文秀起义

杜文秀，字云焕，号百香，回族。清道光三年（1823 年）生于云南永昌府保山县一家杨姓回族商人家庭，取名杨秀。10 岁后过继给姨妈为嗣，改姓杜，更名杜文秀。他自幼勤奋好学，14 岁考中秀才，16 岁补廪膳生员。道光二十五年（1845 年）四月，保山汉族地主团练"香把会"因一桩小事勾结官府屠杀回民，制造了"保山惨案"。杜文秀以代表身份赴京上控，未获公正处理。咸丰六年（1856 年），官府又支持临安（今建水）汉绅霸占回民银矿，并屠杀回民，同时又密令云南各地"聚团杀回"。杜文秀遂于蒙化（今巍山）起兵，对抗官府，云南各族人民纷纷响应，旋即攻下大理府，起义烽烟遍及云南。同年 10 月，他被推举为"总统兵马大元帅"，建立起大理革命政权，提出"回汉一体，竖立义旗，驱除鞑虏，恢复中华"等口号，开始了长达 10 余年的反清斗争。

杜文秀起义军全盛时期，占领云南 53 县，半壁云南江山在其统治之下，其间多次粉碎清军的大规模清剿。同治六年（1867 年）十月，组织 20 万大军进攻昆明，后因太平天国失败，清军调集优势兵力并采取内部分化等手段，致使起义军东征失利。

同治十一年（1872 年），清军围攻大理，十一月大理被攻陷，杜文秀服毒，英勇就义，时年 49 岁。坚持了 18 年的滇西农民起义最终失败了。杜文秀起义是云南各族人民反对清朝封建统治的一场正义战争。起义虽然失败了，但它永远是回族人民和云南各族人民革命斗争史上的光辉事迹。

（二）中法战争与云南

19 世纪 70 年代以后，世界各主要资本主义国家向帝国主义阶段过渡，在世界各地争夺自己的殖民地。法国先后吞并了柬埔寨、越南南部，继而又向越南北部扩张。法

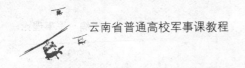

国对云南早有野心。云南的气候条件、矿产资源和它在军事上的重要战略地位,使法国侵略者馋涎欲滴。

法国侵略者本打算沿红河而上进入云南,但在红河上游地区中越边境一带的老街驻有刘永福的黑旗军。为了打通进入云南的通道,1873 年,300 余名法军攻陷河内,应越南阮朝请求,刘永福出兵相救。法军大败,击毙法军军官安邺及其副手海军中尉班尼。1883 年,法军海军上校李维业又攻占河内,黑旗军再次出师抗法,并向法军下战书。5 月 19 日,李维业率 550 名侵略军出城应战,在纸桥以西遭黑旗军伏击,李维业中弹倒地被黑旗军砍了头,法军死伤数百。黑旗军两次击毙法军统帅,沉重打击了法军的侵略气焰,粉碎了法军逆红河而上进入云南的企图,继而转入滇东南地区,强占了今马关、麻栗坡地区的都竜、南温河、猛硐、船头等地,后苗族英雄项从周率苗、瑶、傣、壮、汉各族人民奋起反抗,用最原始的武器打败法军,收复了被占领土地。

随着法军的步步侵略,越南阮朝多次请求清政府出兵帮助抗法,清政府出于自身安全的考虑,决定出兵援越抗法。1881 年至 1882 年,清廷分广西、云南两个方向派出两支部队进驻越南北部,两支部队人数最多时达 3 万余人。1883 年 12 月 11 日,法军近 6000 人在 500 门大炮的配合下,向西路滇军进攻,总指挥云南布政使唐炯不战而逃回云南境内,只有黑旗军做了抵抗。1884 年 3 ~ 4 月间,法军在东线进攻桂军,驻守越南北宁的桂军也弃城而逃。1884 年 5 月,李鸿章与法国签订了《中法简明条约》,清政府承认法国对越南的"保护权",并同意将清军全部调回中国国内。

法国侵略者并不满足已取得的胜利,反而更加快了侵略中国的步伐。1884 年 7 月,法国舰队从海上侵入中国福建的马尾军港,8 月 23 日,法军发动突然袭击,福建海军阵亡官兵 700 余名,损失战舰 50 余艘,福建海军全军覆没。在此情况下,清政府被迫于 8 月 26 日下令对法宣战,并严令云贵总督岑毓英再次出关。1884 年 9 月下旬,滇军5 万余人出关抗法,联合黑旗军,很快拿下老街,攻下文盘州,法军退至宣光。滇军自 1884 年 12 月 21 日开始对驻宣光之法军数千人发动强大攻势,历时 73 天。这是自鸦片战争以来,清军第一次主动地、大规模、长时间地进攻外敌,并赢得了胜利。

然而,清政府在"乘胜即收"的思想指导下,于 1885 年 4 月 4 日同法国签订了《中法议和草约》,1885 年 6 月 9 日又与法国签订了《中法会订越南条约》,承认越南是法国的"保护国",同意法国在广西、云南指定两处通商,法国货进出云南减税。中发战争以中国"不败而败"、法国"不胜而胜"宣告结束。

中法战争后,法国通过不平等条约掠夺我方边界土地,夺取中国铁路修筑权。1910 年,滇越铁路通车后,成为法国插在云南的一条吸血管,把云南的矿产物资大量通过这条铁路运到越南。同时还将云南蒙自、蛮耗开为商埠,在云南多个地方开银行、开商号、办公司,进行文化侵略,大大加深了云南的半封建半殖民地化。此后,云南各族人民开展了更加激烈、持久的反抗斗争,直到云南解放。

(三)云南陆军讲武堂

云南陆军讲武堂是中国近代一所著名的军事院校,开办于 1909 年(己酉年),位于昆明市中心的翠湖西岸。

清朝末年,清政府为挽救垂亡的封建统治地位,镇压民族民生运动,开始效仿西方，建立新式陆军，兴办军事学堂。云南陆军讲武堂始建于 1907 年，1909 年 8 月 15 日正式开学，设步、骑、炮、工 4 科，1928 年结束，共开办 19 期，招收学生 4000 余人。

由于该校教员多从日本士官学校毕业，很多人在日本学习时就是倾向革命党的分子，其中一部分就是孙中山领导的同盟会会员。他们在教学中采取多种方式，在学生中传播革命概要，使学校成为培养反清革命的重要据点，团结云南革命力量的核心。在"重九起义"中，讲武堂教官及毕业学生在起义斗争中起着重要的骨干作用，有的身先士卒，有的英勇牺牲。在后来的"反袁护国"战争中，讲武堂师生不惧强权，不畏牺牲，勇往直前，为中国的革命事业建立了举世瞩目的功勋。云南陆军讲武堂成为旧民主主义革命时期革命的熔炉。历届毕业生中有些后来加入中国共产党成为人民解放军的重要将领，如朱德、叶剑英等。龙云、卢汉将军为昆明起义、云南解放做出过重要贡献。白族将军周保中、朝鲜国家领导人崔庸健等都从讲武堂走上革命道路。

（四）河口起义

河口是滇越铁路的交通要道，在广西镇南关起义的同时，孙中山亦筹划在河口起义，以此为依托，以图云南。1908 年 4 月，孙中山派黄明堂、王和顺率领从镇南关撤出的起义军 100 余人，开赴云南边境河口。云南人民受清政府残酷压榨，纷纷响应起义，部分清军亦倒戈迎降，起义革命军"数日内增加至 1000 余人，声势大振"。至 5 月 3 日（四月初四），连克河口、南溪、新街、坝洒，直逼蛮耗、蒙自。

起义爆发后，云贵总督锡良一面调兵镇压，一面向清政府告急，清政府即派刘春霖帮办云南边防事务，并派广西、四川、贵州清军前往增援，革命军与清军在老范寨、泥巴黑、羊子街等地相持二十余日，最后被清军击败。5 月 26 日（四月二十七日），清军占领河口，黄明堂率 600 余起义军撤至越南，后被法国殖民当局勒逼缴械，强行遣散。河口起义虽然失败了，但其影响深远，为后来的昆明"重九起义"奠定了良好的群众基础。

（五）腾越起义

1911 年 10 月 10 日，武昌起义爆发，给云南腾冲人民以极大鼓舞，腾越自治会负责人张文光在腾越召集军界的革命力量商议决定在腾越举行起义。

10 月 27 日，驻腾越新军中的同盟会会员陈云龙部打响了起义第一枪。11 月中旬，革命党人控制了腾冲、保山、龙陵、凤庆、云县、临沧、云龙、永平等 20 个县，并向大理进军。腾越起义终以成功告终。

腾越起义的成功加速推动了腾冲社会变革，打响了"云南辛亥革命"的第一枪，有力地推动了昆明的"重九起义"。这是继武昌起义成功之后率先响应的地方之一。它是辛亥革命的重要组成部分，是一次反帝反封建的民族民主革命，它彻底推翻了清王朝在滇西边疆的统治，建立了云南境内的第一个资产阶级革命政权，对云南的民主革命产生了深远影响。

（六）重九起义

1911 年 10 月，武昌起义胜利的消息传到昆明，以同盟会会员为骨干的滇军将领蔡

锷、唐继尧等经过准备，于当年农历九月初九（1911 年 10 月 30 日）在昆明举行武装起义，宣布云南独立。起义部队在讲武堂师生做内应的情况下，从北校场发起攻城。蔡锷等部从东南进攻，于次日晨完全占领昆明全城，活捉总督李经羲。数日后，各府、州、县响应，全省光复，推翻了清王朝在云南的统治。起义成功后即成立云南都督府，蔡锷任都督。

云南是武昌起义后最早举行起义宣布"独立"的省份之一。起义的胜利声援了武昌，推动了贵州、四川及一些省的独立。云南人民"重九"武装起义，是辛亥革命的组成部分。云南各族人民的斗争，结束了清王朝在云南的统治，推动了全国革命的发展。

（七）护国运动

护国运动（1915—1916 年，又称护国战争）是发生在中国云南近代的一场战争。两千多年的中国封建帝制被孙中山领导的辛亥革命推翻，建立了"中华民国"。然而，刚刚建立的"中华民国"南京临时政府成立还不满 100 天，辛亥革命的胜利果实就被北洋军阀袁世凯夺取。在窃取了中央政权后，袁世凯倒行逆施，对外卖国，对内独裁。最令中国人民不能容忍的是，1915 年 12 月 12 日竟然宣布复辟封建帝制。在这种情况下，反对袁世凯复辟封建帝制的斗争在全国范围内轰轰烈烈地开展起来。

1915 年 12 月 25 日，前云南督军蔡锷与云南将军唐继尧等人通电全国，反对帝制，在昆明宣布云南独立，建立云南都督府，随即组织 2 万余人讨伐护国军，兵分多路入桂、川、黔、湘，与北洋军多次激战，护国军在南方取得胜利。

护国战争一开始，就得到全国人民的拥护和支持，全国各地都发动了规模不等的武装起义。在全国民众的讨伐下，北洋军阀内部也开始分崩离析，袁世凯被迫于 1916 年 3 月 21 日宣布取消帝制，在全国人民的唾骂声中，一病不起，于 6 月 6 日病死。护国战争取得彻底胜利。

云南人民在这场斗争中，率先高举反袁大旗，做出了巨大的历史贡献，经过半年多的浴血奋战，最终打倒了复辟称帝的袁世凯，恢复了共和制。

（八）巫家坝机场

巫家坝位于昆明市中心东南 6.7 千米，清光绪三十三年（1907 年），巫家坝成为清军营地，后辟为新军操场。1911 年 10 月 30 日，蔡锷、唐继尧领导的"重九起义"，最先从巫家坝兵营发起，推翻了清政府在云南的统治，巫家坝成为革命的大本营。1922 年，唐继尧为强化滇军，在巫家坝修建了中国历史上第二个飞机场（第一个为北京南苑机场），同时从法国和越南购买战斗机 30 架，教练机 15 架，在陆军讲武堂建立了航空学校，组建了云南第一支空中力量，巫家坝机场成为当时亚洲最早的航空训练基地。

1937 年，抗日战争全面爆发后，云南作为抗战大后方，巫家坝机场成为中央政府航空总指挥的所在地，是陈纳德飞虎队的主要基地和司令部所在地，曾多次派战斗机与日军飞机空战，取得辉煌战果，为保卫昆明及云南领空安全立下了汗马功劳。

1941 年，太平洋战争爆发后，巫家坝机场成为当时中国唯一的国际进出口机场，也是"驼峰航线"的终点站，大量的国际援华抗战物资通过巫家坝机场来华，然后到达全国各地抗战前线，为抗日战争的胜利做出了突出贡献。

1947 年 1 月 20 日，巫家坝机场成为全国首批民用航空机场。

新中国成立后，巫家坝机场辟为军民合用机场，20 世纪六七十年代，驻场人民空军航空兵部队曾多次击落入侵云南领空的美国无人驾驶侦察机及台湾蒋军施放的用于策反宣传的空飘气球。

巫家坝机场为推翻清朝在云南的统治，为抗日战争的胜利，为国土防空作战，为云南航空事业的腾飞，为改革开放后云南的经济发展树立了一座不朽的丰碑。2012 年 6 月 27 日晚，巫家坝机场最后一班民用航班起飞后停止使用，完成了它 90 年的光辉历史任务。巫家坝机场在各个时期创造的丰功伟绩将载入史册。

（九）滇缅公路

滇缅公路东起昆明，经楚雄、下关、保山、龙陵、芒市、畹町出境与缅甸中央铁路相连，云南段全长 959.4 千米，直接贯通仰光港口。这是一条诞生于抗日战争烽火中的国际通道，是一条滇西各族人民用血肉筑成的国际通道。在中国，在世界，没有哪条公路像滇缅公路这样与一个国家、一个民族的命运联系得如此紧密，没有哪条公路能像滇缅公路这样久久地留在人们的记忆里。

1937 年"七七"事变后，日军迅速占领了华北地区及东部沿海地区。更为严重的是，中国 95% 的工业、50% 的人口地域和几乎所有港口都落入日本侵略军手中。当战争进入相持阶段后，战争即演变成一场消耗战，对中国来说，作战物资供应问题此时显得异常严峻。为此，1937 年 11 月，国民政府批准云南省主席龙云提出的《建设滇缅公路和滇缅铁路计划》，要求滇缅公路年底开工，3 个月内修通一条通往缅甸的简易公路。

1937 年年底，滇缅公路沿线近 30 个县约 20 万人被征集来到公路所经的崇山峻岭中，这些人中，大部分是老人、妇女和孩子。由于缺乏机械，物资保障困难，他们用最简单的锄头、锤子，开山劈石修路，由于时间紧，条件恶劣，有两三千男女民工献出了宝贵的生命。

1938 年 8 月底，经过滇西 20 万各族人民的艰苦努力，全世界瞩目的滇缅公路通车了，它震惊了全世界。

滇缅公路修通以后，立即对中国乃至整个亚洲和太平洋区域的抗日战争产生了极为重要的作用。从 1938 年通车到 1945 年抗战结束，从滇缅公路输入中国的作战物资共 49 万余吨，因此称滇缅公路为中国抗战的生命线一点也不过分。

滇缅公路还有一个无形的作用，它改变了整个抗日战争的进程。日军原本计划在正面打败中国军队，迫使国民政府屈服。但由于有了滇缅公路在内的对外通道，使得日军放弃了原来的作战计划，改为从沿海、越南、缅甸封锁中国对外通道。这样给日军增加了战争消耗，延长了战争时间，也给疲惫的中国军队提供了喘息的机会。

（十）中国远征军

"中国远征军"是一个悲壮而伟大的历史名字，也是中华儿女用热血染红的光荣称谓。

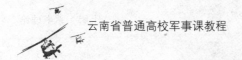
缅甸是与云南接壤的具有重要战略地位的国家。滇缅公路是中国重要的国际交通线。抗日战争爆发后，云南成为我国重要的战略大后方。

1941 年 12 月 8 日，太平洋战争爆发后，日军在短时间内席卷东南亚，1942 年 3 月 8 日，日军攻占缅甸仰光。

为了保卫缅甸，保卫中国西南大后方和保卫抗战"输血线"滇缅公路，经英政府请求，中国政府决定派出军队与驻缅英军一起在缅甸抗击日本侵略军。1941 年 12 月 26 日，中英正式结成军事同盟，签订了《中英共同防御滇缅公路协定》。

1942 年 3 月 12 日，正式成立"中国远征军第一路司令长官司令部"，下辖第 5、第 6 和第 66 军共 10 余万人，浩浩荡荡经滇缅公路开进缅甸。

3 月 18 日与日军接触，作战开始。经同古、仁安羌、孟拱、胡康河谷、斯瓦、东枝等战役，取得了一些胜利，并达到了一定的战略目的。但由于英方一开始拖延阻挠中国远征军入缅，待英缅军队溃败后才急忙请求中国军队入缅参战，此时已失去作战先机，导致缅甸保卫战失利。更重要的是，由于英国当局极端坚持先欧后亚的既定战略，缅甸战局一不利，便对保卫缅甸完全失去兴趣，采取一再撤退方针，使联合作战、共同抗击日军、保卫缅甸的作战计划未能达成。

缅甸作战失利后，1942 年 8 月，中国远征军一部分退入英属印度，一部分经缅北野人山返回祖国，一部分沿滇缅公路突破日本封锁抵达国内。半年前出国远征时 10 余万人，伤亡过一半。第 5 军 200 师师长戴安澜将军属其中之一，在翻越野人山对敌作战中不幸受伤殉国。

缅甸失守给以后的作战带来极为消极的影响，使中国彻底失去了滇缅公路这唯一的陆上交通运输线，日军也直接威胁印度，但也取得了重大的战略意义，掩护了英军撤退，消耗、阻滞了日军进攻中国西南大后方的企图。这次远征作战，也是中日甲午战争以来中国军队的首次出国作战，将士们弘扬了中国人民的国际主义和民族牺牲精神，提高了国际地位。

（十一）驼峰航线

"驼峰航线"是中美两国二战期间为抗击日本法西斯侵略，保障中国战略物资运输，共同在中国西南山区开辟的空中通道。航线起点为印度东北部阿萨姆邦的汀江等机场，向东横跨喜马拉雅山脉、高黎贡山、萨尔温江、怒江直至中国云贵高原和群山环绕的四川。当时因受飞机性能限制，运输机不能超过 7000 米以上高度的山峰飞行，只能在山峰低凹处穿行。这条航线因飞越高耸云端的喜马拉雅山脉和横断山脉，绵亘起伏的高山陡谷很像骆驼的"背峰"，故称为"驼峰航线"。在这条航线上飞行，则称为"驼峰飞行"。在这条航线上执行空中运输任务，则称为"驼峰空运"。

抗日战争时期，中国是一个相当落后的农业国，战争所需的物资如飞机、汽车、汽油等均需进口，因此，维持国际交通线安全至关重要。正是看到中国的这个致命弱点，侵华日军一直把切断中国的国际交通线当作战略重点。

1937 年 7 月 7 日抗日战争爆发后，处于正面战场的国民党军队抵挡不住日本侵略军的铁蹄，政府也由南京迁往重庆。继北平、天津、南京、上海失守后，1938 年 10 月，广州、武汉先后沦陷，由香港经粤汉线运进物资的重要国际交通线被迫中断。

1940 年 9 月，日军占领河内，滇越铁路中断。

1941 年 6 月，德军进攻苏联，苏联忙于卫国战争，新疆通往苏联的国际线路名存实亡。

1941 年 12 月，日军进攻缅甸，翌年 8 月，中国远征军败退印度和国内，10 月缅甸全境沦陷，滇缅公路中断，至此，中国对国外的交通运输线全部被切断。

中国战场此时的形势非常严峻，海陆交通线的切断不仅对中国抗日战争及太平洋战争产生了影响，对世界反法西斯统一战线及美国的利益也产生了影响，因为中国战场拖住了日军 150 万精锐部队。因此，开辟通往中国的新的运输通道，运输急需的作战物资，这是当时中美两国首脑首先要考虑解决的问题。经过中国政府的紧急请求，1942 年 5 月，美国总统罗斯福宣布"不计任何代价必须开通到中国的空中航线"。随即，"驼峰航线"即开始了紧张的空运行动。

"驼峰航线"西起印度汀江，东至昆明巫家坝、重庆，全长 800～1200 千米。"驼峰空运"任务主要由美军陆军空运总队担任，中国航空公司也承担了小部分的运输任务。由于物资运输量大，任务紧迫，"驼峰空运"非常紧张和繁忙，飞行人员飞行强度极大，到 1944 年 11 月，参加"驼峰空运"的美军官兵有 22500 余人，1945 年 6 月达到 34000 人。美国陆军驻印度的第 10 航空队、驻华"飞虎队"则担任打击驻缅甸等地的日军航空队，保卫"驼峰航线"的安全。运输高峰时，1943 年 9 月，执行"驼峰空运"的运输机达到 248 架，1945 年，美国陆军运输队的运输机达到 600 多架，中国航空公司飞机超过 30 架。1942 年至 1945 年，"驼峰空运"共运进作战物资 65 万余吨，运出至印度受训的中国军人 37400 余名。

"驼峰航线"是世界航空史上第一次大规模空运，是持续时间最长、飞行条件最艰险的空中运输线。在印度汀江至中国昆明 800 千米的航线之下，地形在世界上最为险恶；飞机在空中很少甚至根本得不到无线导航的帮助；航线经过地区气候恶劣，变化莫测，气象保障资料严重缺乏；飞行员所能看到的飞行图也残缺不全，日军的战斗机还时刻威胁着他们；飞行员们驾驶的 C-46、C-47 运输机都没有武器装备。为了抗击共同的敌人，为了中国抗日战争的胜利，为了全世界的和平，美国飞行人员甘愿献出自己的鲜血和生命。在长达三年多的时间里，美方损失飞机 563 架，牺牲飞行人员1500 多名，中方损失飞机 46 架，牺牲飞行员 168 人，他们当中的部分烈士至今还没有魂归故土，长眠在"驼峰航线"下的高山幽谷之中，与云南人民同享一片蓝天。他们的勇敢、悲悯和博爱的精神，将被中国人民永远铭记。

（十二）滇西抗战

1942 年 4 月，中国远征军在缅甸失利后，一部西撤印度，一部辗转回国。日军第五十六师团、第二师团、第十八师团各一部，随即沿滇缅公路进犯我西南国门。5 月 3 日，犯畹町；4 日，占芒市，陷龙陵，飞机狂轰保山，炸死我居民及回国难侨一万多人；5 日，进犯怒江，在此危急之际，我惠通桥守军炸桥阻敌；10 日，日军占领腾冲，随后我怒江以西国土相继沦陷。一时间，云南这个抗战大后方突然变成抗击日本侵略者的前沿阵地。

在以后长达两年多的时间里，中国远征军坚守怒江东岸，没让日军再前进一步。

怒江西岸的各族同胞不甘沦亡,毅然奋起,开展游击战,配合军队,内惩汉奸,外御强敌。

1943 年,对日作战出现了有利形势。美军在太平洋战场上转入全面进攻,日军顾此失彼,节节败退。为策应太平洋方向对日进攻,我国将西南战场列为反攻首选地区。为此,中美英同盟决定,先由中国驻印军反攻缅北,继而中国远征军西出滇西,光复国土,随后与盟军一道收复缅甸全境。

1943 年 10 月,中国驻印军率先进入缅北地区与日作战。1944 年 5 月,中国军队横渡怒江,进行第二次远征,两路中国大军东西相对攻击,对盘踞在滇西、缅北的日军展开猛烈攻击。至 1944 年 9 月,两路大军攻克了孟拱、密支那、腾冲、松山等日军要点,奠定了西南大反攻的胜局。此后,两路大军继续东西对进,以摧枯拉朽之势夺取了龙陵、芒市、遮放、畹町、八莫、南坎等地,并于 1945 年 1 月会师中缅边境的芒友。至此,滇西抗战将盘踞滇西、缅北两年多的日军荡涤尽净,赢得了西南战场大反攻的全面胜利。

滇西抗战是中国抗日战争的重要组成部分,也是世界反法西斯战争的重要组成部分。在这场英勇悲壮的战争中,滇西各族人民同仇敌忾,倾其所有,配合军队外御强敌,直至把日本侵略军赶出国门,收复失地,为民族解放事业做出了卓越的贡献。他们反抗日本帝国主义侵略之伟大爱国精神,光照日月,永垂青史。

(十三) 昆明起义与云南解放

1949 年年初,在全国解放战争蓬勃发展的形势下,西南地区,特别是云南已成为蒋介石妄图垂死挣扎、负隅顽抗的地区。为粉碎蒋介石把云南变成在大陆的最后一个反共基地的企图,中共云南地下组织利用蒋与地方实力派之间的矛盾,一直坚持对国民党云南省主席卢汉进行团结争取工作,促使他选择和平起义的道路。

在解放战争形势发展和中国共产党政策的威慑下,卢汉不得不对前途做出认真考虑和选择,1949 年 2 月至 11 月,多次派代表与中共地下组织联系,为解放军接近云南商定起义时机。

1949 年 10 月 1 日,中华人民共和国成立。11 月,贵阳、桂林、重庆相继解放,人民解放军以雷霆万钧之势进攻西南。

1949 年 11 月底,人民解放军已接近云南,蒋介石准备抢先控制云南,陆续把"国防部"、陆军总部等军事机构和部分部队及大批特务撤往云南。鉴于形势十分紧急,如蒋的计划实现,起义的可能性就将丧失,为此,卢汉当机立断决定起义,并向中共昆明地下党做了通报。12 月 9 日,卢汉在昆明软禁了西南长官公署主任张群,当晚借张群之名召开军事会议,扣押了第 8 军军长李弥、第 26 军军长余程万、宪兵西南分区指挥李楚藩、宪兵西南分区指挥部参谋长童鹤莲、空军第五路军副司令沈延世、军统驻云南站站长沈醉等。起义部队随即出动,解除了蒋驻昆机关、部队的武装,控制了昆明市区和巫家坝机场。卢汉当晚正式宣布起义,并将五星红旗插上五华山。

昆明起义后,蒋介石为挽救其在大陆彻底覆灭的命运,于 12 月 10 日急令陆军副司令汤尧兼参谋长指挥第 8 军、第 26 军 4 万余人于 16 日向昆明反扑,当时南下的解放军部队尚未到达云南,昆明面临严峻形势。卢汉一面急电二野刘、邓首长驰援昆明,一面组织起义部队抵御敌军进攻。昆明市民也在中共地下组织的领导下积极行动起来支援起义部队保卫昆明，昆明保卫战坚持了一周，20 日，解放军二野五兵团一部抵进曲靖沾益，进攻昆明，敌军恐被围歼，于 22 日仓皇撤出战斗，逃往滇南蒙自一带，昆明保卫战胜利结束。

按照党中央毛主席的"大迂回、大包围、大歼灭"的战略部署，人民解放军提前入滇。1950 年 1 月初，二野四兵团司令员陈赓做出战略部署：令 38 军 114 师、115 师及"边纵"一部组成左路部队，由广西田东出发，沿中越边境前往河口、金平一带，断敌逃往国外的陆路；令 13 军为中路部队，日夜兼程，经广西百色直插滇南蒙自、开远一线，夺取蒙自机场，断敌空中逃路；令边纵和卢汉起义部队各一部作为右路部队，由昆明南下阻击西逃之敌，配合主力作战。令十四军和十五军作为预备队，由滇东和滇东北进入云南。

左路部队于 1 月 11 日占领边境重镇河口，18 日占领红河沿岸各渡口，切断了逃往越南的通道。中路部队长途奔袭蒙自，16 日占领蒙自机场，拦腰截断了滇越铁路，封闭了敌人从空中或沿铁路逃往境外的通道。右路军由"边纵"副司令员朱家璧统一指挥，堵击西逃之敌。22 日，渡过元江，封锁了敌人去路，经两昼夜激战，全歼敌第 8 兵团部、第 8 军军部，生俘副司令汤尧和军长曹天戈。2 月 19 日，五星红旗插到了中缅边境打洛镇。2 月 20 日，陈赓、宋任穷率四兵团部分及 14 军和西南服务团云南支队进入昆明。22 日，在昆明拓东体育场举行盛大集会，庆祝解放战争胜利和云南全境解放。

（十四）云南境外国民党残余部队

1950 年 2 月云南全境解放后，原国民党第 8 军、第 26 军残余、特务、游杂土匪武装、国民党流散人员及国民党从台湾派往人员在缅北组成"云南人民反共救国军"，直属台湾国民党当局国防部领导，总指挥李弥。

1951 年 5 月，该残军乘我云南解放不久，地方工作刚开展，向我云南边境的澜沧、孟连、西盟、沧源县进攻，6 月又向耿马、双江县进犯，均被我解放军迅速击溃。其后该残部按照蒋介石对大陆破坏的方针意图，在外国反动派的支持纵容下，凭借国境线陆地相连，两国边民跨界而居等便利条件，勾结境外反动分子，选择我工作较薄弱的地区进行武装窜扰，煽动暴乱等破坏活动，阻挠和破坏我边防建设。在我人民解放军的打击和宣传攻势瓦解下，境外国民党残部不断过境起义投诚，其战斗力和嚣张气焰逐渐减弱。随着时间的推进和形势的发展，这支残军逐渐变为一支没有国籍的孤军，1981 年，在组织上也脱离了与台湾当局的联系，1992 年，位于金三角地区的国民党残余部队向泰国政府交出了全部武器。其后，残军大多数在泰缅边境山区安家落户，自食其力，不再危害祖国。

（十五）对越自卫反击战

对越自卫反击战是指 1979 年 2 月 17 日至 1979 年 3 月 16 日中国、越南两国在中越边境爆发的战争，也指两国 1979 年到 1989 年近十年间中越边境军事冲突。

中越两国一衣带水，情同手足。两国共产党在各自民族解放独立战争中结下了深厚的战斗友谊。在抗法斗争中，刚成立的新中国派出军事顾问团指导越军对法作战，取得了奠边府战役的胜利。在抗美战争时期，中国向越南提供了援助，派出防空部队和工程部队进入越南，共同反抗美帝侵略者，击落击伤美机3000余架，还源源不断地提供了大量物资，有力地支持了越南的解放斗争，越南党政也称中国为"坚强的后盾"。

1975年越南统一后，当局逐步发展重用亲苏派，排斥亲华领导。其党章里的毛泽东思想也被取消，在国内疯狂反华排华，打压华侨正常生活，导致大量越南华侨返回中国。在国际上，越南则走上了扩张道路，号称"世界第三军事强国"，提出建立"印度支那联邦"，妄图一统老挝、柬埔寨。1978年在苏联支持下，向柬埔寨发动了武装入侵，并迅速占领了整个柬埔寨。同时对中越边境的陆地、海洋提出主权要求，宣布对西沙群岛、南沙群岛拥有主权，纳入其版图范围，并派兵占领了我南沙群岛部分岛礁。在北部陆地边境不断进行武装挑衅，越界进行侵扰，打伤我边民，推倒界碑，蚕食边境，制造事端，1974年至1979年2月，越南当局在我边境地区共制造武装挑衅事件达3535次之多。中国政府一再警告越方，但越南当局置若罔闻，一意孤行，中国政府在忍无可忍的情况下，被迫发动边境自卫反击作战，对越南实行惩罚性打击。

1979年2月17日，解放军9个军、29个步兵师，在部分空军、海军、防空部队、保障部队的配合下，从云南、广西两个作战方向，对越南发起边境反击作战。至3月5日，我军攻克高平、凉山、同登、老街、柑塘、沙巴、封土，越北边境各重镇被我军控制，威逼河内的态势形成，反击作战的战略目的达到。1979年3月5日，中央军委下达撤军命令。自3月6日开始，各部队交替掩护撤退，至3月16日，全部撤回中国境内，对越自卫反击作战告一段落。

1982年我国又进行了收复边境线上的扣林山、发卡山之战，1984年又进行了收复老山、者阴山、八里河东山之战，之后进行了边境拔点作战，坚守防御作战等，1990年2月13日，中越发生最后一次战斗后，归于平静。1993年4月1日，云南省边防部队由防御作战转为正常守备。

下编　军事技能

第一章　军队共同条令教育与训练

　　我军的共同条令，是《中国人民解放军内务条令》（以下简称《内务条令》）、《中国人民解放军纪律条令》（以下简称《纪律条令》）、《中国人民解放军队列条令》（以下简称《队列条令》）三部条令的统称。共同条令依据我军性质、宗旨，以立法的形式规定了军队日常活动，包括战备、训练、工作、生活等最基本的行为规范。《内务条令》是全军建立和维持良好的内外关系和正规的内部秩序、履行职责、进行行政管理、培养优良作风的依据。《纪律条令》是全军维护纪律、实施奖惩的依据。《队列条令》是全军队列训练和队列生活的依据。三部条令之间互相补充、共同组合成相对完整的规范体系。

　　共同条令坚持以毛泽东军事思想、邓小平新时期军队建设思想、江泽民国防和军队建设思想、胡锦涛关于国防和军队建设重要论述为指导，全面贯彻落实科学发展观，内容上具有科学性、稳定性、准确性和很强的操作性，它不仅规范了军人的行为模式，而且规范了军人行为的法律后果。在众多的军事法规中，共同条令是具有代表性的基本法规，是保障我军各项法规贯彻执行的法规。学习和贯彻共同条令，对于继承和发扬我军优良传统，加速军队革命化、现代化、正规化建设，提高部队战斗力具有极其重要的意义。

　　之所以把这三部条令称为"共同条令"，一是因为这三部条令规定的内容具有共同性。也就是说，三部条令规范的内容都是军人最基本的行为准则，即从一个普通老百姓转变成一个合格军人必须遵照执行的行为依据。二是因为这三部条令的适用范围和对象具有共同性。共同条令使用的范围和对象不但包括现役军人，而且包括民兵预备役人员，它要求从高级将领到普通士兵都要坚决贯彻执行。三是共同条令的组织实施不仅是军事机关的事，而且军队的政治机关、后勤机关都有责任抓好共同条令的宣传教育和贯彻执行，做到"共同条令共同抓"。可见，共同条令是规范全军所有人员行为的"法典"，是治军的基本依据。

第一节　军队共同条令简介

一、《内务条令》基本知识

　　《中国人民解放军内务条令》是规范我军内务制度、加强内务建设的法规。它体现了人民军队的性质、宗旨，凝结着我军战争与和平环境中部队管理的丰富经验，具有严密的科学性，是我军管理教育工作的基本依据。

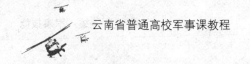

（一）内务的概念、性质和作用

内务，从一般词义上讲，泛指内部事务，或集体生活室内的日常事务。军队内务，是指军队内部日常生活的一切事务。

我军《内务条令》根据我军新时期的总任务和战争特点，从加速我军现代化建设出发，突出了加强教育训练的重点，增加了坚持四项基本原则和社会主义精神文明建设的内容。它是我军进行管理教育、培养优良作风、建立和维护良好的内外关系与正规的内务制度及生活制度、指导各类人员认真履行职责的依据和行动准则。

（二）《内务条令》的产生与发展

我军于1936年8月制定发布了《中国工农红军暂行内务条例草案》，这是我军的第一部内务条令，它对值日勤务、军容风纪、卫兵、礼节、请假规则、着装注意事项和行军中的注意事项等做出了规定。在抗日战争十分艰苦的1942年，中共中央革命军事委员会对《中国工农红军暂行内务条例草案》重新修改后，颁布了《内务条令》和《内务制度》，并一直沿用到全国解放。

中华人民共和国成立之后，我军的建设进入了新的阶段。为适应军队革命化、现代化、正规化建设的需要，中央人民政府人民革命军事委员会提出："制定共同条令，统一全军的纪律和制度。"1950年，我军再次修订了《内务条令》，并于1951年年初与《纪律条令草案》《队列条令草案》一并发布，并在全军试行。经过两年的试行，根据我军实行新编制的情况又对其进行了重新修改，于1953年正式发布，并在全军执行。此后，又分别于1957年、1963年、1975年、1984年、1990年、1997年、2002年、2010年对《内务条令》进行了多次修订。到现在为止，我军的《内务条令》共发布了13部。

（三）《内务条令》的主要内容

现行《内务条令》是经2010年5月4日中央军委常务会议通过，军委主席胡锦涛同志2010年6月3日签发颁布，根据2002年3月23日《中央军委关于修改〈中国人民解放军内务条令〉的决定》修订的，共21章，420条，11个附录。其主要内容可归纳为六个方面：一是阐明了我军的性质、宗旨、使命，明确了内务建设的指导思想，提出了内务建设的任务，确立了我军建设的总要求和总目标；二是阐述了我军内务建设必须遵守的原则；三是规定了现役军人和参训的预备役人员必须履行的职责；四是确定了我军必须保持的内部关系；五是规范了全军现役人员的行为举止；六是确定了我军日常管理规则。

二、《纪律条令》基本知识

《中国人民解放军纪律条令》是中国人民解放军维护纪律、实施奖惩的基本依据，适用于中国人民解放军现役军人和单位，以及参战、支前的预备役人员。其目的在于维护和巩固中国人民解放军的纪律，正确实施奖惩，保证军队的高度集中统一，加强革命化、现代化、正规化建设，巩固和提高战斗力。

（一）纪律的概念、性质和作用

纪律是各种组织要求其成员共同遵守的行为规则。纪律是一定阶级意志的体现，是为一定阶级利益服务的。在社会主义制度下，纪律反映人民群众的共同意志，维护人民群众的共同利益，是执行党的路线、方针、政策，搞好社会主义建设的重要保证。

我军纪律是建立在政治自觉基础上的严格的纪律，是军队战斗力的重要因素，是坚持人民军队的性质、宗旨，团结自己、战胜敌人和完成任务的保证。军队的一切行动都离不开纪律。严明的纪律可以统一全军意志，规范全军行动。

（二）《纪律条令》的产生与发展

我军历来重视纪律条令的制定。建军伊始，毛泽东就亲自规定了《三大纪律六项注意》，不久又补充修改为《三大纪律八项注意》。1929 年 12 月，毛泽东在古田会议决议中提出了编制红军法规的任务，红军领导机关于 1930 年 10 月颁布了我军第一部纪律条令，即《中国工农红军纪律条例草案》。从 1930 年起，我军在革命战争年代共颁发过 6 部纪律条令。新中国成立后，我军正规化建设提上了议事日程。为了适应新形势下军队纪律建设和奖惩工作的需要，从 1951 年至 1990 年近 40 年间，我军先后颁布了 7 部《纪律条令》。

（三）《纪律条令》的主要内容

现行《纪律条令》是时任中央军委主席胡锦涛于 2010 年 6 月 3 日签发颁布，根据 2002 年 3 月 23 日《中央军委关于修改〈中国人民解放军纪律条令〉的决定》修订的，共 7 章，179 条，8 个附录，其基本内容为四大部分：一是总则。主要规定了我军纪律的基本内容、性质和作用，维护和巩固纪律的原则与要求，军人在维护纪律中应尽的责任和义务。二是奖励。主要规定了奖励的目的和应遵循的原则，奖励的项目和条件，奖励的权限，奖励的实施。三是处分。主要规定了处分的目的、项目、条件、实施处分的权限与程序等。四是维护纪律的有关措施。

三、《队列条令》基本知识

《队列条令》是我军共同条令之一，它规定了我军部队和军人的一切队列活动。《队列条令》在我军革命化、现代化、正规化建设中发挥了十分重要的作用，认真贯彻执行《队列条令》，严格组织队列训练，对于规范部队的队列动作、队列队形、队列指挥，培养良好的军姿、严整的军容、过硬的作风、严格的纪律性，塑造我军文明之师、威武之师的良好形象，促进部队正规化建设，巩固和提高战斗力，具有非常重要的意义。

（一）队列的概念、性质和作用

队列自古有之。可以说，自从产生了军队就有了队列。队列有广义和狭义之分。从广义上讲，泛指队伍的行列，从狭义上讲，特指军队进行集体活动时按一定的顺序列队的组织形式。在军队的训练、工作和生活中，队列是必不可少的。队列伴随着军队的发展而发展。在冷兵器时代，队列直接表现为作战的阵式，队列的组织形式就是作战的阵式。操场上队形怎么列，作战的阵式就怎么布，队列与阵式是一致的，只是

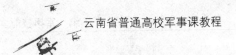

随着冷兵器的发展和战术的变化，队列的形式也随之发展变化了。

《队列条令》是规范全军队列动作、队列队形、队列指挥的军事法规，是全军官兵必须共同遵循的行为规范。新中国成立以来，我军先后颁发了9部《队列条令》。在军队的建设发展中，《队列条令》有着十分重要的地位和作用。

（二）《队列条令》的产生与发展

《队列条令》是随着军队武器装备和作战样式的发展变化，为适应军队的建设和作战需要而产生和发展的。随着热兵器的诞生和战术的发展，队列训练与战术训练的区别日益明显，操场上已经容纳不下整个战术训练的内容。

我军最早的《队列条令》是1951年在苏军《队列条令》的基础上，根据我军的实际需要，结合我军队列训练实际而编写的。随着我军建设的发展需要，从1953年至2010年又先后进行了8次修订。

（三）《队列条令》的主要内容

《队列条令》主要规范了全体军人和部（分）队队列活动的有关内容，共11章，71条，4个附录。第一章总则，包括制定本条令的目的、适用范围、作用与意义、首长机关的责任、队列纪律；第二章队列指挥，包括队列指挥的位置、队列指挥的方法、队列指挥的要求；第三章队列队形，包括队列基本队形，列队的间距，班、排、连、营、团各级的队形要求；第四章单个军人的队列动作；第五章班、排、连、营、团的队列动作；第六章是分队乘坐汽车、火车、舰（船）艇和飞机；第七章敬礼，包括敬礼的种类，敬礼、礼毕的动作及单个军人和分队、部队敬礼；第八章国旗的掌持、升降和军旗的掌持、授予与迎送；第九章阅兵，包括阅兵的权限、阅兵的形式、阅兵的程序、师以上部队阅兵及军兵种部队和院校阅兵；第十章晋升（授予）军衔、授枪和纪念仪式；第十一章附则，包括本条令的参照执行范围，本条令的解释权和本条令的生效时间及附录。其中，队列动作、队列队形和队列指挥是《队列条令》的基本内容，也是军人、分队和部队队列活动的三个基本要素。

第二节　队列训练

《队列条令》在我军革命化、现代化、正规化建设中发挥了十分重要的作用，认真贯彻执行《队列条令》，严格组织队列训练，对于规范部队的队列动作、队列队形、队列指挥，培养良好的军姿、严整的军容、过硬的作风、严格的纪律性，塑造我军文明之师、威武之师的良好形象，促进部队正规化建设，巩固和提高战斗力，具有非常重要的意义。

一、队列训练主要内容

（一）队列动作

队列动作是指单个军人或部（分）队按照《队列条令》的规定所进行的动作。我军的队列动作是在长期的革命战争和军队建设过程中，为适应优良作风的培养和技术、战术训练的需要而逐步形成的，并随着编制装备的变化和队列生活的实践而不断丰富和发展。其基本内容分为两类：一是单个军人队列动作，二是部（分）队队列动作。根据队列动作的性质，又可分为站法（包括立正、稍息、跨立），行进法（齐步、正步、跑步、便步、移步、踏步、礼步），敬礼法（举手礼、注目礼、举枪礼），整齐法（集合、整齐、报数），方向和队形变换法，操枪、筒法（提、肩、托、挂、背等），枪、筒置（架）法，阅兵法，还有出入列法等。单个军人队列动作是部（分）队队列动作的基础，是每个军人的基本姿态和举止，是军人区别于普通老百姓的明显标志。

（二）队列队形

队列队形是指军人或部（分）队按照《队列条令》规定所采取的列队形式，又简称队形。队形作为列队的一种形式，是根据部队的编制装备，本着便于组织指挥，适应技术、战术训练的需要，同时也考虑到我军队列的传统习惯而进行规定的。条令中的队形是以摩托化步兵为背景，对从班至团的各级队形进行了规范，其他军（兵）种的队形应根据实际情况参照执行。

我军现行《队列条令》规定的基本队形有三种：横队、纵队和并列纵队。使用范围：班、排只用横队和纵队队形；连、营均适用三种基本队形；团使用横队和纵队队形，其中横队队形又分为营横队的团横队和营并列纵队的团横队两种。此外，除上述基本队形，在队列训练和队列生活中，根据不同时机和场合的需要，还有些习惯使用的队形，可灵活使用。如室外用于首长讲话、进行操课的缺口（凹形）队形；加大间隔、距离，用于体操、刺杀、军体拳训练时的疏开队形；有阅兵或分列式的特殊队形等。

我军历史上常用的基本队形也是以上几种，只是名称有些不同。如把"纵队"称为"行军纵队"，"并列纵队"称为"方队"或"排纵队的连横队"。外国军队的基本队列队形，也不外乎上述三种，只是排列的方法和名称有所不同。

（三）队列指挥

队列指挥是指挥员对队列人员和列队的部队（分队）的调度。通常用口令实施，有时用音响、光色、手势、旗语，必要时也用有线电、无线电和运动通信等手段实施。为了搞好队列指挥，我军《队列条令》明确规定了指挥员的指挥位置、指挥方法，并对指挥员指挥队列进行提出了严格的要求。

队列活动离不开队列指挥，队列指挥在队列生活中有着极为重要的作用。常言说"三分动作，七分指挥"，可见指挥的正确与否非常重要。在一定意义上讲，不懂得队列指挥就不能算是合格的指挥员。再好的队列，没有正确的指挥，就不能达到步调一致和整齐划一。

二、单个军人徒手队列动作

单个军人徒手队列动作是部（分）队队列动作的基础，是每个军人必须掌握的队列动作，可分为停止间动作和行进间动作。

通过对单个军人徒手队列动作的学习和训练，培养军人良好的军姿、严整的军容、过硬的作风、严格的纪律性和协调一致的动作，服从命令、听从指挥的高度自觉，促进军队正规化建设，巩固和提高战斗力，并为班以上队列训练打下良好基础。

（一）停止间动作

单个军人停止间的队列动作主要包括：整理着装，立正、跨立、稍息，停止间转法，坐下、蹲下、起立，脱帽、戴帽、夹帽，敬礼、礼毕，宣誓等。

1. 整理着装

整理着装是部队训练和生活中常用的动作，通常在立正的基础上进行。

口令：整理着装；停。

要领：两手（持自动步枪时，将枪夹于两腿间）从帽子开始，自上而下，将着装整理好。必要时，也可以相互整理。整理完毕，自行稍息。听到"停"的口令，恢复立正姿势。

动作标准与要求：整理着装时，动作迅速、认真，程序清楚，姿态良好，军容严整，不搞形式。

2. 立正、跨立、稍息

（1）立正。

立正是军人的基本姿势，是队列动作的基础。军人在宣誓、接受命令、进见首长和向首长报告、回答首长问话、升降国旗、迎送军旗、奏唱国歌和军歌等严肃庄重的时机和场合，均应当立正。

口令：立正。

要领：两脚跟靠拢并齐，两脚尖向外分开约60度；两腿挺直；小腹微收，自然挺胸；上体正直，微向前倾；两肩要平，稍向后张；两臂下垂自然伸直，手指并拢自然微曲，拇指尖贴于食指第二节，中指贴于裤缝；头要正，颈要直，口要闭，下颌微收，两眼向前平视（见图1–1）。

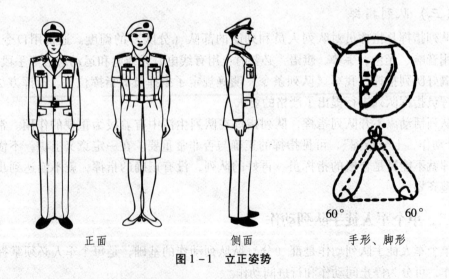

正面　　　　　　侧面　　　　手形、脚形

图1–1　立正姿势

动作标准与要求：做到"三挺一睁"，即：挺腿（两腿并拢挺直，两膝后压）；挺胸（小腹微收，腰部挺直，两肩稍向后张，自然挺起，衣服平整）；挺颈（头要正直上顶，下颌微收，颈部轻贴后衣领）；两眼睁大向前平视，保持30秒不眨眼，面相自然，头部上顶，使鼻尖、衣扣线与两脚尖连线的中点形成一条直线。

（2）跨立。

跨立主要用于军体操、执勤和舰艇上分区列队等场合。可以与立正互换。

口令：跨立。

要领：左脚向左跨出约一脚之长，两腿挺直，上体保持立正姿势，身体重心落于两脚之间。两手后背，左手握右手腕，拇指根部与外腰带下沿（内腰带上沿）同高；右手手指并拢自然弯曲，手心向后。携枪时不背手（见图1-2）。

正面　　　　　　　　　　背面　　　　　　　　　　持枪

图1-2　跨立姿势

动作标准与要求：跨立时姿态端正，精神振奋，军容严整，动作迅速，做到跨脚快、背手快、动作协调，跨脚距离准确。

（3）稍息。

口令：稍息。

要领：左脚顺脚尖方向伸出约全脚的三分之二，两腿自然伸直，上体保持立正姿势，身体重心大部分落于右脚。携枪（筒）时，携带的方法不变，其余动作同徒手。稍息过久，可以自行换脚。

动作标准与要求：稍息时，左脚跟略提起，脚腕稍用力，前脚掌擦地迅速伸出。方向要正，距离要准，两腿自然伸直，体重大部分落于右脚，上体不能晃动，保持立正姿势，注意力集中。换脚时，应先立正，再稍息。做到"移、提、伸"（移重心，提脚跟，伸脚快）、方向正、距离准确。出脚、收脚迅速，两腿挺直，脚腕稍用力。

3. 停止间转法

停止间转法是停止间变换方向的方法。分为向右转、向左转和向后转，需要时也可半面向右（左）转。

（1）向右（左）转。

口令：向右（左）——转；半面向右（左）——转。

要领：听到"向右（左）——转"的口令，以右（左）脚跟为轴，右（左）脚跟和左（右）脚掌前部同时用力，使身体协调一致向右（左）转 90 度，体重落在右（左）脚，左（右）脚取捷径（见图 1－3）迅速靠拢右（左）脚，成立正姿势。转动和靠脚时，两腿挺直，上体保持立正姿势。

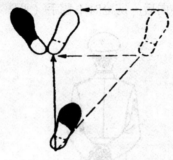

图 1－3 转法靠脚

听到"半面向右（左）——转"的口令，按照向右（左）转的要领转 45 度。

（2）向后转。

口令：向后——转。

要领：听到"向后——转"的口令，按照向右转的要领向后转 180 度。

（3）持枪转动。

持枪转动时，口令同徒手，除按照徒手动作要领外，听到预令，将枪稍提起，拇指贴于右胯，使枪随身体平稳转向新方向，托前踵（95 式班用机枪托底）轻轻着地，成持枪立正姿势。

动作标准与要求：转动时，上体保持立正姿势，转动迅速、稳健，两腿挺直，两臂不得外张，转脚、转体协调一致，后脚的脚跟要摆正；靠脚时取捷径，不得外扫和踉脚；做到"两快、一稳、一正"，即转体快、靠脚快、转体稳、方向正，动作准确，节奏分明。

4. 坐下、蹲下、起立

（1）坐下。

①徒手坐下。

口令：坐下。

要领：左小腿在右小腿后交叉，迅速坐下（坐凳子时，听到口令，左脚向左分开约一脚之长；女军人着裙服坐凳子时，两腿自然并拢），手指自然并拢放在两膝上，上体保持正直。

②携枪坐下。

口令：枪靠右肩——坐下。

要领：携枪坐下时，两腿按照徒手坐下的要领进行，尔后枪靠右肩（枪面向右），右手自然扶贴护木，左手手指自然并拢，放在左膝上。肩冲锋枪、81式自动步枪坐下时，听到预令，右手移握护木，使背带从肩上滑下，将枪取下。

携95式自动步枪坐下时，听到"右手扶枪——坐下"的口令，两腿按照徒手坐下的要领进行，同时将枪置于右小腿前侧，枪身与地面垂直，枪面向后；右手自然扶握上护盖前端，左手手指自然并拢，放在左膝上。肩枪坐下时，听到预令，右手移握下护手前端，使背带从肩上滑下，将枪取下。

（2）蹲下。

口令：蹲下。

要领：右脚后退半步，前脚掌着地，臀部坐在右脚跟上（膝盖不着地），两腿分开约60度（女军人两腿自然并拢），手指自然并拢放在两膝上，上体保持正直（见图1-4）。蹲下过久，可以自行换脚。

持枪时，右手移握护木（95式班用机枪，握上护盖前端；冲锋枪、自动步枪和40火箭筒的携带方法不变），左手手指自然并拢，放在左膝上。

正面　　　　　　　　　　　　侧面

图1-4　转法靠脚

（3）起立。

口令：起立。

要领：全身协力迅速起立，成立正姿势或者成持枪、肩枪（筒）立正姿势。

动作标准与要求：坐下、蹲下时，上体正直，姿态端正，动作迅速；蹲下时两腿分开的角度准确。起立时身体重心前移要快，靠脚迅速、有力，方向要正。整体动作节奏分明。

5. 脱帽、戴帽、夹帽

（1）脱帽。

口令：脱帽。

要领：立姿脱帽时，双手捏帽檐或者帽前端两侧，将帽取下，取捷径置于左小臂，

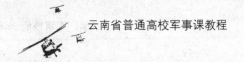

帽徽朝前，掌心向上，四指扶帽檐或者帽墙前端中央处，小臂略成水平，右手放下（见图1-5）。

脱大檐帽　　　　　　　脱冬帽

图1-5　脱帽姿势　　　　　　　　图1-6　夹帽姿势

坐姿脱帽时，双手捏帽檐或者帽前端两侧，将帽取下，置于桌（台）面前沿左侧或者膝上（帽顶向上，帽徽朝前），也可以置于桌斗内。

戴贝雷帽脱帽不便放置时，将帽左右向内折叠，左手将左肩袢提起，右手将帽插入左肩袢下，帽顶向上，帽徽朝前。

（2）戴帽。

口令：戴帽。

要领：双手捏帽檐或者帽前端两侧，取捷径将帽迅速戴正。

（3）夹帽。

需夹帽时，双手捏帽檐或者帽前端两侧，取捷径将帽取下，左手握帽墙（女军人戴卷檐帽时，将四指并拢，置于下方帽檐与帽墙之间），小臂夹帽自然伸直，帽顶向左，帽徽朝前（见图1-6）。

动作标准与要求：上体正直，动作准确、迅速，节奏分明。做到"两快、一稳"，即脱帽快、戴帽快、上体稳。

6. 敬礼、礼毕

敬礼表示军人之间相互团结友爱，表示部属与首长、下级与上级的互相尊重。敬礼分为举手礼、注目礼和举枪礼。

（1）敬礼。

①举手礼。

口令：敬礼。

要领：上体正直，右手取捷径迅速抬起，五指并拢自然伸直，中指微接帽檐右角前约2厘米处（戴无檐帽或者不戴军帽时微接太阳穴，与眉同高），手心向下，微向外张（约20度），手腕不得弯曲，右大臂略平，与两肩略成一线，同时注视受礼者（见图1－7）。

②注目礼。

口令：敬礼。

要领：面向受礼者成立正姿势，同时注视受礼者，并目迎目送（右、左转头角度不超过45度）。

图1－7 徒手敬礼

③举枪礼（用于阅兵式或者执行仪仗任务）。

口令：向右看——敬礼。

要领：右手将枪提到胸前，枪身垂直并对正衣扣线，枪面向后，离身体约10厘米，枪口（半自动步枪准星护圈）与眼同高，大臂轻贴右胁；同时左手接握标尺上方（持半自动步枪时虎口对准枪面并与标尺上沿取齐），小臂略平，大臂轻贴左胁；同时转头向右（见图1－8）注视受礼者，并目迎目送（右、左转头角度不超过45度）。

图1－8 举枪礼

（2）礼毕。

口令：礼毕。

要领：听到"礼毕"的口令，行举手礼者，将手放下；行注目礼者，将头转正；行举枪礼者，将头转正，右手将枪放下，使托前踵（半自动步枪托底钣）轻轻着地，同时左手放下，成持枪立正姿势。

动作标准与要求：敬礼时，上体正直，精神振作，表情自然，姿态端正，动作敏捷，手形正确，中指位置准确。行举手礼时，抬手迅速，动作准确、协调，做到：取捷径，抬手快，手腕直，大臂平，两肩成一线。行注目礼时，两眼注视受礼者，目迎目送。行举枪礼时，枪身垂直对正衣扣线，枪面向后，枪口（半自动步枪准星护圈）与眼同高，大臂不得抬起，左小臂略平。单个军人行进间敬礼时，做到抬手、转头、摆臂与行进协调一致。

7. 宣　誓

宣誓常用于部（分）队在组织战前动员、授装、纪念活动等时机，是当代革命军人核心价值观的一种制度化、经常化的培育形式。

口令：宣誓；宣誓完毕。

要领：听到"宣誓"的口令，身体保持立正姿势，右手握拳取捷径迅速抬起，拳心向前，稍向内合；拳眼约与右太阳穴同高，距离约 10 厘米；右大臂略平，与两肩略成一线；高声诵读誓词（见图 1-9）。

听到"宣誓完毕"的口令，将手放下。

动作标准与要求：宣誓时，上体正直，面部表情自然严肃。右手抬起迅速，动作准确、协调，做到：取捷径，抬手快，手腕直，大臂平，两肩成一线。

图 1-9　宣誓姿势

（二）行进间动作

行进间动作包括行进与立定、步法变换等。

1. 行进、立定

行进的基本步法分为齐步、正步和跑步，辅助步法分为便步、踏步、移步和礼步。

（1）齐步行进与立定。

齐步是军人行进的常用步法，一般用于队列整齐行进。

口令：齐步——走；立——定。

要领：听到"齐步——走"的口令，左脚向正前方迈出约75厘米，按照先脚跟后脚掌的顺序着地，同时身体重心前移，右脚照此法动作；上体正直，微向前倾；手指轻轻握拢，拇指贴于食指第二节；两臂前后自然摆动，向前摆臂时，肘部弯曲，小臂自然向里合，手心向内稍向下，拇指根部对正衣扣线，并高于春秋常服最下方衣扣约5厘米（着夏常服、水兵服时，高于内腰带扣中央约5厘米；着作训服时，与外腰带扣中央同高），离身体约30厘米；向后摆臂时，手臂自然伸直，手腕前侧距裤缝线约30厘米（见图1–10）。行进速度每分钟116～122步。

听到"立——定"的口令，左脚再向前大半步着地（脚尖向外约30度），两腿挺直，右脚取捷径迅速靠拢左脚，成立正姿势。

图1–10　齐　步

动作标准与要求：齐步行进时，姿态端正，精神振奋；两眼注视前方，臂腿协调一致，节奏分明；摆臂自然大方、定型定位，步幅、步速准确。做到：脚跟先着地，脚腕稍用力，膝盖向后压，身体向前移；走直线，方向正，上体稳，摆臂自然，靠脚准。

（2）正步行进与立定。

正步主要用于分列式和其他礼节性场合。

口令：正步——走；立——定。

要领：听到"正步——走"的口令，左脚向正前方踢出约75厘米（腿要绷直，脚尖下压，脚掌与地面平行，离地面约25厘米），适当用力使全脚掌着地，同时身体重心前移，右脚照此法动作；上体正直，微向前倾；手指轻轻握拢，拇指伸直贴于食指第二节；向前摆臂时，肘部弯曲，小臂略成水平，手心向内稍向下，手腕下沿摆到高于春秋常服最下方衣扣约15厘米处（着夏常服、水兵服时，高于内腰带扣中央约15厘米处；着作训服时，高于外腰带扣中央约10厘米处），离身体约10厘米；向后摆臂时（左手心向右，右手心向左），手腕前侧距裤缝线约30厘米（见图1-11）。行进速度每分钟110~116步。

听到"立——定"的口令，左脚再向前大半步着地（脚尖向外约30度），两腿挺直，右脚取捷径迅速靠拢左脚，成立正姿势。

图1-11 正 步

动作标准与要求：正步行进时，做到臂腿同定位，脚落臂不动，上体正直，姿态端正，动作协调，摆臂定型、定位，步幅、步速准确。具体要求：两挺（挺胸、挺腿）、两平（向前摆臂小臂略平、脚掌与地面平行）、四直（上体正直、向后摆臂伸直、站立的腿挺直、踢出的腿绷直）、四快（踢腿快、摆臂快、着地快、跟腿快）、一稳（身体稳如泰山）。

（3）跑步行进与立定。

跑步主要用于快速行进。

口令：跑步——走；立——定。

要领：听到"跑步——走"的口令，两手迅速握拳（四指蜷握，拇指贴于食指第一关节和中指第二节），提到腰际，约与腰带同高，拳心向内，肘部稍向里合（见图1－12①）。听到动令，上体微向前倾，两腿微弯（见图1－12②），同时左脚利用右脚掌的蹬力跃出约85厘米，前脚掌先着地，身体重心前移，右脚照此法动作（见图1－12③）；两臂前后自然摆动，向前摆臂时，大臂略直，肘部贴于腰际，小臂略平，稍向里合，两拳内侧各距衣扣线约5厘米；向后摆臂时，拳贴于腰际。行进速度每分钟170～180步。

听到"立——定"的口令，再跑2步，然后左脚向前大半步（两拳收于腰际，停止摆动）着地，右脚靠拢左脚，同时将手放下，成立正姿势。

①   ②   ③
图1－12 跑 步

动作标准与要求：跑步行进时，用前脚掌的蹬力前进；摆臂时，小臂轻贴身体前后摆动，肘部不得外张，做到前不露肘、后不露手；立定时，不垫步，在左脚向前大半步的同时，左拳收于腰际，右拳不摆动。

（4）踏步与立定。

踏步用于调整步伐和整齐。

停止间口令：踏步——走；立——定。

行进间口令：踏步；立——定。

要领：两脚在原地上下起落（抬起时，脚尖自然下垂，离地面约15厘米；落下时，前脚掌先着地），上体保持正直，两臂按照齐步或者跑步摆臂的要领摆动（见图1－13）。

图1-13 踏 步

听到"立——定"的口令，左脚踏1步，右脚靠拢左脚，原地成立正姿势（跑步的踏步，听到口令，继续踏2步，再按照上述要领进行）。

动作标准与要求：踏步时，上体保持正直，不得左右晃动；两脚正直上下起落，两膝不外张；摆臂要自然，动作要协调，两眼向前平视；立定时，不向左或者向前跨步；靠脚时，收左手。

（5）便步。

便步用于行军、操练后恢复体力及其他场合。

口令：便步——走。

要领：用适当的步速、步幅行进，两臂自然摆动，上体保持良好姿态。

动作标准与要求：姿态端正，摆臂自然大方，保持良好的队列纪律和基本队形，略低于正常的行进速度。

（6）移步（5步以内）。

移步用于调整队列位置。

①右（左）跨步。

口令：右（左）跨×步——走。

要领：上体保持正直，每跨1步并脚一次，其步幅约与肩同宽，跨到指定步数停止。

②向前或后退。

口令：向前×步——走；后退×步——走。

要领：向前移步时，应当按照单数步要领进行（双数步变为单数步）。向前1步时，用正步，不摆臂；向前3步、5步时，按照齐步走的要领进行。向后退时，从左脚开始，每退1步靠脚一次，不摆臂，退到指定步数停止。

动作标准与要求：移步时，精神振奋，姿态端正，动作准确，节奏分明，两眼向前平视，做到：动作协调，步幅准确，动、静分明，有节奏。

（7）礼步。

礼步用于纪念仪式中礼兵的行进。

口令：礼步——走；立——定。

要领：左脚向正前方缓慢抬起（腿要绷直，脚尖上翘，与腿约成90度，脚后跟离地面约30厘米），按照脚跟、脚掌顺序缓慢着地，步幅约55厘米，右脚照此法动作；上体正直，两臂下垂自然伸直、轻贴身体（抬祭奠物除外）；手指并拢自然微曲，拇指尖贴于食指第二节，中指贴于裤缝（见图1-14）。行进速度每分钟24～30步。

听到"立——定"的口令，按齐步立定的要领实施。

图1-14　礼　步

动作标准与要求：上体正直，头向上顶，双腿交替缓慢前进，步速、步幅均匀，表情严肃认真。

2. 步法变换

步法变换均从左脚步开始，分为：齐步、正步互换，齐步、踏步互换，齐步、跑步互换，跑步、踏步互换。

（1）齐步、正步互换。

①齐步换正步。

口令：正步——走。

要领：听到口令，右脚继续走1步，即换正步行进。

②正步换齐步。

口令：齐步——走。

要领：听到口令，右脚继续走1步，即换齐步行进。

（2）齐步、踏步互换。

①齐步换踏步。

口令：踏步。

要领：听到口令，即换踏步。

②踏步换齐步。

口令：前进。

要领：听到"前进"的口令，继续踏2步，再换齐步行进。

（3）齐步、跑步互换。

①齐步换跑步。

口令：跑步——走。

要领：听到预令，两手迅速握拳提到腰际，两臂前后自然摆动；听到动令，即换跑步行进。

②跑步换齐步。

口令：齐步——走。

要领：听到口令，继续跑2步，然后，换齐步行进。

（4）跑步、踏步互换。

①跑步换踏步。

口令：踏步。

要领：听到口令，继续跑2步，然后换踏步。

②踏步换跑步。

口令：前进。

要领：听到"前进"的口令，继续踏2步，再换跑步行进。

动作标准与要求：步法变换时要精神振作，姿态端正，动作规范不变形，变换时机准确，臂腿协调，节奏分明。

三、分队队列动作训练

（一）集合、离散

1. 集　合

集合是单个军人、分队、部队按照规范队形聚集起来的一种队列动作。

集合时，指挥员应当先发出预告或者信号，如"全连（或者×排）注意"，然后，站在预定队列中央前，面向预定队形成立正姿势，下达"成××队——集合"的口令。所属人员听到预告或者信号，原地面向指挥员成立正姿势；听到口令，跑步到指定位置面向指挥员集合（在指挥员后侧的人员，应当从指挥员右侧绕过），自行对正、看齐，成立正姿势。

（1）班集合。

口令：成班横队（二列横队）——集合。

要领：基准兵迅速到班长左前方适当位置，成立正姿势，其他士兵以基准兵为准，依次向左排列，自行看齐。成班二列横队时，单数士兵在前，双数士兵在后。

口令：成班纵队（二路纵队）——集合。

要领：基准兵迅速以班长前方适当位置，成立正姿势；其他士兵以基准兵为准，依次向后排列，自行对正。成班二路纵队时，单数士兵在左，双数士兵在右。

（2）排集合。

口令：成排横队——集合。

要领：基准班在指挥员前方适当位置，成班横队迅速站好，其他班成班横队，以基准班为准，依次向后排列，自行对正、看齐。

口令：成排纵队——集合。

要领：基准班在指挥员右前方适当位置，成班纵队迅速站好；其他班成班纵队，以基准班为准，依次向右排列，自行对正、看齐。

2. 离 散

离散是使队列的单个军人、分队、部队各自离开原队列位置的一种队列动作。

（1）离开。

口令：各营（连、排、班）带开（带回）。

要领：队列中的各营（连、排、班）指挥员带领本队迅速离开原列队位置。

（2）解散。

口令：解散。

要领：队列人员迅速离开原队列位置。

（二）整齐、报数

1. 整 齐

整齐是使列队人员按照规定的间隔、距离保持行列齐整的一种队列动作。整齐分为向右（左）看齐和向中看齐。

口令：向右（左）看——齐；向前——看。

要领：基准兵不动，其他士兵向右（左）转头（持枪时，迅速将枪稍提起，看齐后自行放下），眼睛看右（左）邻士兵腮部，前四名能通视基准兵；自第五名起，以能通视到本人以右（左）第三人为度。后列人员，先向前对正，后向右（左）看齐。听到"向前——看"的口令，迅速将头转正，恢复成立正姿势。

口令：以×××为准，向中看——齐；向前——看。

要领：当指挥员指定"以×××为准（或者以第×名为准）"时，基准兵答"到"，同时左手握拳高举，大臂前伸与肩略平，小臂垂直举起，拳心向右。听到"向中看——齐"的口令后，其他士兵按照向左（右）看齐的要领实施。听到"向前——看"的口令后，基准兵迅速将手放下，其他士兵迅速将头转正，恢复立正姿势。

2. 报 数

口令：报数。

要领：横队从右至左（纵队由前向后）依次以短促洪亮的声音转头（纵队向左转头）报数，最后一名不转头。数列横队时，后列最后一名报"满伍"或者"缺×名"。连集合时，由指挥员下达"各排报数"的口令，各排长在队列内向指挥员报告人数，

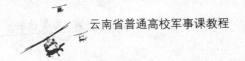

如"第×排到齐"或者"第×排实到××名"。

（三）行进、停止

横队和并列纵队行进以右翼为基准（一路纵队行进以先头为基准）。

1. 行　进

纵队行进以左翼为基准，指挥员应当下达"×步——走"的口令。听到口令，基准兵向正前方前进，其他士兵向基准翼标齐，保持规定的间隔、距离行进。纵队行进时，排、连通常成三路纵队，也可以成一、二路纵队。行进中，需要时，可以用"一二一"（调整步伐的口令）、"一二三四"（呼号）或者唱队列歌曲，以保持步伐的整齐和振奋士气。

2. 停　止

指挥员应当下达"立——定"的口令。听到口令，按照立定的要求实施，分队的动作要整齐一致。停止后，听到"稍息"的口令，先自行对正、看齐，再稍息。

第三节　阅　兵

阅兵是一项重要的军事制度，也是对武装力量检阅的一种仪式。阅兵蕴含着礼仪、庆典、检阅、整训、备战和示威等十分丰富的内容。通常在国家重大节日、军队出征、凯旋、大型军事演习等时机举行。

一、阅兵的起源与发展

西方的"阅兵式"一词，来源于拉丁语，是指军队统帅或部队首长对部队检阅的仪式。

据史料记载，我国古代最早的阅兵是周武王时期的孟津（现河南孟县西南）"观兵"。当时每年检阅一次步兵叫"搜"，意为春天里打猎；三年检阅一次叫"大阅"，五年检阅一次叫"大搜"。封建统治者的阅兵活动，目的是检查兵员的装备情况，而主要用意在于向百姓示威或向邻国展示武力。

随着时代的发展，兵器发生了质变，阅兵队形已经不再直接表现为作战的阵式，而是由直接为战斗服务转为间接为战斗服务。现代阅兵是各国最隆重的庆典。大多数国家都在国庆节和军队的节日举行阅兵，其目的是检阅部队建设的成就，展现军事力量，壮军威，振国威，鼓舞士气，增强国家在国际事务中的影响力。

二、我军的阅兵史

我军历来十分重视阅兵，即使在条件艰苦、战斗频繁的战争年代，也举行过多次。1931年11月7日，在江西瑞金的叶坪村"中华苏维埃共和国中央临时政府"成立大会上，举行了我军历史上的第一次阅兵。

新中国成立后，从1949年到1959年，在天安门广场上我国共举行了11次大型阅兵，后来决定改革国庆典礼的制度，实行"五年一小庆，十年一大庆"。1969年后，由于极"左"思潮的影响和破坏，阅兵被错误地认为是"形式主义""教条主义"而取消，使我军在长达 21 年的时间里未举行过阅兵活动。

1981 年 3 月 10 日，中央军委主席邓小平向全军发出指示："不能说阅兵式是形式主义，它对部队的作风培养有实际意义。"同年 9 月，邓小平同志检阅了参加华北军事演习的北京军区和部分空军部队，从此恢复了军队内部的阅兵。1984 年、1999 年、2009 年的国庆，人民解放军再次在天安门前通过，接受了党和国家领导人及全国人民的检阅。

"军旗猎猎，战车隆隆。在八一军旗的引导下，军容严整，威武雄壮的地面受阅方队和空中受阅方队，伴着铿锵有力的军乐旋律，意气风发地从天安门前通过。徒步方队阵容恢宏，军姿如铁；装甲车队金甲生辉，势不可挡；导弹方队长剑倚天，气贯长虹。这滚滚铁流，这万钧雷霆，如风驰电掣，似山呼海啸，组成了一曲震撼大地的军威交响乐。人民为之欢呼，军人为之自豪，祖国为之骄傲，世界为之瞩目。"这是壮我军威、扬我国威的大阅兵！是鼓舞士气、振奋民心的大阅兵。它既展示了部队建设发展的水平，又促进了部队的正规化建设。

总之，阅兵能够鼓舞部队士气，激发官兵强烈的使命感、荣誉感和革命英雄主义精神，增强部队的凝聚力，能够展示部队的组织协调水平，强化部队官兵的军事素质，对培养高度的组织纪律性、促进部队正规化建设有着重大意义。

三、阅兵形式

阅兵分为阅兵式和分列式。阅兵式是受阅者不动，阅兵者徒步或骑马、乘车、乘舰船，从受阅部队队列前通过进行检阅的仪式。分列式是阅兵者站在阅兵台上不动，受阅部队列队从阅兵台前通过，接受检阅的仪式。分列式分为徒步方队、乘车方队、飞行编队、舰艇编队。2010 年新颁布的《队列条令》，对阅兵的形式做了进一步明确，增加了海上阅兵、空中阅兵、码头阅兵等内容。

阅兵通常进行阅兵式和分列式两项，根据需要，也可以只进行一项。国庆阅兵、海上阅兵及团以上部队、院校阅兵时，通常阅兵式和分列式两项都要进行。迎接国外元首访问，需执行国家仪仗任务时，通常只进行阅兵式。码头阅兵时，通常只进行阅兵式。空中阅兵时，通常只进行分列式。

四、阅兵权限

阅兵由党和国家领导人，中央军事委员会主席、副主席、委员及团以上部队军政主官或者被上述人员授权的其他领导和首长实施，通常由 1 人检阅。

五、阅兵的组织程序

阅兵分为上级首长检阅和本级首长检阅。当上级首长检阅时，由本级军事首长任阅兵指挥；当本级军政主要首长检阅时（由 1 人检阅，另 1 名位于阅兵台），由副部队长或者参谋长任阅兵指挥。以步兵团为例，阅兵程序是：

（一）迎军旗

迎军旗，在阅兵式开始前进行。步兵团迎军旗，通常成营横队的团队形。迎军旗时，主持迎军旗的指挥员下达"立正""迎军旗"的口令，听到口令后，掌旗员（扛旗）、护旗兵齐步行进，当由正前方或者左前方向本团右翼进至距队列 40~50 步时，主持迎军旗的指挥员下达"向军旗——敬礼"的口令，听到口令后，位于指挥位置的军官行举手礼，其余人员行注目礼；掌旗员（由扛旗换端旗）、护旗兵换正步，取捷径向本团右翼排头行进，当超过团机关队形时，主持迎军旗的指挥员下达"礼毕"的口令。部队礼毕；掌旗员（由端旗换扛旗）、护旗兵换齐步。军旗进至团指挥员右侧 3 步处时，左后转弯立定，成立正姿势。

（二）阅兵式

阅兵式程序如下：

1. 阅兵首长接受阅兵指挥报告

当阅兵首长行至团队列右侧适当距离时或在阅兵台就位后（当上级首长检阅时，通常由本级政治委员陪同入场并陪阅），阅兵指挥在队列中央前下达"立正"的口令，随后跑到距阅兵首长 5~7 步处敬礼，待阅兵首长还礼后，礼毕并报告。例如："师长同志，步兵第×团列队完毕，请您检阅。"报告后，左跨 1 步，向右转，让首长先走，尔后在其右后侧（当上级首长检阅时，团政治委员在团长右侧）跟随陪阅。

2. 阅兵首长向军旗敬礼

阅兵首长行至距军旗适当位置时，应立正面向军旗敬礼（陪阅人员面向军旗，行注目礼）。

3. 阅兵首长检阅部队

当阅兵首长行至各营（连）分队队列右前方时，各分队指挥员下达"敬礼"的口令。下达"敬礼"口令的同时，位于指挥位置的军官行举手礼，其余人员行注目礼，目迎目送首长（左、右转头不超过 45 度）。当首长问候："同志们好！"或者"同志们辛苦了！"时，队列人员应齐声洪亮地回答："首——长——好！"或者"为——人民——服务"！当首长通过后，指挥员下达"礼毕"的口令，队列人员礼毕。

（三）分列式

阅兵指挥跑步到队列中央前，或者由团首长临时规定位置。

团分列式，应设四个标兵。一、二标兵之间和三、四标兵之间的间隔各为 15 米，二、三标兵之间的间隔为 40 米。标兵应携带半自动步枪，并在枪上插标兵旗。分列式程序如下：

1. 标兵就位

分列式开始前，阅兵指挥在队列中央前下达"立正""标兵就位"的口令。标兵听到口令，成一路纵队持（托）枪跑步到规定的位置，面向部队成持枪立正姿势。

2. 调整部（分）队为分列式队形

标兵就位后，阅兵指挥下达"分列式——开始"的口令，听到口令后，各分队按照规定的方法携带武器（掌旗员扛旗），各分队指挥员进到本分队队列中央前，下达"右转弯，齐步——走"的口令，指挥分队变换成分列式队形。

3. 开始行进

变换成规定的分列式队形后，第一分队由指挥员下达"齐步——走"的口令。其余分队依次待前一分队离开约 15 米时，分别由指挥员下达"齐步——走"的口令，指挥本分队人员前进。

4. 接受首长检阅

各分队行至第一标兵处，将队形调整好；进到第二标兵处，掌旗员下达"正步——走"的口令，并和护旗兵同时由齐步换正步，扛旗换端旗（掌旗员和护旗兵不转头）。此时，阅兵首长和陪阅人员应向军旗敬礼。各分队由指挥员分别下达"向右——看"的口令，队列人员听到口令后（可呼喊"一、二"），按照规定换正步（步枪手换端枪）行进，在左脚着地的同时向右转头（位于指挥位置的军官行举手礼，并向右转头，各列右翼第一名不转头），不超过 45 度注视阅兵首长，此时，阅兵台最高首长行举手礼，其他人员行注目礼。进到第三标兵处，掌旗员下达"齐步——走"的口令，并与护旗兵由正步换齐步，同时换扛旗；其他分队由指挥员分别下达"向前——看"的口令，队列人员听到口令后，在左脚着地时礼毕（将头转正），同时换齐步（步枪手换提枪）行进。当最后一个分队通过第四标兵后，阅兵指挥下达"标兵撤回"的口令，标兵按相反顺序跑步撤至预定位置。

5. 阅兵首长讲话

分列式结束后，阅兵指挥调整好队形，请阅兵首长讲话。讲话完毕，阅兵指挥下达"立正"口令，向阅兵首长报告阅兵结束。

6. 送军旗

送军旗，在阅兵首长讲话后或者分列式结束后进行。

步兵团送军旗时，主持送军旗的指挥员下达"立正""送军旗"的口令。听到口令后，掌旗员（成扛旗姿势）、护旗兵按照迎军旗路线相反方向齐步行进。军旗出列后行至团机关队形右侧前时，主持送军旗的指挥员下达"向军旗——敬礼"的口令。听到口令后，掌旗员（由扛旗换端旗）、护旗兵换正步，全团按照迎军旗的规定敬礼。当军旗离开距队列正面 40～50 步时，主持送军旗的指挥员下达"礼毕"的口令，部队礼毕；掌旗员（由端旗换扛旗）、护旗兵换齐步，返回出发位置。

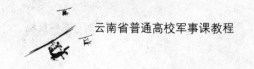
第二章　军体拳格斗训练

　　军体拳是由拳打、脚踢、摔打、夺刀、夺枪等格斗基础动作组成的一种拳术套路。格斗是一种综合性的对抗技击技术。通过军体格斗训练，可以增强体质，提高格斗技能，对培养军人坚韧不拔、勇敢顽强的战斗作风具有重要意义。刺杀就是用枪刺、枪托、弹匣等部位，采取刺、防、打、撞、劈等手段消灭敌人的技能。刺杀训练，能培养官兵勇猛顽强、敢于刺刀见红的战斗作风和不怕流血牺牲的战斗精神。

第一节　军体拳基本功

（一）手　形

1. 拳

四指并拢卷握，拇指紧扣食指和中指的第二节（见图2-1）。

图2-1　握　拳

2. 掌

四指并拢伸直，拇指弯曲紧扣于虎口处，分立掌、插掌和八字掌（见图2-2）。

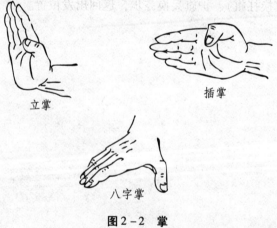

立掌　　　　插掌

八字掌

图2-2　掌

3. 勾

五指第一节捏拢在一起，屈腕（见图2-3）。

图2-3 勾

（二）步 形

1. 马 步

两脚平行开立（约为足长的三倍半），脚尖正对前方，屈膝半蹲，膝部不超过脚尖，大腿接近水平，全脚掌着地，重心落于两腿之间，挺胸、塌腰、两拳抱于腰间，拳心向上，目视前方（见图2-4）。

图2-4 马 步

2. 弓 步

两拳抱于腰间，拳心向上，左（右）脚向前一步，左（右）腿屈膝半蹲，右（左）腿在后挺直，脚尖里扣，自然挺胸，目视前方（见图2-5）。左脚在前为左弓步，右脚在前为右弓步。

图2-5 弓 步

3. 虚 步

两手叉腰，右腿屈膝半蹲，左脚向前，微屈膝，脚跟离地，脚尖稍向内扣，虚点地面，重心落于右腿，挺胸、塌腰，目视前方（见图2-6）。左脚在前为左虚步，右脚在前为右虚步。

图2-6 虚步

4．仆步

两脚左右开立，右腿屈膝全蹲，全脚掌着地，脚和膝外展，臀部接近小腿。左脚挺直仆平，脚尖里扣，全脚掌着地。左掌置于右胸前，右拳抱于腰间，目向左平视（见图2-7）。仆左腿为左仆步，仆右腿为右仆步。

图2-7 仆步

第二节　军体拳第一套

预备姿势：当听到"军体拳第一套，预备"的口令后，在立正基础上，身体稍向左转，同时右脚向右后撤一步，两脚略成"八字形"屈膝，体重大部落于右脚。两手握拳，前后拉开，左肘微屈，拳与肩同高，拳眼向内上，右拳置于小腹前约10厘米处，拳眼向上，自然挺胸、收腹，目视前方（见图2-8）。

图2-8 预备姿势

一、弓步冲拳

右拳从腰间猛力向前旋转冲出，拳心向下，同时左拳收于腰间，成左弓步（见图2-9）。

图2-9 弓步冲拳

用途：击面、胸或腹部。

二、穿喉弹踢

左拳变掌向前上猛插，掌心向上。右拳收于腰间，同时抬右腿，大腿略平，屈膝，脚尖向下绷直，猛力向前弹踢，并迅速收回（见图2-10）。

图2-10 穿喉弹踢

用途：掌穿喉，弹裆或小腹部。

三、马步横打

右脚向前落地成右弓步，同时左手前伸变八字掌，右拳自然后摆（见图2-11①），左转身成马步的同时，左手抓拉收于腰间。右拳向前猛力横击，臂微屈，拳与肩同高，拳心向下（见图2-11②）。

①   ②   反面

图 2 – 11   马步横打

用途：击头或腰部。

四、内拨下勾

右转身成右弓步，同时右臂内拨后摆，左拳后摆并由后向前上方猛击，拳与下颌同高，拳心向里，左脚自然向左移动（见 2 – 12）。

①   ②

图 2 – 12   内拨下勾

用途：击下颌、腹部或裆部。

五、交错侧踹

右转身，右脚尖外摆，左大腿抬平，屈膝、脚尖里勾，两臂在胸前交错（见 2 – 13①），左脚向左侧猛踹，并迅速收回，同时两臂上下外格，屈右肘，拳与头同高，拳眼向后。左臂自然后摆，拳心向后（图见 2 – 13②）。

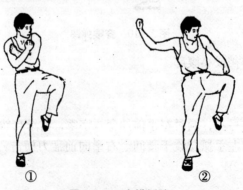

①   ②

图 2 – 13   交错侧踹

用途：踹膝关节或肋部。

六、外格横勾

左脚向前落地，左转身成左弓步，同时左臂上挡、外格、后摆。右拳以扭腰送胯之合力由后向前猛力横击，拳与鼻同高，拳心向下（见图 2 – 14）。

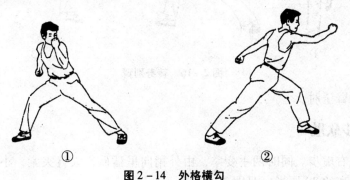

①　　　　　　　　　　②

图 2 – 14　外格横勾

七、反击勾踢

左脚尖外摆，起右脚，脚尖里勾，两手在胸前交错（见图 2 – 15①）。右脚由后向左猛力勾踢，同时两臂猛力外格，左臂屈肘，拳与头同高，拳眼向后，右臂自然后摆，拳心向下（见图 2 – 15②）。

①　　　　　②

图 2 – 15　反击勾踢

用途：勾踢脚跟或脚踝部。

八、转身别臂

右转身，右脚尖外摆并猛力下踏（见图 2 – 16①），上左脚成左弓步，同时右手向前上挑，左手抓握右小臂（见图 2 – 16②），右后转体成右弓步的同时右拳变掌屈肘下压，掌心向下，两小臂略平置于腹前（见图 2 – 16③）。

① ② ③

图 2 – 16 **转身别臂**

用途：别臂压肘。

九、虚步砍肋

收右脚成右虚步。同时两手变掌，由外稍向里猛砍，大臂夹紧，小臂略平，掌心向上，两掌距离约 20 厘米（见图 2 – 17）。

图 2 – 17

用途：砍肋、腰部。

十、弹裆顶肘

两掌变拳收于腰间，拳心向上，同时抬右腿屈膝，脚尖向下绷直，猛力向前弹踢并迅速收回（见图 2 – 18①），右脚落地成左弓步。同时右臂屈肘，左手抓握右拳置于左胸前，两手合力将右肘向前推顶（见图 2 – 18②），右大小臂夹紧略平，拳心向下，成右弓步（见图 2 – 18③）。

① ② ③

图 2 – 18

用途：脚踢裆、腹部，肘顶心窝、头部。

十一、反弹侧击

右拳向前反弹，拳心向内上（见图2－19①），左掌沿右臂下向前猛挑成立掌（见图2－19②）；左转身成马步，同时左手抓拉变拳收于腰间，右拳向右侧冲出，拳眼向上，拳与肩同高，目视右拳（见图2－19③）。

①　　　　　②　　　　　③
图2－19　反弹侧击

用途：反弹面部，左手挑掌解脱，右拳击肋或腹部。

十二、弓步靠掌

上体左移，体重大部落于左腿，两拳变掌交叉于裆前，右脚微收成后虚步（见图2－20①）；右转身，起右脚猛力下踏的同时，起左脚自然屈膝，两掌上下反拨，放于右肋前，掌心向前（见图2－20②），左脚向前落地成左弓步；同时两掌合力向前推出，左手在上，右手在下，掌心向前，两手腕自然靠拢，目视前方（见图2－20③）。

①　　　　　反面　　　②　　　　　③
图2－20　弓步靠掌

用途：推胯、肋，将对方摔倒。

十三、上步砸肘

右脚向前上步成右弓步的同时，右拳后摆，左手成抓拉姿势，虎口向右（见图2－21①）。左转身成左弓步的同时，左手抓拉收于腰间，挥动右臂屈肘向左下猛砸，大臂夹紧，小臂略平，拳心向上（见图2－21②）。

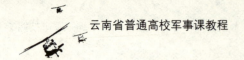

图 2-21　上步砸肘

用途：砸、压肘关节。

十四、仆步撩裆

屈左膝，右腿伸直，右拳变立掌置于左胸前，左拳抱于腰间，上体前倾成左仆步（见图 2-22①）。右手变勾，经右脚面（见图 2-22②）向后勾手外拨后摆，转身成右弓步，同时左手变掌由后向前猛撩，掌心向上，目视前方（见图 2-22③）。

图 2-22　仆步撩裆

用途：勾手搂腿，撩掌打裆。

十五、挡击绊腿

左脚向前上步（见图 2-23①），左手变拳上挡护头，拳高于头，拳眼向下，身体稍下蹲（见图 2-23②），右脚前扫，左拳变掌前推，同时右拳收于腰间，拳心向上（见图 2-23③）。右腿后绊成左弓步，同时右拳变掌下按，掌心向下，虎口向里，同时左掌变拳收于腰间（见图 2-23④）。

图 2-23　挡击绊腿

用途：击裆、腹部，推胸绊腿。

十六、击腰锁喉

右掌变拳屈臂上挡外格（见图2－24①），右脚向前上步，同时左拳向前猛力冲出，拳心向下（见图2－24②）。右拳变掌前插，左手抓握右手腕的同时，右掌变拳两手合力回拉下压（见图2－24③）。右肩前顶，成右弓步，目视前下方（见图2－24④）。

①　　　　　②　　　　　③　　　　　④

图2－24　击腰锁喉

用途：由后击腰锁喉。
结束姿势：左转身，右脚靠拢左脚，成立正姿势（见图2－25）。

图2－25　立　正

第三节　格斗基本功

预备姿势：在立正基础上，身体侧向右的同时左脚向前上一步，脚尖微向里，全脚掌着地，微屈膝；右脚尖稍向外，前脚掌蹬地，微屈膝。左臂前伸微屈肘大于90°，拳与鼻同高，拳心斜向下；右臂屈肘约90°，右拳置于左胸前，拳心斜向下，右肘自然下垂，微收腹，上体稍前倾，重心在两腿之间。头要正，闭嘴，下颚微收，目视前方，余光环视对方全身（见图2－26）。

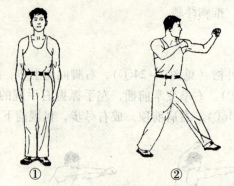

① ②

图 2 - 26　格斗预备姿势

一、步　法

（一）前进步

在预备姿势基础上，左脚向前上一步，右脚前掌蹬地随即跟上一步，还原预备姿势（见图 2 - 27）。

要求：左脚上步时不要离地过高；右脚蹬地要有力，迅速跟上。

图 2 - 27　前进步

（二）后退步

在预备姿势基础上（见图 2 - 28①），右脚向后退一步，左脚前蹬地随即后退一步（见图 2 - 28②），还原预备姿势。

① ②

图 2 - 28　后退步

要求：退右脚和退左脚要连贯、迅速，离地不要过高。

（三）左跨步

在预备姿势基础上（见图2-29①），左脚向左跨一步，紧接右脚左跨一步（见图2-29②），还原预备姿势。

要求：跨步时要连贯、迅速，脚离地不要过高。

图2-29 左跨步

（四）右跨步

在预备姿势基础上，右脚向右跨一步，紧接左脚向右跨一步（见图2-30），还原预备姿势。

要求：跨步时要连贯、迅速，离地不要过高。

（五）前蹬步

在预备姿势基础上，左大腿抬平屈膝、勾脚尖。伸小腿，脚跟用力前蹬，随后左脚向前落地，右脚迅速向前跟上（见图2-31），还原预备姿势。

图2-30 右跨步　　　　　图2-31 前蹬步

要求：前蹬时，力达脚跟，支撑腿可屈膝，保持平衡。

（六）后跃步

在预备姿势基础上（见图2-32①），两脚用力前蹬地后，起左脚接着起右脚腾空（见图2-32②），然后左脚向后落地，紧接右脚落地，还原预备姿势。

要求：腾空高度要适宜，左、右脚落地要连续，重心要稳。

图 2 – 32　后跃步

（七）应用步

在预备姿势基础上（见图 2 – 33），根据进攻或防守的需要，灵活变动，寻找与对方保持最合适的距离，使自己处于最有利的位置，身体维持平衡，始终保持预备姿势。

要求：动作迅速、灵活、自如。

二、拳　法

（一）探　拳

在预备姿势基础上，左小臂略内旋稍前冲约 10 厘米，拳心向下，并迅速回收（见图 2 – 34），还原预备姿势。

图 2 – 33　应用步　　　　　图 2 – 34　探　拳

要求：动作自然、协调、迅速。

用途：诱骗对方暴露空门，扰乱对方视线，使对方心理紧张，创造有利条件，出其不意而攻之。

（二）左直拳

在预备姿势基础上，左脚稍向前移的同时，左臂内旋左拳用力前冲，拳心向下。右拳在原位置，上体微右转，目视前方（见图 2 – 35）。击拳后还原预备姿势。

要求：出左拳比上左脚稍前，冲拳要突然有力。

用途：主要击面或胸部。

（三）右直拳

在预备姿势基础上，上左脚紧接右脚跟上的同时身体稍左转，右臂内旋猛力向前冲出，拳心向下，左拳自然收于胸前。两腿微屈，重心稍前移，目视前方（见图2－36）。击拳后还原预备姿势。

图2－35　左直拳　　　　　　　　图2－36　右直拳

要求：冲拳时重心要稳，头和上体不要偏斜。右直拳是重拳，力量大，一般配合探拳或直拳使用。

用途：同左直拳。

（四）左摆拳

在预备姿势基础上，大小臂抬平，微屈肘，左拳内旋拳眼向下，借助身体扭动力量，由左向右弧形摆击，力达拳面。右拳护于胸前，目视前方（见图2－37）。摆击后还原预备姿势。

要求：摆拳的弧度不宜过大，拳击的部位不要超过自身头部正中线，身体扭动与摆击要协调，重心要稳。

用途：主要击打太阳穴。

（五）右摆拳

在预备姿势基础上，右拳内旋，拳眼向下，随上体稍向左转，右拳借助身体扭动力量，由右向左弧形摆击，力达拳面；大小臂抬平，肘关节外展，收左拳护于胸前，目视前方（见图2－38）。摆击后还原预备姿势。

要求：摆拳可和前进步结合，拳走动中上左脚，摆拳弧度不要过大，拳击的部位不要超过自身头部正中线，重心要稳。

图2－37　左摆拳　　　　　　　图2－38　右摆拳

用途：同左摆拳。

（六）左下勾拳

在预备姿势基础上，左脚稍前移的同时左拳外旋，拳心向内上，肘关节向下稍回收，屈肘，上体稍右转的同时左拳由下向前上击出，力达拳面，拳与胸同高。右拳护于胸前，目视前方（见图 2 – 39）。击拳后还原预备姿势。

要求：转体与击拳要协调。

用途：主要击对方腹部、裆部或下颚。

（七）右下勾拳

在预备姿势基础上，左脚前移，右脚后蹬的同时右拳外旋，拳心向内上，肘关节向下稍回收，屈肘，上体左转的同时右拳由下向前上击出，力达拳面，拳与胸同高。左拳护于右胸前，目视前方（见图 2 – 40）。击拳后还原预备姿势。

图 2 – 39　左下勾拳　　　　图 2 – 40　右下勾拳

要求、用途：同左下勾拳。

（八）左平勾拳

在预备姿势基础上，左臂肘关节外展，大、小臂与肩同高，屈肘约 90°。拳心向下，上体右转同时左拳由左向右击出，力达拳面。右拳护于胸前，目视前方（见图 2 – 41）。击拳后还原预备姿势。

要求：勾拳弧度不要太大，击拳的部位不要超过自身头部的正中线。充分利用腰腿的力量。

用途：击头部或太阳穴。

（九）右平勾拳

在预备姿势的基础上，右臂肘关节外展，大、小臂约与肩高，屈肘约 90°，拳心向下，上体左转，同时右拳由右向左击出，力达拳面。左拳护于胸前，目视前方（见图 2 – 42）。击拳后还原预备姿势。

要求、用途：同左平勾拳。

图2-41　左平勾拳　　　　　　　　图2-42　右平勾拳

三、腿　法

（一）弹　腿

在预备姿势的基础上（见图2-43①），右大腿抬平屈膝，脚尖向下绷直，随即向正前方弹出，力达脚面，上体姿势基本不变（见图2-43②）。弹踢后迅速还原预备姿势。弹左腿要领与弹右腿相同。

图2-43　弹　腿

要求：弹腿要快速有力，上体不要后仰。

用途：弹踢对方裆部。

（二）侧踹腿

在预备姿势基础上，右脚尖向右，上体右转。左大腿抬平屈膝，膝向右侧，勾脚尖里扣，左腿向前或前下猛踹并迅速回收，力达脚跟，目视对方（见图2-44）。踹腿时两臂护身。踹腿后左脚落地，还原预备姿势。踹右腿时，左脚尖向外，上体左转，右腿动作同左踹腿。

要求：踹腿时上体可自然侧倾，重心要稳，猛踹快收。

用途：主要攻击对方肋部。

（三）左勾踢腿

在预备姿势基础上，右脚尖向外，上体右转，抬左腿屈膝，脚尖内勾，由后向右前猛力勾踢，力达脚腕内侧，目视前方（见图2-45）。勾踢后左脚回收，还原预备姿势。

要求：重心要稳，两臂护于胸前。

用途：勾踢对方脚跟或小腿。

（四）右勾踢腿

在预备姿势基础上，左脚尖向外，上体左转，抬右腿屈膝，脚尖内勾，由后向左前猛力勾踢，力达脚腕内侧，目视前方（见图2-46）。勾踢后右脚回收，还原预备姿势。

图2-44　侧踹腿　　　　图2-45　左勾踢腿　　　　图2-46　右勾踢腿

要求、用途：同左勾踢腿。

（五）正蹬腿

在预备姿势基础上，重心后移，右（左）腿支撑体重，左（右）腿抬平屈膝，勾脚尖向前蹬出，力达脚跟，目视前方（见图2-47）。蹬腿后还原预备姿势。

要求：猛蹬快收，重心要稳。

用途：蹬腹部。

（六）侧蹬腿

在预备姿势基础上，右（左）脚尖向外，右（左）腿支撑体重。上体稍向右（左）倾斜，左（右）大小腿抬平屈膝，膝盖向前，勾脚尖向左（右）蹬出，力达脚跟，目视左（右）方（见图2-48）。蹬腿后还原预备姿势。

图2-47　正蹬腿　　　　　　图2-48　侧蹬腿

要求：同正蹬腿。

用途：蹬肋部、腹部。

四、防　法

（一）拨　防

1. 左拨防

在预备姿势的基础上左拳变掌（见图 2 - 49①），由左前向右侧前下拨击，手的部位不要超过自身头部正中线，力达手掌，目视对方（见图 2 - 49②）。拨击后还原预备姿势。

要求：快速、准确。

用途：主要防对方右直拳、右摆拳。

图 2 - 49　左拨防

2. 右拨防

在预备姿势的基础上，右拳变掌，由右前向左侧前下拨击，手的部位不要超过头部正中线，力达手掌，目视对方（见图 2 - 50）。拨击后还原预备姿势。

要求：同左拨防。

用途：主要防对方左直拳、左摆拳。

（二）格　防

1. 左格挡防

在预备姿势基础上，左小臂向前上格挡防，肘尖向左前，拳心向前下，目视前方（见图 2 - 51）。格挡后还原预备姿势。

要求：格挡时小臂略高于头。

用途：主要防直拳。

图2-50　右拨防　　　　　图2-51　左格挡防

2. 右格挡防

在预备姿势基础上，右小臂向前上格挡，肘尖向右前，拳心向前下，目视前方（见图2-52）。格挡后还原预备姿势。

要求、用途：同左格挡防。

3. 左格防

在预备姿势基础上，左小臂内旋向左前格，肘尖向左下，拳心向前下，目视前方（见图2-53）。格挡后还原预备姿势。

图2-52　右格挡防　　　　　图2-53　左格防

要求：左格不要过大。

用途：主要防对方摆拳、平勾拳。

4. 右格防

在预备姿势基础上，右小臂内旋向右前格，肘尖向右下，拳心向前下，目视前方（见图2-54）。右格后还原预备姿势。

要求、用途：同左格防。

图 2-54 右格防

5. 左下格防

在预备姿势基础上，左小臂用力向下稍向左格，力达左小臂内侧，拳心向内下，目视前方（见图 2-55）。下格后还原预备姿势。

图 2-55 左下格防

图 2-56 右下格防

要求：下格要快速、有力。

用途：防对方右下勾拳。

6. 右下格防

在预备姿势基础上，右小臂用力向下稍向右格，力达右小臂内侧，拳心向内下，目视前方（见图 2-56）。下格后还原预备姿势。

要求：同左下格防。

用途：防对方左下勾拳。

（三）闪身防

1. 左闪身防

在预备姿势基础上，左脚向左稍上步，半屈膝，上体左下闪。右小臂向右前上格挡，左拳击对方腰或腹部，目视对方（见图 2-57）。闪身后还原预备姿势。

要求：闪身与格挡要协调一致。

用途：防对方直拳或右摆拳。

图2-57　左闪身防　　　　　　　　图2-58　右闪身防

2. 右闪身防

在预备姿势基础上，右脚向右稍前上步，半屈膝，上体右下闪，左小臂向左前上格挡，右拳击对方腰或腹部，目视对方（见图2-58）。闪身后还原预备姿势。

要求：同左闪身防。

用途：防对方直拳或左摆拳。

（四）晃头防

1. 左晃头防

在预备姿势基础上，头向左晃动，目视对方（见图2-59）。晃头后还原预备姿势。

要求：判断准确，晃动不要过大，身体保持平衡。

用途：防直拳。

2. 右晃头防

在预备姿势基础上，头向右晃动，目视对方（见图2-60）。晃动后还原预备姿势。

要求、用途：同左晃头防。

图2-59　左晃头防　　　　　　　　图2-60　右晃头防

第四节　格斗术

格斗术，由擒拿、搏击、散打的基本动作组成，共有五套。它突出了格斗防守要严、稳，进攻要快、准、狠及灵活多变、虚实不定的基本原则。

一、第一套

预备式——拨挡冲拳——擒臂上勾——顶肘撞膝——击胸砍脖。

特点：突出手法、肘法、膝法，属防守反击动作。

要求：防守要准，还击要快、狠。

（一）预备式

动作要领：身体稍左转时右脚向右后撤一步，略比肩宽，右膝微屈，右脚尖外斜45°，脚跟稍抬起；左脚尖稍里扣，膝微屈，重心落于两脚之间；两臂在胸前，前后拉开，左臂微曲，左掌心向右下，指尖朝右上，与眼同高；右臂弯曲，肘尖自然下垂，右拳位于右腮处，身体侧立，下额微收，收腹含胸，目视前方。

（二）拨挡冲拳

动作要领：左脚进步，同时左掌向右下拨挡，右拳向前冲出，拳心向下，与肩同高，左掌变拳回收于左腮，目视右拳方向。

用途：击面、击胸。

要求：拨挡快速，冲拳有力。

（三）擒臂上勾

动作要领：左脚向左前闪身上步，右脚自然跟进，身体稍向右转两拳变成八字掌，左掌向前上托，右掌挡抓加拉于胸前；右掌变拳由下向上猛击，拳与下额同高；同时左掌护握于右肘窝，目视右拳方向。

用途：防右直拳，勾拳击胸腹。

要求：闪身拿臂准，勾拳狠。

（四）顶肘撞膝

动作要领：左脚进步成实战步，同时左掌前下按，右大小臂水平夹紧回拉，右肘由后向前平击，左掌护于右小臂外侧，右拳心向下；右膝向左前上猛撞与腹部同高时，两手从前上回拉于右膝两侧，拳心相对，两小臂略成水平，目视右膝。

用途：肘击头，膝顶裆腹。

要求：击凶狠，合力顶膝。

（五）击胸砍脖

动作要领：右脚向前上步，身体左转，两拳屈肘收于胸前，两臂由左向右摆击，左拳摆至胸前，右拳拳心向前，约与肩同高；身体左转180°成左弓步，左臂屈肘向左顶击，大小臂夹紧，拳心向下，右拳收于右腮，同时右拳变掌由后经肩上向前下斜砍，掌与颈部同高，左拳收于左腮，左肘自然下垂，目视前方。

用途：击胸，砍脖。

要求：重心要稳，落步要快。

二、第二套

预备式——横踢肘击——踹腿跪冲——防刀别臂——双砍弹踢。

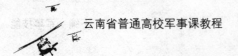
特点：以腿法进攻为主，结合挑臂、别臂等擒拿动作。

要求：腿法要准，擒拿其一点而制动全身。

（一）横踢肘击

动作要领：在预备式的基础上，左脚前进一步的同时击左直拳，右脚向前横踢并着地，同时左手拍抓右肩，右臂屈肘置于胸前，右脚向右后撤步成弓步时，左手向前拉成砍掌，掌心向下，与肩同高，右肘用力后击，大小臂夹紧抬平，拳心向下，目视肘击方向。

用途：击敌心窝，破锁喉，破抓肩。

要求：重心稳，击肘狠。

（二）踹腿跪冲

动作要领：左脚交叉于右脚后，同时两手握拳交叉于胸前，抬右脚侧踹，左拳收于左腮，右拳自然摆于体侧；右转身180°，右脚猛踏于左脚内侧时，左手抓握右手腕，右大臂上挑回拉，右拳收于腰间；左脚向前上步的同时，左手变八字掌前伸，虎口向右；成右跪步时，右拳立拳冲出，左手回收立掌于右胸前，目视右拳方向。

用途：踹腹，破抓手腕，拳击胸腹。

要求：重心稳固，踢打有力。

（三）防刀别臂

动作要领：左脚向右前外摆落地时，左手前伸挡抓回拉于左胸前，右脚猛力向体前正弹踢，右拳自然后摆；右脚向右落步成左弓步的同时，右小臂在胸前上挑，左手抓握右小臂；右转身成右弓步时，右拳变掌屈肘下压，掌心向下，两小臂略平置于腹前，目视前下方。

用途：防匕首上刺。

要求：弹踢狠，别臂稳。

（四）双砍弹踢

动作要领：右脚收回成右虚步，同时双掌在胸前交叉，左里右外，掌心向内上猛力外格，略宽于肩，肘部稍屈；右脚上步成弓步时双掌向前稍内推砍，与颈同高；抬左脚正弹踢时，两掌变拳回收于胸前，拳心相对，相距20厘米，与肩同高，目视前方。

用途：破抓胸。

要求：外格快，推砍猛，弹裆狠。

三、第三套

预备式——护头蹬腹——挟摔下击——盘腿扇掌——抄抱推摔。

特点：以摔法结合擒拿进攻为主。

要求：摔要贴身近靠。

（一）护头蹬腹

动作要领：在预备式的基础上，左脚向前进步同时，左掌变拳屈臂抬肘护于头左侧；上体稍左转时右小臂外格于头部上方，抬右脚向前正蹬并回收于体前，两拳收于胸前，拳心相对（约20厘米），目视前方。

用途：护头击腹。

要求：护头幅度小、速度快，蹬击狠。

（二）挟摔下击

动作要领：右脚向前上步成右弓步，左手变八字掌前伸挡抓，虎口向右，右拳自然后摆；身体左转成左弓步的同时，左手回拉收于腰间，右拳自然后摆由后向前猛力横勾屈肘置于左胸前，拳心向下；身体右转成180°，成左跪步时右拳收于腰际，左拳向左斜下45°猛力下击，拳心向身后，目视左拳。

用途：挟脖摔。

要求：重心稳固，挟摔迅速。

（三）盘腿扇掌

动作要领：左脚向前一步，两手变掌交叉于胸前，右脚前踹，同时右掌变拳拳心向上、左掌掌心向后置于右拳上收回右侧腰际；左掌前扇，右脚后撤一步着地，同时击右直拳，左掌变拳收于左腮，目视右拳。

用途：防抓胸，防直拳。

要求：防守快，扇掌狠。

（四）抄抱推摔

动作要领：左脚上前一步右脚前跟，同时身体稍向左转，左手由下向上，右手由上向下抄抱于胸前。右脚向前上步成右弓步时右手成立掌猛力前推，掌指与眉齐，左拳立于左胸前，目视前方。

用途：防右鞭腿摔。

要求：抄抱准，合力摔。

四、第四套

预备式——组合连击——正蹬直拳——格挡反弹——侧击插喉。

特点：拳腿组合动作，突出散打、远踢、近打等拳腿组合技术。

要求：虚实结合进攻。

（一）组合连击

动作要领：在预备式的基础上，左脚向前一步的同时击左刺拳，右拳自然回收于右腮成预备姿势；再前进步时左直拳接右平勾拳接左上勾拳，目视前方。

用途：击头。

要求：协调有力。

（二）正蹬直拳

动作要领：抬右脚向前正蹬，两拳屈肘收于胸前，拳心相对（约20厘米），约与肩同高；右脚前落地击右直拳，左拳收于左腮，目视右拳。

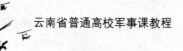

用途：蹬腹，击裆。

要求：重心稳，蹬击有力。

（三）格挡反弹

动作要领：右脚着地，身体向左转90°成马步，两小臂屈肘直立胸前格挡，拳心向内（约20厘米），与肩同高；右拳向外反弹，与头同高，拳眼向上；左拳变掌立于右胸前，掌心向右。

用途：格挡鞭腿，打击头部。

要求：结合腰力，猛力格挡，迅速反击。

（四）侧击插喉

动作要领：起左脚鞭腿，右拳置于右腮，左脚着地同时击左平勾拳，左拳向外格挡并收于左腮，同时右拳变掌掌心向下，向前插击，略与喉部同高。

用途：踢敌腰、头，插喉。

要求：拳脚有力，插掌凶狠。

五、第五套

预备式——提膝直拳——卡喉侧冲——右踹左蹬——直摆侧踹。

特点：拳腿结合动作，突出散打、送踢、近打等拳腿结合技术。

要求：虚实结合进攻。

（一）提膝直拳

动作要领：在预备式的基础上，右脚向左脚处垫步，左腿提膝上抬，大腿略平，左脚向前落步的同时左拳向前冲出。

用途：击敌头。

要求：重心要稳，落步要快。

（二）卡喉侧冲

动作要领：右脚向前上步成弓步，同时左掌前下拍按，右手变虎爪前伸，掌心向前，与喉部同高，肘部微屈；右脚收回成右虚步过程中，左掌沿右臂下向前猛挑成立掌，右手变拳收于腰间；右脚向前上步成弓步时，左掌变拳收于腰间，右拳侧冲，拳心向上，目视右拳。

用途：卡喉、击肋。

要求：卡喉凶狠，侧击有力。

（三）右踹左蹬

动作要领：左脚在右脚后交叉，两拳交叉于胸前，起右脚侧踹，两拳格挡，左拳收于左腮，右拳自然置于右腿外侧。右脚落地同时身体向右转，两拳屈肘收于胸前，拳心相对，相距20厘米，与肩同高，起左脚向前正蹬。

用途：连防击胸腹。

要求：步法灵活，防击有力。

（四）直摆侧踹

动作要领：左脚着地的同时击左直拳，右拳收于右腮，身体下潜同时击右直拳，左拳收于左腮，身体上抬击左摆拳，右拳护于腮部。右脚在左脚后交叉，两拳在胸前交叉，左脚侧踹同时两拳格挡，右拳护于腮部，左拳置于左腿外侧，左脚着地同时身体向左转，恢复预备姿势。

用途：击头腹，踹胸肋。

要求：重心稳固，击踹凶猛。

第五节　刺　杀

刺杀是我军的传统练兵项目，是近战歼敌的有效手段。刺杀就是用枪刺、枪托、弹匣等部位，采取刺、防、打、撞、劈等手段消灭敌人的技能。刺杀训练，能培养官兵勇猛顽强、敢于刺刀见红的战斗作风和不怕流血牺牲的战斗精神。

一、拼刺准备

拼刺准备包括"预备用枪、枪放下""前进""后退""跃退""向左（右）后转"。

（一）预备用枪、枪放下

这是战斗中与敌拼刺的准备姿势。

1. 动作要领

（1）预备用枪。

口令："预备——用枪"。

听到预令，右手迅速将枪提起并移握护木上端，拇指贴于右胯，枪身与身体略成15°（此动作一般在持枪的基础上进行）。听到动令，以右脚掌为轴，身体半面向右转，同时左脚向前迈出一步，脚尖正对前方，两脚距离稍宽于肩，左脚外侧与右脚跟在一线上。两膝微屈，上体微向前倾身体重心落于两脚中央稍前；在出左脚的同时，右手以虎口的压力和四指的顶力，迅速将枪向前（稍左）送出，左手接握护木上端，虎口对正枪面，右手随即移握枪颈，置于腰带环右侧稍下，枪面稍向左，枪刺尖与喉部同高并和左眼在一线上，两眼目视敌方。

（2）枪放下。

口令："枪放下"。

听到枪放下的口令时，以右脚掌为轴，身体半面向左转，同时收回左脚，左手将枪交给右手成持枪立正姿势。

2. 动作标准与要求

出枪要迅速，出枪与出脚要协调一致，姿势要正确稳固，精神要振奋。

（二）前进、后退、跃退

前进、后退、跃退可用于与敌人拼刺时，迅速灵活地控制距离。

1. 动作要领

（1）前进。

口令："前进"。

前进时以右脚掌的蹬力，使身体向前，同时左脚迅速向前一步，约25厘米（脚跟先着地），右脚以同样的距离迅速跟进。

（2）后退。

口令："后退"。

后退时，以左脚掌的蹬力，右脚掌的弹力，使身体向后跃起（两脚仍保持原距离，跃起高度20～30厘米），按左、右脚的顺序着地。

（3）连续前进、后退。

口令："前进""后退""停"。

连续前进、后退，按前进、后退的动作要领连续做。听到"停"的口令，立即停止。

（4）跃退。

口令："跃退"。

以左脚掌的蹬力和右脚掌的弹力使身体向后跃起（两脚保持原距离，跃起高度20～30厘米），按左、右脚的先后顺序着地。

2. 动作标准与要求

前进、后退时，两脚离地面不要过高，动作要敏捷、迅速，上体保持预备用枪姿势，刺刀不要摆动。跃退时，两脚不要并拢，要平起平落，身体不要前倾后仰。

（三）向左（右）、后转

用于与敌人拼刺时，迅速地变换方向。

1. 动作要领

向左（右）转，以左脚跟为轴，用右脚掌的蹬力，使身体向左（右）旋转90°，右脚向前（后撤）一步，身体保持预备用枪姿势。向后转以两脚跟为轴，身体向右转90°，同时两手向后拉枪（枪面向里）并转头向后看，枪托约与小腹同高，左手腕轻贴身体，小臂略保水平，随即以右脚掌为轴，身体再向右转90°，左脚向前一步（也可以左脚掌为轴，右脚向后撤一步），同时右手拉、左手推，劈枪成预备用枪姿势。

2. 动作标准与要求

向左（右）转时，动作要快，枪不要摆动过大，身体保持预备用枪姿势。向后转时，要做到拉枪、转体、转头三者一致，（撤）步要快，劈枪要勇猛、有力。

二、突 刺

突刺是拼刺中消灭敌人的主要手段，是刺杀训练的重点。

（一）动作要领

口令："突刺——刺""垫步——刺"。

突刺时，两臂向目标猛力推枪（左手主要掌握方向），同时以右脚掌（前脚掌内侧）的蹬力和膝关节的挺力，腰部的推力推动身体向前，随即以小腿带动大腿使左脚向前踢出一大步（脚离地面约 25 厘米），在左脚着地的同时刺中敌人（右脚可以自然向前滑动，不要过大），这时的姿势是：枪面向上，左臂伸直（左手可向后滑动 10 厘米），枪托自然贴于右小臂内侧，左小腿与地面接近垂直，右小腿伸直，身体成斜直线。

拔枪时，以左脚的蹬力，使身体向后，同时两手稍向左转枪面，猛力将枪拔出，收回左脚，成预备用枪姿势。

（二）动作标准与要求

两臂推枪，右脚的蹬力和腰部的推力要充分一致，力量要集中在刀尖上，动作要迅速、勇猛有力，姿势要稳固，左脚着地的同时刺中敌人。

三、防 刺

防刺是防开敌枪迅速反刺的动作。在与敌人拼刺中要为刺而防，防与刺紧密结合，积极主动地消灭敌人。

（一）动作要领

1. 防左刺

口令："防左——刺"。

当敌枪向我刺来时，左手向左前稍下挥枪（约 10 厘米），同时右手向右前稍上猛摆枪托（约 10 厘米），以两手的合力，用枪刺座左侧附近猛击敌枪。这时的姿势是：左臂微屈，枪口约与左大臂外侧在一线，右手腕对正衣扣线，距离身体约 10 厘米；防开后，取捷径迅速向敌反刺。

2. 防右刺

口令："防右——刺"。

当敌枪向我右方刺来时，左手向右前方稍下迅速推枪（约 15 厘米），同时右手向内前稍上猛带枪托，以两手的合力，用枪刺座附近猛击敌枪。这时的姿势是：左臂微屈，枪面向左上，枪口约与右大臂外侧成一线，防开后取捷径迅速向敌反刺。

3. 防下刺

口令："防下——刺"。

当敌枪向我下部刺来时，左手向下稍前右迅速推枪，同时右手用四指和手腕向上稍前内猛带枪托，以两手的合力，用枪刺座附近猛击敌枪。这时的姿势是：右手腕贴于第三衣扣附近（即心窝部），枪面向左上，左臂微屈，枪口约与裆部同高，枪刺尖约与右膝在一线上。防开后，取捷径迅速向敌反刺。

（二）动作标准与要求

防的时候，两手要协调用力，主要用手腕用力，防与刺结合要紧密，刺中后两肩要前送，枪面向上。

四、防刺打击

防刺打击是实战中消灭敌人的一种有效手段，在防开敌枪后，对方冲力过大，不便使用枪刺时，用打击动作消灭敌人。

（一）动作要领

1. 防左侧击

口令："防左——侧击"。

当敌枪向我左方刺来时，冲力过大，防开后不便突刺时，以左手后拉右手前推结合腰部向左旋转的力量，用枪托后踵猛击敌头部，随之右脚自然向前滑动（以不超过左脚跟为度，距离较远时右脚可上步），这时的姿势是：枪托后踵约与左肩同高并与左肩外侧在一线上，枪口靠近左大臂下端，右臂微屈，体重主要落在左脚（上步时，体重落于两脚中央），两膝微屈。击后，右手迅速将枪向前猛劈枪，恢复预备用枪姿势。

2. 防左弹匣击

口令："防左——弹匣击"。

按防左的要领防开敌枪后，以两脚掌的蹬力和腰部的挺力，同时两手向前上方猛力推枪，用弹匣部分狠击敌人喉、面部。右脚自然向前滑动（脚跟可提起以不超过左脚跟为宜）。击后，撤右脚劈枪成预备用枪姿势。

3. 防左下击

口令："防左——下击"。

按防左的要领防开敌枪后，左手后拉，右手向前下稍上猛推枪托，以两手的合力结合小腹的丹田力用枪托后踵猛击敌裆部或肋部，随之右脚向前滑动约25厘米（脚跟提起）。此时，两腿微屈（右腿可屈大一些），右臂自然伸直，弹匣向前上稍左，枪口位于左大臂上端。击后，右脚后撤劈枪成预备用枪姿势。

（二）动作标准与要求

防刺打击时，左手拉，右手推，结合腰部力量，三个力量要协调一致，集中于打击点上，动作要确实有力，防与打要紧密结合。

第三章　轻武器射击

第一节　轻武器常识介绍

一、轻武器主要类别

（一）手　枪

手枪是单手发射的短枪。它是近战和自卫用的小型武器，短小轻便，能突然开火。在 50 米内具有良好的杀伤效能。手枪按用途可分为自卫手枪、战斗手枪和特种手枪；按构造可分为转轮手枪和自动手枪；按口径可分为 9 毫米、7.62 毫米、5.8 毫米手枪等。

（二）步枪（自动步枪）

1. 56 式半自动步枪

56 式半自动步枪为自动装填的单发步枪，具有重量轻、射击精度好、机构动作可靠等优点，并装有折叠式刺刀，可以进行白刃战。本枪属气体活塞短行程自动武器，采用枪机下偏式刚性闭锁，弹仓给弹。56 式 7.62 毫米半自动步枪系仿自俄 SKS 半自动步枪。

2. 81 式自动步枪

81 式自动步枪包括 81 式 7.62 毫米步枪（木托）、81 - 1 式 7.62 毫米步枪（折叠枪托）、81 式 7.62 毫米轻机枪。这三种武器的主要结构相同，约有 65 种零部件可以互换通用。该枪族的出现，使中国的武器基本适应了当今世界一枪多用、枪族系列化、弹药通用化的发展趋势，极大地方便了部队的训练、使用和维修，既加强了战斗分队的战斗力，也为枪械互换，增强火力提供了条件。81 式枪族射击精度好，动作可靠，重量轻，枪身短，结构简单紧凑，携行方便，机动性好，火力猛，寿命长，全枪外形美观大方。从 1983 年起全军装备，全面替代了 56 式武器。

3. 95 式自动步枪

95 式自动步枪在设计上采用 87 式步枪和轻机枪的内膛结构。重新设计枪械外形与结构，枪身材质大量使用了工程塑料与铝合金，属于短行程活塞系统，枪机组则与 87 式步枪有相当大的不同，击发系统具有保险、单发和连发两种射击模式，气体调节装置有小孔、大孔、关闭三种位置。

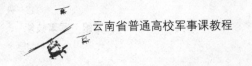

二、子弹的种类、用途和标志

普通弹，用以杀伤敌人的有生力量。

曳光弹，主要用以试射、指示目标和作信号。曳光距离可达 800 米。弹头头部为绿色。

燃烧弹，主要用以引燃易燃物体。弹头头部为红色。

穿甲燃烧弹，主要用以射击飞机和轻装甲目标，并能在穿透装甲后引燃汽油。弹头头部为黑色并有一道红圈。

另外，还有空包弹、教练弹等辅助弹。空包弹主要用于演习，没有弹头，弹壳口收口压花并密封；教练弹主要用于练习装弹、退弹、击发等动作，外形和重量与普通弹相似，弹壳上有三道凹槽，无发射装药，底火为橡皮制成。子弹箱外均标有弹种、数量、批号和年号等。领用时应看清标志，以免弄错。

三、81 式自动步枪（56 式冲锋枪）战斗性能

（一）战斗性能

在近战中，81 式自动步枪（56 式冲锋枪）是消灭敌人有生力量的自动武器，对单个目标在 300 米内实施点射，在 400 米内实施单发射击效果最好。集中火力可射击 500 米内的集团目标。弹头飞到 1500 米仍有杀伤力。战斗射速每分钟 90～100 发，单发每分钟 40 发。使用 56 式普通弹，在 100 米距离内能射穿 6 毫米厚钢板、15 厘米厚砖墙、30 厘米厚土层和 40 厘米厚木板。

（二）组成及用途

81 式自动步枪（56 式冲锋枪）由枪刺、枪管、瞄准具、活塞、机匣、枪机、复进机、击发机、弹匣和枪托十大部件组成，另有一套附品。弹匣可容纳 30 发子弹。

（三）自动原理

扣扳机后，击锤打击击针，撞击子弹底火，点燃发射药，产生火药气体，推送弹头沿膛线向前运动。当弹头经过导气孔时，部分火药气体涌入导气箍，冲击活塞推动枪机向后，压缩复进机簧，完成开锁、抛壳，并使击锤成待击发状态；枪机退到后方时，由于复进簧的伸张，使枪机向前运动，推送下一发子弹入膛、闭锁。此时，如果保险机定在连发位置，扳机未松开，击发阻铁不能卡住击锤，击锤再次打击击针，形成连发；如保险机定在单发位置，击锤被阻铁卡住不能向前，必须松开扳机，才能再次发射。

（四）分解结合

分解结合是为了擦拭、上油、检查和排除故障。分解前必须验枪。

分解要领：

拔出通条和取出附品筒。左手握护木，右手向外向上拔出通条，然后用食指顶开附品巢盖，取出附品筒。

卸下机匣盖。左手握枪颈，拇指抵压机匣盖后端，右手扳连接销，扳手向上成垂

直状态，再向右拉到定位，向后拆下机匣盖。

抽出复进机。右手向后抽出复进机。

取下枪机。左手握住护木，使枪面稍向右，右手拉枪机向后取出。然后将枪栓与枪机分开。

卸下活塞筒。左手握下护木，右手将固定栓扳向上，使固定栓平面垂直，向上卸下活塞筒，取出活塞。

结合时按分解相反顺序进行。

第二节　轻武器射击要领

一、验　枪

验枪是一项保证安全的重要措施。使用武器前后均应验枪，认真检查弹膛和教练弹中有无实弹。验枪时，严禁枪口对人。

口令：验枪；验枪完毕。

动作要领：听到"验枪"口令后，右手将枪提起，以右脚掌为轴，身体半面向右转。左脚顺势向前迈一步，同时右手将枪向前送出；左手接握下护木，左大臂紧靠左胁，枪托贴于右胯，枪刺尖约与眼高；右手打开弹仓盖，移握机柄。当指挥员检查时，拉枪机向后，验过后，自行送回仓机，关上弹仓盖，扣扳机，关保险，移握枪颈。听到"验枪完毕"口令后，右手移握上护木，身体半面向左转，在右脚靠拢左脚的同时，恢复肩枪姿势。

二、卧姿装、退子弹

口令：卧姿——装子弹；退子弹——起立。

动作要领：听到"卧姿——装子弹"口令后，右手将枪提起稍向前倾，左脚向右脚尖前边迈出一大步，左手在左脚尖前支地，顺势卧倒，以身体左侧、左肘支持全身；右手将枪向目标方向送出；左手接握标尺下方；枪托着地，右手拉枪机到定位；解开弹袋扣。取出一夹子弹，插入弹夹槽，以食指或拇指将子弹压入弹仓，取出弹夹，送子弹上膛。右手拇指和食指捏压游标卡榫，移动游标，使游标前切面对正所需要的表尺分划；右手移握枪颈，全身伏地，两脚分开约与肩同宽，身体与射向成30°，枪刺离地，目视前方，准备射击。

听到"退子弹——起立"口令后，稍向左侧身，右手解开枪弹扣，打开弹仓盖，接住落下的子弹，装入弹袋，拇指拉机柄向后，食指和中指夹住从膛内退出的子弹，送回枪机，将子弹装入弹袋中并扣好，关上弹仓盖，打开保险，扣扳机，关保险，复表尺，移握上护木，将枪收回；同时左小臂向里合，屈左腿于右腿下。以左手和两脚撑起身体，右脚向前一大步，左脚再向前一步，在右脚靠拢左脚的同时，恢复肩枪姿势。

三、据枪、瞄准、击发

据枪、瞄准、击发是相互联系和相互影响的动作。稳固持久的据枪、正确一致的瞄准、均匀正直的击发，三者正确的结合是准确射击的关键。

（一）据 枪

81式自动步枪（冲锋枪）有依托卧姿据枪。下护木放在依托物上，身体右侧与枪略成一线。右手虎口向前紧握握把，食指第一节靠在扳机上，右肘尽量内合着地前撑；左手虎口向前握弹匣，左肘着地外撑；两肘保持稳定，胸部挺起，身体前倾，上体自然下塌，使枪托抵于肩窝，头稍前倾，自然贴腮。

（二）瞄 准

右眼通视缺口与准星，使准星位于缺口中央，准星尖与缺口上沿平齐，指向目标。

瞄准时，应集中精力于缺口与准星的关系上。正确的情况是缺口与准星的平正关系看得很清楚，而目标看得较模糊。

瞄准时，应该先使瞄准线自然指向目标。若未指向目标，不可强行挪动枪身，必须调整姿势。需要修正方向时，可左右移动身体或两肘。需要修正高低时，可前后移动整个身体或两肘里合、外张，也可适当移动左手的托枪位置。

（三）击 发

击发时，用右手食指第一节均匀正直地向后扣压扳机，余指力量不变。当瞄准线接近瞄准点时，开始预扣扳机，并减缓呼吸；当瞄准线指向标准点时，应停止呼吸，继续增加对扳机的压力，直到击发。击发瞬间应该保持正确一致的瞄准，若偏离瞄准点，待修正或换气后，再继续扣压扳机，一直至击发。

操纵点射时，应稳扣快放，扣到底再松开，一般为2～3发。

第四章　单兵战术动作

第一节　单兵战术动作的基本要领

士兵要想在战场上有效地躲避火力杀伤和消灭敌人，在熟练掌握单兵战术动作的同时，还必须灵活地应用地形地物。

一、持　枪

持枪是指士兵在战斗中携带枪支的动作和方法。持枪时要做到：便于运动、便于卧倒、便于观察、便于射击。在不同的地形和距离条件下，士兵根据敌情和任务可灵活采用不同的持枪动作。

（一）单手持枪

右臂微屈，右手虎口正对上护木握枪（背带上挑压于拇指下），用五指的握力将枪身固定，枪身轴线与地面约成45°，枪身距身体约10厘米；左臂自然下垂，运动时自然摆动。持班用轻机枪和四〇火箭筒时，右手握提把，右大臂轻贴身体，运动时随身体自然运动。

（二）单手擎枪

右手正握握把，食指微接扳击，将枪置于身体的右侧，枪口向上，机匣盖末端贴于肩窝，枪身微向前倾，枪面向后，右大臂里合，枪托贴于右胁（枪托折叠时除外），背带自然下垂，目视前方，左手自然下垂或擎扶，运动时自然摆动。

（三）双手持枪

左手托握下护木或握弹匣弯曲部，右手握握把，食指微接扳机，将枪身置于胸前，枪口向前，枪身略成水平，背带自然下垂或挂在后颈上。

（四）双手擎枪

在单手擎枪基础上，左手托握下护木或弹匣弯曲部，枪身略低，枪口对向前方，背带自然下垂或压于左手下，身体与射向略成30°。

二、卧倒、起立

（一）卧　倒

在战场上，士兵如突遭敌火力袭（射）击，应迅速卧倒，防止火力杀伤。卧倒分

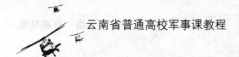

三种基本动作：双手持枪卧倒、单手持枪卧倒和徒手卧倒。双手持枪卧倒时，左脚向前一步，上体前倾，重心前移，按左膝、左肘、左小臂的顺序着地。然后转体，在全身伏地的同时两手协力将枪向目标方向送出。地面松软时也可按双膝、双肘、腹部的顺序扑地卧倒。

单手持枪卧倒时，左脚（也可右脚）向前迈出一大步，同时身体前倾，按手、膝、肘的顺序侧卧，右手同时将枪向目标方向送出，左手接握下护木或弹匣弯曲部，全身伏地举枪射击。持筒时的动作与此大体相同。

徒手卧倒时的动作与单手持枪卧倒动作基本相同，只是卧倒后，两手掌心向下放置于头部的两侧或交叉于胸前，两腿自然伸直和分开。

（二）起　立

双手持枪起立时，应首先观察前方情况，尔后迅速收腹、提臀，用肘、膝支起身体，左脚先上步，右脚顺势跟进，双手持枪继续前进。

单手持枪时，右手移握上护木收枪，同时左小臂曲回并侧身，尔后用臂、腿的协力撑起身体，右脚向前一大步，左脚顺势跟进，继续携枪前进。

徒手起立时，按单手持枪的动作进行。也可双手撑起身体，同时左（右）脚向前迈步起立，尔后继续前进。

三、前　进

（一）屈身前进

屈身前进是战场上接敌最常用的一种运动动作，可分为慢进和快进两种姿势。

屈身慢进，通常是在距敌较远，有超过人身高或超过大部分人身高的遮蔽物，以及敌情不明或敌火威胁不大的情况下采用。运动时，通常是双手持枪（也可单手持枪），上体前倾，两腿弯曲，屈身程度视遮蔽物的遮蔽程度而定，头部一般不可高出遮蔽物。前进时，保持正常速度前进。

屈身快进（也可称为跃进），通常是在距敌较近，通过开阔地或敌火控制区时采用。快进前，应先观察敌情和地形，选择好路线和暂停位置，尔后起立快速前进。运动中，通常是单手持枪（也可双手持枪），枪口朝向前上方，并注意继续观察敌情。前进的距离掌握在15～30米为宜，当进至暂停位置或运动中遇敌火力威胁时，应迅速就地隐蔽或卧倒，做好射击或继续前进的准备。

（二）匍匐前进

士兵在敌火力威胁较大、自身处于卧倒状态下，如发现近处（10米以内）有地形和遮蔽物可利用时，可采用匍匐前进的运动姿势向其靠近。根据地形和遮蔽物的高低，匍匐前进又分为低姿匍匐、侧身匍匐和高姿匍匐。

1. 低姿匍匐

低姿匍匐是身体平趴于地面并降低至最低程度的运动方式，一般是在前方遮蔽物高约40厘米时采用。

低姿匍匐携自动步枪的方法有两种：一种是右手掌心向上，虎口卡住机柄，五指握枪身和背带，将枪置于右小臂内侧；另一种是右手食指卡握枪背带上环处，并握枪管，余指抓背带，机柄向上，将枪置于右小臂外侧。行进时，身体正面紧贴地面，头稍微抬起，屈回右腿，伸出左手，用右脚的蹬力和左手的扒力使身体前移，然后再屈回左腿，伸出右手，用左脚的蹬力和右手的扒力使身体继续前移，依次交替前进。

徒手的低姿匍匐动作与持枪的动作基本相同。

2. 侧身匍匐

侧身匍匐是在前方的遮蔽物高约60厘米时所采用的一种运动方式，其特点是运动的速度稍快，但姿势偏高。

携自动步枪运动时，右手前伸移握护木将枪收回，同时侧身，使身体左侧左大腿着地，左小臂前伸着地，左大臂支撑身体，左腿弯曲，右脚收回靠近臀部着地，以左大臂的扒力和右脚的蹬力带动身体前移。

徒手侧身匍匐动作与持枪侧身匍匐动作大体相同。

3. 高姿匍匐

高姿匍匐一般是在前方的遮蔽物高约80厘米时采用。

持枪前进的动作是，左手握护木，右手握枪颈，将枪横托于胸前，枪口离地，用两肘和两膝支撑身体，然后，依次前移左肘和右膝、右肘和左膝，如此交替前移。有时，也可采取低姿匍匐的携枪方法。徒手的高姿匍匐动作与持枪高姿匍匐动作基本相同。

无论采取哪种匍匐姿势，运动到预定位置或适当位置后，都应迅速卧倒隐蔽。视情况出枪射击。

第二节 对一般地形地物的利用

利用地形地物的目的在于隐蔽身体，发挥火力。只有充分发挥火力，消灭敌人，才能有效地保存自己。因此，在利用地形地物时，应首先着眼于发挥火力。

一、地形地物的概念

地形是地貌和地物的总称，地貌是地面高低起伏的状态，如山地、平原等。地物是地面上的固定物体，如居民地、道路、土堆、树木、房屋等。

二、利用地形地物的要求

士兵在利用地形地物时，应根据不同情况灵活地利用和善于改造，做到：便于观察、射击和隐蔽身体；便于接近与离开；便于防敌地面和空中火力杀伤，不妨碍班（组）长的指挥、邻兵的动作的火器射击；不要几个人拥挤在一起，以免增大伤亡；尽量避开独立、明显的物体和难于通行的地段。

利用地形地物时，应根据遮蔽物的高低、大小、距敌远近，是否被敌发现及敌火威胁程度等情况，采取适当的姿势。做到迅速隐蔽地接近，由下而上地占领，周密细致地观察，不失时机地出枪。对不便于射击的位置加以改造，在一地不要停留过久，视情况灵活地变换位置。

三、利用地形地物的方法

1. 利用堤坎、田埂

横向的利用背敌斜面或残缺部位，火箭筒（机枪）手通常将（筒）脚架支在背敌斜面上，筒口距地面不得小于20厘米；纵向的通常利用弯曲部或顶端一侧，依其高度取适当姿势。堤坎高于人体时，应挖踏脚孔或阶梯。如利用堤坎对空射击时，通常得用顶部，并根据其高度取不同姿势。

2. 利用地（弹）坑、沟渠

通常利用其前沿，纵向沟渠利用弯曲部。根据敌情、坑的大小、深度，以跳、滚、匍匐等方法进入，并取适当姿势；对空射击时，以坑沿作依托或背靠坑壁进行射击。火箭筒手应利用坑的右前沿作依托，以防射击时喷火自伤。

3. 利用土堆（坟包）

通常利用独立土堆（坟包）的右侧，如视界、射界受限或右侧有敌火威胁时，也可利用其左侧或顶端。双土堆（坟包）通常利用其鞍部。对空射击时，通常利用其后侧或顶端。

第五章　利用地图行进与野外生存

利用地图行进是一项利用手中地图在野外各种复杂地形进行的长距离行进。在军事行动中，它可以提高士兵在复杂地形遂行穿插、渗透、长途奔袭等作战的能力，往往在军事行动中起着决定性的作用。

野外生存即人在食宿无着的山野丛林中利用自然生态环境，求取生存的能力。士兵在军事行动中往往会面临无后勤保障、无后方支援的恶劣的生存环境，这就要求士兵必须具备在野外伪装、野炊、识别和食用野生食物、获取饮水的技能，这样才能有效地保存体力，保持战斗能力去完成任务。

第一节　利用地图行进

一、标定地图方位

标定地图，就是让地形图和现地两者的方位严格一致，恢复地图与实地成一定比例的完全相似的关系。大比例尺的地形图反映实地地形非常详细精确，要把每个地物和实地都一一对照起来，就必须标定地图。

1. 利用指北针定向

利用指北针给地图定向精度高，并且不易失误，是初学者给地图定向的最好方法。

（1）将地图与指北针放置水平状态。

（2）转动地图直到地图上的指北线与指北针红色指针平行，地图即被定向。

2. 利用线状地物标定

在站立点向后，再检查两侧地形地物是否与图上一致，以防颠倒。附近有线状地物时，可先在地图上找到这段地物符号，然后转动地图，通过直尺向现地线状地物对准方如果一致，地图方位即已标定。

3. 利用明显地形或地物点标定

明确了站立点在地图上的位置，可在远方找一个实地与地图上都有的明显地形点，尔后将直尺靠在地图上站立点与远方明显地形点上，转动地图，通过直尺向现地远方明显地形点瞄准，瞄好后，地图方位就标定好了。

二、确定站立点的图上位置

能否快速、准确地确定自己在图上的位置，这是检验使用地图水平高低的关键。在图上确定站立点的主要方法有：

1. 根据地形特征确定

附近有明显地形特征时，在标定地图方位后，可根据站立点附近的地形关系位置确定。判读者站在山背上，可根据一侧的冲沟和前方的山顶等关系位置确定站立点。

2. 极距法

如站立点离明显地形点较近，可在标定好方位的地图上，通过现地明显地形点和图上相应的地形符号绘出方向线，然后目测站立点至该明显地形点的距离，依比例尺算出图上长，并从地形点起在方向线上取一点，即为站立点的图上位置。

3. 后方交会法

当站立点附近地形特征不明显，但周围有两个以上明显地形点时，可采用后方交会法确定站立点的图上位置。先标定地图，选择图上和现地都有的两个地形地物点。在地图的一个点位置插上一细针，将三棱尺靠在针上，转动三棱尺向现地该地形点瞄准，瞄准后从该点沿三棱尺画反方向线。第二点作图方法同上，两地形点反方向线的交点就是站立点的图上位置。

4. 切线法

当站立点在直长地物上时，可用切线法确定站立点的图上位置。先标定地图，在直长地物的翼侧选则图上和现地都有的明显地形地物点，在地图上该点的位置插一细针，将三棱尺靠在针上，然后转动三棱尺向该地形点瞄准，并画方向线，方向线和直长地物的交点即为站立点的图上位置。

三、地图与现地对照

现地对照地形，是在标定地图，确定站立点之后，将地图与现地地形一一加以对照，就是使地图上各种地物、地貌在现地对应找到。它一般包括三个意义：

（1）现地和图上都有的地形目标要对应找到。

（2）现地有而图上没有的地物要能确定其在图上的位置。

（3）图上有而现地没有的地物，应确定出原来的位置。

对照的顺序一般是：先主要方向，后次要方向；先对照大而明显的地形，后对照一般地形；由近及远，由左至中；并先由图上到现地，再从现地到图上；以大带小，由点及面，逐段分片地进行对照。

对照方法：主要根据站立点与目标的方向、距离、特征、高程及目标与其附近地形的关系位置，分析比较，将地图与现地反复地验证。对照时，通常采用目估法，必要时可借助观测器材。当地形重叠不便观察时，应变换对照位置或登高观察对照。对照过程中，要边对照边记忆，逐步建立起地形与地图的统一概念，最后达到对地形了如指掌。

四、利用地图行进

按地图行进是识图用图中最重要、应用最广泛的课题，也是用图的最过硬的本领。

1. 行进前的图上准备

首先要根据任务在地形图上选择最佳行进路线，要特别选出不易变化的明显方位物做每个转弯点的参照物。便于随时在行进中对照地形，辨明行进方向；选好行进路线后将其标绘到地图或草图上，并按行进方向顺序进行编号；对行进的顺序，每段的里程，大约需要的时间，方位物和地貌特征，特别是转弯处、岔路口及其附近的地形特征和方位物等要熟记在脑子里，力求做到：胸中有图，未到先知。

2. 行进要领

首先，在出发点上标定地图，明确行进的道路和方向，然后计时出发；在行进中，应根据记忆边走边对照，随时明确站立点的图上位置，随时明确前方将要通过的方位物和将要到达的位置，做到"人在路上走，心在图中移"；在经过岔路口、道路转弯点及居民地进出口时，应及时对照现地地形，明确站立点的图上位置，以保持正确的行进方向；在遇到现地地形变化与地图上不一致时应采取多种方法，仔细地对照地貌，全面地分析地形的变化和关系位置，然后准确地判定站立点的位置和行进方向。要做到疑点不排除不走，方向不明确不走；当发现走错了路时，应立即停止行进，就地对照地形，判明从什么地方错的，偏离原路线有多远，然后根据情况决定另选迂回路线岔到原路线上或返回原路，重新按正确的路线进行。

第二节　野外生存的基本常识

一、采食野生植物

（一）可食野生植物的识别常识

可食野生植物包括可食的野果、野菜、藻类、地衣、蘑菇等。对可食野生植物的识别是野外生存知识的主要内容，有着重要的实用意义。战时或特殊条件下，粮食补给断绝，野生植物是主要的应急食物。

我国地域广大，寒、温、热三带气候俱全，而大部分是属于温暖地带，适合于各种植物生长，其中能食用的就有 2000 种左右。

在西南边疆的广西、云南一带，一年四季都有可食的野果、野菜。春季有压车果、毡帽果、鼻涕果、小杨梅等野果，还有刺脑包、苦巴沟、蕨菜等野菜。夏季有木瓜、冷饭果、乌包果、荔枝等野果，野菜有石头菜、飞花菜、马蹄菜、牛舌头菜等。秋季有大树果、算盘果、野石榴、椎梨等野果，还有木耳、白参、齐头菜等野菜。冬季有槟榔、野芭蕉、长蛇果、老熊果等野果，野菜有野山药、芭蕉心等。

不但野菜、野果可食，而且树皮也可应急食用。战争年代，东北抗日联军在白山黑水的密林中，总结出三月吃桦树皮，四月吃椴树皮，五月吃松树皮的经验，这些季节里的树皮，不但没毒，而且还有一种甜滋滋的味道。

采食野生植物最大的问题是如何鉴别有毒或无毒。有一个最简单的办法，将采集到的植物割开一个口子，放进一小撮盐，然后仔细观察这个口子是否改变原来的颜色，通常，变色的植物不能食用。

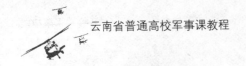

（二）野菜的简便鉴别方法

（1）取植物幼嫩部分少许，在嘴中用前齿嚼碎后以舌尖品尝是否有苦涩、辛辣及其他异味。如果怪味很浓则有可能有毒，应立即吐掉再漱口。涩味表示有单宁，苦味则可能含有生物碱、配糖体等有害物。

（2）因一些有害物质（单宁、生物碱）可以溶于水，所以可将植物用开水烫后清水浸5~6小时，或煮熟再品尝是否还有怪味。此时若苦涩、怪味依然存在则切不可食用。

（3）白煮后的植物汤水中加入浓茶，若产生大量沉淀，则表示内含重金属盐或生物碱，不可食用。

（4）煮后的汤水经振摇后产生大量泡沫者，则表示含有皂甙类物质，不可食用。

（5）一般牲畜可食用的饲料，人基本都可食用。特别是几种牲畜都喜爱的饲料，肯定无毒。

（6）在缺乏以上一切鉴别工具及手段时，亦可少量试尝某种植物，若8~12小时内身体无头晕、恶心、头痛、腹痛、腹泻等中毒症状时，再大量食用。

鉴别植物是否有毒是复杂的，较可靠的方法是根据有关部门编绘的可食野生植物的图谱进行认真鉴别。符合者方可采食，并须严格遵照图谱介绍的食用部位和食用方法去选取和制作。亦可请当地有经验的群众进行鉴别。为了战时或特殊情况下应急食用，部队特别是执行特种任务的部（分）队，应在平时就调查掌握驻地或预定战区可食野生植物的种类、分布及采食方法。

特别提醒：如果不是十分必要，不是陷入绝境，最好不要自己去尝试和判断一种未知植物是否无毒及可食与否。只要我们善于学习和汲取先辈的知识和经验，就足以应付一般情况下的野外生存需要。

二、寻找水源的常识

（一）饮用水的寻找与净化

水对人类的生存是至关重要的。俗话说："饥能挡，渴难挨。"水在某种程度上说比食物还重要。1983年，曾有几个大学生在峨眉山山洞中迷了路，走不出来，他们仅靠喝山泉水维持了十多天，最后被人发现救出。

春秋战国时期，齐国出兵远征，得胜回师时，正值隆冬季节，河溪干涸，人马饥渴难耐，大军无法行进。大臣隰朋向齐王建议说："听说蚂蚁夏天居山之阴（北），冬天居山之阳（南）。蚁穴附近必定有水，可令兵士分头到山南找蚁穴深掘。"齐王采纳了这个建议，果然找到了水，解救了全军。这个故事告诉我们，在各个地区，草木的生长分布，鸟兽虫等的出没活动，常常可以给寻找浅层地下水提供一些线索。

在许多干旱的沙漠、戈壁地区，生长着柽柳、铃铛刺等灌木丛，这些植物告诉我们，这里地表下6~7米深就有地下水；有胡杨林生长的地方，则指出地下水位距地表面不过5~10米；芨芨草指示地下水位于地表下2米左右；茂盛的芦苇指示地下水位只有1米左右；如果发现喜湿的金戴戴、马兰花等植物，便可知这里下挖50厘米或1米左右就能找到地下水。

我们还可以从植物而得知地下水的水质情况，如见到马兰花、拂子茅等植物群，就可断定那里不太深的地方有淡水。

在南方，根深叶茂的竹丛不仅生长在河流岸边，也常生长在与地下河有关的岩溶大裂隙、落水洞口的地方。例如，在广西许多岩溶谷地、洼地，成串的或独立的竹丛地，常常就是有大落水洞的标志。这些落水洞，有的在洞口能直接看到水，有的在洞口看不到水，但只要深入下去，往往便能找到地下水。

另外，在地下水埋藏浅的地方，泥土潮湿，蚂蚁、蜗牛、螃蟹等喜欢在此做窝聚居；冬天，青蛙、蛇类动物喜欢在此冬眠；夏天的傍晚，因其潮湿凉爽，蚊虫通常在此成柱状盘旋飞绕。地下水位的深浅，还可以试验将地上挖一小坑，用盘子扣在坑底上，上面盖些草，早晨盘上有小水珠时，地下水位高。挖1米的坑，在坑中点燃多烟的草木，若烟柱呈弯曲状升起，地下水位高。由于水在自然界的广泛分布和流动，特别是地面水流经地域很广，一般情况下很难保证水源不受污染。如果有地图，要注意水源上游有无矿山，若有矿山，水源有可能受矿物污染。如河川的石块有异常的茶红色或黄色，此处河水不喝为好。若没有鱼类或其他生物栖息，就更要慎重。

通常雨水可直接饮用。下雨时，可用雨布塑料布大量收集雨水。用空罐头盒、杯子、钢盔等容器收接雨水，可放在干净的石头上，不要放在地上，以免大雨时，地面的泥溅到接水的容器中（见图5-1）。

图5-1 接雨水及存放方法

在野外没有可靠的饮用水，又无检验设备时，我们可以根据水的色、味、温度、水迹概略地鉴别水质的好坏。

纯净的水在水层浅时无色透明，深时呈浅蓝色。可以用玻璃杯或白瓷碗盛水观察，通常水越清水质越好，水越浑则说明水里含杂质多。水色随含污不同而变化，如含有腐殖质呈黄色，含低价铁化合物呈淡绿蓝色，含高价铁或锰呈黄棕色，含硫化氢呈浅蓝色。一般清洁的水是无味的，而被污染的水则常有一些异味。如含硫化氢的水有臭鸡蛋味，含盐的水则带咸味，含铁较高的水带金属锈味，含硫酸镁的水有苦味，含有机物质的水有腐败、臭、霉、腥、药味。为了准确地辨别水的气味，可以用一只干净的小瓶装半瓶水，摇荡数下，打开瓶塞后立即用鼻子闻。也可把盛水的瓶子放在约60℃的热水中，闻到水里有怪味，就不能饮用。还可以用一张白纸，将水滴在上面晾干后观察水迹。清洁的水是无斑迹的；有斑迹，则说明水中杂质多，水质差。

地面水（江河、湖泊）的水温，因气温变化而变化。浅层地下水受气温影响较小，深层地下水水温低而恒定。如果水温突然升高，多是有机物污染所致。工业废水污染水源后也会使水温升高。

在野外，最好不要饮用从杂草中流出的水，而以从断崖裂缝或岩石中流出的清水为佳。饮用河流或湖泊中的水时，可在离水边 1~2 米的沙地中挖个小坑，坑里渗出的水较之从河湖中直接提取的水清洁。

饮用水里的悬浮物质和胶质物质越少越好，否则长期饮用容易致病。净化水可以用饮水消毒片、漂白粉精片以及明矾等药品。在野外，因条件限制，也可以用一些含有黏液质的野生植物净化浑浊的饮用水，如榆树的皮、叶、根，木棉的枝和皮，仙人掌和霸王鞭的全株，水芙蓉的皮和叶，都含有黏液质，都含有糖类高分子化合物。这些植物与钙、铁、铅、镁等二阶以上的金属盐溶液化合，形成絮状物，在沉淀过程中能吸附悬浮物质沉底，起到净化浑水的作用。

上述野生植物中，仙人掌、霸王鞭是可以食用的植物，而且净水时用量很少，产生的絮状物又能沉淀析出，用其澄净饮用水是最理想的。用野生植物净水，最好挑选新鲜的植物，将其捣烂磨碎。使用时在一桶水内放 4 克左右植物糊，搅拌 3 分钟后再静止 10 分钟，浊水即能澄清。

用植物净水，虽然絮状物沉淀时能除去部分细菌和微生物，但是没有消毒作用。因此，饮用水最好再加少许漂白粉消毒。如无漂白粉，用稀盐酸或碘酒滴入水中几滴，也能起消毒作用。

在原始森林中，许多小溪、河流表面看起来清澈干净，实际上却含有多种有害的病菌。人一旦喝下去就会染上像痢疾、疟疾这样严重的疾病。1943 年 2 月，在缅甸作战的英国特种部队在丛林中行进 300 多千米，因为水的问题，短短两个月时间，就有三分之一的队员死亡或患病而不能继续前进，最后英军不得不取消预定的远程渗透作战。

切记，无论多么口渴，都不要饮用不洁净的水，以防止病菌通过饮水进入体内。这在热带丛林地区尤其重要。万不得已，一定要将水煮开再喝。

（二）海水的淡化

在海边，如没有离子交换树脂脱盐剂，可以用锅煮海水来收集蒸馏水的方法使海水淡化。煮海水时，在锅盖内侧贴上毛巾，将蒸馏水的水珠吸附在毛巾上，然后再拧在大贝壳或其他容器内。这样反复制作，就可得到所需要的淡水。第二次世界大战中，有一些中国和英国海员，在没有人迹的荒岛上，就是用类似的方法大量地制造淡水而维持了76天生命，终于等到被英军飞机发现而获救。

冬季，可将海水放在一个容器中冻结。当海水冻冰时，大部分溶解在水中的盐分就会结晶而离水，因此，冰块基本上是淡化的。而将未冻冰的水，即浓盐水在锅里加热，熬干后可得结晶盐，再展于纸上，除去苦分，即得食盐。

我国西北地区的大片沙漠戈壁中，在有植物的地方，通常深挖4~5米即有浅层地下水。水经沙层过滤，一般清澈透明，但因地下水大量蒸发浓缩而成盐碱水，不能饮用。如无离子交换树脂脱盐剂，则可用上述海水淡化的方法处理后饮用。

我国西北沙漠地区的居民，用当地的地椒草处理苦咸水。在1千克含矿物质0.37%~0.72%的苦咸水中加入0.1~1.9克的干地椒草同煮，虽然不能除去苦咸，但可以防止发生腹痛、腹胀、腹泻。

在有湿沙或苦咸水的地方，可以用简易的太阳蒸馏器取得淡水。方法是挖一个直径1.5米、深1米的沙坑，上面盖一层透明塑料膜，四周用沙子或石头固定，中间放上一块小石子，使塑料膜成一倒圆锥体。在这个圆锥体下面预先放一个接水的容器。阳光透过塑料膜使沙坑中的水分蒸发，水蒸气遇到塑料膜凝结成水滴，顺着圆锥体的顶端滴入容器内。这种方法，每天可以获得蒸馏淡水1.5升左右（见图5-2）。

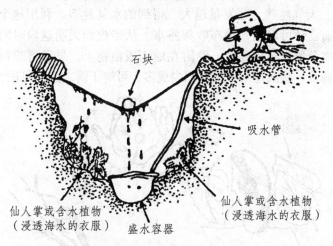

石块
吸水管
仙人掌或含水植物
（浸透海水的衣服）
盛水容器
仙人掌或含水植物
（浸透海水的衣服）

图5-2　野外蒸馏水制法

在万不得已的情况下，是否可以饮用海水，这个问题目前有争论。有人认为，海水盐度高于人体含盐量的四倍，喝了海水会使体内总渗透压升高，虽然暂时可以解渴，但不久就会大量排尿，使体内水分大量丧失。但是也有不少人认为，短时间饮少量海水，有利于延长生命。有人试验，从落海第一天开始喝海水，每隔一个半小时喝一次，每次50毫升，每天只喝500毫升，连饮4~5天后，再喝淡水，结果，试验者体内新陈

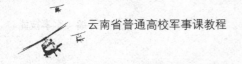

代谢很快恢复正常。

（三）解渴的植物和应急的解渴方法

山野中有许多植物可用以解渴，如北方的黑桦、白桦的树汁，山葡萄的嫩条，酸浆子的根茎，南方的芭蕉茎、扁担藤等。

北方的初春，在桦树杆上钻一个深3~4厘米的小孔，插入一根细管（可用白桦树皮制作），经过这个小孔流入容器中的汁液每晚可达1~2升。白桦树液在空气中很快就会发酵，因此应立即饮用。

西南边疆密林中的扁担藤，因其形似扁担而得名。它是一种常年生的植物，通常缠绕在树干上。藤长5~6米，藤面呈灰白色，叶色深绿，叶面宽3~4厘米，呈椭圆形，比一般树叶稍厚。砍断藤子后，可以看到一条条小筋的断痕，并很快就会流出可供饮用的清水。生活在西双版纳的傣族猎人进山，一般不带水壶，就靠这种天然水壶中的清水解渴。

热带丛林中还有一种储水的竹子，这种竹子通常生长在山沟的两旁，直径10厘米左右，青翠挺拔，竹节长约50厘米。选择竹子找水时，应先摇摇竹竿，听听里面是否有水的声响，无水响的竹子不必砍。另外，检查竹节外表是否有虫眼，有虫眼的竹节里的水不能喝。汲水的方法是将竹节一头砍开个洞，将水倒入碗里，也可削一根细竹管插进竹筒里吸。竹节内的水既卫生，还带有一股淡淡的竹香。我们的边防战士称其为"直立的凉泉"。

如果找不到解渴的植物，还有一种极为简便的取水方法。澳大利亚飞行员布拉依安·卡瓦吉曾用一个塑料袋套在树枝上，将袋口扎紧来收集淡水。树叶蒸发出来的水分会聚集在袋里。天气越热，蒸发量越大，得到的水就越多。利用这个方法，每天取水量可达1升左右。还可以用塑料布收集露水。从半夜到天明这段时间里，气温逐渐下降，空气中的水分便凝结成露水，贴附在地面或植物上。早晨将塑料布铺在草丛下面，摇晃草，使露水一滴滴地落下来，积少成多，可解干渴之急（见图5-3）。

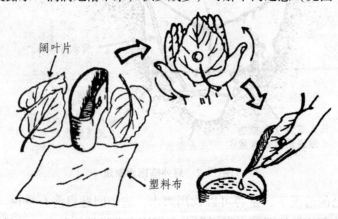

阔叶片

塑料布

图5-3 收集露水

在缺水的情况下，水要合理饮用。最初可以不喝水，或者仅湿润口腔、咽喉。当然，也不要勉强忍耐干渴，以致使身体出现失水症状。喝水要得法，应该采用"少量多次"的方法。试验证明：一次饮 1000 毫升水，380 毫升则由小便排出；假若分 10 次喝，每次 80 毫升，小便累计才排出 80～90 毫升，水在体内就得到充分利用。每昼夜喝水不大于 500～600 毫升，这在 5～6 天内对人体不会发生有害作用。

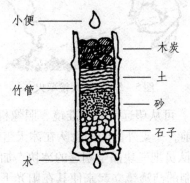

小便 ——— 　　　　——— 木炭

竹管 ———　　　　——— 土

　　　　　　　　——— 砂

　　　　　　　　——— 石子

水 ———

图 5-4　过滤小便制水

在实在无水的情况下，小便也可以应急解渴。实际上，小便并不污秽，只是因为心理作用，总觉难以下咽。有条件可以做一个过滤器，在竹筒的底端开一个小孔，由下往上顺序放入小石子、砂、土、碎木炭（见图 5-4）。将小便排泄于此，小孔下面就会流出过滤的水。

三、取　火

煮烤食物需要火，宿营取暖需要火，发求救信号也需要火。因而，军人野外生存的能力，在某种程度上说，取决于取火的能力。

火柴在野外生活中不可缺少的必需品，当一个人迷失了方向，或来不及在天黑之前到达宿营地时，一盒火柴往往可以帮助人摆脱困境，甚至挽救生命。

倘若火柴受潮，或没有火柴，我们可以用枪弹射击取火。方法是：先将子弹的弹丸拔出来，倒出三分之二的发射药，撒在干燥易燃的枯草或纸上，把弹壳空出来的地方塞上纸和干草，然后推弹壳入膛，用枪口贴近撒了发射药的引火物射击，即可引燃引火物取火。用信号枪在一定距离直接对准易燃物射击，可以引起燃烧。

（一）用放大镜（凸透镜）取火

用放大镜（凸透镜）透过阳光聚焦照射易燃的引火物（腐木、布中抽出的纱线、撕成薄片的干树皮、干木屑等）取火，为人所熟知（见图 5-5）。利用放大镜取火最为迅速的是照射汽油、酒精和枪弹的发射药或导火索，可在 1～2 秒内点燃引火物。此外，放大镜透过阳光聚焦照射，还可将受潮或被水浸湿后晒干的火柴点燃。放大镜是一种重要的引火工具，日本自卫队突击队供单兵使用的生存装备中就有放大镜。

图 5 - 5　用放大镜取火

如果没有现成的放大镜，可从望远镜或瞄准镜、照像机上取下一块凸透镜来代替。曾有这样的事例：100 多年前，一支外国的探险队在冰天雪地的南极突然发生了火种断绝的意外事故。有一位探险队员把一块晶莹剔透的冰块，加工成中间厚、周边薄的一个圆形特大凸透镜，再将这冰制的凸透镜立起来使其在阳光下聚焦，最后燃着了引火物获得了火种。在手电筒反光碗的焦点上放引火物，向着太阳也能取火（见图 5 - 6）。

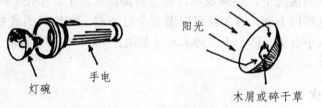

图 5 - 6　用手电筒取火

手电筒的电池和电珠也可以做引火的工具。把电珠在细沙石上小心磨破，注意不能伤及钨丝，然后再把火药填入电珠内，通电后即能发火。我军在艰苦的战争年代，曾用这种土办法代替雷管起爆炸药，打击敌人。若有电量较大的电池（如手摇电话机和电台照明用的一号"甲电"），将正负两极接在削了木皮的铅笔芯的两端，顷刻间，铅笔芯就会烧得像电炉丝一样通红。用这种方法引火既方便又保险。

（二）击石取火

击石取火是人类最早的取火方法，这种方法的使用可能是受到制作石器时迸发出火花的现象的启发。我们可以找一块坚硬的石头作"火石"，用小刀的背或小片钢铁向下敲击"火石"，使火花落到引火物上。当引火物开始冒烟时，缓缓地吹或扇，使其燃起明火。如果"火石"打不出火来，可另外寻找一块石头再试。当然并不是任何一块石头都能点燃引火物，石头击出的火花必须有一定的热量和持续时间才能点燃引火物。根据考古资料发现，用黄铁矿打击火燧石而产生的火花可以取火。

（三）弓钻取火

我们的祖先曾钻木取火，我国古代就有燧人氏钻木取火的传说。直到现在，一些隐居在太平洋岛屿上热带丛林中的原始部族人仍沿用这一方法取火。如 1971 年 6 月，在距菲律宾首都马尼拉 500 英里的柯达贝托省的热带丛林中，发现了塔沙代人，他们还生活在原始的石器时代。塔沙代人只需 5 分钟的时间，就能用钻木取火的方法引燃干燥的棕榈树皮或苔藓，再朝着这些冒烟的引火物吹风，火苗很快就会冒了出来。然而这种钻木取火的方法，对我们这些"现代人"来说是非常困难的，只能作为最后手段试而为之。其方法如下：

用强韧的树枝或竹片绑上鞋带、绳子或皮带，做成一个弓子。在弓上缠一根干燥的木棍，用它在一小块硬木上迅速地旋转（见图5－7）。这样会钻出黑粉末，最后这些黑粉末冒烟而生出火花，点燃引火物。

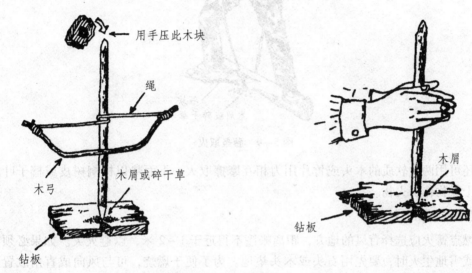

图5－7　弓钻取火

在平坦的木板上摩擦玻璃片，也能生热发火。待剧烈摩擦发烫时，将引火物吹燃（见图5－8）。

图5－8　摩擦玻璃片取火

（四）藤条取火

找一根干的树干，一头劈开，并用东西将裂缝撑开，塞上引火物，用一根长约两尺的藤条穿在引火物后面，双脚踩紧树干，迅速地左右抽动藤条，使之摩擦发热而将引火物点燃（见图5－9）。

石块

木屑或碎干草

图 5 - 9　藤条取火

还可用两块软质的木头或竹片用力相互摩擦取火，下面垫以棕榈树皮或椰子叶底部的干燥物作引火物。

（五）篝　火

燃点篝火应选择背风的地方，距离帐篷不得近于 1～2 米，以避火灾。如果必须在湿地或雪地生火时，要先用石头或木头垫地。为了便于燃烧，可与风向成直角放置两根枕木，将用作燃料的木柴与枕木成直角并排放在上面，然后，在这些木柴上面和中间顺着放些用刀斧砍成斜茬的细木头（见图 5 - 10）。

图 5 - 10　燃点篝火

最后，放上引火材料点火。燃点篝火最好的材料是桦树皮。桦树皮的含油量达 20%～30%，在雨中仍可燃烧，曾是古代重要的军用物资，是夜间作战时使用的方便的火把材料。腐木、棕榈叶、枯草、松针、地衣、干畜粪等也都是引火的好材料。

为使篝火热量集中，并不受风的影响，可在篝火的背风面斜着打入两根木桩，靠着木桩排放若干潮湿的圆木，做成防风反射墙（见图 5 - 11）。

图 5 - 11　用湿圆木做的防风反射墙

篝火通常有以下几种：

（1）密林篝火。横放一根较粗的圆木，上面斜搭几根较细的干木头，一面烧一面挪动（见图 5 - 12）。适用于冬季无遮棚的露营。

（2）星形篝火。把 5 ~ 10 根圆木的一头并拢如星形，从中心点燃（见图 5 - 13），然后一面烧一面把圆木向里推。这种篝火热量很大，甚至几个人可围绕着它在雪地上睡觉。

图 5 - 12　密森篝火

图 5 - 13　星形篝火

（3）长条形篝火。用两段约为人体长的圆木顺风叠放，边上打入湿木楔，防止圆木滑落。两木之间加撑子，留出空隙，以利燃烧（见图 5 - 14）。这种篝火燃烧时间较长，几乎无须调整，适于冬季露营时取暖。

图 5 - 14　长条形篝火

为煮烤食物应燃小篝火，夜间取暖的篝火可以燃烧得大一些，而且需储备较多的燃料。在选择宿营地时，应考虑这一点，一夜的燃料分配比例为前半夜用三分之一，后半夜用三分之二。撤离时，应将篝火彻底熄灭，特别是林区和草原，以免引起火灾。

四、野外露营

野外行动时，不可避免地要在荒野中露营。我军在艰苦卓绝的战争环境中，创造出许多露营方法和经验。赣南三年敌后游击作战中，我军在"野营已自无篷帐，大树遮身待天明"的艰苦情况下，就地取材，搭制成竹棚、杉皮棚和布棚或用芒杆搭成"人"字形的棚子遮身避雨。东北抗日联军在密林中，用桦树皮搭成窝棚以抵御 -40℃的严寒。因而，只要我们发扬艰苦奋斗的光荣传统，积极主动地想办法，在任何困难条件下，在各种季节和地区，都能较好地露营与休息。

（一）露营地的选择

露营地点的选择，除考虑敌情之外，首先应考虑靠近水源和燃料，同时还要考虑防避风和蚊虫。此外，还应注意防避雪崩、滚石以及突如其来的山洪和涨水等。夏季，露营地点应选择在干燥、地势较高、通风良好、蚊虫较少的地方。通常，湖泊附近和通风的山脊、山顶是夏天较为理想的设营地点。

冬季，设营地点应视避风以及距燃料、设营材料、水源的远近等情况而定。一般来说，森林和灌木丛是理想的设营地。应避开易被积雪掩埋的地点，如避开崖壁的背风处，因为在这种地形上，风很快会吹积起大量的雪将帐篷或遮棚埋没。

（二）简易帐篷的架设

架设简易帐篷可使用方块雨衣、军毯、帆布、降落伞等就便器材。

1. 屋顶形帐篷

将绳子拴在两棵树之间，或用随身携带的步兵锹等作支柱，用背包带连接，两端固定在地。然后将方块雨布搭在绳子或背包带上，底边用石块压牢即成（见图 5 - 15）。也可将数块雨布连接，构成 4 ~ 8 人用的大帐篷。这样屋顶形帐篷适合各种地形。

图 5 - 15　屋顶形帐篷

2. 一面坡形帐篷

这种帐篷适于在断墙、棱坎等处架设。架设时，把雨布一头固定在墙壁或棱坎上，另一头固定在地面，两边用树枝、野草堵塞挡风。在林地架设时，也可以用树木固定（见图 5 - 16）。

图 5-16　一面坡形帐篷

　　冬季架设帐篷应注意：在雪层较薄的地区，应先将架设地点的雪扫尽。在雪层较深的地区，如果只是暂时驻留，可不必清扫积雪，但应将雪压实、压平，在冻结的地面上形成一道隔绝层。如果暂时不转移，则应在雪地中挖坑埋设帐篷，以便抵御寒风。在开阔地架设帐篷时，可在帐篷迎风面筑一道雪墙，既可挡风又便于生火。

　　3. 临时遮棚的搭制

　　在森林中过夜，最好不要露宿。因为当人睡着之后，血液循环变慢，皮肤松弛，对外界的抵抗力降低，皮肤上的露水蒸发时又带走了热量，会使人着凉受寒，关节酸痛。林区露营，可就地取材搭建临时的遮窝。

　　在森林或丛林地，斧头和砍刀是必不可少的设营工具，鄂伦春族猎人进山都带一把小斧子，南方少数民族常随身佩带着长刀。如果没有刀斧，可用步兵锹、军用匕首（伞刀）作代用品。

　　（1）一面坡遮棚。

　　这种遮棚通常适用于林区。构筑时，选择两棵树作立柱。然后在距地面一米处绑一横杆，横杆上斜搭（约45度）若干后杆。后杆上再绑上两条横杆，即可将树枝像铺瓦一样，一层层重叠地搭挂在支架上（见图5-17）。遮棚的两侧也用树枝遮堵。冬季，在遮棚透空面可架设长条形篝火取暖。

图 5-17　用树作立柱建的一面坡遮棚

　　在山地和海岸边露营，应尽量利用自然的洞穴。海岸附近常有被海浪侵蚀的崖洞，洞里如果有虫，可以燃烟熏。夜晚在洞口升火，可防止野兽。

　　如果找不到合适的洞穴，选一个直立的岩壁，用两根木头靠着岩壁支起来，在两根木头之间绑上一些横木，再把草或树枝挂在横木上面（其形式与一面坡遮棚大致相同），一个临时栖身的岩壁遮棚即告完成（见图5-18）。

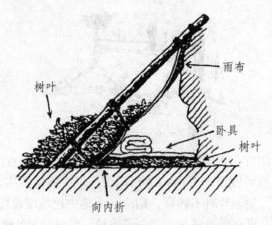

图 5 – 18　靠岩壁建的一面坡遮棚

（2）丛林遮棚。

在热带丛林地带，应搭建较严密的遮棚，以防蛇虫的侵扰和暴雨。通常，遮棚可设置在便于排水的高地，在天气闷热时，高地也常有凉爽的微风。在丛林中可充分发挥创造性，利用树木、竹、藤、茅草、芭蕉叶并结合雨布、蚁帐等就便器材，搭制各种形式的遮棚（见图 5 – 19）。

图 5 – 19　热带丛林遮棚

其基本方法是："先撑棚架后盖顶，围墙铺床同时行，最后挖出排水沟，铲除杂草把地平。"

在潮湿和有野兽侵害的地方，可将遮棚搭在树上（见图 5 – 20）。

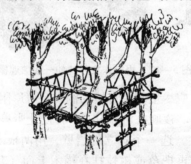

图 5 – 20　搭在树上的遮棚

搭建遮棚的材料应选用新砍伐的质地坚硬的树木枝干，因为枯木很快就会腐烂，而且往往有各种昆虫蛰伏。芭蕉叶或棕榈叶可用来铺盖顶篷。捆扎材料要尽量就地取材，如使用藤蔓和软木的内皮，以节省绳子和背包带。因为绳子和背包带在野外还有其他各种用途。

（3）搭建遮棚的基本方法。

直角捆扎法。就是将直角交叉的两根树杆（竹竿）捆扎在一起的方法。先在直杆上用绳子打个卷结，然后越过横杆的上面，再绕过直杆的后面，通过横杆之上再绕过直杆，最后绳头从横杆上面出来，依此顺序绕四五次之后，在两棍木棒中间勒紧，再打结固定即可（见图5-21）。

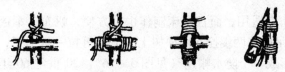

图 5-21　直角捆扎法

平行捆扎法。就是将两根平行的树杆（竹竿）捆扎在一起的方法。在两棍并立的木杆上端处，用绳子在一杆上打一个双重结，再用绳子在两顶端顺序紧绕，最后在两杆之间的接缝处围绕两三圈，再用双重结收紧（见图5-22）。

图 5-22　平行捆扎法

绳子不够长需接绳时，两根同样粗细的绳子可用水手结（见图5-23），这种结绳方法不易滑脱。连接两根不同粗细的绳索，可用混合结（见图5-24）。选用藤蔓时，先在上面打个结，然后拉紧，试其是否结实。结扣越紧，藤蔓就越结实。

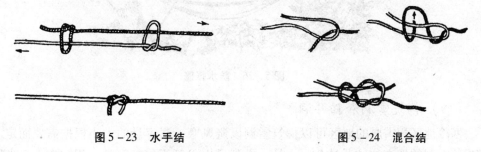

图 5-23　水手结　　　　　　　　图 5-24　混合结

剥取软木树内皮，要先根据所需长度将软木树截断，然后剥取内皮。剥取时应根据所需绳索的粗细与股数剥制一定宽度和一定数量的内皮。为使绳索结实耐用，可将3条内皮交错编织在一起，在末端打一个结。若需加长绳索，可将末端再加接内皮编织，接头处应留出4~5厘米长的内皮，以备加接时使用。

在热带丛林中露宿，不要成片地砍伐树木，这样破坏了天然伪装，易暴露目标。注意不要捣破蚂蚁窝、黄蜂窝，要清除营地四周杂草，周围挖一道排水沟，并且撒一层草木灰，以防蛇虫爬入。床铺应离开地面 30～50 厘米，若打地铺，可用树枝、树叶或细竹垫铺，尽量不要用杂草。临睡前先在地上敲打，清除爬上的昆虫。醒来时，应首先仔细地察看身体周围，否则附近若有蛇和昆虫会被突然的活动惊动。还要注意保持遮棚的清洁，所有垃圾必须及时掩埋。因为只要有星点的油脂，就有可能把蚂蚁引来，蚂蚁又会将蜥蜴引来，而蜥蜴则又会把蛇引来。注意不要用火烧鱼骨头，这种气味也会把蛇引来。

（三）吊　床

丛林地带吊床非常适用，而且吊床制作也极方便，帆布、军毯、伪装网都可以制作（见图 5－25）。吊床的两端拴在两棵树上，上面再拉一根绳子，搭上方块雨布，四角用绳子系牢，便形成一个防水帐篷（见图 5－26）。20 世纪 60 年代，以切·格瓦拉为首的拉美游击队就用这种简易的方法在丛林中露营。

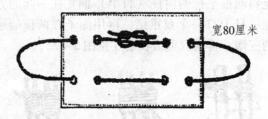

图 5－25　自制吊床

图 5－26　防水帐篷

（四）构筑雪洞和猫耳洞

寒冷地区积雪厚的地区可以掏筑雪洞以避风寒，洞容量的大小根据需要而定。适宜掏筑雪洞的地方往往是冲沟、土坑、雨裂或山谷等积雪较深处。积雪在 1.5 米以上即可直接开口掏筑。积雪较薄的地方可以将雪堆积起来后开口构筑。

雪洞一般不易过大，否则容易坍塌。洞口最好掏成拱形，开在避风之处。为防止冷风直吹洞内，开口后可拐一至两个直角弯。洞子掏好后，可用雨衣、大衣或干草、树叶封闭洞口保温。但须留一通气孔。为了确保安全，雪洞内一定要留一把铁锹或刀，在暴风雪之后，可能需要用来挖掘出口（见图5-27）。

在冰雪覆盖的开阔地上，如无其他可利用的遮蔽物，可用压实的雪块或冰块修筑一U形雪墙，作为临时的避风之处（见图5-28）。

图5-27 雪 洞   图5-28 U形雪墙

猫耳洞的形式与步兵防炮洞大致相仿，即在沟壕、土坡的侧壁掏一个可以栖身的洞，不过面积略大。洞口应开设在土质好的阳坡、背风处，尽量避开阴坡、风口。猫耳洞的防寒效果很好，通常洞内温度可比洞外高12℃～20℃。

在积雪深厚的地方驻留时间较长，可用压实的雪块筑雪屋。先挖一条仅能容一个人爬进雪屋的通道，然后将雪块按螺旋形的方向垒放，缝隙涂一层薄雪（见图5-29）。生活在北极的因纽特猎人就常建筑这样的雪屋临时居住。无临时栖身的洞穴、帐幕时，烧石睡床也适于冬季露营。挖一个适合身材的坑，在坑底铺上已烧热的石头，上面覆上热灰土使之平坦，然后再铺枯草、枯叶即可（见图5-30）。

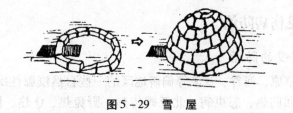

图5-29 雪 屋

炖热的灰土   树叶枯草

烧热的石块

图5-30 烧石睡床

雪地宿营睡袋不能直接放在有冰雪的地面上，以免人体使冰雪融化而发冷。在使用睡袋前应使其充分蓬松，这样保温效果更好。睡袋必须经常保持干燥，晴天时应将其晒干。每次使用后，要把袋内的暖空气放掉，以免暖空气遇冷后水汽凝结弄湿睡袋。进睡袋时衣服不可穿得过多，穿多了会使人出汗，致使睡袋潮湿，而隔热性能降低。

保持服装干燥，特别是手套和袜子的干燥很重要。夜间最好用火烘干或放在睡袋里，在人睡眠时用体温使其干燥。不可穿着鞋子烤脚，这样不但不易烘干，反而使鞋内产生水汽，再外出时在冰雪中步行会凝结成冰，容易发生冻伤。猎人在这方面有个小经验，在袜子外面套上塑料袋再穿上鞋，可使双脚保暖并隔潮。

寒冷时绝对不要饮酒，饮酒虽然暂时可以造成身体发热，实际酒精使血管膨胀，增加了身体的散热，导致体力衰弱。

演练实践告诉我们，冬季露营，单人睡不如两人合睡暖和。将两个人的铺盖加在一起会厚得多，彼此还可用体温保暖。无论是单睡还是合睡，都不能穿棉衣，那样会越睡越冷。最好是穿绒衣，睡下后应戴上皮帽，放下帽耳，前后反戴，以防冻伤头部。临睡前和醒来后，都应运动运动，以驱散寒意。身上寒冷时，就起来稍加运动，这一点很重要。

冬季露营还有一些辅助增温的方法。例如，将装满热水的军用水壶，去掉保温套，抱在怀里，既可取暖，次日还可洗脸。又如，把一两块烧热的石头、砖头放在被窝里取暖，效果也很好。此外，可将少量的生石灰打碎后装入瓶子、厚塑料袋或水壶内，加入一些水，密封放入被窝，10~20分钟后即可产生热量，并可在4~5小时内保持较高的温度。

冬季露营应想一切办法取暖。在条件允许的情况下，燃点篝火是有效的取暖措施，但在受敌情或燃料（树木、柴草）限制的条件下，可采取其他一些措施防寒保暖。例如，在苏联的卫国战争中，在燃料奇缺的严冬，克里木前线的苏军士兵们为抵御严寒，曾燃烧被煤油浸泡透了的砖头和德军布设的反坦克地雷中的炸药来取暖。实践证明，只要开动脑筋是能够战胜一切困难的。

五、野外常见伤病防治

（一）蚊虫叮咬的防治

发生在森林、草原、河谷、荒漠等偏僻地区的一些自然疫源性疾病，如森林脑炎、新疆出血热、蜱传回归热、恙虫病、北亚蜱传热、野兔热、Q热、鼠疫等，当人们进入这些疾病的流行区之后，由于不慎，可能会感染得病。这些疾病的流行区一般有一定范围。如新疆出血热病，主要发生在半荒漠的胡杨林地区。森林脑炎仅在森林和草原才有，而且主要是在东北长白山和俄罗斯远东地区的杉树、松树、桦树、杨树等针阔叶混交林地带，以及新疆天山林区和苏联中亚地区的雪岭云杉树稀疏而灌木丛和杂草很密的山地阴坡。又如恙虫病主要发生在云南、广西同越南接壤的山岳丛林地区，以及澜沧江、元江、金沙江、怒江及其支流的河谷地带。这些地方性动物传染病的发病时节也有严格的季节性。如新疆出血热于4月下旬至5月中旬发病较多；蜱传回归热在4~8月最多；森林脑炎多在5月底至6月下旬发生，其他季节则很少发病，甚至没有。恙虫病多在夏秋季节发生，在云南以8月为最多；北亚蜱传热也主要在5~6月流行。

这些疾病的传染途径主要是由昆虫传播给人类，它们在叮咬发病的动物后，再叮咬人时，就会将病原体注入人的血液中而发病。在青藏高原的某些地区，许多人得野兔热和鼠疫，主要是由于在疫区狩猎野兔引起的。因此，在进入上述地区进行军事活动时，应采取措施防蚊虫叮咬，禁止疫区狩猎。

人们常常听到许多关于热带丛林中毒蛇猛兽的种种恐怖传说，但这些传说大多是夸大其词或完全虚构的。曾长期在热带丛林作战的英军"汉普郡"团上尉菲勒斯在《马来亚丛林中的游击战》一文中写道："马来亚有很多种毒蛇。我亲眼看见过不少，但从未听说谁被蛇咬伤过的事。野兽见了人就逃避，因此我们很难见到它们，但可以听到野兽的叫声。"正是这些夜间动物的吼叫和关于毒蛇猛兽的传说，给军人心理上造成很大影响。然而，热带丛林中真正的危害却是来自昆虫，其中许多昆虫可传播疾病，使人生病。1941 年 6 ~ 7 月，国民党远征缅甸的军队在撤退途中，因丛林中蚂蟥、蚊虫的叮咬而引起的破伤风、疟疾、回归热等传染病，使数万名士兵丧命。仅以第 5 军为例，军直属队、200 师、新 22 师、96 师共计 4.2 万人，战斗伤亡仅 7300 人，而死于疾病的就达 1.4 万余人。

热带丛林中传播疾病或病原体的昆虫主要有蚊、蜱、恙虫、蠓、牛虻、蚋等。蜱是一种长相与蜘蛛相似的小虫子，西南边疆的群众叫它马鹿虱、鹿子虱，或称它为竹虱子。蜱专附在动物皮肤上吸食血液，也经常爬在人的皮肤上吸食人血，有些蜱还带有病毒，能将疾病传播于人，在山林中活动要特别注意防蜱。目前尚无有效的化学驱避剂对付蜱，防蜱主要是靠扎紧衣袖、裤管，防止蜱钻入衣裤内。在森林中休息时不要靠在树干上或坐在枯枝落叶上，以免藏匿在这些地方的蜱爬进衣裤内，应先清理出一块干净的地方再坐下休息。无论休息还是活动时要随时注意感觉自己身体的皮肤上有无异物蠕动或叮咬。一旦察觉蜱已叮在皮肤上，不要慌张，先观察蜱是刚叮上去还是已叮了很久，如果是刚刚叮上去的，应迅速抓住蜱的腹部快往外拉，通常可以将蜱拔掉。如果蜱已在皮肤上叮了较长时间，则不可快速猛拉，因蜱的头部进入皮肤后，其前部的螯肢便紧紧地钩在皮肤里，用力猛拉的结果便是把螯肢拉断留在里面。螯肢细小，不易察觉，常在皮肤里引起发炎，患处经常化脓红肿。对于在皮肤上叮咬了很长时间的蜱，要拉一下，放一下，反反复复轻轻地往外拉，直到把蜱完整地拉出来为止。如果不小心把蜱的螯肢和假头拉断留在皮肤里，应用消过毒的手术刀片把伤口略微扩大，用镊子或针把蜱的螯肢和假头弄出来，然后用碘酒或消毒酒精对创口进行消毒。

为了防止昆虫叮咬，进入丛林的人员应穿长袖衣和长裤，扎紧袖口、领口，皮肤暴露部位涂搽防蚊药。不要在潮湿的树荫和草地上坐卧。常年驻守边防的战士说得好："不怕蚊虫闹得欢，野艾野蒿一缕烟。"宿营时，烧点艾叶、青蒿、柏树叶、野菊花等驱赶。如果被昆虫叮咬后，可用氨水、肥皂水、盐水、小苏打水、氧化锌软膏涂抹患处止痒消毒。

蚂蟥也是危害很大的虫类。蚂蟥的种类很多，有生长在阴湿低凹的林中草地的旱蚂蟥，也有生长在沼泽、池塘中的水蚂蟥，还有生长在山溪、泉水中的寄生蚂蟥（幼虫呈白色，肉眼不易发现）。蚂蟥吸血量很大，可吸取相当于它体重 2 ~ 10 倍的血液。同时，由于蚂蟥的唾液有麻醉和抗凝作用，在其吸血时，人往往无感觉，当其饱食离去时，伤口仍流血不止，常会造成感染、发炎和溃烂。遇到蚂蟥叮咬，不要硬拔，可用手拍打或用肥皂液、盐水、烟油、酒精滴在其前吸盘处，或用燃烧着的香烟烫，让其自行脱落，然后压迫伤口止血，并用碘酒涂搽伤口，以防感染。部队行进中，应经常注意查看有无蚂蟥爬到脚上。如在鞋面上涂些肥皂、防蚊油，可以防止蚂蟥上爬。涂一次的有效时间为 4~8 小时。此外，蚂蟥和蛇类对生蒜的气味也不敢靠近，将大蒜汁涂抹在鞋袜和裤脚，也能起到驱避蚂蟥的功效。

（二）蛇伤的处置

毒蛇是令人恐惧的，但是除了眼镜王蛇以外，蛇一般不主动攻击人。蛇的听觉和视觉较差，但感觉灵敏，对栖息处的地面或树枝的振动极为敏感，一遇响动便会逃之夭夭。因而部队在丛林地区行进，可手拿棍棒"打草惊蛇"。通常蛇在遇到人而又来不及躲避时，便盘曲成一团，并将头弯在中央警惕地注视着发出声响或敌害晃动的方向。此时，人如果不注意而未发现它，或无意踩及或触及它，毒蛇便会冲出头来咬人。因此，在毒蛇出没的地区行动时，应随时注意，以减少被咬的可能性。一般被蛇咬的部位有 70% 以上是足部，如穿长裤、高腰解放鞋，即使被咬也不会伤及肉体中毒。在多蛇的热带丛林中活动，还要警惕树上有无毒蛇。野外露营时，在住地周围适当撒一些六六六或石灰粉，以防毒蛇侵入。睡前检查床铺，压好蚊帐，早晨起来检查鞋子。做到这些，一般可保无虞。美国海军陆战队曾统计过，丛林地作战，蛇咬伤致死的危险要比因吉普车失事或意外地被枪弹打死的可能性小得多。

人一旦被蛇咬伤，首先应分清是无毒蛇还是有毒蛇（见图 5-31）。

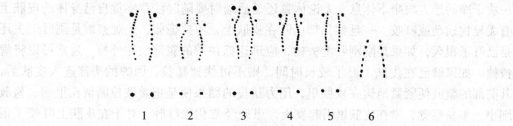

1. 五步蛇　2. 竹叶青　3. 眼镜蛇　4. 银环蛇　5. 金环蛇　6. 无毒蛇咬痕

图 5-31　各种蛇咬痕

如确系无毒蛇咬伤（一般在 15 分钟内没有什么反应），可按一般外伤处理。若无法判断，则应按毒蛇咬伤处理。被毒蛇咬伤后，切不要惊慌失措和奔跑，而应使伤口部位尽量放到最低位置，保持局部的相对固定，以减缓蛇毒在人体内的扩散和吸收。应立即用柔软的绳子、布条或者就近拾取适用的植物茎、叶，在伤口上方 2~10 厘米处结扎（见图 5-32），松紧程度以能阻断淋巴和静脉血的回流，而又不影响动脉血流为宜。结扎的动作要迅速，最好在受伤后 3~5 分钟内完成。以后每隔 15~20 分钟放松1~2 分钟，以免被扎肢体因血阻而坏死。结扎后，可用清水、冷开水加盐或肥皂水冲洗伤口，以洗去周围黏附的毒液，减少吸收。经过冲洗处理后，再用锐利的小刀挑破伤口，或挑破两个毒牙痕间的皮肤，同时可在伤口周围的皮肤上，用小刀挑开如米粒大小破口数处。这样可使毒液外流，并防止创口闭塞，但不要刺得太深，以免伤及血管。咬伤的四肢若肿胀严重时，可用刀刺"八邪"或"八风"穴（图 5-33）进行挤压排毒。还可直接用嘴吸吮伤口排毒，边吸边吐，每次都要用清水漱口，若口腔内有黏膜破溃、龋齿等情况就绝不能用口吸，以免中毒。

图 5-32　被蛇咬后结扎方法

图 5-33　八邪与八风穴

在施用有效的蛇药 30 分钟之后，可去掉结扎。如无蛇药片，可就地采用几种清热解毒的草药，如半边莲、芙蓉叶，以及马齿苋、鸭跖草、鱼腥草等，将其洗涤后加少许食盐捣烂外敷。敷时不可封住伤口，以免妨碍毒液流出，并要保持药料新鲜，以防感染。

（三）几种野外伤病的救治

（1）昏厥。野外造成昏厥的原因多是由于摔伤、疲劳过度、饥饿过度等造成。主要表现为脸色突然苍白，脉搏微弱而缓慢，失去知觉。遇到这种情况不必惊慌，一般过一会儿便会苏醒。醒来之后，应喝些热水，并适当休息。

（2）中毒。其症状是恶心、呕吐、腹泻、胃疼、心率衰弱等。遇到这种情况，首先要洗胃，快速喝大量的水，用手指触咽部引起呕吐，然后吃蓖麻油等泻药清肠，再吃活性炭等解毒药及其他镇静药，多喝水，以加速排泄。为保证心脏正常跳动，应喝些糖水、浓茶，暖暖脚，立即送医院救治。

（3）中暑。其症状是突然头晕、恶心、昏迷、无汗或湿冷，瞳孔放大，发高烧。发病前，常感口渴头晕，浑身无力，眼前阵阵发黑。此时应立即在阴凉通风处平躺，解开衣裤带，使全身放松，再服十滴水、仁丹等药。发烧时，可用凉水浇头，或冷敷散热。如昏迷不醒，可掐人中穴、合谷穴，促其苏醒。

（4）冻伤。如发现皮肤有发红、发白、发凉、发硬等现象，应用手或干燥的绒布摩擦伤处，促进血液循环，减轻冻伤。轻度冻伤用辣椒泡酒涂擦便可见效。如发生身体冻僵的情况，不要立即将伤者抬进温暖的室内，应先摩擦肢体，做人工呼吸，待伤者恢复知觉，再到较温暖的地方抢救。

（5）蜇伤。被蝎子、蜈蚣、黄蜂等毒虫蜇伤后，伤口红肿、疼痒，并伴有恶心、呕吐、头晕等症状。要先挤出毒液，然后用肥皂水、氨水、烟油、醋等涂擦伤口，或用马齿苋捣碎，汁冲服，渣外敷。也可用蜗牛洗净后捣碎涂在伤口上。此外，蒜汁对蜈蚣咬伤有疗效。